U0928254

商务部国际贸易经济合作研究院院长评语：

黄彬同志的《会展实践与研究》一书，较为全面地回顾了我国会展业发展的基本历程，深入分析了目前会展实践中存在的问题，并提出了解决问题的方法及思路。

本书通过探讨未来我国会展业发展的方向，将会展业的发展实践升华到理论层面，为我国会展产业的研究奠定了较好的基础，具有一定的前瞻性和可操作性。是一本值得推荐的好书。

二〇一一年八月

国际展览联盟（Union of International Fairs UFI）当选主席评语：

今年7月，在郑州举办的“中国国际会展文化节”上， 黄彬同志给了我这本名为《会展实践与研究》的书稿，回沪后浏览了一下，很有启发。十多年来，黄彬同志既从事过会展业务的操作，也潜心研究了一些会展专业课题，现在更是活跃在会展教育的一线岗位，因此，无论从实践上、还是理论上都形成了较系统的观点和思路，这对长期以来会展界存在的理论与实践如何更好结合的问题作了有益的探索，提供了值得关注的范例。我希望会展界有更多的人士能像黄彬同志那样，把实践升华到理论，把理论付诸实践，并把这些经过检验的思想和观点总结提高，与更多的同行人士分享，为提高中国会展业的整体水平而努力。

二〇一一年七月

中国会展经济研究会常务副会长评语：

黄彬《会展实践与研究》一书虽是一本论文汇集，却很值得一读。该书从“实践、探索、提升”三个方面，具有内在逻辑地展开了关于十个专题的论述；体现出黄彬作为一个既有实践经验又有理论素养的中国会展人的深入思考；对于中国会展业的发展与提高也将是大有裨益的。

二〇一一年七月二十七日

浙江国际会议展览行业协会会长评语：

实践出真知。《会展实践与研究》是黄彬多年以来对会展的研究成果，从实践出发，以自己独特的见解，从而升华为理论研究。阅读此书，使会展从业者摆脱了原有单纯的只在理论中学习会展知识的模式，通过更具体的实践经验来学习理论。书中的十个专题，字里行间透露着黄彬作为中国会展人的不断进取，在实践与理论之间体现了黄彬对会展事业的无限热爱。

二〇一一年七月二十七日

浙江省义乌市人民政府会展管理办公室主任评语：

欣闻黄彬先生《会展实践与研究》一书杀青在即，倍感欣喜。黄彬先生曾在义乌工作十余年，其间对“义博会”的国际化推广及义乌会展业的发展提出了许多真知灼见，业界已有目共睹，不复赘言。黄彬先生善思考，有所悟必著之为文，现将多年体会呕心沥血归纳成书，藉此为展览业之昌盛奉绵薄之力。

本人入会展界数年，每有新书定先读为快。然纵览会展群书，能将具体操作升华为理论者鲜有矣。读黄彬先生之书，内容深入浅出，主题高屋建瓴，理论精辟而不晦涩，尤其是对“义博会”的发展设以专题悉心研究、总结评估，字里行间都洋溢着先行者的智慧和会展人的真诚。不觉间，胸中沉淀的疑惑与块垒在此释怀，掩卷沉思，获益良多。此为拙见，以俟斧正！

二〇一一年八月

《中国贸易报》会展周刊主编，首席记者评语：

中国会展业的发展是实践经验先于理论研究，长期以来，实践与理论又交集甚少。黄彬《会展实践与研究》一书，正是将其多年累积的实践经验与理论研究进行了贯通与融合，并试图探索出适合中国会展业的发展规律，亦实属难能可贵。相信对中国会展业众多从业者来说，也将受益匪浅。

二〇一一年七月二十七日

杭州市属高校
市级特色专业建设项目

Practice and Research on MICE

黄彬⊙著

作者与国际展览联盟(UFI)新当选主席陈先进先生（中），UFI理事丁云峰（左）合影

Mr. Chen Xianjin,(middle) Newly Elected Chairman of UFI & Mr. Yunfeng Ding,,left) Director of UFI

作者与美国国际展览与项目协会IAEE总裁史蒂文•哈克先生合影

Mr. Steven Hacker, President, IAEE at UFI Conference in Seoul

作者荣获德国政府德国国际继续教育与发展协会InWEnt颁发的高级会展管理课程证书

Won Certificate of Advanced Traning Seminar from Internationale Weiterbildung und Entwicklung gGmbH

作者与前国际展览业协会（UFI）总裁王礼仕（中）UFI理事丁云峰（左）合影

Mr. Cliff Wallace (middle), Former-President UFI & Mr. Yunfeng Ding,,left) Director of UFI

作者与德国瑞文斯堡BA会展系白桦教授（右）、北京第二外国语学院刘大可教授（左）
Prof. Dr. Jörg Beier (right) BA Ravensburg, & Prof.Dr. Dake Liu (left) BISU

作者执教的首届会展经济与管理专业本科毕业生（会展0701班）
First Session of Graduate Specialized Convention Economy and Management

Berufsakademie Ravensburg
University of Cooperative Education

Certificate of Participation

for

Mr Huang Bin

who successfully completed the advanced training

"Executive Management of Trade Fairs"

which included full-time teaching and exercises (individual and team work)

Ravensburg, June 21st - 25th, 2004

Contents:
Exhibitions and benefits
Exhibitions and project management
Marketing strategy
Budgeting and cost accounting

Ravensburg, June 25th, 2004

Prof. Dr. Jörg Beier
Head of Department of Exhibition, Convention and Event Management

瑞文斯堡大学会展经济与管理课程证
Certificate of Advanced Traning BA Ravensburg

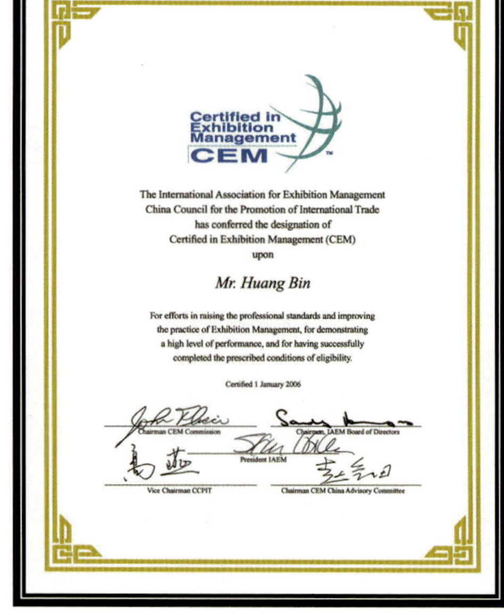

Certified in Exhibition Management
CEM

The International Association for Exhibition Management
China Council for the Promotion of International Trade
has conferred the designation of
Certified in Exhibition Management (CEM)
upon

Mr. Huang Bin

For efforts in raising the professional standards and improving the practice of Exhibition Management, for demonstrating a high level of performance, and for having successfully completed the prescribed conditions of eligibility.

Certified 1 January 2006

Chairman CEM Commission
Chairman, IAEM Board of Directors
President IAEM
Vice Chairman CCPIT
Chairman CEM China Advisory Committee

中国CCPIT与美国IAEE签发的CEM证书
Certificate of CEM Signatured by CCPIT & IAEE

IAEM
The Mark of Excellence

International Association for Exhibition Management

Certificate of Membership

This certifies that

Mr. Huang Bin

Yiwu China Commodity City Exhibition Co Ltd

is an active member representative of IAEM.

IAEM promotes the unique value of exhibitions and events that bring buyers and sellers together such as road shows, conferences with an exhibition component, and proprietary corporate exhibitions, and IAEM is the principal resource for those who plan, produce and service the industry.

Member Since: 17 August 2006

I.R. Sandy Angus, *Chairman, IAEM Board of Directors*

美国国际展览与项目协会IAEE会员证书
Certificate of Membership IAEE

序

《会展实践与研究》选辑了作者黄彬老师自2002年来在国内外各类专业杂志与学术刊物上公开发表的有关会展实践与理论的研究文章与学术论文以及部分尚未公开发表的研究文章共47篇。

黄彬是我院会展经济与管理专业方向负责人，是一个来自会展业界的“双师型”教师，黄彬老师从事会展行业的道路稳定而扎实，在业界作为会展实践的实干家多年奋战在第一线。他从实践中总结、提炼从事会展业的经历和经验，将自己丰富的实践经验与会展行业的理论形成前期的文字成果。自2007年调入浙江大学城市学院后，先后承担了《广告学概论》、《会展运营管理》、《展览策划与组织》、《会展项目管理》、《电子商务与电子政务》等课程的教学工作，他又将自己十余年对会展业界的探索和研究迅速融入课堂教学。实战经验与教学理论紧密结合的特色，为专业学生喜闻乐见。

黄彬老师非常勤奋和刻苦。进校五年来主持和参与了多项省、市与学校的科研课题及教改项目，并发表各类专业论文60余篇，发表论文数量创下了传媒分院教师论文学年发表数的最高纪录，为我院的会展教学与会展经济与管理专业的建设做出了突出的贡献。在2011年南京召开的中国会展经济研究会年会上，中国会展经济研究会常务副会长陈泽炎先生对黄彬在会展研究方面所作的努力与贡献给予了高度评价，指出黄彬是自中国会展经济研究会成立以来，累计在历届学术研究论文集发表论文为全国会员中数量最多的一位，且论文质量高，见解独到，联系实际。因此，被中国会展经济研究会推选为该会学术指导委员会委员。

这本文集基于黄彬老师的大量会展实践和理论思考，以一个职业会展人的学术发展脉络进行梳理，通过实践、探索、提升的逻辑顺序，形成本书稿。这些文章集中体现了作者十余年来在会展领域中的持续思考与探索。作为会展学界以实践派为代表的“双师型”教师，这本文集与一般纯理论派的作品有明显不同，黄彬老师将他这些曾在《人民日报》人民网、中国商务部世界买家网、阿里巴巴、德中会展经济网等具有影响力的网络，以及在《中国展会》、《中国展览》、《中国会展》、《中外会展》等专业杂志以专栏作者或特邀作者的名义发表过的主要文章经过精选汇编成册。

文集分别从会展实践、理论探索与研究的视角，对会展业的发展战略、会展组织活动、会展工作方法、会展教育本质等进行了有意义的探索。文集归纳为三编：上编是实践篇，分列三个主题：会展企业营销与管理、展览营销实用技巧与会展信息技术管理；主要汇集了作者在会展企业参与大量展会活动后，从实践中归纳的经验与做法。中编是探索篇，分列四个主题：会展业的 CRM 理念与实践、会展项目组织与管理、会展与城市——义博会研究和展会管理与应用；整理和重新编辑了作者对会展业理论探索的思考性文章，其中两篇文章系首次公开发表。下编是提升篇，分列三个主题：会展国际化探讨、会展教育与教改、会展国际学术交流，会展国际化探讨主题中的 5 篇文章均为首次发表，会展国际学术交流主题中的国际学术论文中 4 篇已被 EI 收录，1 篇已被 ABI/INFORM 收录。

本文集的内容广泛，涉及了会展实践、理论与教学的各个方面。作者对其中各编的论文作了相关的串联及必要的铺垫和补充。这些论文充分展示了作者十多年间在会展领域研究和思考的多方面探索与历程，从一个会展人的视角客观反映了会展业和会展教育在我国的发展轨迹，并从一定程度反映了我国会展研究的理论成果。

浙江大学城市学院的会展经济与管理专业虽然 2007 年才经教育部批准设立，但近几年来，该专业的老师们秉承“求是创新”的校训，坚持“创特色，上水平”，努力培养高素质的应用型、复合型、创新型会展人才，在人才培养、教学改革和科研工作上都取得了丰硕的成果。浙大城市学院先后被评为“2008 年度全国会展优秀教育院校”、“2010 全国会展业‘金五星’十佳会展院校”，会展经济与管理专业获得“2010 年度中国会展教育优秀奖”等荣誉称号。会展学生在全国性的学科竞赛中，发挥出色，屡创佳绩，2009 年、2010 年分获全国大学生会展策划大赛的二等奖和一等奖；在刚结束的 2011 年浙江省会展策划大赛上，黄彬等老师指导的城院学子更是包揽了冠亚季军奖项，深获同行赞誉。2009 年我院的会展经济与管理专业又以最高分被评为杭州市首批特色专业，这其中，黄彬老师发挥了重要的作用。在与同事们共同取得集体荣誉的同时，黄彬老师也先后获得“2008 年度中国会展教育理论人物奖”、连续二届被评为“中国会展院校大学生专业技能大赛优秀指导教师”、“2010 年度浙江省十大会展优秀人物”、“2010－2011 年度中国会展产业最佳理论人物”以及“城市学院先进工作者”等荣誉。

作为黄彬老师的同事和所在传媒与人文学院的院长，我很高兴黄彬老师和会展专业的其他老师齐心协力，屡创佳绩。会展业在我国是朝阳产业，正方兴未艾，蒸蒸日上。这为我们广大会展业界的朋友和会展教育界的老师们提供了无数实践和理论研究的课题。衷心希望黄彬老师能再接再厉，不断为我们奉献高质量的新著！也希望黄彬老师和他的会展专业的同事们，能戒骄戒躁，在专业建设和人才培养方面，取得更大的成绩！

张梦新

2011年6月于杭州

（张梦新，浙江大学教授、博士、博导；浙江大学城市学院传媒与人文分院院长，杭州城市会展研究发展中心主任）

Foreword

The book *Practice and Research on MICE* was written by Mr. Huang Bin. In this book, the author selected and edited totally 47 articles related to MICE theory and practice, including articles published in both domestic and overseas professional magazines since 2002, as well as some articles which have not been published.

Mr. Huang Bin takes charge of the major of MICE Economy and Management in Zhejiang University City College (ZUCC). As a "teacher specialized in both theory and practice of MICE", he teaches students not only theories in books but also lots of beneficial knowledge which comes from his experience as a professional working in the field of MICE during the past years. In 2007, Mr. Huang Bin began to work in Zhejiang University City College. Since then, he has successively been lecturing on "Advertising Introduction", "MICE Operation and Management", "Exhibition Planning and Organization", "Convention Project Management", "Electronic Commerce and E—government" and so on. He has integrated his exploration and research on MICE with the classroom teaching, and thus his classes are quite popular among students.

Mr. Huang Bin is extremely diligent and assiduous. During the past five years, he has been in charge of as well as participated in many research projects as well as educational reform projects at provincial, municipal and college level. Moreover, he has published totally 60 academic articles, which makes him the teacher in ZUCC with the largest number of papers published annually among all teachers in School of Media & Humanities of ZUCC. He has made prominent contribution to both MICE teaching and the construction of the Major of MICE Economy and Management in ZUCC. Mr. Chen Zeyan, the Vice Chairman of (China Convention & Exhibition Society CCES) gave Mr. Huang Bin a high praise for his efforts and contribution to MICE research during CCES Annual Meeting in 2011. Mr. Chen pointed out that Mr. Huang Bin was the one who published the largest number of articles in collections of MICE academic research articles since this Research Board has been established. He acclaimed that these articles are of high quality. Thus, Mr. Huang Bin was elected by CCES as a member of Academic Supervision Committee.

This anthology is based on massive MICE practice and theoretical thinking of Mr. Huang Bin. The author straightened out the train of thought about his own road of academic development. He finally completed the manuscript according to the logic sequence of practice, exploration and promotion. These articles reflect continual thoughts and explorations in MICE industry by the author in past years. As a "teacher specialized in both theory and practice of MICE", Mr. Huang Bin pays more attention to practice in this industry, and therefore his anthology is different from other works which are made up of pure theories. The author meticulously selected pieces of works that had been published in some influential Internet Media, such as People's Net (affiliated to People's Daily), World Buyer Net (affiliated to Chinese Ministry of Commerce), ALIBABA as well as German and China MICE Economy Web. At the same time, he has also chosen some important papers which had been published in professional magazines as a column writer, such as "China Exhibition", "Chinese Conference", "China MICE", "Chinese and foreign MICE", to be part of this book.

The anthology carries on meaningful exploration into MICE industry developmental strategy, MICE organizations and activities, method of MICE work, essence of MICE education and so on. It consists of three parts. The first part is "Practice in MICE Industry" and it covers three topics, which are "Management of Marketing in Enterprises of MICE Industry", "Practical Skills in Exhibition Marketing" and "Trade Fair's Information Technology Management". It mainly presents some experience and strategies concluded from practice by the author after participating in a large number of industry events. The second part is "MICE Theory" and it includes four topics, which are "MICE Industry & CRM Theory and Management", "Implementation of MICE Programs", "Exploration on MICE Industry & City Development: Study on Yiwu Expo" and "Management and Marketing of Exhibition". The author reorganized and re-edited a series of his idealistic articles on theory exploration and two of them are published for the first time. The third part is "Enhance the MICE Industry" and it consists of three topics. They are "Exploration on internationalization of MICE Industry", "C& E Education and Educational

Reform", "International Academic Exchange on MICE". For the topic of "Exploration on internationalization of MICE Industry", 5 articles are published for the first time, and For the topic of " International Academic Exchange on MICE"4 articles are indexed by EI, one by ABI/INFORM.

This anthology has touched upon almost all aspects of MICE practice, theory and teaching. The author arranged these papers according to their intrinsic connection and made some essential upholstery and supplement. These articles fully demonstrate the author's research in the field of MICE industry as well as his various explorations. This book reflects both the development of China's MICE industry and MICE education. Moreover, it reflects theoretical achievement of domestic MICE research to a certain extent.

Zhejiang University City College set up the major of MICE Economy and Management with the authoritarian from the Ministry of Education since 2007. In its short history, MICE education in ZUCC achieves substantial success in talent training, teaching reform and research. Teachers in this major carry forward the school instruction of "Seeking Truth and Innovation", and therefore have made great efforts to cultivate high quality talents with multi—skills, interdisciplinary knowledge and innovative ability. A series of honors have been the best repayment for their hard work, such as "National Outstanding University in MICE Education" in 2008, "China MICE Education Outstanding Prize" and so on. Our students also displayed splendid performance and achieved good results repeatedly in various nationwide competitions. They respectively received the first and second place in " National University Students MICE Planning Competition" in 2009 and 2010. Recently, our students are continuing to achieve greater success. They have won the first place, the second and the third place in "Zhejiang Province MICE Planning Competition" this year with the guidance from Mr. Huang Bin and other teachers. In 2009, the major of MICE Economy and the Management in ZUCC was evaluated as one of the first group of majors with special features in Hangzhou. During this process, Mr. Huang Bin has played a vital role. While obtaining the collective honors together with his colleagues, Mr. Huang Bin also successively obtained the prize of "China MICE Education Theory Figure" in 2008, "Outstanding Supervisor in the Second Chinese MICE University Student Professional Skill Competition", one of "Zhejiang Province Ten Outstanding MICE Figures" in 2010, "Annual China MICE Industry Best Theory Figure" in 2011 as well as the honor of "ZUCC Advanced Worker".

As Mr. Huang Bin's colleague and the dean of School of Media & Humanities, I am happy to see Mr. Huang Bin and other teachers in MICE department to work as a team and create good results continuously. MICE industry in China is a sunrise industry. It is in flourishing day by day. It provides both friends who are working for MICE industry and teachers who are devoting themselves to MICE education innumerable opportunities of practice as well as research projects. I give my wholehearted wish to Mr. Huang Bin and hope that he will make persistent efforts. Thereby he may unceasingly offer us more high quality works.

Prof. Zhang Mengxin

June, 2011, Hangzhou

(Prof. Zhang Mengxin, Ph. D and Ph. D. supervisor, and professor of Zhejiang University. He is the dean of School of Media & Humanities, Zhejiang University City College. He is also the chief of Hangzhou MICE Research and Development Center.)

Preface

I am honored to have been asked by my good friend Associate Professor Huang Bin (Robert) to provide a brief Preface for his new book. I first met Robert ten years ago in Fuzhou, Fujian province, when I was working as the head of a private business school and Robert was managing projects for the Yiwu Commodities Fair. I was immediately struck by his sincerity, intelligence, and great communication skills. We formed an immediate and enduring friendship. Since that time, we have collaborated on numerous national and international consulting and academic research projects that have been a true highlight of my life in China. Huang Bin's impressive move from being an award—winning MICE practitioner to a celebrated Associate Professor and prolific researcher at Zhejiang University, City College, is both inspirational and humbling. Over the years, I have also had the pleasure of meeting many of his students who unanimously praise his abilities as a gifted and caring professor, teacher, and mentor.

This new collection of Huang Bin's works offers MICE students and practitioners a rare insight into MICE realities. The expert perspectives offered by Huang Bin are invaluable because of his experiences of having been an active part of the industry's historical growth and technological advancement in China. Most importantly, he is able to communicate his experiences in a meaningful and practical way for readers. Huang Bin's expertise has been shared in countless national and international journals, leading industry magazines, conferences, and special presentations throughout China and abroad. This new volume of Huang Bin's works marks the first time that his most celebrated writings have been compiled in one book. The book systematically walks the reader through the ideals and challenges of MICE practice, to the exploration of MICE realities, to the offering of solutions and innovations for enhancing MICE theory, policy and practice in China and internationally.

I look forward to reading this published book and recommending it to colleagues and students interested in gaining deep and meaningful insights into the state of China's MICE industry. I wish my friend Huang Bin all the best with this book and I look forward with great anticipation to reading and recommending his future works.

Daniel W. Lund (PhD, MBA, BA)
Department of Business Administration
Fudan School of Management
Fudan University
Shanghai, China

目　录

Contents

实践篇

主题一:会展企业营销与管理

1—1　漫谈展览营销策略 /003

1—2　加强招展管理,提升展览营销品质 /007

1—3　论会展企业知识型员工的管理 /017

1—4　企业如何参展实现营销目标 /024

主题二:展览营销实用技巧

2—1　电话营销 /028

2—2　传真营销 /034

2—3　电子邮件营销 /038

2—4　直接邮寄(DM)营销 /042

主题三:会展信息技术管理

3—1　技术进步推动我国会展业发展 /048

3—2　会展网站的建立与维护 /052

3—3　展览网站建设与展览营销 /055

3—4　金融风暴环境下发展“网络展览”的思考 /061

探索篇

主题一:会展业的 CRM 理论与实践

1—1　会展业实施 CRM 的意义 /069

1—2　会展业 CRM 的研究与开发现状 /073
1—3　会展业 CRM 实施的主要障碍与误区 /079
1—4　会展业 CRM 的研发方向 /084

主题二:会展项目组织与管理

2—1　如何制定合理的招展价格 /090
2—2　成功展览的制胜法宝——观众的组织 /097
2—3　观众数据分析与评估 /104
2—4　展览观众组织的基本策略 /115
2—5　论贸易展览观众注册管理 /122

主题三:会展与城市——义博会研究

3—1　义乌小商品博览会的成功之路 /133
3—2　义乌会展城市的特色定位与发展战略 /139
3—3　义博会推动当地商务旅游发展研究 /148
3—4　义博会国际化道路的再思考 /157
3—5　信息化:打造义博会推广强势 /168

主题四:展会管理与应用

4—1　我国展览营销发展方向 /171
4—2　展览营销工作评估探讨 /180
4—3　展览会不同阶段的营销策略 /187
4—4　竞争情报在我国会展业的应用前景 /192

提升篇

主题一:会展国际化探讨

1—1　欧洲会展业考察报告 /205
1—2　德国会展高级经理管理培训札记 /210
1—3　美国 CEM 课程培训侧记 /221
1—4　打开巴基斯坦广阔市场空间 /225

主题二:会展教育与教改

2—1　广告会展类人才社会需求情况调查 /236

2—2　会展教育如何匹配市场需求 /241
2—3　会展教育创新模式探析 /246
2—4　中国会展英语教学问题研究 /251
2—5　中国会展教育师资建设策略探讨 /259
2—6　“项目驱动、以赛促教”的理念与实践 /266

主题三:会展国际学术交流

3—1　会展经济与城市品牌联动效应研究 /276
3—2　Influence of the Yiwu Fair on the Development of Business Travel and the Local Economy /286
3—3　Web-based Visitor Data Management for China's Trade Fairs /302
3—4　Informatization of Visitor Management in Large-Scale Trade Fairs Based on E-Service /309
3—5　Utilization of Competitive Intelligence in China's Trade Fair Companies /322
3—6　Trade Fair Visitors' Relationship Management Based on Their Data Analysis and Appraisal /331

后　记 /341

实践篇

[会展企业营销与管理 1－1]

漫谈展览营销策略

我国展览市场竞争的加剧以及展览组织机构内部普遍淡漠的市场意识与残酷的外部市场竞争压力形成巨大的反差，展览组织机构面临从计划经济向市场经济的转型阶段。展览组织机构在实施展览营销过程中普遍形成了“得营销者得市场、得市场者得天下”的共识，因此，加强对展览营销策略的研究，并将其作为在展览组织过程的重要工具，对我国展览企业的生存与发展具有积极的意义。

自 20 世纪 70 年代以来，随着科技进步与生产能力的加强，传统营销模式发生了巨大改变，以 4Ps 营销、4Cs 营销、5Rs 营销等为代表的营销组合、整合营销等现代营销战略成为制定营销计划的主流。我国会展企业在充分明确自身发展定位条件下选择相应的营销策略，这些营销策略归纳起来有以下几种：

第一，展览 4Ps 营销。

基本要素：产品 Product、价格 Price、地点 Place、促销 Promotion（一般理解为渠道）。它的基本理念：如果展览组织机构策划出某个展览项目，制定出适当的展位价格，利用适当的分销渠道，并辅之以适当的促销，那么这个展览项目就会获得成功。4Ps 营销战略侧重于通过大力促销及广告来吸引新的参展商，以达到扩大展览市场份额的目的。4Ps 营销战略把目标客户的需求和利益作为外部的不可控因素，因而强调从展览企业自身的角度制定和实施营销组合策略，进行展览项目的推销。它是较为传统的营销模式。

第二，展览 4Cs 营销。

基本要素：消费者 Customer、成本 Cost、便捷 Convenience、沟通 Communication。它的基本理念是：以目标顾客为导向，注重参展商需求，由参展商定位产品。它强调的是首先要了解、研究、分析参展商的需要与欲求，而不是先考虑展览企业能推出怎样的展览项目；其次是了解参展商满足需要与欲求愿意付出多少钱（成本），而不是先给展览项目定价，即向参展商要多少钱；第三是考虑目标顾客在交易过程如何给目标顾客方便，而不是先考虑营销渠道的选择和策略。最后以参展商为中心实施营销沟通，通过互动、沟通等方式，将展览企业内外营销不断进行整合，把参展商和企业双方的利益无形地整合在一起。品牌营销是4Cs营销战略的集中体现之一。注重参展商的欲望和需求Customer、参展商获取满足的成本Cost、目标客户的方便性Convenience、以及展览组织机构与目标客户的有效沟通Communication。这是目前我国多数展览企业流行的一种营销策略。

第三，展览4Rs营销。

基本要素：关联Relevance、反应Responsive、关系Relationship、回报Recognition，这一基本理念是由整合营销之父唐·E.舒尔茨提出，突破了传统的营销组合策略，着重强调充分利用现有的各种资源，采取各种有效的方法和手段，使企业与其利益相关者，如顾客、分销商、供应商、政府等建立长期、信任、互利、牢固的合作伙伴关系。它的核心思想是以竞争为导向，认为营销的核心应从交易走向关系，以提高目标顾客的满意与忠诚度，达到提高市场份额、质量的目的。这种营销策略在具有先进理念和良好合作团队的中国展览机构与境外展览机构被越来越多地运用。

第四，展览营销生产率（理论与策略）。

近些年来，反思传统营销智慧也已成为全球营销人的共识，市场营销的理论和实践都呈现出全新的变化趋势，更加务实，比如对营销生产率的高度重视，2004年底，美国西北大学教授、市场营销大师菲利浦·科特勒在发表题为《亟需改善营销生产率》（*Needed: Better Marketing Productivity*）的演讲时指出，现代营销的结果有些令人尴尬，广告失效、促销浪费、新品失败、市场失控等现象屡见不鲜。英国萨里（Surrey）大学欧洲管理学院IBM营销教授、IBM公司关系营销特聘教授Merlin Stone等学者也支持这一观点，认为营销已产生了根本的变化。根据2004年美国市场营销协会（AMA, American Marketing Association）一项对1000家大型企业财务主管调研结果显示，相信营销投资促进企业长远发展观点的人不足57%，认为营销投资是临时战术手段为27%，在市场困难时期将营销经费作为第一个需削减的预算却占了32%。因此，国际营销理论界敏锐地注意到营销生产率问题的紧迫性和严重性。开始对新的营销理论—营销生产率进行深入研究，以期获得营销理论新进展。对于展览营销生产率的理论，对我国展览业而言是一个十分陌生的概念，尚未导入我国展览营销策略中，但随着展览市场的国际化与我国展览环境的法治化与规范化，笔者认为这项理论不仅将被深度研究，而且还将出现针对性地的营销解决方案与策略，这也将给正处在市场经济环境下的我国展览业提供了理论与实践的基础。

综上所述，我国展览业要更好地参与市场竞争，展览组织机构需充分利用展览

营销策略中的基本理念，选择科学合理的展览营销策略与组合，推动展览项目的发展。据笔者研究，在我国展览营销目前存在三个方面的挑战：

第一，如何衡量营销给展览企业带来的长远价值。

第二，如何将营销与其它职能活动区分开来，独立衡量营销对展览企业的贡献。

第三，单纯用财务指标不能完整评价展览营销的结果，如何全面反映展览营销的贡献。

投资回报已越来越成为衡量展览企业效益的重要指标，因为无法准确测算展览营销投入所带来的价值回报，人们开始质疑展览营销人员对展览企业的贡献，展览营销人员也正面临着巨大的压力。越来越多的展览企业认识到展览营销已与20年前的传统营销有了很大的变化，但也有专家、学者坚定地认为虽然信息技术的迅猛发展对展览营销产生了一定的冲击，但展览营销的核心概念并没有改变。国际展览龙头企业与跨国展览组织机构结合多样化的营销策略组合正加紧实施全球化的展览整合营销的策略。如何应对国际展览业对中国展览市场的冲击，真正地运用好展览营销策略，使其在展览组织过程中发挥真正的作用，笔者认为，我国的展览组织机构应携同相关部门与人员做好以下四个方面工作：

第一，展览营销要从“1P”职能发展为“4P”职能 。

目前，我国大多展览组织机构中的展览营销部门对整个展览营销活动是没有组织与控制的职能，而却要其承担展览营销的责任，展览营销也处在“1P”的怪圈中。展览营销部门要彻底克服“1P”病（即 Promotion），争取拥有完整的营销职能，能有效掌控展览组织机构内部与营销相关的所有活动的预算，包括展览市场调研、展览题材研发、渠道开拓、广告促销、价格确定、顾客服务、战略制定等方面的预算。这样营销部门才能根据自己的规划开展工作，才能使自己的营销效果不受干扰，真正对营销结果担起责任，也能够担得起责任。

第二，营销决策层要建立展览组织机构内部的“品牌资产”概念。

展览品牌是展览营销工作的一项重要成果和展览营销的多年培育与结累，品牌资产是营销人员对展览组织机构与展览品牌长期发展所做出的巨大贡献。但遗憾的是，在我国，展览品牌资产并不为展览组织机构内部其他部门认知，特别是不能反映在展览组织机构的资产负债表上。因此，展览营销决策层的一项核心工作就是要在展览组织机构内部营造尊重品牌资产的文化。在展览组织机构内部真正实现与营造“品牌资产”概念并不容易，这不仅要求展览组织机构的管理决策层在展览组织工作的各个环节运用各种有效的方式将“品牌资产”的概念深深地扎根于管理团队及员工的思想与行动中，同时也应该运用财务统计等原理用数据说话，使管理团队与员工对“品牌资产”具有量化的认识。

第三，展览营销部门要总结与完善会展专业营销方法和技巧。

展览营销人员给目标客户的错误印象就是只要能言善道就可以了，展览营销工作似乎并不需要什么专业技能，这严重地削弱了展览营销人员的地位与工作积极性。展览组织机构的管理决策层因内部机制上提供一种共同的语言、工具和流程。促进展览营销部门不断地总结与完善会展专业营销的方法与技巧，强调展览营销工作是展览组织机构与展览品牌推广最重要的组成部分。不断强化与树立展览营销人员的专业形象。品牌建设的成果来自于不断地对营销部门的各种激励，在强有效的激励机制的影响下，无疑造就了营销部门在展览组织机构中的优势地位，进而增强了展览营销人员不断学习、不断总结、及时完善会展专业营销方法与技巧的热情。最终形成展览组织机构与展览品牌的核心竞争力。

第四，展览营销部门要充分利用图表与数据。

展览营销的结果有时候只是形成某种变动趋势的表象，或仅仅表现在与竞争对手力量形成此消彼长的地位变化，这些表象未必都能用财务数据来表示，因此，科学合理地设计各类图表就可以使抽象的或难以理解的现象变得直观清晰。在德国展览协会 AUMA 官方网站（www. auma. de）网站，就可以看到在分析德国与世界展览业发生的动态信息时就采用了很多的图表。（如图所示）

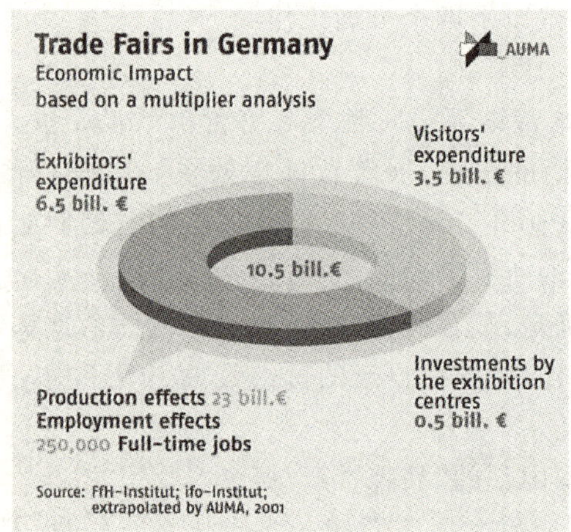

图 1-1 德国会展业对经济增长的作用

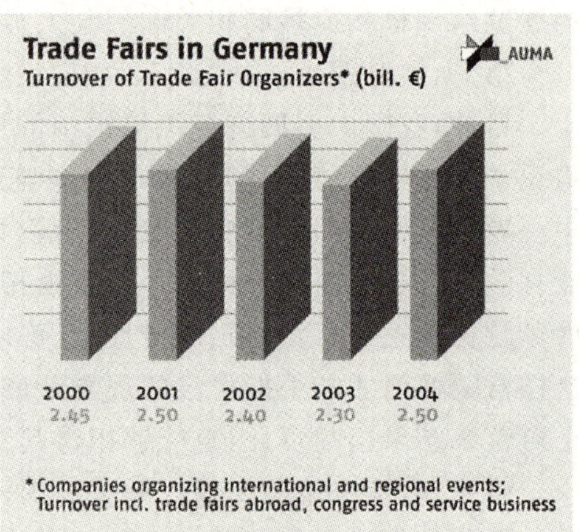

图 1-2 德国会展业年营业额

在国外，展览组织机构管理决策层普遍鼓励与要求展览营销部门广泛应用各类图表与数据反映展览组织工作中的客观现象，如竞争展览的市场地位变化、展览选题的可行性分析、广告投入的效果、渠道效率的差异、顾客满意度的变化等等都以图表形式进行分析，并根据分析结果来提出针对性的解决方案。这一合理的做法也应在我国展览组织机构中进行积极的推广，促使展览营销更趋科学理性，营销队伍的建设更加成熟。（本文原发表于《中国展览》2007. 11－12）

[会展企业营销与管理 1－2]

加强招展管理,提升展览营销品质

招展活动是展览组织工作中的核心内容,展览组织机构科学地规划招展活动的进度控制,有效开展展览营销,在招展过程中严格按招展计划实施进度控制,运用展览招展进度管理中的监控方法,对招展活动过程中可能发生的紧急和不测事件进行防备性的准备和安排,并建立相应的应急机制,这将为胜利完成招展活动奠定坚实的基础。我国展览组织机构在招展管理方面还有更多的提升空间,通过良好的招展管理,达到提升招展品质的目标。

加强招展管理工作一般是从招展的时间与进度管理及危机处理三个方面着手,尽量建立科学合理的体制与机制来保障招展工作的顺利进行,招展活动间的关系如图 1-3 所示。

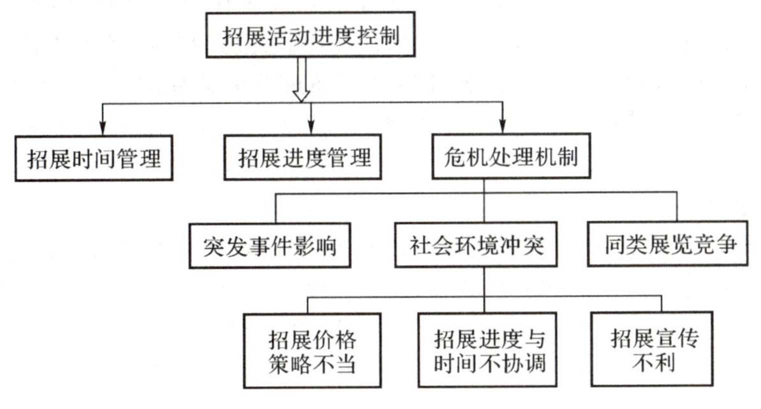

图 1-3　招展活动进度控制图

一、展览招展工作的时间性

招展是展览筹备的一项极其重要的工作,确保在展览开幕前完成展览的各项招展任务,是保证展览按期举行的重要前提条件。因此,加强对招展进行时间管理,是确保展览招展效率的有效手段。招展时间管理的

内容就是要求展览招展的起动时间安排要合理，招展时间安排要充足，招展进度要密切监控，重点招展时机要有效把握。

圆满地完成招展任务，招展工作就必须符合满足时间性要求。招展工作的时间性要求：

1.规划符合参展产品、产销期特点的展期

不同行业的产品都有其最佳销售时间的特点，买方市场也有所谓的销售“旺季”与“淡季”之分。因此，要做好提高参展商的热情与买家邀请服务，就必须充分考虑相对集中和固定产销时间来规划展期。展览的展期时间原则上要与展览题材所在行业产品与产销时间的特点相适应，从而达到调动企业参展的积极性，为招展工作的顺利进行创造良好条件。

2.安排合理的招展启动时间

参展商对年度营销、产品推广和企业形象广告都有具体的安排时间规划，充分研究行业营销工作的特点，科学地将招展启动时间安排与参展商的营销时间规划相吻合，就有可能使展览进入目标参展商的视野，参展企业在制定营销计划时统筹规划参展计划，方便目标参展商在不增加年度营销预算的情况下做出参展的决策。

3.预留充裕的招展时间

成功的招展时间策划，要充分考虑目标参展商对参展时间的要求，为展览招展预留充足的时间。因为目标参展商从获得展览举办的消息到逐步认识展览所有信息并最终确定参展需要时间过程。举办多届的展览，如一年春秋两届的广交会，招展时间相对会较短。既便是品牌展览，展览的招展工作也不能拖延，否则，招展的有限时间资源将会耗尽，招展任务难以如期完成。为赢得尽可能多的招展时间，多数的展览组织机构利用展览展期就开始了下届展览的招展工作，如在展览现场设立“招展办”，进行现场招展并在相关的网站上发布下届展览的招展信息。（如图1-4所示）

4.把握重点招展时间

新的展览项目，因目标参展商对展览的认知有限，展览需通过大量的宣传推广活动才会提升目标参展商对其的认知，展览招展的效果才会有所起色。因此，新展览的“招展黄金时间”通常会在展览招展工作的中后期。例如，展期安排在11月份，重点招展时间会在7－9月份这一时间段，这个时间段对展览招展而言最为关键，签约最多，客户响应程度最高。如未能利用好这一有效的时间段招展，对展览如期举行将构成很大威胁。对成功举办多届的展览而言，有两段重点招展时间：1.展览招展的中后期；2.展览现场招展期。展览现场招展由于目标参展商密集程度高，招展成本低，效率与效果都非常好，品牌展览利用展览现场往往能成功为下届展览完成50%以上的招展任务。

5.密切监控展览的招展进度

展览招展工作启动，负责展览营销的相关人员就需密切监控展览的招展进度，

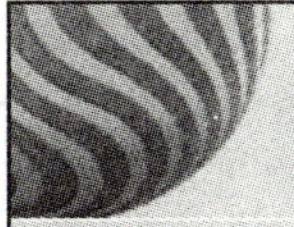

World trade fair for carpets and floor coverings

Hannover, 14 - 17 January 2006

打印

中国展商踊跃参加DOMOTEX 2006

DOMOTEX 2006的报名工作已经渐近尾声，但是前来报名参展的中国展商依然络绎不绝，报名工作仍在火热进行中！截止目前为止，中国展商数量已远远超过去年同期！

今年展商踊跃报名的积极性以及感兴趣的客户争相来电咨询的火爆场面犹胜去年。除传统的地毯行业展商保持平稳的递增外，地板行业的展商数量更是有了大幅的增长。由此可见，国内木地板行业对DOMOTEX这一世界顶级地铺材料展览会的接受度和认同度正与日俱增！

如果您的公司有意向开拓欧洲市场，在更广阔的天地以及更高层次的竞争中发展，请抓紧最后的时机，尽快与我们联系，我们将竭力向您提供最优质、最全面的服务！

官方报名截止日期为2005年8月31日，在此日前之前报名，我们可以保证您的展位。

联系我们

汉诺威展览（上海）有限公司

联系人：王飞 先生 / 唐静娜 小姐

电　话：021-5045 6700 ext. 255 / 229

传　真：021-5045 9355 / 6886 3797

电子邮箱：domotex@hfchina.com

To the top

图 1-4　DONNOTES 2006 海报

及时了解在招展过程中出现的各种信息与目标参展商反馈的需求情况，针对展览市场环境与变化迅速应对，及时动态地调整招展策略，调控不同时间段的重点招展任务与战术，从而在整体上有效把握招展进度。

二、制定招展计划书

招展的基础工作就是要创建科学的当前及潜在客户的数据库，导入专业的客户管理软件实施招展进度的有效管理，打好与目标参展商间的良性互动基础。招展的成功与否，在一定程度上还取决于如何制定科学的招展计划，即一份目标明确且可量化的营销方案，对招展工作的时间安排与进度进行量化，以便在展览营销实施过程中可以分阶段性地进行评估，招展如何取得成效，招展进度如何进行调控，都应在招展计划中具体提出相应策略与战术。

在执行招展的过程中，负责招展工作的管理者往往会对招展营销策略产生不同的理解。在展览组织工作实践中，展览营销经理与营销人员会从不同角度将招展计划作为营销工作的指南，机械地实施招展步骤，从而忽略了动态调整。而有经

验的营销团队则将招展计划作为基础教材，在招展计划中有机地发挥展览营销过程中的灵活性，有效把握招展计划的游戏规则，动态地与营销战术和展览的整体战略相结合，从而获得最佳的营销业绩。因此，在制定招展计划时，展览营销团队应充分明确与招展相关的核心内容与工作目标：

1. 如何同目标参展商建立更稳固的互动关系？
2. 招展计划如何更清楚地体现展览的目的？实现招展目标的同时，还需实现哪些其它相关的目标？（如展览的品牌战略、稳定的客户关系、有效的营销组合等）
3. 如何利用新技术完善招展的环境与营销方法？
4. 如何应用先进客户管理技术为展览组织者赢得综合效益？
5. 如何针对重点参展商阐明展览组织者对招商工作的重视与有效的组织措施？
6. 如何针对重要参展商采取特别的营销策略？
7. 如何调控招展进度的具体时间安排等等。

除了明确展览营销的目的与方向，招展计划还应突出展览的相关优势（譬如：扼要介绍展览的特式与服务、展览所具有的个性化与强势方面的内容），明确阶段性的招展任务与组织措施，便于营销人员更好地对目标参展商进行有效的宣传与推广。当然，还需对招展进度制定详细和科学的时间控制计划。

为实现招展目标计划，策略与战术制定应符合切实可行的原则。营销人员应适应不断变化的市场环境，在执行计划过程中，应有效地创新招展的方法与手段，使招展工作在不断的调整中达到最佳的状态。

三、招展进度控制的策略与招展进度表

要使展览在与同类展览的竞争中脱颖而出，营销进度控制要有效地帮助展览组织者达到预期的营销目标。营销进度的控制应建立在创新的营销策略上，如为重点参展商策划参展计划书、编制有效的招展进度计划，为营销人员制定目标考核办法等。

1. 为重点参展商策划参展计划书

为重点参展商编制参展计划书是国际展览组织机构普遍采用的营销策略，也是提速整体招展活动的有力举措，展览营销工作实践证明，参展企业普遍存在从众心理。因此，重点参展商积极参与好的展览项目对其它参展商具有良好的示范效应，为下一步招展工作起到“事半功倍”的效果。策划重点参展商的参展计划书是出于对整体招展进度的考虑。

参展计划书应针对重点参展商的企业特性与产品特点，提出有利参展商营销的展览信息（如展览的宣传推广、意向重点参展商名录、大型采购组织与会消息等）

参展计划书提倡简洁且具感染力。传达的所有信息应可协助重点参展商所在企业的总裁、副总裁、推广部及相关部门经理更好地把握参展的具体决策。计划书的基本内容：

场地规划：应明确指出重点参展商可优先选择的特色区域；

场地协定：为迅速将潜在的目标参展商转化为现实的客户，应提供格式化的场地协议；

统计分析：有关历届展览专业观众的分类与构成比例（展览的贸易观众组织是针对参展商的核心服务内容）协助重点参展商评估展览，理解参展价值。

行业调查：参展商专业结构调查，尤其是参展行业的发展趋势的信息调查，对重点参展商是具有实际价值的"增值"服务。协助重点参展商迅速评估与参展有关联的核心信息内容。

参展价值：展位或专业展区的有效细分为新的重点参展商提供的是最佳市场推广平台，策略地对此类展位与展区的描述，增进重点参展商的参展信心。

增值服务：展览组织机构为重点参展商能提供的一系列增值服务措施与策略的列表。（如网络服务、贸易摄合服务、商务旅行服务等）

媒体信息：展览组织机构所确定的媒体推广计划，通过对计划的详尽介绍使重点参展商有效评估参展对其企业的重要影响力。

2.编制招展进度计划

招展工作实施前，展览组织机构应先制定招展进度计划，统筹规划招展营销工作及要达到的具体效果。预先规划何时何地开展什么样的招展形式；实施何种招展方式与措施；什么阶段招展工作要达到的程度与效果等。招展进度计划的制定可对展览招展工作实施总体监控，及时对照检查，发现问题，调整策略，从而保障招展工作顺利完成。招展进度安排一般采用表格的形式如表 1-1 所示。

表 1-1　招展进度计划表

时间	地点	招展方式与措施	拟完成的招展目标（%）

制定招展进度计划表，就可有条不紊地按计划开展招展活动。针对进度及时评估招展效果，如招展工作未达到预期阶段性目标时，则可及时采取相应的补救措

施，促进招展任务的顺利完成。比如，在展览营销实践中，一个新展览项目的典型招展进度：

(1)展览开幕前 12 个月，开始招展营销工作，针对性的招展宣传推广活动同时铺开，使目标参展商对展览有一定的认知；

(2)展览开幕前 9 个月，招展全面展开，宣传推广活动范围进一步扩大；

(3)在展览开幕前 6 个月，基本结束拜访重点参展商的工作，招展宣传推广活动范围逐步缩小，展览招展任务完成 50%左右；

(4)展览开幕前 3 个月，展览招展任务基本完成，对意向性的目标参展商进行服务跟踪，为展览顺利开幕做准备。

3. 制定营销人员的目标考核机制

为有效地调控招展进度，应对展览营销人员建立目标考核机制，通过考核机制及时掌握营销人员在招展过程中的表现、效率、方法与状态。有了明确的目标考核，营销人员就会根据展览营销的目标深入地研究，有效组合招展的方法与技巧，并及时反馈相关招展策略与市场环境变化的动态关系。目标考核可针对某个项目，也可针对具体时间段或若干项目。建立目标考核机制，对于招展过程中出现的问题就可以灵活采取调整人手或完善招展策略的方法，从而确保招展计划的所有部分都能有序连贯地进行。

(1)招展的目标考核

为确保招展工作处于最佳的状态和结构，目标考核要明确招展进度在规定时间内应达到的目标。鼓励营销人员通过不断地努力实现团队工作目标与个人表现愿望。

各展览组织机构就如何制定目标考核的方法上各有其不同的思路，有制定每季度或每年度的招展基准数，也有制定每月度招展基准数的做法。无论哪一种，都是通过明确销售团队的招展进度目标，来实现不偏离既定的招展方向，从而促使全体营销成员在招展的整个进度中，共享个人和团队目标。

招展目标考核的制定要考虑公平性与合理性的原则。切忌不实际地要求展览营销人员一味追求招展目标，忽略个人与团队在招展过程中的成就感及荣誉感。在确保招展目标考核的公平性和合理性方面，应让展览营销人员更多地参与到决策的全过程，与营销人员一起参与对目标考核方法的制定，使其更加明确招展的目的与要求，从而增加展览组织者对招展进度的有效控制。招展目标考核的确定，应符合以下几个原则：符合现实情况，可以实现，可以衡量，同时也能使营销管理层与营销人员实现共赢。

(2)量化招展目标考核

确定营销人员具体招展目标非常重要，其方法就是量化考核目标。由于展览业涉及的范围比较复杂，经常会出现偏离目标的情况。量化目标就是希望营销团

队在一个具体的时间段能完成的指标或任务(如每日目标、每周目标等)。这些量化的目标如都在规定时间内顺利实现,就会有助于实现招展总体销售目标。整个营销团队与所有人一起分享量化目标,并随时互相提醒,相互激励,整个招展活动按预期实现的可能性就会大大增强。在量化目标考核的工作中,要科学地导入激励机制,在营销人员分享团队的工作效率与荣誉的同时,也要为优秀的营销人员提供表现与发展的空间,树立榜样。

四、展览招展进度管理

招展工作开始后,招展进度计划是评估招展工作的重要工具,由于市场情况瞬息万变,目标客户的信息也动态发生更新,招展工作也会出现各种各样的变数。因此,就非常有必要对招展进度进行有效的监控和及时的调整。对招展进度进行有效监控的方法很多,在实际操作中,有三种最为普及的监控方法:一是监控目标参展商招展效果,二是监控展位分配数量,三是将上述两者结合起来进行监控。

1. 监控目标参展商招展效果

以目标参展商是否已经参展为主要目标设置监控,招展人员将目标参展商名单列表,参考每次与各目标参展商的联系及对方的信息反馈的情况记录,再结合展览的宣传推广等营销活动,定期或不定期地将招展效果与招展进度计划进行对比,分析招展任务的完成情况。对暂时还没有参展的客户进行原因分析,采取进一步的招展措施吸引其参展。这种监控的不足之处:难以确切把握展馆展位的分配情况,不利于后续招展的展位分配。

2. 监控展位分配数量

以展馆展位是否分配为主要监控内容,招展人员根据展馆“展位分布平面图”,用不同的颜色标出已被参展商租用的展位,并注明租用该展位参展商的名称。随着招展工作进展,招展人员能清楚了解招展任务完成的整体情况。这种监控办法的缺点是:难以直接掌握具体目标参展商对展览反馈的意见,无法确切地掌握目标参展商是否参展的信息,不利于针对不同目标参展商采取进一步招展措施。

3. 同时监控参展商招展效果与展位分配数量

将上述两种监控办法结合起来对展览招展进度进行监控,既监控目标参展商名单列表,也监控“展位分布平面图”对展位分配的情况,根据掌握目标参展商是否参展和展位是否分配的情况,制定进一步的招展策略,获得更好的招展效果。第三种方法监控的效果最好,也更为实用,十分有利于招展进度的调控。

4. 协助参展商安排参展时间

在监控招展进度计划的同时,应协助对已报名参展的参展商进行参展时间安排,帮助他们进行参展时间管理。从参展商报名参展开始,看来充足的参展筹备时间,实际是十分紧张的。参展商参展,要设计展位搭装、选择参展展品、挑选展台人

员、安排展品运输，所有这些参展筹备工作的拖延，都会导致工作的被动。不少展览，都能听到参展商抱怨展览组织机构为参展商预留的时间不够用，其实，70%以上的原因是由参展商自身造成的。因此，为展览开展顺利，展览组织机构还要协助有需要的参展商进行参展时间管理。

协助参展商进行参展时间管理可从三个方面进行：

(1)协助参展商了解展览日程安排中所具的固定且不具调整性的特征(如展期、布展作息时间、展览品运送等)；帮助参展商制定针对其参展的筹展工作时间计划。

(2)将事务性的日程安排以表格形式通知参展商，帮助参展商及时安排相关事宜。展览组织机构通常会为参展商制作《参展商手册》。(如图 3 所示)

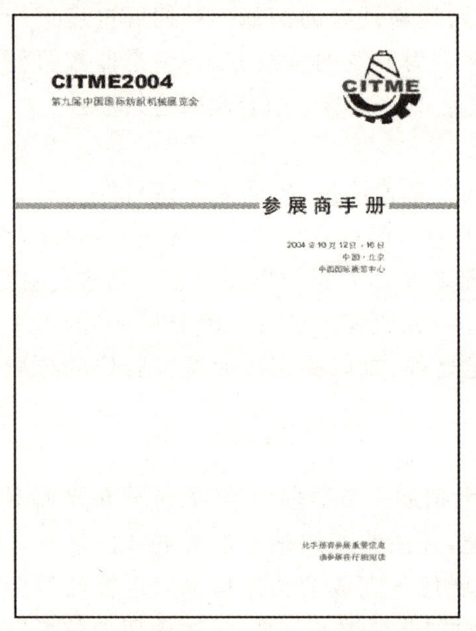

CITME2004

第九届中国国际纺织机械展览会

CITME

参展商手册

2004年10月12日-16日

中国·北京

中国国际展览中心

第九届中国国际纺织机械展览会

CITME2004

展览会相关时间安排

展览会开放时间

	CITME2004	时间
参展商	2004年10月12-16日	8:30-17:30
	2004年10月12日	9:30 开幕式
专业观众	2004年10月12日	10:00-17:00
	2004年10月13-16日	9:00-17:00

参展商报到时间

展位类型	日期	时间
光地展位	2004年10月8-11日	8:30-17:00
标准展位	2004年10月8-11日	8:30-17:00

布展及撤展时间

	展位类型	日期	时间
布展	光地展位布展	2004年10月5日	12:00-17:00
		2004年10月6-10日	8:30-17:00
		2004年10月11日	8:30-21:00
	标准展位布展	2004年10月8-10日	8:30-17:00
		2004年10月11日	8:30-21:00
撤展	水、动力电、气关闭	2004年10月16日	17:00
	[illegible]	2004年10月16日	17:30
	[illegible]	2004年10月16日	17:30
	撤展	2004年10月16日	17:30-21:00
		2004年10月17-19日	8:00-17:00

4

图 3 《参展商手册》

(3)请参展商确定本次参展的具体负责人或联络人名单，使展览工作人员能与参展商保持及时沟通。

五、制订招展应急预案

1. 招展可能失败的因素

招展工作并非是一帆风顺的，经济环境影响、市场发展变化、天灾人祸等情况都有可能影响招展工作的顺利进行，这些风险的发生且具相当程度的不确定性和无法预见性。因此，招展工作与其它工作一样，存在一定风险。如何事先能做好应对招展风险的准备，分析风险对招展工作影响的具体原因，对招展工作进行应急处

置，从而采取切实的组织措施，降低对展览影响，我国自 SARS 以后，众多的展览组织机构都将制定招展应急预案纳入了议事日程。招展可能失败的因素如图 4 所示。

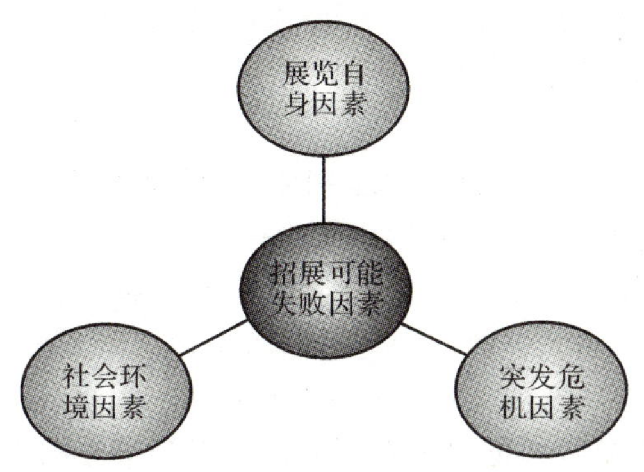

图 4　展览招展览可能失败的原因

2.展览应急预案的制订

应急预案的制定是在深入对以上三种可能发生招展“失败”的不同因素进行分析后，通过对当时环境的有效评估所制订相应的解决方案。招展应急预案有以下几个内容：

(1)如何在第一时间针对可能出现的危机可能性进行分析评估；

(2)在危机出现的第一时间迅速成立应急评估班子；

(3)规划财务预算或在展览组织机构的管理经费中设立危机的“应急基金”；

(4)危机处理的宣传方案策划；

(5)如何有效规避危机风险所构成的法律责任等。

针对招展过程中产生的具体“失败”情况的防范，预案还应增加相关的内容：

1)针对社会环境因素：

- 展览组织机构决策层应随时关注社会政治方面的形势和动态，从思想上保持必要的应急准备。
- 组织预备高素质的沟通团队应对由社会环境层面引发的难题(尽可能地与目标参展商进行积极沟通，解决一些招展过程中的实际问题)。
- 制定应急宣传方案及展览营销的调整方案(如展期延期举办、展商结构调整等)。

2)展览自身的因素：

- 展览组织机构要特别关注目标参展商针对展览的信息反馈，及时排除和解释招展隐患，化解可能恶化的危机因素。
- 加强对展览项目可行性分析的再研究，找出原因，提前进行预防，例如对展馆面积的租订要适当，并争取留有余地。

- 一旦展览招展出现难以挽回的情况，要尽早进行展览的项目转移处理，例如与其他类似的展览合并，以及补充其他展览内容扩大招展等。
- 出现最严重的内部管理因素而导致无法按期举办展览，要本着最大限度减少损失（经济与影响方面的损失）的原则，果断处理，尽早宣布展览改期、延期或停办，并对相关后果进行弥补。

3)突发事件因素：

- 在相关展览招展协议、合同等文件中增设“不可抗力”的条款；
- 为目标参展商购买相关的保险。

例如，2003 年“非典”疫情是极其严重的天灾人祸，展览招展无疑受到了很大影响，针对这种情况我国大多数的展览组织机构都选取了停办或延期展览档期的决定，针对招展过程中已发生经济关系的参展商进行了事后分别补偿的办法，有效地控制了危机恶化所带给展览组织者更大的经济与信誉的损失。（本文原发表于《中国展览》2008.3)

[会展企业营销与管理 1－3]

论会展企业知识型员工的管理

摘要：当前，我国会展业市场竞争形势日益严峻，不少会展企业有价值的知识型员工向外流失频率加快，造成人才严重缺失的局面，会展企业人力资源管理已成为重要管理目标。掌握有价值知识型员工的生存现状与成长需求，成为会展企业留住、用好这类员工，使之成为企业发展的一大动力，也是会展企业获得有利竞争地位的重要保障。

知识型员工的流动几率高于普通员工。这不仅是由于知识型员工具有自主性、个性化、多样化和创新精神等特点，更是由于知识型员工有着很扎实的专业知识，较强的独立性，通常因热衷于个性思维而忽略对企业的忠诚。本文拟探讨从企业管理层面，如何加强对会展企业知识型员工的人力资源管理。

关键词：会展企业　知识型员工　管理

以人才竞争为显著特征的 21 世纪，人力资本是最重要的资本，在会展企业表现得尤为突出。据研究文件报告①：2007 年我国会展业经营额为 1741 亿元人民币，占 GDP 总量 0.706%，两项指标相比 2006 年约有下降，但 2007 年会展经营单位数量的增长率却高达 20.6%，为近 30 年罕见。会展经营单位数量的快速增长，直接加剧了我国会展企业知识型员工的频繁流动，引发了行业人才资源的重组与分化，会展行业对人才的竞争更为激烈。

会展企业的竞争力水平往往取决于其知识型员工的产出质量和数量，因此，管理和激励知识型员工，使人得其位，位适其人，最终实现人尽其才，才尽其用，是会展企业在激烈的市场竞争中立于不败之地的关键。

---

① 张金海．中国广告产业发展 30 年的制度检视，[BD/OL]．http://academic.mediachina.net/article.php? id=5799　2008－07－30

一、知识型员工的基本定义

知识型员工按照马斯洛需求层次理论——Dream catcher Maslow's Hierarchy of Needs 来看，知识型员工更多的想证实自我价值的存在，这就要求他不断地填补、更新自己的知识，从而在企业中证实自我价值的存在，但一旦自己在企业中存在的价值被减少或忽略的同时，他们就会选择离开。他们有很强烈的成就欲望，愿意接受具有挑战性的工作，同时要求工作中获得更大的自主权和决定权。他们能自由选择企业，如果原有企业不能满足其需求，他们可能会另谋出路。

所谓知识型员工是本身具备较强的学习知识和创新知识的能力，并能充分利用现代科学技术知识提高工作效率的脑力劳动者。或者是根据彼得·德鲁克的定义，知识型员工属于那种"掌握和运用符号和概念，利用知识或信息工作的人"[①]。综合以上的论述，知识型员工是本身具有很强的学习、创新能力，并且已经拥有良好的专业素养，能熟练地运用自身的专业知识，为企业的运转提高效率、增加效益的员工的总称。

二、会展企业中知识型员工的创造性

会展企业中的知识型员工从事的创造性工作，不同于体力劳动，也不同于行政性和操作性的白领工作，而是依靠自己的知识禀赋和灵感，应对各种可能发生的情况，推动技术的进步、会展项目的创新与变异。

工作规程个性化。知识型员工的工作是大脑复杂的思维过程，不受时间和空间的限制，也没有确定的流程和步骤，自治性、自主性强，外人无法窥视和控制。

工作成果难以测量。知识型员工的工作极大程度上依赖于自身的智力投入，产品无形，难以测量，而且对于一些科技含量高的产品生产，往往是多个知识型员工集体智慧和努力的结晶，难以分割，这给衡量个人绩效带来了困难。

三、会展企业中知识型员工的个性特征

真正才华横溢的有用之才，往往是充满个性而难于驾驭的。会展企业知识型员工具有以下几个方面的性格特点：

较强的自主意识。一般人都有独立自主的要求，能力越强，独立自主从事某项活动的意识越强。由于知识型员工拥有企业生产手段意义上的知识，具有某种特殊技能，依仗这种保障，他们往往更倾向于一个自主的工作环境，不仅不愿意受制于物，甚至无法忍受上司的遥控指挥，而更强调工作中的自我引导，对各种可能性做着最大的尝试，不愿俯首听命，任人驾驭。

① 孟鲁洋，杜伟，论企业知识型人才的管理，[J].农业网络信息，2006(5)

独立的价值观。与一般员工相比，知识型员工更有一种表现自己的强烈欲望。知识型员工有着非常明确的奋斗目标，他们到企业工作，并不仅仅为了挣得工资，而是有着发挥自己专长、成就事业的追求，他们更在意自身价值的实现，并期望得到社会的认可。因此，他们热衷于具有挑战性的工作，把攻克难关看作一种乐趣，一种体现自我价值的方式。

在会展企业中，知识型员工的流动意愿较强。企业最有价值的资产是人们的知识、技能和不断创新的能力，而这一资产却存在于知识型员工的头脑之中，是企业无法拥有和控制的。由于大企业在资信、知名度和人力争夺战中的选才攻势等方面皆强于会展企业，因此，出于对自己职业感觉和发展前景的强烈追求，人才流动成为这一行业的普遍现象。

四、我国现阶段会展企业知识型员工管理现状

1. 完善、科学、规范的员工管理体系缺失

目前的会展企业并没有从开发人的能力角度出发，制订出符合企业未来需要的系统的知识员工管理制度，对知识员工管理缺乏制度性和规范性，仅仅只做了一些业务性工作，如补充人员、应付临时任务举行短期技术培训等，缺乏科学的员工绩效考评体系和完善的激励约束机制。在一些企业中特别是中小型会展企业里，只有简单的人员进出登记表，人员工资统计表等记录工具，难以对员工在企业里的全过程进行跟踪记录。知识型员工的工作效率普遍降低，工作积极性不强。许多知识型员工都认为他们只是高级打工者，对企业目标的实现缺乏认同感，造成会展知识型员工流动频繁。

2. 偏重知识型员工的使用价值，忽视为其创造发展价值

知识型员工是会展企业最重要的资源已成为许多企业及人力资源管理者的共识。但是这种认识基本上还是停留于“组织本位论”的水准上，亦即仅仅把知识员工及其他人力资源看作组织运作过程中的投入要素，只看重这种投入要素对组织目标的贡献价值，而忽略了知识型员工这种特殊生产要素自身目标价值的实现。没有考虑知识型员工的职业生涯发展，更没有把员工的职业发展与组织目标的实现相匹配，形成互为动力的综合发展途径。

3. 强调一般的使用，忽视培训与开发

企业的人才，包括现有人才和潜在人才。因此，人力资源开发应包括两层含义：一是合理使用和科学管理现有人才；二是指开发潜在人才，培养和造就未来人才。会展企业环境的不断变化以及长远目标的实现，都要求企业对现有人才的知识进行更新，发掘现有人才的潜能以保持企业发展后劲。因此人才开发的重要性是显而易见的。但是由于人才开发的投资与收益之间存在着较大的时差，且其效果不易量化等，目前很多会展企业在人才开发上不同程度存在短视症。这些企业

没有相应的人才教育、培训机制，当需要时就出去“挖墙脚”，还美其名曰“引进人才”，这样不仅打击了组织内部原有人才的积极性，而且也阻碍了企业内部人才的发展。

五、管理与激励知识型员工的策略

美国知识管理专家玛汉·坦姆仆以大量实证研究发现，知识型员工注重的四个激励因素及其比重依次为：

表 1

个人成长	工作自主	业务成就	金钱财富
33.74%	30.51	28.69	7.07

美国埃森哲咨询公司的前身美国安盛咨询公司经过 3 年的研究，发现激励知识型员工名列前四位的因素为：报酬、工作的性质、提升与同事的关系。

国内学者张望军和彭剑峰研究发现，激励中国企业知识型员工的前四位因素为：

表 2

工资报酬与奖励	个人成长与发展	有挑战性的工作	公司的前途
31.88%	23.91	10.15	7.98

国内学者郑超和黄攸立对国有企业 426 名知识型员工的调查表明，知识型员工的激励因素依次为：

表 3

收入	个人成长	业务成就	工作自主
48.12%	23.71	22.30	5.87

以上三组表格的数据来源：张可人，徐怀伏，《广告企业知识型员工的激励》①

根据上述研究表明，要管理好有用之才，并让其尽心尽力地为企业服务，企业内部顺畅的管理模式和先进的管理思想是关键因素之一。知识型员工的工作特点和个性特征决定了我们不能运用传统的管理方式来对待他们，而应从以下几个方面着手：

1. 营造相互尊重及和谐的工作环境，实行弹性工作制

工作场所中的快乐，是提供优越服务的关键。知识员工更多地从事思维性工

① 张可人，徐怀伏，广告企业知识型员工的激励，[J]. 华东经济管理，2006(4).

作，僵硬的工作规则对他们没有多大的意义，知识型员工更喜欢工作富有自主性和挑战性，喜欢更具张力的工作安排。因此，组织中的工作设计应注意考虑体现员工的个人意愿及价值，尽可能为员工创造一个既安全又舒畅的工作环境，在不断扩大工作范围，丰富工作内容，使工作多样化、完整化的同时，逐步实行弹性工作制，加大工作时间的可伸缩性和工作地点的灵活多变，并建立以团队友谊为重的企业风格和企业文化，使员工觉得工作本身就是一种享受。能在工作中大显身手，充分实现自我价值，才能最大限度地发挥员工工作的积极性和创造性。当然，也应避免过分强调自主带来的负面效应，不能一味地放任自流，而应对知识工作的速度和质量进行控制。

2. 改革管理制度，建立新型的企业人际关系

有人提出，管理的最高境界是"无为而治"，即通过对员工的内在控制来激发其工作热情。长期以来，我国企业对人才的管理，把"控制"看作是管理的基本职能，下属只有听从安排，服从需要。对于知识员工，单纯依靠严格的管理达不到预期效果，因为即使你采用强制手段，限制了人的流动，但你无法控制其工作程度和工作行为，其产出质量和数量必然受到影响。因此，应抛弃传统刻板的管理方式，突破原有的思维模式和动作方式，使管理方式更为多元化、人性化、柔性化，以激励其主动献身与创新的精神，主要包括：在机构内部建立公平、公开、透明的"赛马"机制，让所有员工在既定的、大家认同的规则面前，公平、公开地竞争，在充分的发展空间内优胜劣汰；其次，要建立健全有利于人际沟通的制度，提倡管理者与员工之间的双向沟通，靠理解和尊重，靠高尚的人格和互动的心灵建立管理者和员工之间的关系，通过这种心灵沟通和感情认可的方式，使知识型员工在自觉自愿的情况下主动发挥其潜在的积极性与创造性，愿意为之献身——"士为知己者死"。

3. 形成完善的激励机制，激发员工的主动性和创造性

在新经济时代，人才的竞争日趋激烈，知识型员工管理的一项重要任务就是要丰富现有的激励手段，实现激励体系的多维化发展，以满足人们随生活质量的提高而出现多种需求的需要，从而激发知识型员工的工作热情和创造力。首先，要提高知识型员工的工资、福利待遇。对会展企业知识型员工来说，薪金是衡量自我价值的尺度，高出市场平均价的薪金，哪怕只有一点点，亦会让员工感到企业对他们的器重。另外，也要提供一份与工作成绩和生产率挂钩的报偿，把员工的贡献收益与企业的发展前景紧紧捆绑在一起，可行的方式是风险同担，利益共享，目前已出现的购股权、知识参与分配，就是颇具典型的尝试。

4. 建立知识产权保护机制

知识产权保护是与人才激励机制密切相关的重要问题，因此必须建立起有效的知识产权保护机制，保护知识产权的载体——人对其有控制权、转让权和因其使用而有所获得的收益权，从而保证知识资本投资的高收益，鼓励更多的创新与发

明，发挥知识型员工对企业发展、对国民财富增长的巨大作用。

5. 注重员工精神需求的满足

物质利益固然是发挥积极性的基本因素，但精神需求也是一种巨大的推动力，是较物质需求更高层次的需求，可以持久地发挥作用。因此，在提高知识型员工的综合待遇时，要侧重工作满足感，包括工作的挑战性和趣味性，允许创造性和实现个人满足等内容；成绩的认同，包括同事和上司对其工作成绩的认同等非经济方面的努力。

6. 为员工提供学习、培训机会，重视员工的个体成长和事业发展

毋庸讳言，人最关心自己的利益和价值，知识型员工的薪水和生活是有保障的，他们来到组织中的目的，是在争取劳动报酬的同时，寻求一种自我价值的实现，追求高层次的自我超越和自我完善。因此，企业除为员工提供一份与贡献相称的报酬外，还应健全人才培养机制，为知识型员工提供受教育和不断提高自身技能的学习机会，使其具备一种终身就业的能力，同时，要充分了解员工的个人需求和职业发展意愿，为其提供富有挑战性的发展机会，创造开拓发挥的最大空间，包括授权管理和内部提升机制两个方面，即让员工在工作中有发言权和一定的管理决策权，提供适合其要求的上升道路，让知识员工能够随企业的成长及贡献，获得公平的职位升迁，或是创造新事业的机会，让员工能够清楚地看到自己在组织中的发展前途，使之与组织成长期合作、荣辱与共的伙伴关系，为企业尽心尽力地贡献自己的力量。（本文首次发表于《中国展览》2005.7，再次发表系与方玲玲博士合作刊录于《现代城市》2009.1）

参考文献

1. 张金海. 中国会展产业发展30年的制度检视[BD/OL]. http://academic.medichina.net/article.php? id=5799 2008－07－30
2. 孟鲁洋，杜伟，论企业知识型人才的管理，[J]. 农业网络信息，2006(5)
3. 张可人，徐怀伏，会展企业知识型员工的激励，[J]. 华东经济管理，2006(4)
4. 黄彬，会展企业应重视知识型员工的管理与激励，[J]. 中国展览，2005 (7)

On the Management of Intellectual Employees in Enterprises of MICE Industry

Huang Bin, Fang Lingling

Zhejiang University, City College

Abstract: In the intellectual economy times, enterprise of MICE industry is the leading and supporting industry. How to encourage the intellectual model of staffs, make the best use of their creativity and bring them into play is the key of the success of enterprise of MICE industry. On the basis of actuality and reasons of intellectual model of staffs in enterprise of MICE industry, the article explains how to encourage intellectual model of staffs effectively. This paper introduces the meaning of intellectual l employees, the necessity of intellectual employee's management and management policy, and builds the management system of intellectual employees.

Keywords: Enterprise of MICE industry; Intellectual employees; Management

[会展企业营销与管理 1-4]

企业如何参展实现营销目标

在现代营销中，展览会承载着企业形象的整体宣传、新产品营销、专业信息收集、展开企业公关等重要的功能，已越来越被企业管理与经营者认同。因此，在金融海啸的经济背景下，我国会展业仍不为所动，健康发展。会展业的相关产业链也逐步形成与完善，展会呈现出专业细分、精品荟萃的大趋势。

参加展览会，提升企业知名度，宣传与推介新产品已成为企业经营战略的重要组成部分。如何有效地充分利用展览会，让展览会成为现代企业最佳的销售与营销工具，实现企业的长期经营目标，是许多企业关注的问题。基本可分为展前、展中与展后三个阶段：

一、展前阶段

企业需根据自身产品特点与企业发展情况制定参展目标。企业制定参展目标时，主要可考虑四个方面的参展价值：

1. 如何通过参展维护或树立企业的形象？对新参展企业而言，如何通过参展实现企业在短时间内与目标客户建立关系，进入市场或被同行业接受；对老企业来说，如何选择参加有影响有规模的专业展，利用展会与客户建立互动渠道。
2. 如何通过参展增加对市场的了解？通过参展了解其他企业的发展、产品状况，甚至有价值的商业情报。如何与观众互动中发展市场需要与潜力。事实上，参展过程中采集信息往往会比传统的市场调研更直观和准确。
3. 如何通过参展宣传产品和服务？展会已成为整合营销传播中的第五大传播工具，利用展会平台充分展示产品，增进客户对产品和服务的了解，从而建立产品的销售市场与核心竞争力。
4. 如何通过参展实现销售与成交？企业如何合理地利用展览的时间与空间建立与目标客户间的直接对话，从而达成购买协议或意向，

这需要对展会环境与展览组织者观众组织有深入的了解，从而制定营销策略与规划。

确定参展目标后，企业需采集展览信息并进行筛选。如展会往往有国际展与国内展之分，综合展或贸易展之别，企业参展是侧重产品展示或侧重贸易交流。这就要求参展企业对展览的性质、规模和范围有所了解，再进行比较作出选择。展会组织机构是办展成功与否的核心，所以要深入了解展会组织机构的情况。另外，对于专业展来说，参加展览的时间与场地也非常重要，这些因素会直接构成影响观众参展的重要因素，也关系到产品获得市场时机与策略。

参展预算在展前阶段需科学、合理规划，制定预算时一般需考虑以下内容：展位购买、展位布置、促销赠品、展品运输、视听器材、电力开支、通讯费用、附属材料、人员、广告、机票和酒店住宿等。通过撰写一份详细的评估报告来分析投资回报率的情况以及对产品潜在市场推广的作用。

企业为取得参展成功，展前阶段尽可能向新老客户寄发邀请。利用参展机会与老客户或潜在的客户分享新产品与服务项目。也可使用展会提供的展商专用请柬为企业参展作相关的宣传。在国外，贸易观众决定参加某贸易展览会的一个重要原因，就是因为收到参展企业所发出的请柬。因此国际营销专家建议应该将25%的参展预算用在邀请目标客户的请柬上。最近，很多展览组织机构推出了贸易撮合服务，提供参展企业买家邀请的增值服务，参展企业在展前需充分与展览组织机构沟通并达成贸易撮合服务的基本共识。

二、展中阶段

笔者根据办展实践中总结的经验，就企业参展效果归纳了以下方面参展商应注意的事项，以改善企业参展的效果：

展会期间，企业派出的参展人员应布置相应的参展任务与参展规范，如：应坚持站立参展，给买家与专业观众留下随时乐意提供服务的印象。强化企业参展人员的形象与参展效果的提升具有非常积极的意义与正面的影响，简单归纳以下几点参展建议：

1. 坚持参展期间，参展商在有限的展位空间，不应看闲书与报刊。应充分把握机会引起目标客户对企业与产品的注意，吸引买家与专业观众停下来，对企业与产品进行咨询，精神饱满地回答有关问题，提升目标客户的信心。如参展人员在展位上看报纸或杂志，机会也就因此会从身边流失。

2. 参展工作期间，展会上应杜绝随意吃喝现象。粗俗、邋遢和事不关己的表现会使所有潜在客户对参展企业产生极差的印象，继而影响目标客户对参展企业的企业文化、管理水平、员工素质、产品质量的负面印象，从而导致对企业或产品的疑虑或不信任。

3.参展期间应竭力避免怠慢客户的行为，如参展人员工作正忙，需先与客户打个招呼或让客户能加入商务交谈的环境。如参展人员正在与参展伙伴或隔壁展位的人谈话，如遇客户到访也应自觉停止交谈接待客户。因为，参展商参展的重要目标就是关注与发现每一个潜在买家与专业观众。

4.参展期间，要注意接打手机的方式与时间。不恰当的电话，每一分钟就会相应减少与潜在客户交流的时间。从而直接影响企业在展会上的业务目标。在展会上，即便只能找到一个好的潜在客户，也是一种成功。而不恰当的接打手机，往往可能会使参展商与潜在客户失之交臂。

5.注意使用合适的方法利用参展机会派发资料。这不仅是因为宣传资料费用不菲，让成本很高的宣传资料白白流失是一种资源浪费，很多企业对这方面的重视程度不够，所以导致浪费产生。对有意向与兴趣的潜在客户索取名片或联络方式，再确定分发资料的种类与数量是理智型参展商普遍采用的方法。

6.参展期间，参展商要做到对买家与专业观众不以貌取人。展览会上唯一要注重仪表的是参展单位的工作人员，客户都会按自己的意愿尽量穿着随便些，如牛仔裤、运动衫、便裤，什么样的都有。所以，潜在客户的穿着与参展的效果没有直接影响。

7.参展期间，参展企业在展位上创造一个温馨、开放、吸引人的氛围，对参展效果将会产生正面的影响，如不注意对参展氛围的营造，甚至出现形成两个以上多参展伙伴或其他非潜在客户群聚闲聊的气氛，直接影响参观展位的其他买家与专业观众对参展企业总体印象的态度。

8.参展期间，通过特定的时间与空间，热情地宣传参展企业和产品，如何做到以买家或专业观众看来，宣传时的感染力与满腔热情。应教育参展人员提高参展技巧，充分认识到自己代表着参展企业。无论是言行举止和神情都会对参观者认识参展企业或参展产品产生正面或负面的影响。

9.努力记住潜在客户的名字并能做到善用。人们都喜欢别人喊自己的名字。在谈话中不时提到，会让他感到自己很重要。大胆些，直接看着参观者胸前的名牌，念出他们的名字。遇到难读的字，还可以询问，以此来加深相互了解与认识。使用适当，你便有可能轻松地与潜在客户建立良好的关系。

10.展会期间，媒体也许会到你的展位找新闻。因此，要安排专人作为企业与媒体的联系人，以确保对企业的宣传口径始终如一。如果每个参展的工作人员都可以与新闻界交谈，那么将会有很多困扰。因为无论对员工的训练如何有素，保持统一的口径也是不容易的。

三、展后阶段

展后阶段，参展企业需对展览效果进行评估，评估的内容可根据企业参展目标

来进行，笔者认为以下几项评估为企业发展的作用最有效：

1. 是否利用展览尽量多了解行业间的竞争对手或尽可能多地搜集有关竞争对手的资料。通过参观竞争对手的展位，了解他们推出的新产品。采集一切有助自己事业的信息，如对方的定价、产品比较、付款条件、交货方式等等。

2. 是否充分利用展览进行现场调研和信息收集？研究竞争环境是展览会的独特之处，这不仅是由于专业客户会提供相关信息，更是因为行业竞争对手与参展企业“同台竞技”，大量有效信息与做法是企业今后发展中需借鉴的。

3. 是否充分采集了顾客的评价？展前制定的营销策略及其实施效果如何？找找自己的产品、销售人员、展品、宣传资料与同行间的差距与原因。将参展作为一项学习与提高，可以从以下方面思考：

1)参展企业与同行间的差距是积极还是消极？

2)目前的差距有多大？

3)造成这种差距的原因与时间？

4)在客户眼中，这种差距对企业成长有何影响？

5)如何应对这种差距及竞争对手？

6)如果参展企业占据优势较大，竞争对手是否很容易赶上？

7)参展企业如何保持这种优势，可以保持多久？

8)除了竞争对手，还有什么因素会影响企业的竞争优势？

不少参展企业在参展过程中经常会出现参展效果不好，投资回报率低的情况，参展企业可通过对展会的评估为下次参展提供决策支持：

1. 本次所参加展览的参展费用是否过于低廉？展览组织机构制定出低廉的展位费包括展前宣传、搭建、信息等各项服务，但在关键服务上却大打折扣，从而直接影响了参展效果，特别是观众组织不力方面的原因；

2. 本次所参加的展会是否表面声势浩大，无所不有，但“博大”却不“精深”。展览现场发现无论参展商或观众都显得比较杂乱，没有明确主题与专业细分管理，因此，未能达到参展预期效果；

3. 本次参展的销售业绩如何？显然，企业参展不可能在很短时间就签定意向或合作合同。但通过展会这种更直接更亲近更立体的企业宣传形式，企业在展会期间是否充分展示企业和产品，接触到新老客户，挖掘了市场潜力是可评估的。(本文原发表于《中国展会》2009.12)

[展览营销实用技巧 2－1]

电话营销

长期以来，展览组织机构已经认识到电话营销作为展览项目的推广工具，在实用性、准确度，以及激发目标参展商参展决策与实时反馈方面的重要作用。电话营销是靠声音传递信息的艺术，营销人员需利用极有限的时间将展览项目的基本要素传达给目标客户并激发他们参展的热情。如果没有办法在最短时间内激发目标客户的兴趣，通话就可能随时被终止，因为目标客户不喜欢浪费时间去听与自己无关的事情，除非通话会使他们感觉有某种价值。

因此，在电话营销过程中，营销人员需通过“听觉”去“看到”目标参展商的所有反应并判断营销方向是否正确。同样地，目标参展商在电话中也无法看到营销人员的肢体语言、面部表情，只能借助所听到的声音及所传递的信息来判断对这个展览是否有兴趣或是否可以信赖营销人员提供的信息的真实性，由此来决定是否继续这个通话。在电话营销的最初过程中，营销人员需控制通话节奏，以期达到两个基本目标：

电话营销的主要目标

根据展览的具体特性，确认目标客户是否为真正的目标参展商；约定合适的通话时间与方法，让目标参展商了解展览的概况与服务项目，引起目标参展商的重视；确认目标参展商何时可以做最后决定并确定目标客户参展报名时间。

电话营销的次要目标

通过电话营销尽可能多地获取目标参展商的相关资料，与目标参展商建立长期信息交互的关系。

电话营销是感性而非全然理性的销售过程。在展览营销实践中，电话营销的效率性与便利性是通过营销人员的个人魅力与技巧来实现的。展览组织机构要促成电话营销工作成功，需要对营销人员进行电话营销技巧的训练，同时还要有良好的系统支持，并需配置 CRM 管理软件。

一、电话营销工作需要专业化的培训

高效率的电话营销与销售队伍的招聘、培训、激励、组织体系管理、计划等因素有密切关系。拥有一支高效的电话营销团队是电话营销工作成功与否的关键，因为展位销售是由电话营销人员来完成的，与参展商的关系是由他们建立和维护的，参展商是否信任展览组织机构与营销人员的工作密切相关，参展商对展览组织者的第一印象是通过电话营销人员的工作来实现的。

在电话营销人员全面熟悉展览组织机构与展览的基本情况后，展览组织机构需对电话营销人员的基本技巧进行系统和有组织的培训。培训的内容有四个方面：

1. 了解目标客户参展动机

参展商的参展动机不尽相同，但基本动机有两类，一是希望通过参展而获得某种实效。二是参展时有效控制参展成本，减少参展所造成的相关经济风险（如展览效果不好，营销成本过高等）。目标参展商决定参展时还会对展览有具体的“需求”及“期望”，所谓“需求”就是展览所必备的要素（如展览题材的针对性、展览的规模、宣传、影响力等等），而“期望”则是展览组织机构能在展览中提供的增值服务部分。概言之，目标参展商的参展动机构成最重要方面就是：经济效益、方便性与安全感。因此，电话营销在强调参展必要性的同时，还应对展览服务的增值性加以客观的介绍，以强化展览营销的整体效果。

2. 为目标参展商准备参展建议方案

为目标参展商准备参展建议方案是国际展览组织机构普遍采用的营销技巧，是说服目标参展商迅速评估参展动机的有力举措，展览营销工作实践证明，目标参展商普遍渴望展览的相关信息能与参展商的基本需求对称，如展览的题材、展览的规模与权威性、竞争企业参展商的参展情况、如何参展、参展商报名与展位安排情况等。因此，电话营销重点应从抓住目标参展商所需对称的信息着手，积极为目标参展商做好参谋，使目标参展商通过电话营销中获得对参展的一些具体建议。

3. 了解目标参展商的背景资料

在实施电话营销过程中，营销人员需详细对目标参展商的相关资料进行研究。如果展览组织机构已导入了 CRM（客户关系管理）系统，就需对目标参展商所在的行业、规模、有否参展记录、被联络人的职位、历史联络记录等情况进行了解。只有仔细研究以上资料，营销人员才能做到有的放矢，才能明确电话营销中应该把握的重点。

4. 训练电话营销人员建立个人魅力与谈话技巧

在电话营销中，如何让目标参展商透过营销人员的声音感受到关心及友善，如何将营销人员的笑容融入声音，如何使电话营销的工作做得更出色是电话营销成

功的关键。成功的电话营销人员可以从目标参展商的声音中判断其对推荐的展览项目所持积极或冷陌、有兴趣或漠不关心、耐心或急促、接受或抗拒的基本态度。并用自己平静的心情,沉稳有力或具有感染力的声音来传达有效的展览信息与服务建议,从而形成电话营销的独特魅力。电话营销的技巧归纳起来有以下几个方面:

(1)讲好电话开场白

电话营销的开场白如同书名或报纸的大标题,使用得当,会立刻使人产生好奇心并想深入了解。反之,则会使人索然无味,不想继续听下去。因此,在初次打电话给目标参展商时,须在 15 秒内做展览组织机构与自我介绍,引起目标参展商的兴趣,让目标参展商愿意继续谈下去。要使电话营销顺利进行,营销人员首先要清楚地让目标客户知道:

- 我是谁/代表哪家展览组织机构或哪家展览的组委会?
- 打电话给目标客户的目的是什么?
- 展览组织机构的服务或展览给目标客户带来什么价值?

为了营造双向沟通的良好效果,营销人员要避免讲话所占通话时间过长,只顾向目标客户推销展览,以致目标客户失去耐心。如果条件允许,最好能用 2/3 的通话时间去聆听目标客户的需求与意见反馈。

(2)把握与关键人物(Key Person)的通话

在电话营销过程中要充分把握与关键人物的通话技巧,所谓关键人物(Key Person)可能是决策人物(如总裁、总经理等),也可能是具体部门的负责人或是决策层的秘书等。营销人员与这些关键人物通话时,要做到:

- 准确地表明自己所属的展览组织机构或展览组委会及自己的姓名;
- 通话过程中,要把握语音与语速的节奏,语气中要显得有自信;
- 措词不能过于客套或显得有求于人,而应不卑不亢,有分寸,有原则;
- 通话中避免劝说目标客户一定要参展,而应强调尝试为客户所提供的有效服务;
- 如遇秘书类关键人物,应说服他(她)协助营销人员向高层传达相关信息;
- 向对方表明时间安排很紧,需预约才能挤出时间,而不是随时有空;
- 想方设法确认谈话的对象有多大的决策权限;
- 从通话中找出相关信息,如目标客户对展览的兴趣点,曾参加过何种类似的展览,目标客户确定参展的内部决策程序与做出最后决定的时间周期等。
- 通话应建立良好的氛围,尽量鼓励目标客户多说话,有效地进行互动性沟通;
- 在通话时间段应经常确认谈话的主题是否偏离预定目标。

(3)掌握有效提问的技巧

通话过程中，营销人员通过有效的提问能进一步采集目标客户的相关信息并能引导目标客户的思路转向对展览的兴趣及与营销人员的互动上。如：展览组织机构或展览组委会为参展商提供哪些增值服务，需了解目标参展客户以下信息：

- 目标参展商的企业性质(国营、民营、独资、合资)；
- 目标参展商是否设有专业管理展览的部门(大中型企业在营销部设有参展专员)；
- 目标参展商每年参加什么样的展览，一年有多少次；
- 目标参展商对本展览是否有了解，有无意向参展；
- 根据经验，参展商期望提供哪些服务以解决贵公司参展过程中的实际问题，等等。

(4)重新整理并重复客户观点与回答要点

在通话前，营销人员应准备好纸与笔，以便通话时能随时将目标客户所提及的重要问题以提纲的形式记录下来，做到边通话，边整理。在合适的时候，清楚地向目标客户复述他的观点或回答要点，使其清楚地感受到营销人员自始至终在聆听他的观点与需求，尊重与重视目标客户的需求与意见，可以使目标客户直接产生对营销人员素质及服务品质的认可，从而转化成目标客户对营销人员的信任与依赖。

(5)客观介绍展览项目内容与服务特式

通话中，营销人员应客观地向目标客户介绍展览项目的具体内容与服务特式，不要随意扩大展览功能与不确定的服务内容。目标客户将会有兴趣了解展览的买家组织(贸易观众或专业观众)的情况，营销人员应特别认真或详细地回答这些问题。展览的买家组织是对目标参展商提供的最直接、最关键的服务，因此，营销人员应对招商情况非常熟悉和了解，在通话过程中将这些信息详细地传达给目标客户。

(6)认真处理棘手的和容易引起争执的问题

在处理棘手的和产生争执的问题时，营销人员通常总习惯急于证明目标客户的想法不对，结果造成双方你来我往，谁也不肯相让的结果。正确的做法是营销人员应站在目标客户的立场做换位思考，尽量让双方对棘手的和容易产生争执的问题有所沟通与交换意见。并妥善地处理与解决，最后达成双方的共识。这些问题产生的原因不外乎涉及以下方面：

- 目标客户不需要所提供的展览服务(这种目标客户应及早放弃，以免浪费时间)；
- 营销人员的销售技巧不好，无法有效回答目标客户所提出的问题；
- 营销人员对展览项目与服务的描述过于完美，让人生疑；
- 参展费用太高、目标客户的销售经费中没有参展预算等问题；

- 目标客户需对展览项目进行研究与评估，不希望太快做出参展决定；
- 不想在电话上浪费时间，尤其当目标客户正忙于其他事务时；
- 营销人员提供的展览与特式服务的信息不够充分；
- 展览项目与目标客户实际需要的信息不对称，因沟通不够，使目标客户害怕被骗。

营销人员对通话过程中可能出现的棘手或产生争执的问题应有心理准备，在通话时能及时将问题的焦点与解决方法记录下来，并经常将这些问题及时归纳总结，为今后处理类似问题时做相关的参考。

(7)如何有效地结束通话

通话进入最后阶段，会产生两种结果，即营销成功或暂时不成功。如果营销不成功时，营销人员在结束电话时，一定要非常礼貌地结束通话，其理由有二：第一，现在虽未谈成参展的具体销售目标，但当目标客户未来有参展需求时，如果营销人员给他留下了良好的印象，成交的概率会大大增加。第二，能使营销人员保持积极和乐观的态度思考问题，如果营销人员因为目标客户这次没有同意参展，就产生负面情绪并将负面情绪带到下次通话，这势必影响营销人员及目标客户继续沟通的效果，继续营销就会出现障碍。

如果参展成交时，营销人员同样应采用正面积极的方式结束对话。建议有二：第一，通话时间不宜太久，如果针对展览服务与效益的话题讲得太久，反倒会引起目标参展商新的异议与问题。第二，注意通话时间的节奏，不宜太快结束电话，以致忘记或忽略与目标客户确认某些重要信息。因此，营销人员与目标客户结束通话时，建议使用以下方法：

- 向目标客户致谢，感谢其信任与支持，确认通话是愉快和富有成效的；
- 再次确认目标客户的基本信息与希望获得的服务与需求；
- 肯定或强化目标客户参展决定的意义与正确选择；
- 提供目标客户随时能得到服务支持的联络方式（如办公电话与私人手机）。

(8)事后跟进电话

当营销人员的展览营销处于成交阶段时，营销人员需先确定目标客户是否是真的目标参展商，如果答案是肯定的，就需安排下一次通话时间，提供更进一步的信息与咨询服务支持，积极巩固电话营销的成果：

- 先确认对方是一个值得继续开发的目标参展商：

①对参加展览有兴趣；

②对展览服务项目有具体需求；

③或对其他展览项目有意向；

④对是否参展有决策权。

- 从首个通话到跟进电话这一时间段内，营销人员须完成下列准备工作：

①邮寄或传真更进一步的展览资料给目标客户；

②预想目标客户可能提出的其他问题，并找出合适的回应方法。

• 告诉目标客户从首个通话到跟进电话间，他需要做些什么 。

如："王先生，我最迟会在星期三将您要的资料给您传真过去，烦您先看一遍，有什么问题您随时可以联络我或我在星期五再打电话过来与您讨论其中的重点，是否能告诉我通电话的时间定在上午还是下午更好？"

二、电话营销需良好的系统支持与CRM管理软件

CRM客户关系管理软件是电话营销工作中最主要的管理工具。合适的CRM客户关系管理软件在提高展览营销效率的同时，也为决策层管理和分析客户资料，制订合适的营销策略提供科学的决策依据。将电话营销记录输入CRM管理系统，可以帮助营销管理人员积累关于目标客户的多种信息。如果营销电话没有激起目标客户的参展热情时，则还可以进一步了解目标客户对参展失去信心的具体原因。只有确定构成电话营销效率不高的成因时，才有可能通过对中短期营销计划的调整来进行改善，对年度或长期的展览营销策略规划并实施指导。

因此，电话营销人员应将与目标客户的每次通话结果随时输入CRM系统，并根据CRM的管理功能，以最近通话时间、电话区号、邮政编码、客户特性或其他标准圈选开展电话营销的分类客户群，从而有针对性地进行跟进或开展进一步的电话营销工作。树立科学管理理念，运用现代科技手段，是当前提高电话营销工作效率和核心竞争力的有效途径。

三、电话营销需广告、信件直邮等相关营销活动的支持

各种形式的展览营销与市场活动的价值在于创建有明确需求的目标客户，或者吸引有明确需求的目标参展商。从这个意义上讲，展览组织机构的广告、信件直邮等相关营销活动做得好，当电话营销人员打电话给目标客户时，他已从各种途径了解了展览的具体信息与展览组织机构的一些营销方式时，电话营销人员与客户间的沟通就相对容易得多，在许多方面也容易达成一致。因此，电话营销不是孤立的，它需市场营销活动的积极支持和配合，尽管电话营销从某种意义上也是市场营销活动。

特别是随着展览市场争夺目标客户的竞争日益激烈，加上垃圾邮件和广告的混乱，电话营销还是可以成为展览对目标参展商进行有效推广的强大工具。（本文原发表于《中国展览》2006.2）

[展览营销实用技巧2－2]

传真营销

传真具有快速、安全、直观的特点，也被广泛应用在展览营销中。它和招展函的其他发送方法具有同样的宣传效果，而且传递时间更短、速度更快。

要利用传真营销取得良好的业绩关键在于是否能够确定目标客户的传真号码，而且在传真前需与目标客户有过初步或一定程度的沟通。确定目标客户的传真号码后，就可以向他们发送具有针对性及参考价值的与展览信息相关的材料，成功概率一般很高，投入产出比也很高。在发送传真时一般要注意以下步骤：

一、传真的基本内容

1. 使用专用的纸张，纸张上要标有展览组织机构的名称、营销人员姓名、地址与电话号码。传真所使用的专用纸张应显示出展览组织机构的档次与职业风范。
2. 需确认目标客户的姓名、职务以及参展企业名称的正确拼写。
3. 也可使用固定格式传真，在使用称谓时需特别注意要有的放矢，因为在有些目标参展企业或公司对此非常敏感(如目标参展商对参展具有定向的选择)。
4. 起草正文。正文应针对某个特定的目标客户，应向目标客户介绍展览组织机构、展览项目与营销人员的基本情况，以及展览的内容和所提供的各种服务项目情况。
5. 正文要使用正式的书面语言，文字要简洁、语义明确，同时需营造双方间的融洽氛围，使目标客户感到热情洋溢和令人振奋。
6. 确保在正文上有展览组织机构领导或经办营销人员姓名的签字并签署日期。

二、传真正文的写作要求

1. 有效的传真正文应当易于阅读，且要简洁，有四至五个简短的段落

就足够了。

2. 尽量将传真正文的长度控制在一页之内。如果不得已要用两页，确保发送人的姓名出现在第二页上。
3. 正文第一段应该能够引起目标客户对展览组织机构与展览项目的兴趣，并激发目标客户的热情。
4. 正文第二段需介绍展览项目的一些组织情况与展览价值，满足目标客户对展览项目了解的基本需求，如展览的历史、品牌、主办机构、规模与发展状况等。
5. 正文第三段应表明展览项目所取得的突出成就、荣誉、参展商与贸易观众的组成情况，直接有力地支持第二段内容。如果可能的话，尽量以数字量化这些成就。
6. 正文第四段需介绍展览营销的内容，告诉目标客户如何申请参展，可查询的相关展览项目网站、展览营销部门的联络人与联络方式等。
7. 正文第五段应非常简短，结束传真并表示感谢。
8. 使用敬语结束正文并标明所附招展函或其他附件的名称。
9. 确保签署发送人姓名和发送日期。

三、传真正文写作时需避免的错误

1. 确保正文有职业风范。
2. 确保正文中不出现错字、别字，拼写、打印和语法错误。
3. 确保正文简短达意，不要杂乱无章，言之无物。
4. 在正文中应回避出现负面和相互矛盾的话题，相关信息要认真核实。
5. 不要说谎或者夸大其辞，对展览项目与服务等的描述要做到客观真实。
6. 切忌滥用代词“我”，应以展览组织机构或展览项目组的身份来与目标客户进行沟通。目标客户愿意接受来自具有权威性的信息或感受被重视的感觉。

写好传真正文，将有关招展资料，如招展函、展览展位平面图或其他目标客户提出的资料一起发送，但需在传真的首页上标明总页数与当前页号，以便使目标客户确认是否完整地获得这份传真的所有资料。

四、群发传真

随着电子技术的成熟与网络技术的广泛应用，群发传真是在传真基础上发展起来的另一种用于展览营销推广的创新技术，具有先进、智能、快速、简洁的特点。已逐步发展成展览组织机构与目标参展商或往届参展商信息交流的有效手段。根据经验表明，群发传真对于在展览临界截止期限时的报名促销尤其有效。在成本

方面，群发传真也较直邮低廉许多。

群发传真是由电脑执行的一项传真功能，通过在电脑操作系统上安装传真收发软件，实现用电脑向其他传真机发传真、自动接收传真、群发传真、转发新接收到的传真到电子邮件、定时发送传真、IP 电话发送传真等多种功能。能够为展览组织机构节省办公费用，同时能够有效地为展览营销活动发送传真广告。目前群发传真软件有三种形式可以获得：

1. 电脑操作系统已捆绑了此类软件（如 Windows XP 系统本身附带此项功能）；
2. 软件开发商在网上所提供不同下载方式的群发传真软件；
3. 会展管理系统中所自带的群发传真软件（如：西安远华开发的 3W Show 会展管理软件就带有此项功能）。

群发传真软件具有系统设定、数据管理、文档管理等多项功能，能及时导入电脑系统中的各项文档，并精确地将营销人员拟好的材料按软件设定的方式自动发送到目标客户手中，具有全天候、不需值守、无纸办公、精确记录、资源共享等优点：（如图 1 所示）

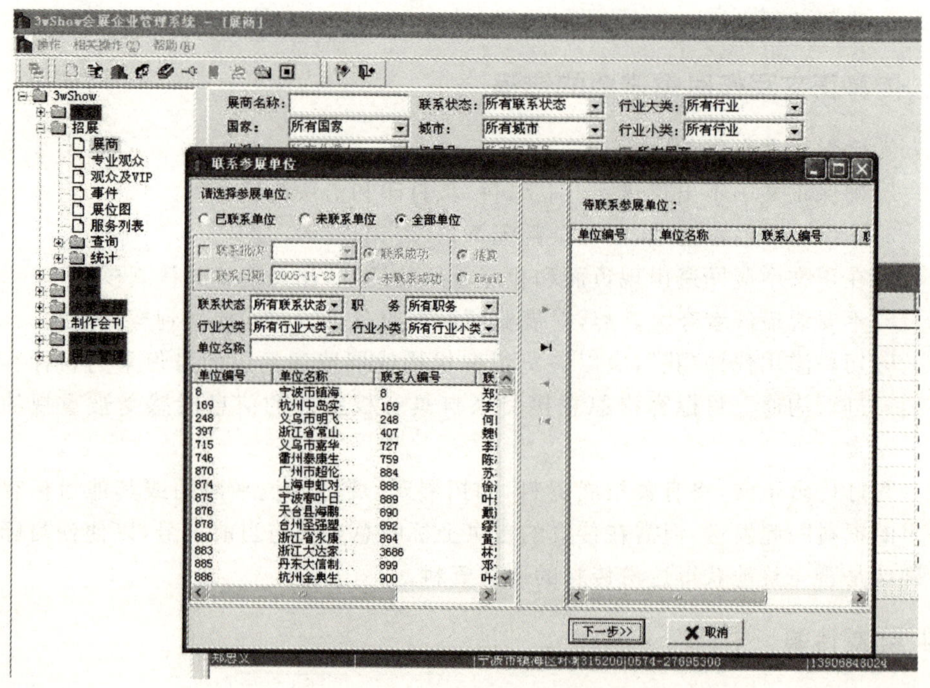

图 1　3W Show 会展企业管理系统中的群发软件模块

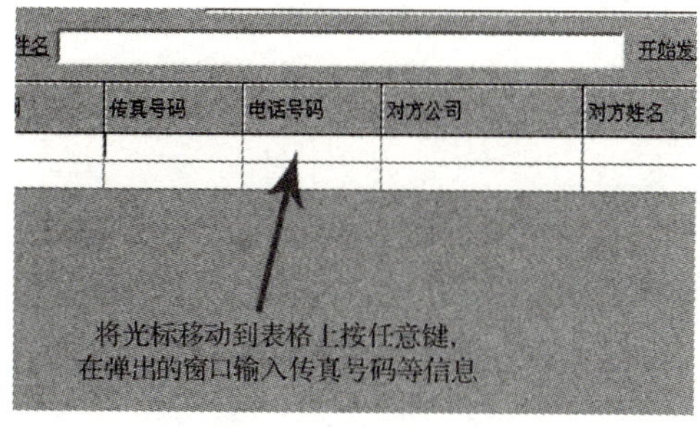

图 2 导入电脑文档

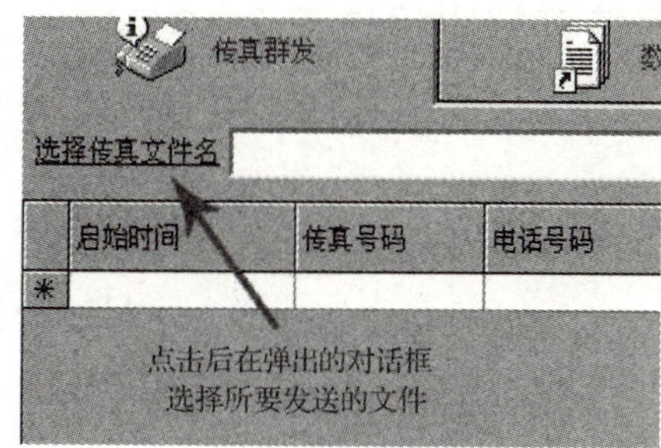

图 3 输入传真号码

群发传真的应用文档格式与普通传真基本相同,需有正文与附件,营销人员只需将普通传真电子化就行。但与电子邮件类似,有些国家与地区对此种推广方式具有法律的限制(如美国、欧盟等),因此,对这些国家与地区进行群发传真时须遵守如下规则:

- 必须在传真中注明展览组织者身份或以正式的格式(如:发送组织的 Logo 或自行设计的传真格式"封面");
- 向收件人说明收到该传真的原因,可以标明:"鉴于您曾经参加过某某展览"。
- 必须说明推出群发传真列表的方法。例如,"如果您不希望收到群发传真,请在本页底部的相应选择框中打勾,并传真回……";
- 尽量将传真正文内容限制在 1 页以内;
- 传真的图文编排以及文案撰写须遵守有关规则,信息清晰、简练且具激励性;
- 绝对不能给未曾有业务接触(从未参观或询问过展览)的目标客户发传真。

展览组织机构在展览营销组织过程中可以参考与借鉴国际展览组织机构或品牌展览在组展中使用的传真格式与风格,根据自身的展览特点与内容进行相关的调整。(本文原发表于《中国展览》2006.3)

[展览营销实用技巧2－3]

电子邮件营销

电子邮件在展览营销工作中的应用与传统通讯方式相比具有高效廉价的营销特征，它融和了电话通讯的速度与邮政通讯的直观性，显示了强大的营销优势。首先是速度快，电子邮件可以在瞬间将展览的相关信息实时送达目标客户的信箱。其次是方便性，与电话通讯不同，电子邮件不会因“占线”而浪费时间，目标客户也无需在电话旁守候，从而跨越了时间和空间的限制。再者是价格低廉，展览组织机构利用极其低廉的费用发送其他通讯方式无法负担的信息。展览的 E-mail 营销的主要功能还可在八个方面实现：品牌形象、展览推广、服务推广、顾客关系、顾客服务、交叉营销、市场调研、增强内部竞争力等。

电子邮件营销基本是以群发邮件的方式来实现的，在具体发送过程中，邮件到达率会受技术条件和环境的影响，同时也会受到邮件内容策划的影响。因此，群发邮件如要取得良好的效果，需在技术层面与文案创意方面进行精心的组织与策划，这就要求掌握相关技巧：

一、电子邮件的撰写

1. 主题要明确

电子邮件的便捷性，使得展览营销的目标客户可能每天要处理大量类似的电子邮件。如果要让邮件从众多的其他邮件中“脱颖而出”，其秘诀就是将主题写好，使主题明确和醒目，具有吸引力。邮件主题要本着实事求是的态度，切忌浮躁，要将邮件沟通或交流的内容表达清楚。

2. 内容要切入重点

由于网络信息量大，传播速度快，目标客户没有更多时间去研读一封与其无关的邮件，因此撰写邮件内容一定要切入重点，按照说事的重要程度依次说出，做到条理清晰，表达正确，必要时可在句段中加上 1、2、3 等作为引导。内容中应避免使用模糊、笼统的字眼以及前后矛盾的语言。

3. 告诉期望值

展览营销邮件应将需沟通的信息与内容在邮件中交代清楚，需有明确的期望值,否则目标客户将邮件读完后还不知所云,电子邮件就失去了其应有的作用。因此,在邮件中应将重要的展览信息(如展览的时间、报名方式、截止日期等)、要求做的事(如参展回执、填写调查表、参加专题会议等)叙述清楚。只有明确期望值,邮件才不至于被忽略,造成重要事情的贻误。

4. 语气要恰当

明确邮件的目标读者是谁,是集团总裁?是参展企业总经理?是营销部门负责人?或是其他人?发给目标客户的邮件须针对不同的对象使用恰当的语气,邮件需充分考虑收件人的称谓及相适应的语气,让对方感到受尊敬、温馨、亲切,而不是冷冰冰的机器发过来的信件而已。

5. 语法通顺

撰写的文稿要语法通顺,是对每封邮件最基本的要求。收件人阅读邮件时对文体的感受,会影响目标客户对展览组织机构总体水平的印象,也会影响展览营销与招展工作的进程。撰写中文邮件错误发生率一般较低,但撰写外文信件时就相对会出现很多问题。因此,写完邮件后需反复斟酌用词及语法,然后再发送。因为邮件一旦发送出去就不可能收回。

6. 注意邮件格式与礼貌用语

既然是信件,就须注意常用的格式与礼貌用语。正确的邮件形式应该是:发件人须将电子邮箱所默认的模板做相应修改。常见结束语有"此致、敬礼"、"顺祝安康"等,接下是发件人姓名,在写电子邮件时可使用个性化签名,让收件人识别邮件来自熟悉的发件人,形成风格后相比普通邮件的格式化签名会更添亲切感。

7. 告诉详细联络方式

当前由于技术或网络的原因,仍有不少 SMTP 服务器总不能及时将邮件发送到对方邮箱,从而无法实现实时邮件传递。因此,在邮件中尽可能将发件人的联系方式写上,如 QQ、ICQ、电话(包括办公室电话、家庭电话、手机)、Call 机、真实姓名、邮编、传真等等,这样目标客户即使在电子邮件不畅通的情况下,也可通过其他方式联系到发件人。

8. 遵守职业道德与法律规定

一些展览组织者认为,如果电子邮件使用适当,将会成为与目标参展商或历届参展商信息交流的最佳方式。但在使用电子邮件时还需要遵循一些法律规则,(各国对 internet 商业活动都有明确的法律规定)以避免被指控为垃圾邮件等不利后果。

转载自美国《展览会》(EXPO)杂志(1997 年 11/12 月号,第 36 页)关于使用电子邮件的规则:

- 必须在电子邮件正文中声明展览或展览组织者的身份和名称等;
- 向收件人注明收到该电子邮件的原因及感兴趣的相关内容。(如"因为您曾

经参观我们过去的某某展览会”)；

- 必须随电子邮件向收信人说明退出邮件发送名单的方法；
- 绝不给未曾有过业务接触(从未参观或询问过展览)的人群发电子邮件。

二、邮件发送技术

1. 精选拟发送邮件的地址

邮件地址可从展览组织机构的 CRM 管理软件中提取，也可从展览专用网站的邮件列表中整理，甚至可以通过各种渠道收集的展览信息中精选(如专业出版物、展览会刊、其他展览相关网站等)。通过专业管理软件如：邮件列表管理器(Mail List Management)对地址文件进行整合处理。删除重复邮件的地址，按要求组成指定数量的邮件发送列表，以适合群发软件的发送要求。

2. 查验邮件地址的有效性

国内外很多门户网站推出的免费邮箱，如连续三个月不使用就会被网站删除。因此，需对邮件地址进行定时检查校验，删除已失效的地址。最为有效方法就是利用邮件在线校验器(Advanced Mail List Verify)进行在线校验，该件采用模拟方式向被校验的邮箱发信(实际上并不发出邮件)，检查邮件地址存在与否，而且速度相当快。

3. 注意邮件主题与内容的书写

国内外很多网站的邮件服务器为过滤垃圾邮件设置了常用垃圾关键词，用于过滤，如果邮件主题和邮件内容中包含大量有嫌疑的关键词(如促销、价格等不雅词汇)，服务器将自动过滤该邮件，致使邮件发送不成功。因此在书写邮件主题和内容时，应尽量避开被嫌疑为垃圾邮件的文字和词汇或垃圾邮件所常用的宣传推广主题，以便邮件群发能顺利地进行。

4. 区别不同群发软件发送参数的差异性

不是每一个群发软件都能将邮件顺利发送到任何邮箱。如：一个群发软件可发送邮件至 21cn. com、sohu. com、263. net 等，而不能发送邮件至 sina. com、etang. com。而另一个群发软件可发送邮件至 sina. com、263. net、etang. com、sohu. com 等，却不能发送邮件至 21cn. com。这种情况在 SMTP 群发软件中尤为突出。因此，在群发邮件前预先申请多种免费邮箱，对多款群发软件进行相应的发送测试，根据测试结果再选择针对性的群发软件进行发送。

5. 根据网络环境设置发送线程

发送线程是指同时群发的邮件数，当发送线程设置为 100 时，就相当于 100 台电脑同时发送邮件。发送线程数越大，发送速度就越快。在群发邮件时发送线程须根据网络带宽进行设置，如设置数过大，超过网络数据传输能力，电脑将会提示错误、蓝屏或死机。通常情况下，56K 拨号上网不能超过 20 个，ISDN 不能超过 50

个，ASDL 根据分配带宽可设置为 100 个甚至更多的发送线程。设置数量较多的线程发送邮件，除满足以上条件还需提高电脑 CPU 与内存的配置。盲目加大发送线程，服务器有时会限制同一时间来自同一 IP 地址线程的访问数量，如超过规定线程数，即使连接到服务器，服务器也不会响应，邮件发送就不成功。

6. 合理设置 DNS 服务器

人们习惯记忆域名，但机器间互相只认 IP 地址，域名与 IP 地址之间是一一对应的，域名转换工作需由域名解析服务器（即 DNS 服务器）来完成。DNS 在群发软件中的作用是用以寻找接收邮件的服务器，如果电脑与 Internet 直接联接，大多群发软件会自动查寻，即使不能自动寻找（批注：不是什么？），软件中一般也附带了几个 DNS 服务器，对此可以不作任何设置。如使用的服务器不能自动寻找，而软件中也没有附带 DNS 服务器地址的群发软件，可向软件开发商进行咨询。

7. 尽量使用原机配置的 DNS

使用服务器不要直接选用下拉列表中所列的选项。如果使用“自动获取”就无法正常获得原机上网时所用的 DNS，如果网络没有设置，可以模拟一个格式如：xxx. com 或 xxx. net 等。因为，国内外大多邮件服务器在接收邮件时，会拒收没有域名服务器发出的邮件。

8. 灵活使用邮件地址

众多的邮件服务器具有判断邮件是否真的从发件人邮件服务器发出的功能，如果不是，服务器就会拒绝这些群发邮件。例如，如果发件人所填邮箱为 xxxx@263. net，邮件服务器会根据邮件中的 IP 来判断邮件是否真的来自于 263. net 的邮件服务器，由于 263. net 邮件服务器的 IP 是固定的，因此很容易发现 IP 与真正的邮件服务器不符，因此就会出现认证错误，导致邮件不能有效发送。那么该如何解决呢？其实很容易，只要在填写发件人邮箱时，不使用常用邮箱就可以了，例如随意填写 xxxxx@iloveu. com 之类的（批注：随意填写的邮箱地址不是目标客户，即使发送了邮件也是无效的），就可以轻松解决这个问题。当群发很多邮箱时，遇到不能正常发出的情况都可以采用以上方法。（本文原发表于《中国展览》2006. 4）

[展览营销实用技巧 2－4]

直接邮寄(DM)营销

直接邮寄(简称直邮)是一种历史悠久的营销方式,在国外也称为目录销售,直邮是通过邮局寄往目标客户的邮件,传递各种可以影响目标客户做出相关决策的营销信息。在国际品牌展览营销中仍被广泛采用(如:香港礼品及赠品展、China Sourcing Fair 等)。在我国展览营销工作中也有着很好的开发前景。

我国的展览营销工作中开展直邮活动,在现阶段还面临两个主要瓶颈:第一,展览营销统计数据分析显示,直邮的反馈率较低,目标客户认同程度也十分有限,很多直邮信函被目标客户视为垃圾信件被处理掉,造成直邮效果差,资源浪费大的结果。第二,对展览组织机构而言,目标参展商规模较大,邮寄信件数量众多,给展览营销工作造成人力资源压力和管理工作的难度。因此,我国不少展览组织机构认为直邮的营销效果最差,在进行营销活动组合时,往往将直邮活动"打入冷宫"或干脆弃之不用。

其实,近年来随着科学技术的进步、媒体分割的飞速发展,直邮在国际展览营销组合中已有了长足的发展,直邮量增长了 123%,且成为近几年来增长最快的媒体之一。大部分企业对接收展览信息的直邮信函都持有较积极态度,将其视为有效的传播方式。我国企业界对带有展览信息内容的邮件的态度开始改善,采用直邮方式进行营销推广的那些目标客户更愿意接收带有展览信息的直邮件。直邮又迅速成为我国展览营销组合中不可缺少的工具之一。纵观直邮曲折发展的历史,直邮重新成为受欢迎的原因有两个:

第一,直邮与其他营销工具相比具有以下优势:

- 成本低廉,展览营销的性价比好;
- 包括的信息十分详细、全面;
- 用邮件的方式寄给目标客户,缩短了双方间的心灵距离;
- 特别能巩固与老客户之间的关系;

- 直邮的对象是经过认真筛选的,具有很强的针对性,减少展览营销

的盲目性；

- 不需要较多的人员投入；
- 整体回应率较高；
- 便于设计制作色彩绚丽、充满创意且富激励性的广告文稿。

第二，科技发展与现代经营理念融入直邮活动。

当今的直邮活动充分利用现代科学技术与经营理念，注重目标客户或邮寄对象的感受，讲究策略和方法，配合一定营销技巧，用严格而标准的操作程序规范直邮活动的整体过程，从而彻底改变了传统直邮方式种种不尽人意的地方，逐步成为我国展览组织机构在展览营销中的重要工具，并发挥重要的作用。

一、直邮活动的内容构成

直邮各项活动的组织并不复杂，但与营销组合其他活动的规划与安排相比，直邮的组织工作具有更多的程序与步骤，直邮营销的基本内容构成：

1. 信函

直邮应有一封直接用于展览组织机构与目标客户沟通的信函，没有信函或其他的书面形式进行沟通，直邮活动的成效就会大打折扣。

2. 信封

展览组织机构为吸引目标客户的关注，需对信封设计风格有很好的创意。如何设计信封风格，没有固定的做法，这取决于展览组织机构对邮寄活动的经费预算与预期目标。

3. 联系方式

直邮活动中，特别是直接邮寄招展函与邀请书时，联系方式的重要性仅次于信函。邮件中应列明如何随时取得联络的有效方式。联系方式是促进目标客户与展览组织机构对话与互动的有效保障。

4. 展览宣传册

对展览组织机构而言，直邮的重要功能就是将展览营销的推广信息（如招展函、组团文件等）及时送达目标客户，使目标客户对会展项目及展览组织机构提供的服务项目有更深入的了解。

5. 相关展览信息

邮件中也应包括动态的展览信息（如展览组织机构的招展成果、招商安排、展览期间的贸易服务等内容）。

二、直邮信函写作的基本步骤

直邮信函的撰写是能否取得展览营销成效的最直接和最重要的因素，正确撰写有效的信函，能使直邮的展览营销获得“事半功倍”的效果，基本步骤如下：

1. 信首与信尾

信首与信尾不宜含有大量营销信息，过量的营销信息容易分散目标客户的注意力，降低对重要信息的识别率。因此，信首应尽量简洁并让目标客户感到亲切与被尊重。信尾则可传递一些简短的展览服务信息。

2. 篇幅

信函篇幅的原则是力求简洁，切忌重复罗嗦，这应贯穿于直邮的各个方面。

3. 使用问候语

恰当使用问候语并关注收件人的感受是激发收件人的热情、继续进行有效的沟通，也是增强亲和力的主要方式。

4. 使用标题

展览营销主要任务是销售展位与服务，因此，激发目标客户阅读兴趣的标题是直邮营销成功的关键，要在展览营销中融入贴心服务，使目标客户了解预期效益。

5. 使用小标题

小标题是对每段内容的浓缩。将正文分成易读的段落，并给每段加上小标题，方便目标客户从中选择所需的信息。

6. 下划线和黑体字

在信函中使用下划线和黑体字可以起到强调重要部分的内容，引起目标客户的高度关注的作用。但频繁使用会降低整体效果并影响信函的整洁度。

7. 使用色彩

色彩的使用可以使信函美观，体现展览组织的理念和风格，色彩需与展览与服务的形象基调保持基本一致与和谐。与下划线和黑体字的使用效果相同，不宜过于频繁使用色彩。

8. 写作风格

熟练运用写作技巧能提高邮件的可读性和反馈率。力图做到：

- 首起段落要具有创意；
- 写作语气要具亲和力；
- 明确信函的期望值；
- 让目标客户体验价值与尊重；
- 写作的叙事结构要清晰。

三、直邮名单的选择与编辑

以上工作准备完毕，就需对邮寄名单进行选择与编辑。邮寄名单主要来源有两种：一是从外部获得；另一种是展览组织机构的信息存档。

1. 外部邮件名单内容：

- 意向客户名单——对直邮曾有过回应或对展览项目与服务有意向及咨询的

客户；

- 目标参展商名单——通过行业协会、专业展览、专业市场等采集的名单，利用直邮与特定目标客户取得联系；
- 专业出版物名单——名单由专业出版物进行编辑，通常按行业、企业特征、所属区域、产品情况等详细分类(行业或企业指南、展览会刊等)；
- 重点客户名单——资料主要来源于政府所辖各部门，外经贸系统、劳动管理部门、大型企业或工商部门等。

2. 展览组织机构的数据库名单

- CRM客户管理软件中录入的历届参展商名单；
- 以往查询展览项目与服务的潜在参展商名单；
- 展览营销活动中，沟通积极的企业名单，这些名单分布在展览组织机构的各个部门，需集中整理并统一录入直邮活动的名录中。

在收集名单的同时，还应检查名单是否准确或是否适合直邮活动，应注意以下几点：

(1)对私营或中小企业名单，应①核实地址；②核实姓名、职务和性别；③了解名单上次更新的频率和方法；④了解名单来源。

(2)对重点或大型企业名单，应①核实公司有效地址，包括注册地址或营业地址；②公司规模；③财务状况；④企业领导人的个人姓名或工作职务。

四、直邮活动的组织与实施

通过一系列系统的筹备工作后，就可进入直邮的策划和组织阶段，其步骤如下：

1. 设定量化目标

设定直邮活动的量化目标，科学评估营销活动是否达到预期效果。例如，直邮回应率达到5%时是否能直接产生2%的目标参展商等。

2. 确定预算标准

预算标准直接决定了直邮活动的形式与范围。直邮活动的经费预算在整体展览营销工作中所处的比值对营销活动的进程具有重要影响。

3. 明确目标客户

对展览营销的目标客户了解的信息越多、越全面，并对定性和定量的细节与信息越深入分析，展览的营销策略对目标客户就越具有针对性，营销效果就越好。

4. 策划邮件创意

策划邮件外观及内容的创意，是一项最富挑战性与时间性的工作。邮件的外观可以突现展览组织机构的品牌理念与人性化的对话风格的内容。

5. 评估邮件内容

要对邮件内容的草拟方案进行评估，检查邮件对目标市场与目标客户的针对

性，要注意文化背景、社会习俗、宗教习惯、受众区域等，检测其沟通效果是否符合展览营销目标。

6.设计与印刷邮件

由展览组织机构的设计部门进行平面设计并交付印刷。也可与专业服务提供商合作，如专业广告公司或策划公司等。

7.发送邮件

由展览组织机构营销部门实施或通过邮局承揽的形式发送邮件。

8.分析反馈

邮件发出后，要注意收集反馈信息，并进行专业分析，检测这次活动的成果。

根据国际营销研究机构评测，在直邮活动中有近24%的目标客户可能永远接收不到邮件，而16%的目标客户则将直邮件直接抛弃。产生这种结果的直接原因，一方面是由于企业组织结构中存在着众多的“过滤者”，如秘书、办公室主任等，层层过滤邮件；另一方面是很多的直邮信函没有良好创意、制作不精良、个性不鲜明、传递过程不科学等，致使邮件到达率不高。因此，对展览营销工作而言，现代直邮活动的组织应更强调对直邮介质进行科学、合理的策划，强调发挥直邮介质在营销活动中产生的直接效果，重视对整体直邮活动的过程监控，从而及时采取纠错与调整措施来达到展览营销的预期目标。

五、直邮活动的动态管理

直邮活动产生的直接效果很难及时显现，因此，很难对直邮在展览营销中所起的作用与效果有客观的评价。展览组织机构加强对直邮活动的动态管理的主要目的是提高对直邮活动的整体效率与效益，强化对直邮活动的过程管理，科学评估直邮对展览营销的作用，获取有价值的客户信息配合其他营销手段、建立完善的客户关系等。

1.建立项目负责人制度

直邮动态管理中最重要的工作就是：第一，加强对直邮活动的整体调控力度，区分直邮对不同展览主题的针对性（如：直邮可作为贸易型展览推广的常用方式；而在专业展览的招展推广中，直邮需针对特定的专业目标客户群进行发送）。第二，建立直邮活动负责机制，由营销部门或专业直邮公司对整个直邮活动进行统筹安排与负责。

• 营销部门负责

展览组织机构中的营销部门负责直邮活动具有以下优点：在无须额外增加人力的情况下，有效处理或协调不同情况，减少内部工作机制的冲突，且能保证整个直邮活动的连续性。但也有以下缺点：营销部门工作量增加，造成满负荷，没有足够时间全力投入开展新的营销推广，或因不熟悉直邮业务而无法发挥直邮的营销潜力。

• 由专业直邮公司或“专家”负责

由专业直邮公司或“专家”（对直邮具有专业策划经验与运营管理及评估的专

业公司或人士)参与负责直邮活动可有效地掌控直邮活动的程序运筹,可提高直邮的准确率与时间效率。由于短期内难以判断直邮的作用,在长期运作中,专家负责制可能更有效。

2. 邮件发送名单管理

展览营销实践证明,历届参展商与专业观众名单是展览组织机构最重要的资产。使用历届参展商与专业观众数据库名单发送邮件会获得25%的回应率,而外部名单的回应率仅为3%(非往届参展商、专业观众或预期目标客户的名单)。因此,维持老客户比开发新客户所投入的费用要少,建立和维护历届参展商与专业观众的数据库关系到展览组织机构营销工作的核心竞争力的建设,应引起足够的重视。

- 数据库管理

邮件发送名单的准确性和相关性直接影响直邮的整体效果。因此,展览组织机构在管理邮件发送名单过程中应强调专业性、针对性和有效性。如建立邮件发送数据库、精心设计各类表格(如调查表、登记表、意见反馈表、客户满意度调查表等)收集目标客户的动态信息,使建立的邮件发送名单信息准确,内容丰富。

- 外部名单管理

对外部名单需要进行细分和跟踪管理,认真评估分析每次直邮活动的效果,了解和比较不同名单的优劣,跟踪记录分组名单在每次直邮活动中的优劣。根据评估结果确定外部名单的使用价值与管理办法,如:是否值得继续维护、应否停止使用等。衡量邮件发送名单价值高低的方法是:测定该名单促进实际成交的单人营销成本(即:发展一名参展商或观众报名所花费的实际成本)。

3. 直邮的过程管理

直邮活动的组织与策划,应参照KISS(Keep It Simple & Stupid直译为:“保持简单与傻瓜型”)的原则对其效果进行过程管理。如:应将重点内容安排在邮件的开头、结尾和附言段落,因为这是邮件阅读率最高的部分;应该将邮件内容尽量安排在四页的篇幅以达到最理想效果(根据国际营销协会的专业测算,四页的内容是受众比较容易接受的);直邮退件平均率约为2～4%,是否采用挂号邮寄方式达到以下目的:①邮件不易被当作垃圾邮件忽略;②挂号邮件可以保证退件的回收率,有助于保持邮件发送名单的有效性。当邮件退件率达到或超过5%时,应及时召集有关人员研究导致这种状况发生的原因。

为确保直邮活动的效果,根据展览组织的特点与经验。第一轮直邮活动的时间周期应安排在参展报名截止日的前21～28周,此后需安排有效的时间间隔,至少发送三次邮件。因为,目标参展商往往需要有三次邮件机会才能认真研读邮件内容,决定是否报名。直邮的过程管理就需要加强对目标参展商接收到邮件后的具体反应做出科学的评估与预测,并调整直邮的营销战术,从而有效监控直邮活动,加强展览营销其他方法的组合运用。(本文原发表于《中国展览》2006.5)

[会展信息技术管理3－1]

技术进步推动我国会展业发展

全球高新科技的迅猛发展，对推进人类生活方式的转变起到越来越重要的作用，会展业作为促进贸易往来、商务推广、文化交流的新兴产业，更是高新技术进入的广阔市场和舞台。在我国，会展经济的形成与发展，高新技术对会展业的全面介入，为我国会展业的进一步成熟与腾飞表现出极为强盛的支撑作用。

我国的会展业已告别初级起步阶段，正经历平稳发展阶段，会展业与其它行业同样，技术水平的总体发展取决于市场竞争的不同需求，各发展阶段的提高也由历史的技术开发环境所决定。在起步阶段与平稳发展阶段，我国会展业整体技术水平相对成熟时期与对外扩张阶段要弱一些。中国入世，会展经济作为我国经济活动的重要组成部分，在国外先进高新技术的影响与带动下，我国会展业必然将逐步进入成熟时期和对外扩张阶段。因此，对高新技术的需求必然会呈上升趋势。世界性的任何技术进步都将对会展业的发展与提高产生不同程度的推动。时刻保持敏锐的行业互动准备，是会展业应对和适应高新技术发展的必然，也是面临全球竞争时，我国会展业的自我发展与提高。

我国会展业由于其历史的原因，直到80年代才进入起步阶段，在发展之初，面临的市场机遇是巨大的。几乎不存在竞争，业内企业或是没有相对的利润率标准(计划经济时代)或是利润率水平超乎想象。其原因不言而喻，正是由于在这一阶段，各种市场机制不完善，缺乏管理、监督而形成的。我国会展业在逐步进入平稳发展阶段后，从业公司和人员越来越多，竞争日趋激烈，由于利益驱动，各种问题也就相继出现，于是市场对我国会展业相应的管理、监督、协调机制等方面的呼声日趋强烈，因此，我国会展业的管理与服务水平全面提高已迫在眉睫。我国会展相比欧美等发达国家整整少了几十年发展的历程，这些发达国家的会展业正处成熟时期与向外扩张阶段，如以德国汉诺威展览公司为代表的三家德国著名会展业巨头已公开亮相上海。其它各跨国会展业巨头也对我国会展业市场的蛋糕虎视眈眈，紧随其后。因此，应对无情的市场竞争对手和全球经济一体化进程，我国会展行业的成熟不仅需了解与适应国际化的行业运作规范，更重要的还是需通过科技进步来武装我们这一相对脆弱的产业，同步国际同业技术水平，以积极的姿态应对消极地排斥。

根据成熟的国际会展业，现代高新技术发展对会展业的带动和影响，主要体现在新材料和新技术的应用方面。其中，更新展馆设施、革新展台设计和装修材料、提高现场高新技术智能管理、结合网络技术实现网上资源共享、低成本推动市场调研、网络广告推介与招展是我国会展业努力与提高的方向。

一、现代化展馆设施建设

面对国内外会展业日益激烈的市场竞争，先进的现代化展馆设施对提高招展能力、增强竞争力的巨大作用是众多的展览场馆形成的普遍共识。因此，一流新材料、新技术的设计与装修，多功能的服务设施，现代化的声、光、电多媒体，统一的展场综合网络布线，先进的办公智能化管理平台等是各地筹建或改造新的现代化展馆的基本目标与方向。近期落成的上海浦东新国际博览中心、山东省国际会议展览中心、武汉国际会展中心等无不在展厅设施和配套设施中融合了自动程控电话交换技术、光纤通讯技术、智能安保、消防技术、千兆以太计算机网络技术，给排水、通风、停车场等功能性设施也综合利用了国际最新科技成果。

特别是我国加入 WTO 后，会展场馆的产权和投融资呈多元化发展，会展场馆的兴建主体发生了根本变化，外商独资或中外合资兴建的场馆将越来越多。这些场馆如已建成的深圳国际展览中心、东莞市虎门会展中心、石狮德辉展览城及新落成的上海新国际博览中心就是在引进外资的同时，不断地将最新高新技术产品综合地融入新场馆的设计与建设，在提高硬件水平的基础上来实现发达国家会展业先进的管理理念与方法，为我国形成理想的会展业发展环境起到了积极的作用，使我国的会展业真正走上国际化发展的轨道。

业界与权威人士普遍达成共识：展馆设施的高新技术化对于展览行业的影响是最为基础的影响，会展场馆实现现代化、智能化、标准化、国际化是我国会展业的大型化、国际化、品牌化成长的根基，也是我国会展业接轨国际的重要标志。

二、展览中新材料与新技术的应用

随着展商不再满足“自来火盒”式的标准展台设计，越来越注重展台的个性化，以展示企业间不同的企业文化、风格与实力。展会的特装对承展者提出了更进一步的展台设计和装修的要求，在最近各地已结束的许多大型专业展中我们惊喜地看到计算机、汽车、服装、家具等专业展会的展台特装已达到展位总数的 60%—75%的水平，这一变化不仅是由于我国会展受国际展示手段的影响，更重要的原因

是由于我国经济的快速增长，国际经济一体化进程的加快，会展业作为世界经济的晴雨表，义不容辞地接受和容纳来自国际先进的管理理念与传媒方式。

虽然我国在展览器材的生产与开发上滞后于国际同业的总体水平，在我国会展业高速增长与发展的今天，作为与会展业相配套的展台设计与会展装修行业却日趋成熟。国际参展商根据国际参展经验及个性化要求引进了许多利用高新技术合成开发的先进灯光与音响，数码视频、触摸屏、广告新材料、新技术频繁地在我国大型会展活动中登台亮相，极大地推动了我国展览展示器材的国产化研究、生产与开发。目前，我们从新结束的几届专业展会上惊喜地体会了这一令人鼓舞的变化，我国的会展业服务商针对国内外展商的不同需求已成功地在高档展览中运用具有国际高新技术成果含量的国产器材进行特装展位的设计软件和特殊装修材料，并且已达到了较高的国际水平，取得了良好的经济效益。

勿庸置疑，参展商的形象宣传效果与展台设施的高新技术化程度有着直接的影响。因此，展览中新材料与新技术的运用必将成为高新技术领域在我国会展业争夺市场份额最为激烈的区域之一。

三、高新技术现场智能与人性化服务

国际先进的会展理念的影响与推动，对于会展质量和效果的评价将不再取决于现场人气的直观感受上，业内人士已充分认识到观众质量的重要性，对观众管理和现场动态控制的要求也逐渐得到业内的认同。展览会尤其是专业展览会的效果将采用更科学的方法进行评测与衡量。现场观众信息的录入、归类、统计、分析、管理、服务等工作在部分高档展览中已开始出现，如：计算机与通信展、高新技术展及上海等地的部分展览。

国外对会展软件的开发已比较成熟，如新加坡 FOUCS 5，我国的一些软件开发公司（如：北京昆仑亿发科技发展有限公司、西安远华软件有限公司）也在专门研发相应的会展业 ERP 整体解决方案，这些专业软件开发商集中以客户服务与管理（CRM）为重点，并结合展馆的现场动态管理特点，全面整合展商、参观商数据挖掘与管理、现场动态管理、会展服务管理等多种技术需求与运用环境，研发了提高会展效率、会展质量和会展满意度的会展商业一体化的整体解决方案。如北京昆仑亿发开发的高速图像采集系统，充分结合图像采集，智能识别技术与 Internet 技术，由于有效将智能识别技术和 Internet 技术相结合，使得费时、枯燥、繁琐的录入工作变得非常简单，大大缩短了观众等待时间（一般不超过 2 秒）。同时，考虑到展馆中展台（尤其是特装展台）变动较大的特点，采用了国际领先的无线通讯网络技术在场馆现场构建宽带网络，为每一个展台提供方便快捷的宽带互联网接入。对于观众信息的使用和共享，通过多级智能一卡通系统为现场观众和参展商提供电子名片的功能。西安远华软件有限公司所开发的 3 w show 系列软件包就集成了

3w 数据挖掘，3w Customer，3w 网上会展，3w 会刊生成，3w Meeting 等软件。并通过多种数据挖掘和处理技术，在展览会中和会后为参展商和展览组织公司提供各种详细的分析与统计报告。

四、网络在展览中的作用

会展业作为一个信息、媒体、交流相对集中的新兴信息行业，面临着重大的变革和挑战，而 Internet 在给世界经济带来了巨大的变革和冲击的同时，也使会展业在很大程度上与电子商务全面互动发展。例如：专业展览网站如同雨后春笋出现，网上会展广告更是日新月异。网络招展、网上协同办公、低成本市场调查等一系列网络带来的方便与快捷，使现代会展业开始全面进入一个传统与现代磨合、交融的阶段。

国内会展业界的许多机构和企业已充分认识到 Internet 的深远影响，纷纷将各自的业务和信息实现网上发布，还涌现出一些专门的展览网站。其中，不少展览网站在服务传统会展的基础上，将网络技术充分运用于会前的招展、办公和广告工作、会中的信息交流和共享、会后的分析和统计、会后的客户服务，真正实现了网络与传统的有机结合，相对于简单的网上展览，表现出更为强大的生命力和适应性。

每一次技术革命和发展都为人类社会的进步产生了巨大的推动，高新技术的迅猛发展也必将为会展业带来无限的拓展空间。因此，充分重视高新技术发展和应用高新技术成果既是会展业发展的需要，也是科技发展的必然。我国会展业内有识之士应该充分认识到科技创新和应用的巨大作用，吸取国外先进的展览技术、手段和经验，克服对传统事物委曲求全、对新事物求全责备的态度。通过科技进步等积极措施使我国会展业尽早步入“集约化”发展的良性轨道。（本文原发表于《中国展会》2002.1—2 合刊）

[会展信息技术管理3－2]

会展网站的建立与维护

近年来，很多会展企业把建立网站作为启动信息化工程的第一步。为此，相当一部分会展企业在网上安了"家"，创建了自己的企业宣传网站。

在信息化时代，企业利用网上宣传不但可以展示自身形象、及时发布信息，还可以为客户和合作伙伴提供便捷的服务。但是，建立网站并不是一劳永逸的，只有很好地维护，网站才能发挥其应有的作用。现在看来，建立网站的会展企业，少部分尚能发布信息或更新企业相关资讯，绝大部分则在制作完成并新鲜一段时间后就再也不闻不问，网站基本上成了"聋子的耳朵——摆设"。纵观这些成为"摆设"的网站，大多存在如下问题：其一，网站规划设计不全面；其二，网站制作形式不科学；其三，网站宣传推广不到位；其四，网站维护管理不规范。

网站是会展企业信息化建设的重要组成部分，是会展企业展示形象和实力的窗口。目前，我国会展企业的多数业务仍主要依靠传统业务方式开展，但是，越来越多的会展企业已经认识到通过互联网形式参与市场竞争已成为信息时代经济发展的必然趋势。

那么，到底如何建设会展企业网站，特别是中小会展企业网站，使网站真正为会展企业发挥效益呢？

一、明确网站建设的定位

明确会展企业网站建设的终极目标。会展企业建网站不应是为了赶一时的潮流或是博取一个好名声，而是要通过互联网这个全球性的网络来宣传与推广会展品牌、开拓市场，同时，降低会展企业的管理成本、交易成本和相关服务成本，并通过开展一系列的电子商务活动获得一定的经济效益，最终与会展企业的经营目的保持一致。所以，只有将信息技术同会展企业的管理体系、工作流程和商务活动紧密结合起来，才能正确地建设和维护网站，并使网站发挥作用，为会展企业服务。

二、组建好一支队伍

确定网站建设与管理人员。对于大型会展企业来说，建议设专门的部门总体负责会展企业的信息化发展规划。但对于中小会展企业来讲，考虑到人员、资金等实际问题，单设部门存在一定的困难，也可考虑将网站建设融入其它职能部门。

专职部门不仅负责会展企业网站的规划、建设、管理与维护，而且负责会展企业信息化发展规划的制定、普及会展企业上网知识、组织人员对传统会展企业的管理模式、工作流程等进行信息技术改造。会展企业是单纯做一个网站进行宣传好，还是结合会展企业内部业务开展全面的电子商务好？类似这样的问题，职能部门及管理者应为会展企业做出符合自身发展的信息化建设的最佳方案。

三、形成自己的特色

网站内容及制作形式要有特色。“千篇一律”的会展企业网站制作模式可以作为参考，但不能照搬照抄。要结合会展企业自身的特点进行个性化的改造。改造的方式方法很多，在此，仅对一些共性问题进行探讨，供会展企业在网站建设时参考。

一是首页设计要简洁。没有必要做成大篇幅的动画，因为并非所有上网的人都能正常浏览动画，且动画下载占用时间较长，尚未看到具体的内容就让人失去耐心，这样做有悖网站建设的初衷。但建议，在有可能的条件下尽可能采用多语言版本，以吸引境外展商与观众，增强其对展会的了解，同时也是展会逐步成熟以及走向国际化的必然。

二是会展企业介绍要全面。要从会展企业的历史、发展、规模、优势、特色、社会地位、媒体评价、荣誉及诚信等方面，配以照片多层次多角度进行包装宣传。需要注意的是，对于会展企业理念之类面向会展企业内部管理的内容，无需介绍得过分详细。

三是会展产品及服务内容要详细。要将展会的名称、日期、主办、协办单位、主要概况、展会发展史、参展范围、展会实况照片、展会标志、具体参展报价、相关展会服务以及与展商或观众紧密关联的《参展商手册》等有关详细资讯放在网上。但很多会展企业出于竞争或保密等原因，上述内容在网站上往往显示得不够完整、详尽，我个人认为这样做非常不利于展会的组织管理工作。

四是要提供联系方式。建议将会展组织单位各相关部门及有关具体负责人：如招展部门、现场管理部门、货物租赁部门、各地招展招商代理机构、客商服务中心等详细的联系方式通过网站显示出来。因为通过日常的联系与交流将会为展会的成功打下坚实的基础。

五是要开设交互功能。开辟网上交互功能，让访问者提交反馈建议表单，注意

的是交互时务必要实事求是地注明响应时间，便于留言者有计划地访问网站，不会由于多次查看得不到答复而失去对网站的信任。如有可能，将前期的回复一并放到网站上，供不同访问者共同参考。

六是要具备下载和打印功能。对于会展企业来说，公开的产品照片、表单、说明书等资料，最好具备网上下载和打印功能，便于访问者在网下研究会展企业的产品，增加参展机会。

对于其它的栏目，会展企业可根据自身的需求进行个性化设计。需要注意的是，真正有意向参展的展商或观众，都非常注重实效，而不会对网站是否花俏评头论足。因此，会展网页的美工制作只要做到恰如其分地表现就可以创出网站的招牌。

四、创出网站的品牌

注重网站的宣传推广。会展企业网站建成后，宣传很重要，网站的网址、邮箱是宣传网站的基本要素。一般的做法是：注册搜索引擎，包括网络实名等。但仅仅做到这一点还不够，还应该策划针对会展企业宣传的总体包装，如：名片、信件、会展企业宣传手册、招展招商宣传手册、路牌广告，平面宣传媒体上的显要位置标识会展企业网站的网址。如果会展企业的销售或是服务对象是在全球范围内，还需要根据会展产品与市场不同，布局合理地策划多种有效的网站推广方案。

五、做好运维管理

加强网站的管理和维护。网站建成后，管理和维护非常重要，包括动态信息填充、产品更新、咨询回复、网站安全等。主管部门要制定网站管理与日常维护更新制度，落实考核与奖惩办法，建立信息更新渠道，确保网站发挥作用。

总之，会展企业建网要落到实处，网站制作切忌只求美观，盲目攀比，而要根据会展企业经营的实际需求，构建适合自身特点的建网计划和模式，以最小的投入换取最大的回报，从而获得最高的经济与社会效益。另外，会展企业的网站还应该多关注自己特定的客户群，通过多种形式和客户进行交流，便于客户通过网站和会展企业保持良好的沟通，为会展企业深层次地发展提供有效的意见与建议。我们坚信一点：只有把网站做成会展企业和客户之间沟通的有效纽带，网站才能真正发挥作用。（本文原发表于《中国展览》2005.7）

[会展信息技术管理 3－3]

展览网站建设与展览营销

“展览专业网站”是为展览营销服务的，是指利用网络、网站进行的各种展览宣传、展示及营销的推广，是以增加销售、提高服务质量、搞好客户关系等等为目的的网站建设。

近年来，我国很多展览企业把建立网站作为启动信息化工程的第一步。相当一部分展览企业在网上安了“家”，创建了自己的企业宣传网站。但也出现了一些不好的现象：根据观察调查，在我国，展览企业建设了专业网后，仅有少部分尚能利用网站发布信息或更新企业相关资讯，绝大部分则在制作完成并新鲜一段时间后就再也不闻不问。纵观这些成为“摆设”的网站，究其原因，大都存在如下问题。其一，网站规划设计不全面；其二，网站制作形式不科学；其三，网站宣传推广不到位；其四，网站维护管理不规范。

网站是展览企业信息化建设的重要组成部分，是展览企业展示形象和实力的窗口。目前，我国展览企业的多数业务仍主要依靠传统业务方式开展，但是，越来越多的展览企业已经认识到通过互联网形式参与市场竞争已成为信息时代经济发展的必然趋势。那么，到底如何建设展览企业网站，特别是中小展览企业网站，使网站真正为展览企业发挥效益呢？

一、展览专业网站建设过程中的几种方法

1.“诉求”和沟通策略建立在不容置疑的证据所支持的主张上

这类网站强调以事实为依据，以展览专业优势为核心，通过专业优势，突出展览特点，进行营销活动，着力点在专业优势的视觉冲击力和吸引力。这种类型的网站往往专业服务方面不惜笔墨，以理性诉求确立其营销地位，力求在顾客心中营造一种技术领先的氛围，从而产生对展览的信任感。这类网站在专业技术方面的宣传、展示以及应用和对实际的具体作用等方面都下大力气渲染，在风格上保持一致，与展览的 CI 形象一致，以保持展览对目标客户网上、网下形象的连续性，从而巩固品牌地位。

2. 建立在被顾客"感觉"良好的情感诉求上

强调感性诉求的网站多以树立企业形象为主,以服务为导向。这里的服务有两方面含义,一是展览本身提供的服务,如展位租赁、展具租赁等服务;二是展览的售前、售后服务。通过服务提升展览在客户心中的地位,从而促进营销,这一类型的网站注重风格的设计与创意,以感性诉求为主,着意渲染或营造独特的展览氛围,着意体现网站或展览服务的价值感,不平铺直叙,不是仅将传统的会展服务搬到网上,而是力求在顾客心中营造一种崭新的品牌形象,并产生信任感。

市场经济是竞争性经济,因此,展览组织机构要加强对目标客户选择品牌理由的研究,加强个性化氛围的营造,在感性诉求上下功夫,消除展览组织工作与目标客户在时间与空间上的距离,建立客户忠诚度,增加客户价值,通过拓展、建立、保持并强化客户关系使自身效益最大化,另一方面,优化设计网站,以独特的设计营造个性化的展览文化。

3. 综合类型也较常见,是基于理性与感性诉求的结合

对于同一展览,不同的客户可能会有不同的选择——展览本身的特性也可以决定理性或感性的属性。在网站氛围的营造上要明确分辨:如果展览在某一层面上不能充分说明展览的服务特性,就需将理性与感性诉求二者结合起来,分别进行理性和感性的诉求引导,借以打动不同类型的顾客,既以大量的事实突出展览的专业优势,又营造一种感性的氛围,强调展览或服务给客户带来的价值,通过二者的有机结合,营造展览的个性化。

以理性为主的展览网站多为专业型的展览,而以感性诉求为主的网站多为综合类型的展览,当然这不是绝对的,作为专业型的展览,其网站可能也需涵盖服务内容,也会有综合型展览的内容,展览网站在不同时期选择不同类型的网站风格,也是展览组织者采用的不同营销战略。但不管是什么类型,基于的目标就是为营销服务,使其发挥其真正的价值。

二、组建技术团队做好策划

建立一个行之有效的营销性的展览网站决不能马马虎虎、草率行事,随便准备点资料,找一些象征性的图片,一揽子塞给专业网络公司,过个不长时间网站就OK了,这是绝对的错误!也许您得知同行企业已纷纷建网,并取得了一定的收效;也许您是被网络公司业务员再三地劝告,才准备投资建立网站。因此展览组织机构应自始自终有明确的目标:通过建立网站达成什么营销目标?通过网站,能够为访问者或目标客户提供什么样的服务,换言之能为目标客户带来了什么利益?同时能为展览组织机构或展览品牌赢得什么样的机会?这就要求展览组织机构组建良好的技术团队,做好网站建设的策划。

确定网站建设与管理人员。对于大型展览组织机构来说,建议设专门的部门

总体负责展览企业的信息化发展规划。但对于中小展览企业来讲，考虑到人员、资金等实际问题，单设部门存在一定的困难，也可考虑将网站建设融入其它职能部门。

专职部门不仅负责展览企业网站的规划、建设、管理与维护，而且负责展览企业信息化发展规划的制定、普及展览企业上网知识、组织人员对传统展览企业的管理模式、工作流程等进行信息技术改造。展览企业是单纯做一个网站进行宣传好，还是结合展览企业内部业务开展全面的电子商务好？类似这样的问题，职能部门及管理者应为展览企业做出符合自身发展的信息化建设的最佳方案。

在建网策划的过程中，技术需及时把握展览网站所具有的共性，根据展览组织机构的不同需求，选择合适的方式来进行具体策划：

1. 信息发布

组建展览营销网站，技术团队应在第一时间将展览及相关的服务信息放到网上，以获取更多的营销机会和市场竞争力。利用展览网站以最省钱、最有效的方式向外界提供展览的相关信息与服务是增加展览营销渠道的一种方式。通过及时提供展览的最新消息，将 Internet 作为销售辅助工具，随时随地给处于一线的营销人员提供各种即时性的目标客户的信息，以支援展览营销活动并与营销人员随时保持沟通联系。

在收集展览信息时要确定目标访问者的属性，要清楚目标客户访问网站的理由，也就是要考虑需求问题，只有有针对性地提供网站信息内容，才能更好地吸引访问者。如果访问者关心基于展览提供服务甚于展览价格时，网站应该更多强调展览的服务内容。

2. 树立展览品牌形象，展示或提高展览的竞争力

展览网站的最基本作用就是展示展览品牌形象，如同各种传统媒体发布的企业形象与宣传广告，所不同的是费用低廉、有效期长、速度快、更新便捷。技术团队在策划的过程中要更进一步了解竞争展览的站点，并进行比较和细致分析，明确竞争展览网站所提供的相关内容，清楚自身展览的优点与不足，从而做到扬长避短。实际上，对竞争者站点的分析应该贯穿整个展览网站的建设过程中，通过全面的分析发现所推广的展览品牌与竞争者的差异性，利用差异性战术来塑造展览品牌形象，提高展览的知名度，满足更多的老客户和赢得更多的潜在客户。

3. 强化客户服务

客户服务的重要性已经为众多展览组织机构所认识，展览市场竞争的激烈性导致展览的差异迅速缩小，既而售前、售后服务的个性化日益突出，目前，大型品牌展览都在着力加强这方面的宣传力度，网站是一个交互性极强、反应迅速的媒体，通过网站搜集目标客户的信息及反馈，有助于加强客户服务的质量，从而为展览赢得更多的客户，创造更多的效益。因此，技术团队应强化对展览服务的侧重，根据

展览的特点为服务定义一种网络营销风格，并在网站建设中努力营造这种风格，给目标客户在虚拟空间中留下深刻的印象。

4. 展示展览的专业优势与新展览项目推广

在目前竞争激烈的展览市场中，大型的展览组织机构拥有技术垄断或展览品牌优势，而一般中、小型展览组织机构很难挖掘这方面优势，这就需要技术团队充分利用网络的开放性和跨地域性，通过互联网的信息资源共享，来赢得中小展览与大型展览相抗衡的可能性。中小展览组织机构可以获得对现代展览至关重要而又以常规方式无力收集的市场信息，跨地域性，使展览营销突破传统展览规模和展览市场的地域限制。

Internet 是与目标客户沟通的重要工具，同时也是推销新展览项目的重要渠道。通过展览网站可从各个方面介绍被推销的新展览项目。测试市场对新展览项目的反应，并得到即时的反馈。在展览营销活动中有时一张照片可以胜过千言万语，可以通过提供展览的场景照片、文字及影像资料等多媒体手段为目标客户提供相关的展览信息。

5. 增进与客户的沟通，提高工作效率

目标客户对展览的意见，对展览组织机构的建议，需即时得到并迅速反应，然后通过网站再反馈给客户。这是展览组织机构与客户交流的桥梁。技术团队应准备一些日常需要客户填写信息的表格，将它形成电子表格并发布到网上，通过一系列网络推广活动，收集大量客户信息，丰富潜在客户信息库，并及时做好组织跟进工作，从而挖掘更多的新客户。

互联网最大的优势就是可以实时地为客户服务，在工作过程中，经常会遇到目标客户提出的各类问题，且有很多是重复的，因此，技术团队将客户最常关心的问题在网站上汇总，并给出答案，也就是网站通常称之为“常见问题解答”(FAQ, Frequent Answer for Questions)，解决重复答复这些问题困扰，从而使网站的工作更具效率。

三、网站框架要形成特色

网站内容及制作形式要有特色。“千篇一律”的展览企业网站制作模式可以作为参考，但不能照搬照抄。要结合展览企业自身的特点进行个性化的改造。改造的方式方法很多，在此，仅对一些共性问题进行探讨，供展览企业在网站建设时参考。

一是首页设计要简洁。没有必要做成大篇幅的动画，因为并非所有上网的人都能正常浏览动画，且动画下载占用时间较长，尚未看到具体的内容就让人失去耐心，这样做有悖网站建设的初衷。但建议，在有可能的条件下尽可能采用多语言版本，以吸引境外展商与观众，增强其对展览的了解，同时也是展览逐步成熟以及走

向国际化的必然。

二是展览企业介绍要全面。要从展览企业的历史、发展、规模、优势、特色、社会地位、媒体评价、荣誉及诚信等方面，配以照片多层次多角度进行包装宣传。需要注意的是，对于展览企业理念之类面向展览企业内部管理的内容，无需介绍得过分详细。

三是展览产品及服务内容要详细。要将展览的名称、日期、主办、协办单位、主要概况、展览发展史、参展范围、展览实况照片、展览标志、具体参展报价、相关展览服务以及与展商或观众紧密关联的《参展商手册》等有关详细资讯放在网上。但很多展览企业出于竞争或保密等原因，上述内容在网站上往往显示得不够完整、详尽，笔者认为这样做非常不利于展览的组织管理工作。

四是要提供联系方式。建议将展览组织单位各相关部门及有关具体负责人：如招展部门、现场管理部门、货物租赁部门、各地招展招商代理机构、客商服务中心等详细的联系方式通过网站显示出来。通过日常的联系与交流为展览的成功打下坚实的基础。

五是要开设交互功能。开辟网上交互功能，让访问者提交反馈建议表单，注意的是交互时务必要实事求是地注明响应时间，便于留言者有计划地访问网站，不会由于多次查看得不到答复而失去对网站的信任。如有可能，将前期的回复一并放到网站上，供不同访问者共同参考。

六是要具备下载和打印功能。对于展览企业来说，公开的产品照片、表单、说明书等资料，最好具备网上下载和打印功能，便于访问者在网下研究参展产品，增加参与机会。

对于其它的栏目，展览企业可根据自身的需求进行个性化设计。需要注意的是，真正有意向参展的展商或观众，都非常注重实效，而不会对网站是否花俏评头论足。因此，展览网页的美工制作只要做到恰如其分地表现就行。如“在线义博会”网站的设计就是完全考虑目标客户的使用习惯，将“义博会概况”、“新闻中心”、“参展商中心”、“采购商中心”“服务中心”及“义乌指南”都设计在首页最显眼的地方，并根据这些栏目的设计编辑这些针对性的信息，使目标客户更容易地获取期望得到的相关信息：

四、做好运维管理“创”出网站的招牌

注重网站的宣传推广。会展企业网站建成后，宣传很重要，网站的网址、邮箱是宣传网站的基本要素。一般的做法是：注册搜索引擎，包括网络实名等。但仅仅做到这一点还不够，还应该策划针对会展企业宣传的总体包装，如：名片、信件、会展企业宣传手册、招展招商宣传手册、路牌广告，平面宣传媒体上的显要位置标识会展企业网站的网址。如果会展企业的销售或是服务对象是在全球范围内，还需

要根据会展产品与市场不同，布局合理地策划多种有效的网站推广方案。

加强网站的管理和维护。网站建成后，管理和维护非常重要，包括动态信息填充、产品更新、咨询回复、网站安全等。主管部门要制定网站管理与日常维护更新制度，落实考核与奖惩办法，建立信息更新渠道，确保网站发挥作用。

总之，会展企业建网要落到实处，网站制作切忌只求美观，盲目攀比，而要根据会展企业经营的实际需求，构建适合自身特点的建网计划和模式，以最小的投入换取最大的回报，从而获得最高的经济与社会效益。另外，会展企业的网站还应该多关注自己特定的客户群，通过多种形式和客户进行交流，便于客户通过网站和会展企业保持良好的沟通，为会展企业深层次地发展提供有效的意见与建议。我们坚信一点：只有把网站做成会展企业和客户之间沟通的有效纽带，网站才能真正发挥作用。（本文原发表于《中国展会》2009.3）

[会展信息技术管理 3－4]

金融风暴环境下发展“网络展览”的思考

美国次贷危机引发的世界性金融风暴，使得世界性的传统展会暴露出在突发危机时不堪一击的脆弱，金融危机给我国实体经济带来冲击的同时，也给膨胀中的“会展蛋糕”浇下一瓢冷水。引发了会展业界对传统会展经济的反思，业界人士关注“网络展览”的热情也越来越高涨，“网络展览”已不再停留于前几年的“概念展览”的阶段，“网络展览”开始了与传统会展模式进行优势互补的旅程。

会展业对“网络展览”的讨论曾在我国2003年“SARS”期间就开始，积极的观点认为“网络展览”可称为“SARS阴影下的新锐”，并断言“非典危机使网络展有望后来居上”，而消极的观点则认为“网络展览”其实就是电子商务，其发展与形成是完全基于电子商务的基本理念与基础模块。当时业界讨论“网络展览”如同“盲人摸象”，莫衷一是，理论界对“网络展览”尚未有较权威的定义，因此，“网络展览”在“后SARS时代”作用的结论自然也大相径庭。有看好，也有则认为“网络展览”仅是在突发危机时期我国会展业的一种生存方式。2008年全球性引发的金融风暴全面威胁了我国实体经济发展的进程，同时也对我国会展业的生存形态提出了新挑战，业界再次关注“网络展览”的发展趋向，特别是通过几年互联网软硬件环境发生了本质上的变化，使得“网络展览”更具备技术与环境方面发展的可能性。

一、“网络展览”的定义

“网络展览”的定义：“网络展览”其本质应是集网络技术与传统展会众多服务功能于一体的一种展览模式，其特征是利用IT与网络技术集成，采用并提升传统展览的服务集成，以网络方式进行的一种展览。它有别于传统电子商务的B2B或B2C的模式，商务的实现过程中是以E 2 B的方式(Exhibition to Business)进行。

比尔.盖茨曾预言：“网络时代正将其无穷的魅力展现在我们面前，它不仅影响我们的工作方式、交流方式，它还将影响我们的生活方式。”IT 的高速发展与网络技术的迅速成熟不可避免地影响了传统产业的发展格局。基于 IT 与网络技术的发展产生了新的业态环境与发展空间，这也是 21 世纪发展的总趋势。而“网络展览”是基于 IT 与网络技术在传统展会中的广泛应用而逐步形成和发展，这是因为传统展览本身是由信息流、商务流及相关服务三个元素组成，IT 与网络技术对以这三项元素的处理具有便捷、高效、准确等优势。运用 IT 和网络技术进行会展项目的展开已成为中国会展业界的认知，并逐步形成业态，它符合网络时代的发展方向，也是 IT 与网络技术发展的必然结果。

当然，目前业界有不少观点仍持有“网络展览” 只是一种电子商务的说法。其原因是我国大多自称为“网络展览”的展览目前仍是基于 B2B 或 B2C 模式为核心内容，大部分工作模块是由网络营运商通过 IT 技术集成来实现的。譬如商品数据库采集与处理系统，网上商务交易平台等。虽然电子商务在实现这些过程中有其服务的成份，但这种服务集成仅是以 IT 及网络技术来表述的，没有全面融合传统展览中的历史、品牌附加值及更多常规的专业服务，如客户价值的研究与开发，参展商与贸易商的专业性服务跟踪，相关物流及金融的服务支持等。所以，这些没有传统展览服务功能为基础的网上电子商务与真正意义的“网络展览”不是同一范畴。

二、“网络展览”的“游戏”规则

在我国，会展业界有句话叫“政府搭台，企业唱戏”，政府在会展业中的作用非常突出。然而，如何有效地将这种作用发挥到位？以实现对“网络展览”质量和组展水平的参与和监督，正确引导我国“网络展览”快速健康的发展。因此，相关管理机构出台“网络展览”的“游戏”规则显得非常迫切与重要。

“网络展览”的“游戏”规则是需要在充分考虑网络展览的基本特征基础上通过政府和行业间的认真酝酿而建立。要根据我国“网络展览” 初级发展阶段的基本特征，将“游戏”规则设定在具有明确的导向功能基础上，科学规划以“名展主导，政策推动，IT 参与” 的“网络展览”模式，由高度权威性的机构来认定“网络展览”的办展主体，通过制定相关法律与政策进一步规范“网络展览”的组成要素与行为准则，结合日新月异的 IT 与网络技术作为强有力的技术支撑。只有通过“游戏”规则的建立与健全，才有可能将我国会展业发展形态多元化，会展市场的蛋糕越做做大，开创并实现“双赢”或“多赢”的局面，从而确保我国会展业持续、稳定、健康的发展。

中国会展业相对其它行业尚属一个较幼稚的行业，展览会的组织和发展还不是严格按照市场化、规范化、商业化原则发展，会展市场办展主体混乱、展题盲从与无序现象依然比较严重。无论从理论层面或运作层面都尚无健全的环境机制，相关法律与政策规范尚未建立与健全，给我国会展经济的发展带来负面影响。因此，

改革我国现有的会展管理体制，制定相关的法律法规以规范会展市场，这是我国会展业发展的客观要求，也是融入国际会展市场竞争的当务之急。“网络展览”应将其列入会展政策法规制定中考虑的一项重要内容，促使我国的“网络展览”在明确的政策法规引导下日益走向成熟与完善。

三、“网络展览”的行业监管

“网络展览”由于尚无相关的法律法规制约和行业监管，许多人士对网络安全、信息真伪的甄别及服务功能的可信度等忧心忡忡，成为困扰企业涉足网络重要原因。“网络展览”较传统展览的直面客户的真实性而言相对虚拟，亟需有信誉保证和互动的支撑。

“网络展览”的监管是业态健康发展的重要保障。由于我国会展立法缺位、政府监管薄弱，传统展览依法管理与依法经营尚难以到位，“网络展览”的发展环境与政策扶持更没有管理依据。因此，尽快制定《展览法》，从法律上明确会展监管机构的职能、地位和作用，这将有利于营造我国“网络展览”基础设备投资和发展的良好环境，并给成长中的“网络展览”提供法律保障。

“网络展览”需要监管的内容很多，涉及面也很广，如：“网络展览”的办展主体、“网络展览”其法律（如专利、著作权益、税收等问题）、网络安全问题、金融信誉与风险以及“网络展览”的评估标准等，这都需有一个专门的行业机构来监管。这个机构应该是具有高度的专业性与权威性，具有中央政府级授权的、有资质的、能为中央与各级政府制定我国会展业发展战略出谋划策的会展专业管理机构。行业监管的内容：A、协助出台会展相关的“网络展览”管理法律、法规及相关政策；B、为我国“网络展览”发展制定发展规划；C、规划、投资和管理“网络展览”基础设施；D、进行资质评估、信息交流与调研及人才培训等。这样“网络展览”就有了品质的保障！

四、“网络展览”的信心平台

“网络展览”的展贸双方的信心培育是业态是否会健康成长的重要因素，什么因素是“网络展览”的信心构成呢？笔者认为以下的问题是展贸双方共同关注的信心构成：

品牌：“网络展览”应重点放在培育“品牌”的成长过程，建立品牌信心是“网络展览”需研究开发与探讨的重要内容，也是信心的基本保障，以“在线广交会”为例，网络形式所取得意想不到的效果，很重要的成因是“广交会”品牌效应发挥的作用。

成本：“网络展览”应具有实际展览会功能的、通过网络技术手段能够使参展商与专业观众有效视讯沟通，面对面交流、立体三维展示产品形象，并具备企业办公自动化的展览平台。以其低参展成本的特质来培育企业的参与信心。

效率：“网络展览”的商务模式应打破时空的界限，不仅要使客户双方建立一对

一、一对多或多对多的垂直接触，而且还要长时间地为他们建立往来，以利于更深刻更细致地了解对方，这无疑将提高企业的办公效率与增加更多的贸易机会，以建立长期的信心。

风险：即便是面对面的交易活动，照样有信誉失衡或被人欺诈的风险，传统展会也不例外。“网络展览”的虚拟空间，其安全性是一项重要的技术问题，强化加密技术，建立信用等级与评估制，有效规避风险，将大大提升目标客户群对“网络展览”的信心指数。

服务：“网络展览”除提供传统展会所具备的服务外，还应提供增值的智能化服务：通过电脑系统、电子手段和互联网技术对展览的流程管理和资源管理实现规范化、程序化、电子化、智能化、自动化等专业服务。将展前、展中、展后的全过程集成在以网络环境与传统展会流程完全匹配且互动性极强的系统和平台上运作，以符合 UFI(国际展览协会)的标准，彻底改变传统管理流程，科学实现经济有效、自由方便、快速准确的服务保障体系。

五、专业人才的培育

长期以来我国会展业市场化运作程度较低，会展业从业人员素质良莠不齐，大部分人员未经过专业训练，多以“半路出家”为主。在一些转行过来且素质较高的人员中，虽有较高的外语水平和外贸知识，但仍缺乏经营管理和现代会展运作方面的理论基础和实践经验。那些真正既有扎实理论功底又熟悉会展业实践与网络技术的复合性人才很少，从业水平的提高主要是靠积累经验，且行业内又无有效的培训手段，多以师傅带徒弟的传统方式培养专业人才，这种人才发培养模式不仅制约我国会展业的发展速度，也无法为“网络展览”提供合格的从业人员，这也是我国会展业“网络展览”发展缓慢的内在原因。

中国的“网络展览”要走出一条自己的路，一定要有自己的专业人才队伍，而且应有一个长期的规划。合格的“网络展览”从业人员，需要融汇多方面的知识与能力，同时需要有会展业与 IT 及网络技术的专业背景，因此，有计划、有层次、系统性培训专业人才的工作变得十分迫切和重要。目前，我国不少大专院校已建成或筹备会展专业，建议是否针对未来会展业与 IT 及网络技术结合的趋势在专业课程的设置中有所考虑，为未来中国会展业的发展输送新鲜血液，另一方面的思路是在职培训，展览专业培养与综合素质培训相结合；日常学习与集中培训相结合；高、中、低不同层次培训相结合；理论与实践相结合；培训与相关工作相结合来为我国的“网络展览”进行人才培养与输送。(本文原发表于《中国展会》2009.4)

参考文献

1. 侯汉坡，SARS 下的新锐一网络展览[EB/OL] http://news.xinhuanet.comex-

po2003－05/12/content_866301.htm
2. 许亚丹，王野，网络会展的传播与经济比较［J］. 当代传播，2006，5
3. 黄彬，网络展览——抵御SARS轻骑兵［J］. 中国会展，2003，11
4. 刘学莉，徐虹，我国会展业人才培养模式和结构探析［B］. 中国会展经济前沿理论与政策思考，中国商务出版社. 2008

探索篇

[会展业的 CRM 理念与实践 1－1]

会展业实施 CRM 的意义

近几年，我国会展市场呈高速成长势态，但会展业的组织管理水平仍不尽人意。不少办展企业和组织者由于缺乏对客户关系管理 CRM 的认知，无法改善与客户（展商与贸易商）的沟通技巧，忽视数字时代客户对互动性与个性化的需求，仍热衷于以传统的方式，盲目加大广告投入或传统营销渠道去组织潜在的客户，因此现有客户的忠诚度无法有效提升，展会客户资源的培育和巩固工作处于被动和严峻的境地，客户资源逐步流失。究其原因，是由于在客户的管理工作上未实现从“以产品为中心”到“以客户为中心”的经营转变。

一、会展业实施 CRM 的重要性

当前，国内会展业发展已处于相当严重的展会同质化、竞争白热化的局面，大部分展会平均每年都有高达 25％（有些展会更高）的客户流失，这不仅是由于现阶段我国会展企业客户关系管理混乱，同时也是由于业界尚未对客户资源流失原因引起充分的重视并着手分析与改善，以致这些缺陷使一些成功展会逐渐丧失竞争优势。因此，不及时有效地解决客户关系管理中存在的问题，不重视客户关系管理系统的建立，客户资源的流失就不会停止，会展企业就很难获得具有品牌忠诚度的客户。对一个成功展会而言，具有满意度的成熟客户为展会带来的价值远远高于新客户的价值，因为，新客户产生的价值很难补偿成熟客户资源流失所带来的损失。在同样成本的条件下，科学制定改善客户关系管理的方法，将会直接体现在展会较高的赢利机会上。

国外研究显示，一个新客户（展商与贸易商）开发的成本要比保有一个现客户的成本高出五倍之多。CRM 理论权威 Don Peppers 和 Martha Rogers 博士曾指出：“如果企业能将客户流失率减少 5％，利润将会有 100％的成长。”在培养和提高用户对品牌展会的忠诚度方面，根据实践证明仅以传统的经验与做法已很难奏效。因此，客户关系管理 CRM 开始成为引领全球经济潮流的力量，无论是新经济的代表，如 Dell 电脑、Amazon. com、还是传统企业 UPS、宝洁、雅芳，都以巨资引入 CRM 工程，重新设计产品、重建组织流程，使之成为创新企业价值的核心。CRM 工程的技术核心是利用现代科学技术有效地分析和建立客户数据集成和互动的信息沟通系统，利用相配套的软件为客户提供在线或 24 小时的有效服务，完全符合当前 Internet 技术条件下的 ERM（Enterprise Relationship Management 企业关系管理）、持续关系管理（Continuous Relationship Management）、TRM（Technologe-enabled Relationship Management 科技关系营销）及客户亲和度（Customer Intimacy）与即时营销（Real-time Markting）。在我国，进入新世纪以来，一些银行、保险、电信、电脑、旅游、民航等行业，率先开始导入 CRM，利用专业化的 Call Center 呼叫中心为顾客提供免费咨询服务，以此提高企业的客户服务质量，强化专业化的售后与咨询服务，吸引和留住客户，提升客户对品牌的忠诚度。在会展业方面，以北京亿发、西安远华为代表的会展业客户关系管理 CRM 软件的理论与应用研究与开发也进入了一个新的发展阶段，CRM 越来越被成功企业视为 21 世纪企业管理的重要武器。

二、CRM 的基本功能与作用

什么是 CRM？（Customer Relationship Management 客户关系管理）CRM 对企业来讲，首先是一个商业战略，是帮助企业实现管理理念变化的工具，通过这种工具，企业可以透过多种渠道（电话、电子邮件、无线通信、一对一的直销等）为客户提供全方位的服务，所提供的活动既涉及市场与销售部门，还涉及技术支持和服务等部门。同时 CRM 也是一个系统集成工程，实施 CRM 的最终目的是帮助企业增加收入、提高利润、提高客户满意度。综合众多国外著名研究机构和跨国公司（Gartnet Group、IBM、惠普等）对 CRM 的诠释，CRM 的概念可由三个层面来表述：1. CRM 是一种现代的经营管理理念，即宏观概念；2. CRM 包含的是一整套解决方案，即中观概念；3. CRM 意味着一套应用软件系统，即微观概念。

CRM 的核心思想是“以客户为中心”。作为管理系统，企业可以通过与用户的互动来分析用户即时的数据变化以增进对目标客户和潜在客户的了解，从而为不同用户提供个性化的服务。在“以客户为中心”的时代，会展企业管理应变的关键就是如何有效地实现对企业供应链（Supply Chain）的管理，而客户是供应链的“头”，CRM 系统是在真正意义上实现了解决下游供应链的管理。CRM 的核心管理理念：首先是将客户作为当前企业最重要的资源，让客户成为企业资源的途径就是提高客户的满意度；其次 CRM 系统是企业供应链管理（Supply Chain Management）的延伸，提供企业下游供应链管理的整体解决方案，同时 CRM 系统也将企业与客户之间发生的关系进行全面的评估与管理。英国著名克兰菲尔德管理大学的麦尔科姆教授对 CRM 有一形象的比喻：如果将 CRM 比作一张凳子，那么它有三条腿:战略、营销和 IT,如果缺少其中任何一条腿的支撑,都可能引起系统的失效。因此,CRM 不能孤立地建立在某一方面,它应是现代企业管理的重要组成部分。

三、会展业 CRM 工程的基本策略

CRM 的数据分析技术是把有关客户的基本数据变为可用的信息,并将信息转换为真正有用的客户知识(Customer Knowledge),进而把潜在客户转变成忠诚客户,直至发展为终生客户,完成客户的整个生命周期。改善客户关系的关键在于提高客户满意度,CRM 的工作流程是将企业内外部客户资料数据集成到同一个系统里,让所有与客户接触的营销、服务人员都能够按照授权,实时地更新和共享这些资源。CRM 流程管理的概念,让每一类客户的需求,都触发一连串规范的内部作业链,使相关业务人员紧密协作,快速而妥善地处理客户需求,从而提升企业的业绩与客户满意度,继而达到提高企业的核心竞争力,企业的利益期望也完全基于客户对该企业的满意度。

会展业要提升客户满意度从而获得竞争优势的确非常困难,因为它不仅取决于展会组织者所属企业全体员工的工作热情与方法;同时还涉及企业内部部门间及提供客户服务相关部门和人员的协调能力,在不同的层面上,用理性和感性的做法均会导致客户满意度的变化。CRM 是根据不同企业自身资源与客户价值对市场进行细分,并针对每个细分市场的特点制订相应服务策略,形成清晰和有价值的客户数据以减少沟通和销售资源的浪费。美国艾克提出的 eCRM 策略,网络时代消费者快速地接受大量信息,所以消费者的偏好也不断地改变,企业必须不断地观察调整消费者行动的改变,并立即产生应对策略,才能掌握先机赢得客户。在会展业实践中,就是将每个客户作为单独的区隔为概念,对客户行为进行追踪或分析,以单一客户为单位,发现他的行为方式与偏好,配置提供的应对策略或行销方案,都符合每个客户的个性要求。这种将客户管理融入了企业管理的整体实践,是以现代化的信息管理手段来控制企业在客户关系方面操作的成本,强调客户对企业发展的重要程度,真正实现让 20%的客户为企业带来 80%的收益。克兰菲尔德大学的佩因教授一份题为《CRM:不是一个项目,而是一项策略》的报告中指出,当客户保有量从 75%提高到 80%,或者从 85%提高到 90%时,企业的赢利能力将会有 20%～125%不同比例的提高。因此,21 世纪的企业管理,所有未实施 CRM 战略的企业都可能被抛在后面。

四、会展业实施 CRM 的意义

中国加入世贸组织之后,会展业的有识之士都充满了强烈的危机感。因为我国会展业的服务和管理水平与国际先进水平的差距很大,尤其我国会展业正处发

展期。走出了原始积累，开始追求规模化增长的国内会展企业，首先面对的就是企业管理能力的瓶颈。会展业所实施的管理链中，客户管理是至关重要的一环。会展业有两大特点，一是中小型企业占主体（以展览公司或场馆的员工组织规模）；二是对客户（参展商与贸易商）的服务面广。当一个展会项目规模不大时，会展企业面对的客户群很有限，企业了解每一个客户的特点，可以对客户的个性化要求全力满足，这种体贴的服务也因此不断赢得好的口碑与新客户，企业也随之成长。但是随着客户的不断增加，简单的记忆和初级客户资料系统已透支企业的处理能力，当客户的数目增长到更大数量时，许多会展企业对客户的掌控能力就急剧减弱，因为，企业已无法让每个业务人员逐步有效分享客户的信息与资源，准确地把握每一个客户的需求，企业发展的管理基石因此而逐步减弱，当更大的客户压力随之而来时，最终导致的是这些会展企业发展的失败，重新洗牌在所难免。应用 CRM 的意义，不仅在于实现管理水平的质变，更重要的是，它赋予企业把握稍纵即逝的市场机会的能力，而这未来将成为左右会展企业成败的力量。在客户导向的市场环境中，新的业务机会本身就来自于一个体贴的客户关怀，来自于苦心孤诣打造的客户数据库的某一个角落。

21 世纪以产品为导向的营销哲学将逐步转向以客户为中心，全方位满足客户需求，不断创造更新、更好的产品；市场营销管理的中心将从以往注重业务的量的增长转向注重质的管理；营销目标将从降低成本提高效率转向开拓业务、提高客户忠诚度。因此，提高我国会展企业的核心竞争力，会展业导入 CRM 工程的应用与研发将对提高我国会展企业的整体管理水平具有重大的现实意义。（本文原发表于《中国展会》2002.5）

[会展业的 CRM 理念与实践 1-2]

会展业 CRM 的研究与开发现状

我国会展业面对竞争激烈、变化多端的市场，怎样发现、吸引、留住客户已成为21世纪会展企业越来越关注的问题，良好的客户关系被会展企业广泛认同为求得生存与发展的重要资源，CRM（客户关系管理）的理念因此也得到各界的响应。但在我国 CRM 的实际应用情况并不乐观，不少企业虽然已逐渐意识到接受 CRM 理念并积极付诸实践的必要性，但对 CRM 系统的需求尚未真正启动，会展业尤其如此。在 CRM 系统推广的过程中，一些从事会展的企业在试用某种会展 CRM 系统后，总感觉现在国内市场上的许多 CRM 产品存在界面概念多、深度不够、操作复杂、流程僵化的缺陷，经不起实际需求的考验。因此，有观点认为，CRM 在中国正经历着类似后网络投资热时代一样的尴尬。

中国会展企业在经济全球化的背景条件正处在机遇与挑战并存的时代，其成功与发展的要素取决于四个方面：1. 保持现有客户的能力；2. 能否有序地扩大展览相关服务的宽度与深度；3. 在不降低现有展览服务水平的基础上，发现新的客户；4. 使客户更加容易与承展企业交流和业务沟通。因此，合理配置会展企业的工作流程及导入 CRM 系统工程，对会展企业而言，其本身应是一个经营与管理的决策而不是采用某项技术的决定。全面了解国内外 CRM 的市场与研发应用状况并作一思考是很有必要的。

一、全球 CRM 产品市场现状及发展因素

CRM 系统产品不是简单的在线销售、交易或是一些其它备受炒作的概念，而是雇员、客户的信息共享与商业流程的综合，它注重的关键在于商业价值的发现和创造，可视为企业与商业伙伴。因此，根据权威机构 Gartner Dataquest 提供的《2001—2006 年 CRM 市场规模及预测》的一项调查结果显示，尽管当前的 IT 产品及相关服务市场呈需求下滑之势，但客户关系管理（CRM）软件服务在 2001 年却表现出“逆市”的增长势头，

且 2002 年全球 CRM 市场预测的需求将会保持持续增长，收入大约将达 253 亿美元，比去年会增长 15 个百分点。在 2001 年，全球 CRM 市场的销售收入达到 220 亿美元，比 2000 年增长 10.6%。Dataquest 对未来 CRM 市场预测认为，今后几年内 CRM 市场的增长将会持续，到 2006 年其增长将达 470 亿美元。Gartner Dataquest 认为，全球 CRM 市场需求表现出如此强劲的增长势头的直接驱动力来源于中小企业对 CRM 市场的需求，而最主要的因素是：

1. 赢得和留住有价值的客户已经成为各界高层管理人员优先考虑的因素。因为高层管理者意识到这是整体竞争战略的重要组成部分。唯有对有价值客户的服务处理与管理得当，企业的利益才会因此大幅提高，反之，则将造成企业客户资源的流失，最终导致企业利润的下滑，而要重新赢得客户，其成本将会成倍增加。

2. 随着互联网和电子商务作为客户管理和营销渠道的重要工具并在现代商务环境中的运用不断增加，给传统的管理模式和渠道带来了许多新的机遇与挑战。因而，许多成熟的企业开始寻找能够利用新旧客户管理方式来整合整体客户资源管理的有效方法，特别是从整合角度来理解客户需要和企业成长的驱动力。

总之，21 世纪全球经济与市场环境相互适应与调整及全球市场一体化的进程加速，要求现代企业必须适应世界企业管理的统一标准，作为 CRM 应用软件市场对企业管理流程的设计与开发所起的重要作用被各界管理者普遍认同，并有效地"克隆"到各行各业，成为新世纪最为引人关注的营销管理理念与管理技术。

二、CRM 国外的研究与开发

国外 CRM 客户关系管理研发的重要基础是 90 年代盛行的集成直接营销(Integrated Direct Marketing)法并将其与现代 IT 技术与网络环境集成演变而发展成的，它重要特征是实现经营管理流程从"以产品为中心"到"以客户为中心"的转变。实践证明，传统的营销方法与客户管理的模式已不再适应现代企业管理，而且管理成本很高。美国 AT&T 公司曾对二组传媒计划进行测试，其结果如图 1—图 4 所示。

第一组传媒测试比较

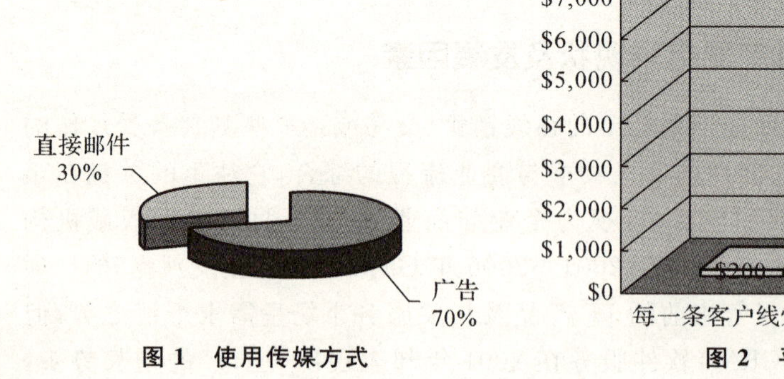

图 1　使用传媒方式　　**图 2　平均投资费用**

第二组传媒测试比较

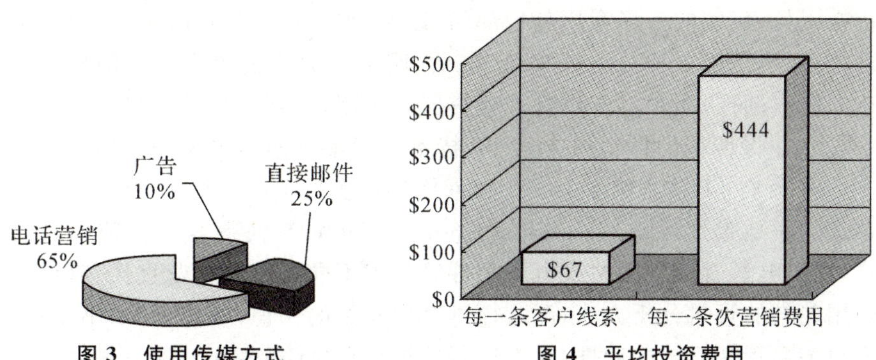

图 3　使用传媒方式　　　　**图 4　平均投资费用**

测试表明使用基于 CRM 管理模式的一对一营销方式第二组每一条顾客线索的平均费用比第一组下降 66.5%，而每一次营销费下降则高达 92.89%。

美国花旗银行也曾对销售家庭普通贷款，进行四组不同组合的传媒构成分进行了测试，其获得客户反馈的结果：实验结果 2、3、4 组营销费用分别比第 1 组下降 63%、72%、71%却获得了更高客户反馈 18%、37%、42%（图五）该实验证明了新的客户关系结构中个性化营销的重要性。

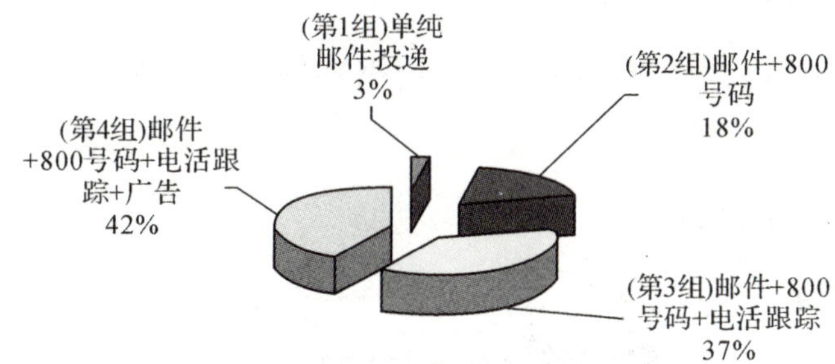

图 5　客户反馈比例

80 年代末、90 年代初的美国企业管理基于现代营销方式"一对一营销（One to One Marking）"创导了 CRM 的管理理念与技术，激起了行业界巨大反响，一批 IT 专业厂商（如 Sicso、Sun、Oracle 等等）积极响应，在研发新一代基于 IT 技术与网络环境的产品的同时也不断地在世界进行推广应用，其市场也日趋成熟。美国 Cisco 公司首先从客户服务领域开始全面实施 CRM，Sisco 的 CRM 系统主要是利用高科技手段定位帮助企业通过收集、整理和分析客户信息，以达到实现个性化和人性化的服务。实施 CRM 后，Sisco 创造了两个奇迹：一是公司每年节省了 3.6 亿美元的客户服务费用；二是客户满意度由原先的 3.4 提高到后来的 4.17（满分为 5 分），在新增员工不到 1%的情况下，利润增长了 500%。

美国艾克国际科技有限公司的研究认为 e 时代的企业应当考虑的是如何利用

科技将现有组织及流程转化为一对一的思考及运作方式，即前端的与客户实际互动的行销人员，后端的市场客户分析部门，以及信息技术部门都能以一对一的思维协同运作，而不是简单地关注计算机、电话、网络互动等机制或只强调分析所谓精密复杂的资料勘探，而是将流程管理连贯所有机制，达到统合的效果。美国艾克根据这一理念并将传统的营销概念与IT技术全面整合而推出了eCRM平台enterprise I，该平台将IT技术结合Internet网络环境实现了前端与后端的统合，前端是指统合式的联系渠道（UCC，Unified Contact Center），使得客户能选择自已习惯的方式，利用电话、传真、网站或电子邮件等各种不同渠道与企业直接接触和互动。后端则用先进的资料分析方法，深入探索客户相关的知识，(Customer Knowledge)作为客户关系管理系统的依据，然而进行数据挖掘(Data Mining)。

美国艾克的eCRM产品迅速在全球推广使用，香港的京华山一，新加坡的One to One. Com，以及台湾的TOGO Travel、亚洲人才网、美国安泰人寿、航网达康、搜主义网络书店、擎邦科技、万宝投顾、精诚信息奇买站、协和证券等都已经成功地导入eCRM。中国的著名网站ChinaByte、7135、上海麦网、金丰易居、广州壹号网、杭州新利软件等也引进了该系统。

三、中国CRM的研究与开发

根据一项调查问卷反馈的结果，国内CRM的市场还处于教育和培育阶段。(图6)

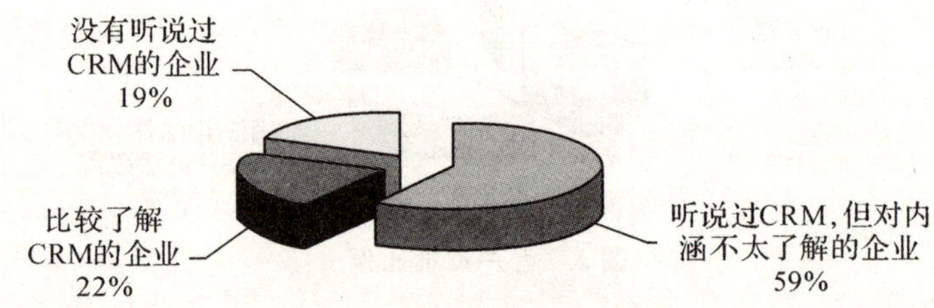

图6　企业CRM认知度调查

如图6所示，调查状况反映了国内企业，特别是中小企业的管理者因大多被具体事务所困扰，学习充电机会较少，导致对国际国内的管理理念、思想与模式的发展变化缺乏更多的了解；同时也说明当前我国的“CRM热”尚处于初级阶段。调查也说明了另一个问题，在中国，CRM市场有其足够的发展空间和巨大的应用潜力。

事实上，我国的一些企业已开始自觉或不自觉地开始采用或部分采用CRM的管理思想和方法来开展商务。而且，我国企业对客户关系管理的理念有着很深的渊源，在企业发展初期的业主能对自己的客户了如指掌，因为客户就在他的生活圈附近，也是他赖以生存的基础，但是当企业发展为中型规模的企业时，他就不可

能用简单的方法去认识和管理每一个客户，这样企业认识到，基于商务活动实践中

诞生的 CRM 能够有效解决企业在客户管理方面的问题，提高竞争能力。这也是中国有着广阔的 CRM 市场前景的主要原因。

近几年，中国已有利用 CRM 管理模式进行营销成功的实例：由著名国际创投基金 Softbank、IDG 合作携程旅行网（www. ctrip. com）、艺龙（www. elong. com）所建立的客户服务中心（Call Center）和我国航空公司在面临市场竞争的情况下，中国东方航空公司推出“金燕俱乐部”，中国南方航空公司推出“南航明珠俱乐部”，中国国际航空公司推出的“国航知音”计划等。前者是以“旅行服务累积点数”后者是以“飞行里程累积点数”的做法来提升顾客的忠诚度。加入这些计划的会员都可以通过订房、订票、参加旅行来积累点数，然后以此换取免费旅行计划、订房或乘机。这种行销方式很快受到常客的欢迎，然而这一鼓励消费的策略迅速以各种不同的面貌出现，开始向周边产业延伸，让消费者也可以从相关的合作单位获得奖励点数。我国大部分银行的信用卡公司都有根据刷卡的消费金额的奖励措施。各公司都籍以这种与客户利益互动的方式，发行这种可定向使用的“第二货币”来加强与顾客的关系，提高产品的吸引力。因为，这种“另类”的有价货币充分地利用了自然的人性，关注客户关心的利益，来达到维护与发展客户关系的目的，其采用的大部管理就是 CRM 系统的流程管理。

四、会展业 CRM 的研究与开发现状

我国会展业的 CRM 应用状况，一些软件开发公司（如：北京昆仑亿发科技发展有限公司、西安远华软件有限公司）已在 2000 年就开始从事研发相应的会展业 CRM 整体解决方案，专业软件开发商集中以客户服务与管理流程设计为重点，结合展馆现场动态管理特征，全面整合展商、参观商数据采集与管理，现场动态环境测评，会展服务环节管理等多种技术需求与运用环境，研发了系列的提高会展效率、会展质量和会展满意度的会展商业一体化的整体解决方案。北京昆仑亿发公司开发的现场高速图像采集系统，充分结合图像采集、智能识别与 Internet 技术，有效地将智能识别技术和 Internet 技术相结合，大大简化了费时、枯燥、繁琐的展商与贸易商的录入工作，有效地缩短了观众等待时间（一般不超过 2 秒）。同时，考虑到展馆中展台（尤其是特装展台）变动较大的特点，采用了国际领先的无线通讯网络技术在场馆现场构建宽带网络，为每一个展台提供方便快捷的宽带互联网接入。对于观众信息的使用和共享，通过多级智能一卡通系统为现场观众和参展商提供电子名片的功能。西安远华软件有限公司所开发的 3wShowt 系列软件包就集成了 3wCustomer、3wDatatran、3wCard、3wShowonline、3w Meeting 等软件。并通过多种数据挖掘和处理技术，在展览会和会后为参展商和展览组织公司提供各种详细的分析与统计报告。

会展业 CRM 系列软件的研发已成为越来越多的软件开发商意欲拓展的市

场,CRM 在会展企业的应用也被全球会展业界人士广泛认同。但 CRM 在中国会展企业的应用如今才刚刚起步。由于成功案例缺乏,大多数企业仍处于观望状态。同时,会展业 CRM 的系统工程高昂身价(通常为几十万,最便宜的也要几万),维护成本过高,这是我国会展企业尚未普遍应用的主要因素,根据会展业的服务特性,CRM 在会展业中的应用前景是十分广泛的。(本文原发表于《中国展会》2002.6)

[会展业的 CRM 理念与实践 1-3]

会展业 CRM 实施的主要障碍与误区

通过中国的营销理念与西方的比较，我们可以发现：在西方，往往是先签约再干杯，而在中国却是先干杯再谈生意。西方的营销理念定位于强化顾客关系，包括用 IT 建立顾客关系管理 CRM 及目前企业质量体系认证 ISO9000 等。而在中国目前的企业环境中，由于企业受制于政府较多，因此行政关系对企业生存与发展产生了至关重要的作用，某种意义上客户关系更重要。中国似乎是最讲究“关系”的民族，但在当代企业营销管理实践中（如果排除庸俗关系学因素），客户关系在很多情况下却表现为短暂的不信任关系，表现方式亦极其复杂，以至企业从事任何一个工作环节时，都会由此而引发导致“多米诺骨牌效应”的问题，对不同行业的不同企业造成严重打击。因此，在接受整体的全新客户管理理念与技术的同时，应排除实施的障碍与误区这对正处转型的中国会展业，其意义远大于中国会展业国际化发展方向的概念。

一、会展企业 CRM 实施的障碍与误区

1. 我国不少会展企业认为 CRM 太困难，因为 CRM 是一个超前的管理理念，会展业的 CRM 方案实施成本太高，且失败风险较高。的确，由于 CRM 系统结构复杂，动辄几十万、数百万，而现阶段，我国会展业组织规模较小，以中小型企业为多，较难承受昂贵的费用。这是目前 CRM 在我国会展业领域没有得到很好应用的重要原因。

2. 基于我国会展 CRM 的研发正处起步阶段，不少企业对实施 CRM 项目的投资成本构成不清楚，以为最大的成本支出就是购买软件。其实，CRM 项目的成本支出是由五个部分组成的：第一位是硬件成本，大约占总成本的 40%左右；第二位是客户化，这是指制定出企业独特的 CRM 的策略，整合 CRM 的流程，公司业务的运作必须要和这个策略相适应，然后才能根据这些业务的需求去确定系统配置。这部分大约占 25%；第三才是软件部分，大约占 18%；第四是项目支持的费用，约占 10%；第五是

项目实施所需的培训费用，约占7%。从全球IT业发展的趋势来看，CRM项目的成本将呈下降趋势，如图1所示。

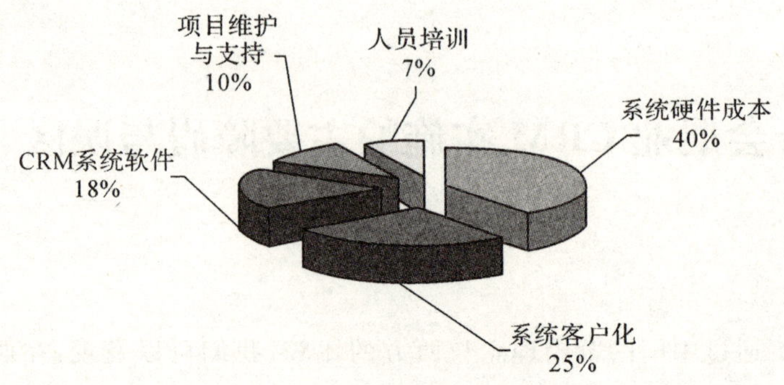

图1 CRM项目实施成本

3.目前绝大多数从事会展的企业由于种种局限，我们尚未浏览到将核心业务流程、客户关系管理等延伸到Internet，用户或供应商还不能在真正意义上通过Internet与企业进行互动、实时的信息交流。甚至许多公司自己开设的网站与公司自身的呼叫中心不能连贯，信息无法畅通。

4.有不少会展企业将ERP与CRM混为一谈，认为实施CRM一定先要有ERP系统，也就是说，ERP是CRM的充分必要条件，其实，从管理上定义ERP和CRM，两者间的功能导向和管理模块是有区别的。ERP是以功能为导向，如对财务整合、仓储、库管、制造等现成的模式进行改进设计与订制，而CRM则是以流程为导向，需要企业以更前瞻的眼光与创新盈利模式，利用IT技术对企业的营销、客户资源管理、内部分工的无缝链接而对原管理流程进行创造性的变革。

5.有些已导入CRM工程的企业认为Call Center不是CRM整体解决方案的重要组成部分。事实上，虽然目前我国企业总体的数字化程度不高，e时代环境尚未形成，Call Center一时尚未能在众多的目标客户中(约80%强)发挥其强大的管理与互动作用。在CRM的流程设计中，呼叫中心是CRM多种实施渠道中的一个重要途径，CRM必须要通过呼叫中心来实现。

6.不量力而行，盲目追求大而全，认为功能越多价格越昂贵越好，对相当可观的CRM系统的后期修改、升级及维护费用没有合理预测，国外研究显示，前期和后期的费用比介于1∶3—1∶4间。企业导入CRM工程各期投资不明确，造成CRM管理实施效果不好，导致不必要的企业与管理资源的浪费。

二、会展CRM软件开发的一些问题

1.我国不少在尝试开发CRM软件的公司认为CRM是一个系统或是一项技术，只要为企业安装这项技术、这个系统就行了，而对企业实施CRM整体过程未

能结合实施企业的自有资源给予正确引导，以致企业不能有效地整合自己的流程和业务操作方法来适应 CRM 战略的实施。事实上，CRM 项目的实施最艰难的不是技术本身，而是管理控制企业内部的阻力，这些阻力来自方方面面，不能处理这些阻力的话技术再好也不能起作用。开发及先购的 CRM 系统不能够随着商业环境的变化而不断进行升级修改。

2. 有的软件开发商认为 CRM 要搞就要搞大项目，从呼叫中心到市场营销、销售、服务全都要有，而且一次到位。然而，对于我国会展业而言，CRM 项目是一个长期的进程，不可能一蹴而就。必须阶段性地有组织地进行，这样才能让企业在每过一段时间就能有一段时间的收益。

3. 软件生产商将 CRM 系统认为是给会展业提供销售系统与营销系统，CRM 与一对一营销（One-to-One Marketing）的混淆：把 CRM 系统简单的混同成 Customer Support System（客户支持系统）。CRM 技术可以在需要的时候做到一对一营销，但并不是说企业在任何时候都必须实施一对一营销，不同的行业对 CRM 的应用有不同的侧重。

4. 软件开发商缺乏好的咨询公司进行整体计划制定，使企业不能在最短时间内发展业务，有较多的人为失误。CRM 系统的前端和后端不能实现无缝融合应用，较难充分发挥其各自功效。且提供 CRM 产品的供应商售后服务无法及时到位。

5. 在设计 CRM 系统中嵌入分析能力的考虑不够，如数据挖掘功能明显不够。不能为会展企业从堆积如山的客户资料之中及时找到有价值的信息，提升信息的价值，实现实时决策和客户利润贡献度管理，从而确保客户交互活动能更体贴周到、令人满意。已经有些 CRM 提供商在市场营销方面提供基于数据挖掘技术的决策支持能力，但为销售和服务提供分析能力的 CRM 软件还是相当薄弱。

6. 软件开发商为企业考虑，接受软件的企业是不是已经有了一个以客户为中心的远景计划；企业的渠道策略是什么样的；吸引客户的策略是什么样的；企业的薪酬架构是不是鼓励内部人员以客户为中心；员工的培训和职业发展是什么样；怎样培养和发展以客户为中心的公司文化等等。

7. 有些软件开发商还停留在专注于企业内部流程与效率的优化，将 CRM 大多功能定位于"朝内看"而没有将 CRM 的系统需求定位于客户、商业伙伴、与外部其它的企业整合，通过统建立虚拟企业，缩短供应链，减少不必要的中间环节，提高效率与竞争力。

三、影响会展业 CRM 发展的问题

会展业导入 CRM 系统实施数据库营销的费用和成本在现阶段仍十分昂贵，CRM 工程要求在客户与市场调查方面与信息收集上投入巨额资金。同时信息也

需要经常更新，最重要的是要随时更新客户信息，保持最新的地址、电话等，否则原有的客户数据库就失去了存在的价值。如同我们所知，会展业的信息一般每年以20%—35%的速度在变化，这就要求在软件上有高投入，有擅长数据采集和开发的专业人员来分析处理数据库所收集来自多层客户的综合信息，使CRM系统的实施能甄别目标客户群且能提升其价值：

1. 客户可能因某种因素只参加一次展会活动；
2. 客户所属企业的产品价值低；
3. 客户终身价值(CLV, Customer Life Value)低的企业；
4. 批量生产的企业或与最终消费者

图2　CRM客户管理的非目标客户

1. 客户可以在同一展会销售不同产品系列的企业；
2. 客户的产品必须时常更新、系持续升级的企业；
3. 客户在会展活动中意欲参与交流、收集数据的企业

图3　CRM客户管理的目标客户

因此，会展业CRM工程如何确认目标客户群；根据客户需要和他们对展会的价值来细分客户群；与客户互动以建立一个相互的学习关系；最终达到将产品、服务和信息的客户化是目前我国会展业CRM研发核心工作。但是，我国现在许多会展企业在实际的工作中往往仍将大部分客户数据完好地存储在电脑系统中，却没有真正地将数据提炼成有价值的客户信息，为管理人员、销售人员、服务人员和企业内部其他职能部门用于确定展会发展趋势、客户需求倾向、客户个性化要求以及其它等方面的服务。在回答展商、贸易商咨询时，相关组展企业的技术和服务知识仍然不尽如人意，解决问题的能力低下已不断成为客户的投诉对象。因此，虽然全国新建场馆都强调软硬件设施的投资，意欲加强改善客户管理和服务质量，但如果会展企业缺乏正确的客户管理意识和方法的支持，就如同“跛脚的骏马”，仍然无法发挥精良装备的作用。

市场经济的成熟，大多数展商的消费观念和维权意识不断加强，许多展会都出现了展商对有关组展主办与承办单位的服务和展会质量的投诉。因此，处理客户投诉也应成为客户管理的重要内容。但目前我国的CRM系统考虑开发此项动态管理功能。经验表明，客户投诉处理得当，不满意的客户往往会转变成忠诚的客户，并成为企业最重要的客户资源；相反，如果处理不及时或不满意，不但导致企业客户资源的流失，而且对企业效益和品牌形象会造成更直接、更大的损害。

近年来，国内业界谈到“整合营销”时常常过分强调对外市场沟通战略，而作为营销管理的根本，即客户资源的管理，却未得到业界的重视。CRM的方法和思路有利于企业管理者有效整合影响企业客户管理的各个要素，如客户需求、领导者素质和组织结构、员工满意度等，真正改善和提高企业客户管理水平。从这个意义上讲，CRM不是又一个新的哗众取宠的“噱头”，而是一个价值无可限量的营销管理工具。

由于不同品牌产品和服务之间的差距越来越小，消费者购买行为不仅是出于对产品性能和服务的理性考虑，同时也是一个情感上的取舍过程。现代营销认为，成功的品牌象征着从“商品标志”到“信任的标志”的内涵转换，从本质上反映出客户与企业品牌之间的关系，直接影响到企业客户管理的思想和战略。（本文原发表于《中国展会》2002.7）

[会展业的 CRM 理念与实践 1－4]

会展业 CRM 的研发方向

会展业 CRM 的本质是为会展营销服务的，它的研发是以围绕展会营销而进行的并致力于提升展会服务品质。会展企业营销策略的核心在于整体协调、一致行动，在以客户为中心的基础上，找出企业突出的竞争优势，作出最佳战略选择，并努力留住好的客户，提升客户的价值。客户关系管理作为一门学问，要恰到好处地吸引客户，走在客户欲想的前面，让客户产生期待而成为忠实客户。法国著名营销学者让·皮埃尔·艾尔菲教授指出，企业营销观念对市场变化的适应性调整，关键在于寻求营销活动与其他活动之间、与市场环境之间以及营销活动自身之间的和谐发展。会展业未来的客户关系管理(CRM)虽然由于受多方因素的影响而难以预测，但是 CRM 本身最擅长的就是应变，比如对于未来 CRM 是世界大同还是保持文化特色的问题，我国会展业 CRM 的研发应从“思维全球化，行动地方化”开始。

一、会展业 CRM 实施方向的构建

21 世纪以产品为导向的营销哲学将逐步转向以客户为中心，全方位满足客户需求，不断创造更新、更好的服务；会展业和客户关系管理(CRM)将从以往注重业务量的增长转向注重质的管理；会展业 CRM 的研发方向将从降低成本提高效率转向开拓业务、提高客户忠诚度。会展 CRM 系统的实施应基于以下八项构建模块：

1. 理念模块：CRM 系统需对业界发展前景有一个清晰的认识，每个决策和执行功能都能朝着特定目标发展，并最终实现它。CRM 系统的理念应基于“以客户为中心”待客态度、客户的价值观(CVP)及整体会展品牌的价值。CRM 系统的理念，应充分考虑如何使会展企业从竞争中突显出来；使目标客户知道名牌展会能给他们什么样的期望；使会展企业的员工知道如何得到外部客户经验并成功地分享；CRM 系统的理念更应把激发员工斗志、增加客户忠诚度赢得市场份额作为重要的基础工程。

2. 战略模块：CRM 战略瞄准的收益目标及方向与企业商业战略应是一致的，应为企业增加赢利的机会。“客户的忠诚度”是会展企业与客户关系的“良性因素”之一，意味着客户愿意接受企业“品牌展会”的服务并愿花更多的时间和金钱，会向其他人推荐该企业并且不介意付一些额外的费用。CRM 战略就是如何从实现“品牌展会”收益的角度出发，发现、赢得、发展并且保持有价值的客户。

3. 经验模块：好的经验可以提升客户对会展企业的满意度、信任度和较长久的忠诚度，差的经验则正好相反，会严重影响企业增进与潜在客户的关系，且最终失去客户。因此，客户与企业交往的经验深刻地影响他们对该企业的印象——这就要求 CRM 系统对“客户经验”在客户关系中的价值和重要性有功能上的预置。

4. 协调模块：无论是个人、团队还是整个会展企业都要更加关注客户的需求。会展 CRM 系统的协调功能应能“以变应变”，即无论变化来自何方：如组织结构的变化、动机、补救、方法、企业文化，特别是管理上发生的变化。其实企业从技术上导入 CRM 系统并不能使企业进入“以客户为中心”的时代，唯有企业自身从理念到行为上实现根本的转变。

5. 工作模块 ：会展业的 CRM 工作模块首先要求企业从客户利益出发，“以客户为中心”地重新设计原有的工作流程。其次是从企业自身的利益出发，如提高效率、降低成本等。通过一个经过重新调整的、成功的工作流程不仅来满足客户的期望，而且能在最大程度上支持客户的价值观。优化的工作模块将使企业务实、简化的工作过程带给客户好的印象，并提高其预期的回报，同时还使企业能获得良性的客户经验。

6. 信息模块：会展业的 CRM 需要一系列的客户信息，包括组织结构、紧密结合的操作和分析系统。及时获得正确的信息是 CRM 战略成功的基础，信息模块帮助企业获得客户的第一手资料，加深对客户的认识，使企业在任何渠道都有可能与客户取得有效沟通。信息模块应优化杂乱无章的部门设置、数据库和操作系统的使用，有计划地搜集、管理和平衡客户信息资产，使企业更容易完成 CRM 的管理目标。

7. 技术模块：影响会展企业对 CRM 技术决定是以下三个领域：CRM 应用、结构问题以及集成。在许多的 CRM 项目实践中，集成问题一开始并不占首要位置，但因为成本和时间因素，不久就会突现出来，我国会展软件开发商也会面临这样的问题：当会展企业意识到真正的 CRM 是需要无缝客户中心处理的，并且由集成企业和供应链的技术支持。因此，企业导入 CRM 工程，技术模块互动于硬件技术、通讯技术及环境技术条件的变化，技术模块应有更宽的兼容、扩展、升级、集成、网络化等空间。

8. 评估模块：企业必须将其 CRM 项目可计量化并即时监控，通过对性能的测定来评估它们成功与否。CRM 性能可分为四个层次的方法，分别是：综合的、客户

战略的、可操作过程以及基本构造。这些方法是将企业内外部与战略的实施和公司的经济收益结合起来进行科学评估。每个会展企业都可以根据不同的展会使用一套独创的评估机制，以保证成功地将客户信息转化为企业的无形资产。

二、会展业 CRM 技术构建模块

中国市场需要的 CRM 系统不应该是西方标准 CRM 模型的汉化品，不应将 CRM 系统的技术基础建立在美国的"三化"模型。很多国内会展企业甚至从未有过基本的管理信息平台(MIS)，大量关于客户、合作单位、展商、贸易商的记录和商业机会的信息资料分散于各部门或岗位员工的私人邮件、传真件、文本文档、工作簿甚至纸篓里，现在要求这些会展企业一步到位地导入美国式的 CRM 体系，完全基于数据的封闭式流程，将会展业务的运作和人员活动强行细分管理，严格按时间进程和数字增量来推动、监控和评价员工业绩，这是不现实的，无异于拔苗助长，因此技术构建时应考虑相关模块的平行开发，逐步引导和升级。

1. CRM 系统客户分类管理功能

首先，根据不同展商与贸易商的表现和能力进行分类。淘汰不良客户资料可能在短期内对展会产生负影响，但没有健康的客户渠道就不可能有健康的品牌展会。其次，将可用的客户资料分为必须整改的和必须改造的，提升管理和信息功能。同时如需要，可依据会展企业的经营能力重新确定业务区域或细分市场。

2. 重新确认和甄别客户档案的功能

将客户档案作为对客户、对市场的管理手段和管理工具，客户档案的内容要从客户资料、客户信用情况扩展到客户销售情况、客户价格管理情况；客户费用和利润管理情况、区域竞争对手资料、消费者意见反馈、下游组展商意见、客户策略等等，全面、系统地对客户进行全方位的管理。此外，应将客户档案从总代理组展商扩大到所有其它组展商，建立全面不同级组展商的档案，从上游到下游逐步完善，使会展企业的管理幅度逐步向最终用户延伸。

3. 建立客户与市场信息互动处理功能

会展企业必须首先完成信息的收集工作，其中的信息需要予以甄别、提炼，形成有价值的客户知识和市场知识，以期建立起企业内部的知识管理系统，真正地、最大限度地发挥信息对营销和竞争的作用。在今后，品牌展会的组织者如果不运用现代信息技术建立完善的信息系统，保持渠道的通畅和高效，其品牌价值的提升几乎是不可想像的。

4. 客户价值评估功能

客户价值评估用于进行客户利润贡献度和客户生命周期价值评估。CRM 系统格外关注客户价值，并且应具备为 CRM 其他功能模块(特别是呼叫中心和门户网站)提供实时支持的能力，应该将企业资源(例如会展推广营销经费及与客户有

效互动的方式与时间）引向潜在回报最高的客户群。例如 NCR 公司的分析型 CRM 解决方案能够实现集成化的客户信息分析，从而对客户群体进行合理的划分。

5. 数据集成与数据挖掘功能

收集客户信息。零乱和支离破碎的客户信息是没有价值的，只有健全和持续完善的客户信息才有使用价值。所以会展企业必须建立起完善和高效率的客户信息采集系统。通过科学手段对客户信息进行去伪存真、去驳取精，精心提炼出客户知识，使其具备价值。建立直接意义上的以客户知识为导向的营销体系，将客户知识与企业的市场营销紧密结合起来，从而为客户提供最佳的产品和服务。

6. 建立以信息流为代表的资源管理创新系统（ERP）

将原来分散的数字资源集中分析处理，并建立以客户为中心的连接企业、供应商之间的信息流，重组优化会展企业管理流程，深度挖掘企业资源，进一步提高企业的核心管理竞争力。

三、中国会展业 CRM 的研发方向

初上 CRM 系统的国内大中型企业，管理人员和职员普遍认为，现在的 CRM 系统众多的界面概念、操作内容和封闭式的数据流经常给人以生硬的形式感，特别是科学的方法除了要求定性分析外，总免不了枯燥繁琐的量化依据，久久不能习惯。这并不意味中国的企业管理人员和职员不肯转变观念，不愿学习和接受先进的管理思想和技术方法。其实，基于发达国家大企业的“三化”（销售自动化、营销自动化和客户服务自动化）而演变过来的 CRM 体系不能一成不变地进入中国企业，CRM 应用实践在中国的推广还应从中国国情出发。中国企业界广大管理者及其员工与生俱来对西方风格的基于数据和流程的管理方法很难适应。因为，这种工作风格和思维习惯往往需要希望团队在达到每一个目标前尽量多做一些在个人立场上看完全可以省略的工作。

中国会展企业推行客户关系管理（CRM）最大的问题是不知道如何运用客户资料为管理和营销服务，而且大多数企业连客户档案都难以建立和健全，因此企业目前最重要的是建立健全以展商和观众为主体的客户关系管理系统，并在此基础上逐步建立真正意义上的 CRM 系统。在另一方面，相当部分的会展企业（由于企业规模较小）并不希望所购买的 CRM 方案过多地改变自己的流程习惯和管理思维方式，他们真正需要的是提高现有管理模式下每一环节的效率和控制力度。因此，适合中国会展业的 CRM 系统首先应该强调帮助会展企业内部建立健全全方位的管理信息平台和流程，使企业内部各员工岗位、职能部门及业务单位之间能高度共享管理信息，做到对企业内外各种资源的关联管理和实时利用。会展企业希望在信息化平台的基础上导入旨在于协同支持而非监控施压的流程，在应用上提

供更多的管理方法和员工参与机会，以客户关系管理为应用诉求，以工作流自动化为具体应用方式。CRM 解决方案不应是单纯的应用软件产品，而是配合管理咨询增值服务的综合资源管理信息系统，应该帮助企业直接面向客户对象，发现、筛选和挖掘销售机会，实现销售最大化。中国在近几年内会展业 CRM 发展将出现以下几个方向：

1. 目前市场 CRM 软件产品很多，会展业 CRM 软件将根据不同企业的特性在 CRM 专业系统开发商的安排下进行有效的组合，形成最佳的服务与性价比。CRM 专业系统开发商将会为会展企业整合来自不同供应商的信息技术，集成不是最好的但是最合理的多款软件以求产生最好的系统。从而解决企业的各方面管理需求。

2. CRM 开发商将 CRM 系统功能定位不单是管理信息系统（MIS），而且是支撑营运的信息系统，系统具备强大的扩展性以支持"按需增长"的业务发展趋势，系统的开发和维护将根据会展企业的发展阶段进行并行的分工建设规划。同时系统将具备支持企业端频繁的修改功能并支持多种方式的用户界面，如：触摸屏、PC（个人电脑）、ATM（自动取款机）、PDA（掌上电脑），移动设备、固定电话的语音交互、新一代的信息设备……

3. 为了对抗信息爆炸和电子商务服务的复杂性带给会展企业的种种不便，CRM 系统开发商将更注重企业的个性化与动态内容的生成，有针对性的服务与适当的信息分类传递。并协助企业利用 IT 技术与网络环境的增值服务，如：多种面向目标客户的收费服务。

4. 市场研究显示，两年以后新一代移动设备将会成为展商与贸易商的掌中宝，70%以上的参展商与企业销售人员将会携带网络化的 PDA 或类似的装置走南闯北以取代沉重的笔记本电脑。许多 SA（销售自动化）生产厂商都在开发支持多种移动设备的功能。会展企业用户现在就应该对此做出规划，因为这种技术的应用价值其投资回报率比基于 LAN（局域网）的传统设备高出 50%～150%。

5. CRM 系统软件的基本功能集成基于以下三个层面：（如图 1 所示）

鉴于我国大多展览企业组织规模较小，所能调用的人力、资本与技术资源有限，因此，在今后几年将产生展览业 CRM 系统的 ASP（应用服务提供商），ASP 将作为一个新兴的服务，用较小成本、采用 IT 技术为展览企业解决、建立展览 CRM 与电子商务系统。ASP 服务提供商通过中央管理设备来配置、租用、管理、共享和运行展览 CRM 应用系统并通过网络向展览企业提供个性化的服务，其模式：

展览组织机构应及时了解这一发展趋势，利用 ASP 的服务来实施展览企业的 CRM 管理，展览企业可以使用基于以上服务模式的理由：

1. 不需要雇用大批熟悉各种技术的人员来支持展览企业内部的 CRM 系统；

2. 通过 ASP 保证展览企业得到持续不间断的技术支持与软、硬件升级；

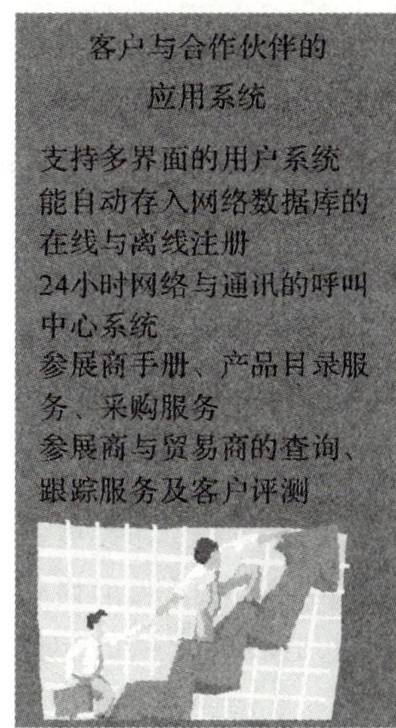

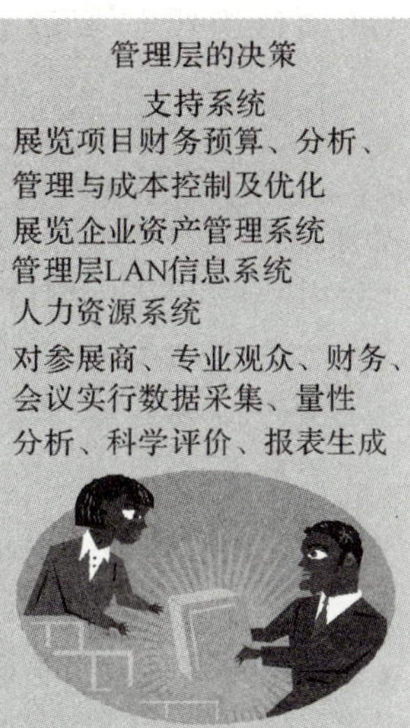

图 1　展览 CRM 的三大系统功能

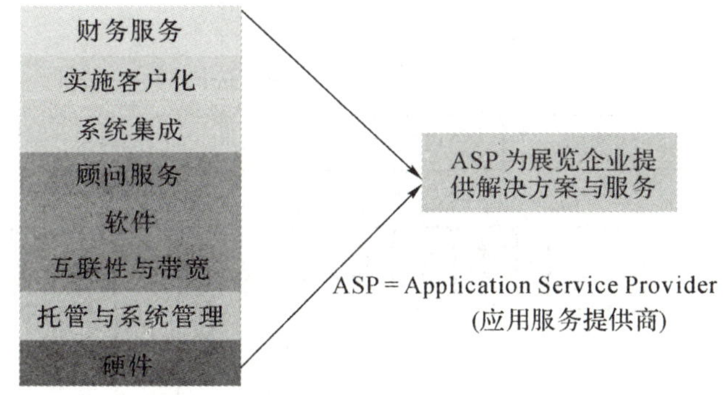

图 2　服务集成代替系统集成的思路

3. 客户化的 ASP 解决方案保护了展览企业的独特性与企业个性；

4. 展览企业与其客户可共享功能强大且久经考验的基础设施；

5. 有效缩短 CRM 系统软件开发商的研发与企业应用的周期。

中国入世，我国会展业 CRM 的开发和应用带来了新的机遇与挑战，众多国际会展巨头与软件开发商瞄准我国市场，紧锣密鼓地进行“市场蚕食”战略的策划。因此，应付国际竞争和参与国际竞争对于许多中国会展企业来说将是一个复杂的问题，也是一个崭新的问题。会展企业前瞻性地审时度势，未雨绸缪地制定务实的全球化战略方案，将一展我国会展企业“与狼共舞”的英雄的本色。（本文原发表于《中国展会》2002. 8）

[会展项目组织与管理 2－1]

如何制定合理的招展价格

建立合理的招展价格体系是招展策划的一项重要工作，对参展商的参展决策具有重要影响。如何制定合理的招展价格，运用招展价格体系形成多种促销手段，是展览营销研究的重要课题，也是展览营销的制胜武器。在我国展览营销的组织工作中，招展价格体系主要由招展价格、价格策略和促销战术三个部分组成，如图 1 所示。

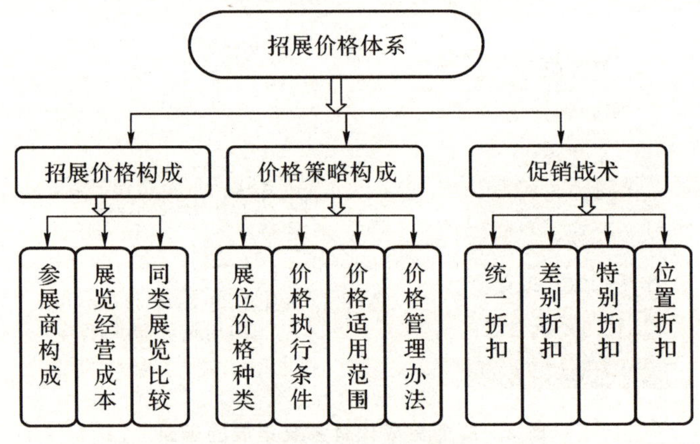

图 1　招展价格体系

招展价格体系的重要作用

在展览的展位销售过程中，科学地为展览的展位制定适当的价格，不仅可以提高展览营销的市场竞争力，还可以减少参展商的成本，使展览与参展商实现合作双赢，对展览长远发展十分有利。招展价格过高，将会影响到参展商的参展积极性，招展价格过低，会影响展览的收入，挫伤展览组织者办展热情。因此，合理的招展价格体系，是实现展览营销和展览效益同步增长的重要助力器，是展览整体策划的重要内容。

一、招展价格制定

制定合理的招展价格需要充分考虑参展商构成、展览组织成本和同类竞争展览等因素，通过掌握大量信息，并进行科学的分析，采用合理的定价策略来制定可行的展位价格，招展价格须以展览“盈亏平衡价格”标准为根本，在确保展览不亏损的情况围绕二个目标：最大程度扩大盈利目标和摊销展览组织成本。以下是基本分析方法：

1. 结合展览发展阶段定价

展览如同产品，具有与产品相同的特质及四个不同的发展阶段：培育期、成长期、成熟期和衰退期，在不同阶段中参展商的构成也不相同。

培育期：展览尚处在市场竞争的劣势，知名度不高，行业内对展览认知有限，参展商构成以小型企业为主，展览是以保本或微利方式运行，因此，招展价格定位不宜太高。

成长期：展览在行业内形成一定的知名度，具有一定的市场竞争力，参展商构成发生变化，中小型企业参展热情提高，展览规模迅速扩大，招展价格可相应提高。

成熟期：展览在市场上的地位基本稳定，参展商构成多元化且数量也基本固定，展览规模基本定格，展览的招展价格与其他竞争展览的价格也基本固定，不宜变动。

衰退期，展览竞争力开始减弱，大中型参展商开始逐渐减少，展览规模萎缩，根据这一阶段的参展商构成，展览的招展价格应该较低，以调动参展商的参展积极性。

综上所述，展览各个不同时期的参展商构成是不同的，展览组织机构应在制定展位销售价格时充分考虑以上不同展览所处不同时期而对展览招展价格所产生的影响。

2. 分析展览题材行业发展状况

展览题材所在行业的状况主要是指要该行业平均利润率的大小和该行业的市场发展状况。行业平均利润率的大小决定了该行业所属企业可能的盈利水平和支付能力。如行业平均利润率较小，那么，该行业的企业的盈利水平和支付能力可能也不高，这时，如果展览的招展价格定得过高，参展企业将无法承受而放弃参展。反之，展览的招展价格就可以相应地定得高一些。行业的市场发展状况也是制定展览招展价格时需要考虑的另一个重要因素，例如，行业处于买方市场，企业参展的积极性就较高，展览的招展价格可以定得高一些。如果行业处于卖方市场，企业参展的积极性就较低，展览的招展价格就应该定得低一些。

3. 分析经营成本确定价格目标

展览一般有五种定价目标，即利润目标、市场份额目标、价值目标、质量领先目

标和生存目标。这些目标其本质都是基于展览的经营成本而言。不同的价格目标,展览的招展价格也不尽相同。例如,展览价值目标是以展览生存为主,那么,展览的"盈亏平衡价格"就是其最后的底线;如果展览的价值目标是尽可能地扩大市场份额,那么,展览的招展价格就可以暂时低于展览的"盈亏平衡价格",尽管这时展览将出现亏损。而质量领先目标则可考虑以提高服务水平,高质高价的方法来确定展览的定价。

4.充分考虑竞争需要的定价策略

在制定招展价格时,要充分考虑那些与本展览有竞争关系的同类展览的价格状况,要充分评估本展览在市场上处于什么样的地位,是处于市场领先地位还是处于跟随地位。如果是前者,就可以将价格稍微定得高一些;如果是后者,就必须将价格定得低一些。国际展览组织机构在开发新的展览项目时往往会仔细分析整个展览市场及展览所代表的行业发展趋势,并通过收集竞争对手的各种资料与信息,周密地进行 SWOT 分析,通过顾问与决策团队的对制定招展价格的反复酝酿,才会最终确定具有很强竞争力的定价标准。

5.考虑展览的价格弹性来定价

所谓价格弹性,是指当展位价格每变动 1%时,展位销售量变动的大小,它是用来表示招展价格的变动对展位销售量影响大小的参数。如果展览的价格弹性较大,展览招展价格的降低就会引起展览展位销售量的大增;如果展览的价格弹性较小,展览招展价格的降低对展览展位的销售就不会产生什么影响;如果展览的价格弹性为负数,那么,展览的价格的降低不仅不会促进展览展位的销售,反而会使展览展位销售量大幅下降。因此,展览招展价格的高低,不是随意确定的,展览组织者还必须考虑展览价格弹性对招展价格影响和作用。

上述各因素往往互相牵制,彼此影响。因此,在制定招展价格时,展览组织者需要全面考虑。如果只考虑某一方面而忽视其他因素,展览的招展工作就会因此而受到影响。

二、展览定价的方法

展览组织者一旦确定了切实可行的定价目标后,基本可采用以下三种(国内外展览组织机构通常使用)具体的定价方法:

1.成本导向定价法

以展览组织成本作为展览定价的基础。展览组织成本包括固定成本和变动成本两个部分,而单位展位(或单位面积)的成本需要根据项目财务分析所预测的展位销售量来推算。

三种成本导向定价:

成本加成定价是指在单位展位成本的基础上附加一定的加成金额作为展览组

织者盈利的一种定价方法。有两种计算方式:一种是在成本上附加一个对成本而言的百分数作为单位展位的出售价格;另一种是在展位售价中包含一定的加成率作为展览组织者的收益。

边际成本定价是指展览增加一个展位时所增加的成本,边际成本定价法是在展览增加展位所引起的追加成本的基础上来制定展览价格。

目标利润定价是指在制定展览价格时,使展位的售价能保证展览组织者的预期目标利润率。定价依据展览组织的总成本来定价,而成本加成定价法则依据单位展位的成本定价。

2. 需求导向定价法

主要是从参展商的角度出发,着重考虑参展商对展览价格的期望和接受程度,并根据参展商对展览的反应和接受能力来制定展览价格。

三种需求导向定价:

市场价值定价是以参展商对展览的认可程度和认可价值,而不是以展览组织成本为定价基础的一种定价方法。展览组织者首先通过市场调查来研究该展览在参展商心目中所形成的价值,然后制定价格。

需求差别定价则根据市场需求强度的不同而定出不同的价格,所定的价格的差别与展览展位成本之间没有直接的关系。按需求差别来定价有许多种形式:其一,以顾客为基础的差别定价,如对大的参展商,由于所需展位面积大,其价格就可以比小的参展商的展位价格低一些。其二,以展位区域为基础的差别定价,如"优地优价"。其三,以时间为基础的差别定价,如展位订得越早价格就越优惠就是一种典型的办法。

需求心理定价根据目标客户的消费心理特点来确定展览价格的一种办法。在长期的消费实践中,由于价格与质量、价格与支付能力之间存在着密切的关系,目标客户形成了多种与价格有关的消费心理,这些消费心理可以成为定价的基础。例如,根据目标客户的"按质论价"心理,展览组织者可以根据自己的良好声誉提高展览的价格。

3. 竞争导向定价法

根据竞争的需要,以与展览有竞争关系的同类展览的价格作为展览定价基础的一种定价办法。采取这种办法给展览定价时,展览组织者必须考虑自己在竞争中所处的地位,以确保该价格是在加强而不是在削弱自己在市场竞争中的地位。

三种竞争导向定价:

市场定价是展览组织者依照本题材展览或者是本地区展览的一般价格水准来制定本展览价格的一种方法。采用随行就市定价法展览组织者需在控制办展成本上加大力度,只有努力控制成本,才能在流行的价格水平上获取更多的利润。流行价格水平只是展览定价的参照系数,展览的价格水平需根据展览品牌与办展的质

量而定。

渗透定价是以打进新市场或者是扩大市场占有率、加强市场地位为目标的一种定价方法，这种定价方法，是完全根据市场竞争形势的需要，不考虑办展的成本利润等问题。

投标定价是展览组织者根据竞争者可能的报价为基础，兼顾自身应有的利润所采用的一种定价办法。投标定价法广泛采用于部分展览主办权需通过投标方式来取得的情景。

展览组织者如果能灵活运用上述定价方法，这将使展览企业在当前激烈竞争的展览市场环境中更具活力，游刃有余。

三、招展价格的折扣

在展览的现实操作过程中，给予参展商一定的价格折扣，是非常常见的一种促销策略。常见的价格折扣有以下几种：

1. 统一折扣

所有的参展商都适用于统一的折扣标准。这种折扣标准通常是按参展商参展面积的大小来制定的。参展面积越大，所得到的折扣也越大；当参展面积达到一定的规模时，折扣不再增加，也就是有一个折扣上限。

案例

某电子产品展览的统一折扣标准

参展面积为两个标准展位　　(18 平方米)及以下时，不给任何折扣；
参展面积为 3—5 个标准展位　　(27—45 平方米)时，给予 5%的折扣；
参展面积为 6—8 个标准展位　　(54—72 平方米)时，给予 10%的折扣；
参展面积为 9—10 个标准展位　　(81—100 平方米)时，给予 15%的折扣；
参展面积为 12 个标准展位　　(108 平方米)及以上时，给予 20%的折扣。

2. 差别折扣

针对不同的标准执行不同的价格折扣。例如，按参展商的地区来源不同，分别给予不同的折扣，或者对标准展位和空地展位执行不同的折扣标准等。这种折扣办法一般不会引起招展价格的混乱。

3. 特别折扣

通常是给予那些参展规模巨大、在行业内有较大影响力和知名度的企业的特别价格优惠。行业知名企业参展对于提高展览的档次和影响力、对于促进其他企业参展选择有重要影响，它们参展的面积一般也比较大。为了吸引这些企业参展，展览组织者一般会给予它们特别的价格优惠，也就是针对它们专门制定一个特别折扣标准。特别折扣只适用于少数行业知名企业，对于一般企业不适用。

4. 位置折扣

针对展馆内场地位置的优劣而制定的折扣标准。同一个展区内不同的展位其位置有好有坏,同一个展馆内不同的展位其位置好坏也有差别。为了避免相对较差的位置无人问津,对这些较差的位置可以给予较多的价格优惠。

在展位营销过程中,价格折扣如果执行得好,对展览招展有较大的促进作用,对展览的发展带来良性循环。但是,如果执行得不好,价格折扣往往会引起展览价格体系的混乱。对展览招展产生十分不利的负面影响。

四、执行招展价格时应注意的问题

展览组织机构应尽量避免在招展过程中出现价格混乱现象的产生。不管何种原因所引发的展览招展价格混乱现象,无论对当届展览还是对展览品牌的长远发展,都会产生不利于展览战略目标实现的消极影响。引起招展价格混乱的原因很多,有价格折扣制定不科学的原因,也有因展位促销策略方面的因素,甚至因展览招展代理而引起的案例也屡见不鲜。因此,展览组织机构需在招展中采取有效措施保证招展价格的严格执行:

1. 严格执行价格及价格折扣标准

价格及价格折扣标准一旦确定,所有营销人员就应该严格执行,对于不符合折扣标准的参展商,展览组织者坚决不能给予过多的价格折扣。要防止营销人员间个别员工为能招揽到更多的企业参展而破坏统一的价格折扣标准;对于那些如果不给予一定幅度的价格折扣就不参展的企业,展览组织者应该果断地对其说"NO",不能因为吸引部分企业参展而破坏了整个展览的价格折扣标准。因为,这将会引发其他参展商对价格执行标准的不满,出现显失公平的现象,情况严重时,展览的其它参展商会提出享受更多的价格折扣,若要求不被满足,甚至会出现罢展、退展,最终导致客户的流失。

2. 加强对招展代理的价格管理

展览招展代理的佣金一般是根据其销售的参展面积来确定,招展面积越多,所得到的佣金也就越多。所以,在我国展览市场经常会出现招展代理为了获取更多的佣金,往往不顾展览组织机构所制定的价格执行标准,低价销售展位。这使得招展价格往往不符合展览的定价及折扣标准,从而引发整个展览招展价格的混乱。为了避免出现这种情况,要对招展代理的招展价格实施严格管理与监督,杜绝破坏展览价格标准而低价销售的行为,展览组织机构对招展代理企业及个人在招展整个过程中应进行定期沟通与检查,一旦发现违规作业,就严肃处理并取消其代理的资格,保证招展价格的正确运用。

3. 避免在招展末期低价倾销展位

从展览品牌长远发展的角度分析,随意倾销展位,无论对下届展览的招展和展

览，还是对展览组织者的形象都会产生非常不利的影响。有些展览可能展位销售不尽人意，甚至在展览开幕前夕尚有相当部分展位未销售。这时，部分小型与民营展览企业往往会急于回笼资金，而不顾展览的价格标准，将展位大幅度降价出售。这种做法不仅严重挫伤了较早报名参展企业的积极性，还助长了长期持消极观望态度的参展企业与展览组织者消耗时间的行为。如果持消极观望态度的企业数量增多，集体施压展览组织者，展览最终不得不降价出售展位，展览的经济效益就难以保证，这样的展览，发展前景就会受到影响，因此，在招展之前，展览组织者应有所准备并能采取有效措施防止类似情况出现。

4.严格控制折扣价格的适用范围

位置折扣的适用范围一般较好控制，因为展览中相对较差的位置一般都是比较明确的，执行起来比较方便。但是，差别折扣和特别折扣的适用范围有时候较难把握，而一旦把握不准就会引起价格混乱。在执行差别折扣时，折扣的标准不宜太多，最好不要超过三个，各种折扣的标准划分要非常明确，不能含糊。在执行特别折扣时，可以将适用该标准的企业的名单一一列出，并明确达到多大参展面积时能给予的折扣范围。这样就可以避免执行这两种折扣时可能引起的价格混乱。（本文原发表于《中国展览》2007.10）

成功展览的制胜法宝——观众的组织

在国内办展览，展览组织者往往把招展看成头等大事，而在国际办展，展览组织者似乎更重视招商。随着展览市场的竞争加剧，我国越来越多的展览组织机构也开始认同“展览成功的关键在于观众组织”这一观点，以往只注重招展、紧盯展位销售收益的展览组织机构也逐渐改变思路，加强观众组织的力度，将展览营销工作的重点转到展览观众的组织上来。广交会成功经验表明，万商云集的旺盛人气是展览吸引展商、促成展览规模滚动发展的重要因素，展览观众组织成功与否直接关系到展览的成功。

展览业的发展离不开产业与市场两大因素：所谓产业就是展览题材所涉及的产品制造业；而市场则是展览所在区域，也就是参展商销售的目标市场或主要目标市场。展览组织实践表明，展览产业主题定位准确的优势将有利于招展，目标市场的优势则有利于招商；相比产业优势而言，市场优势对展览业的影响及促进作用更大。其因在于展商投入很多经费参加展览主要是为了拓展销路和市场，如果专业观众很少，或者专业观众的质量不高，展商参展的信心就会大打折扣。因此，专业观众（买家或客户）是展览的生命线，展览的成功与否其本质就在于观众组织的成效，而不是一味提高展商的数量。展览若出现观众在质量和数量上的萎缩，展览发展就会出现相应困难。

在明确展览题材及主办展览的宗旨后，展览组织机构应将工作的重点集中在有效的观众组织上。成功展览的重要标志取决于观众的数量与质量是否与展览品牌的成长相适，积极做好展览的观众组织及相关服务是对参展商的一项最基本服务。如图 1 所示。

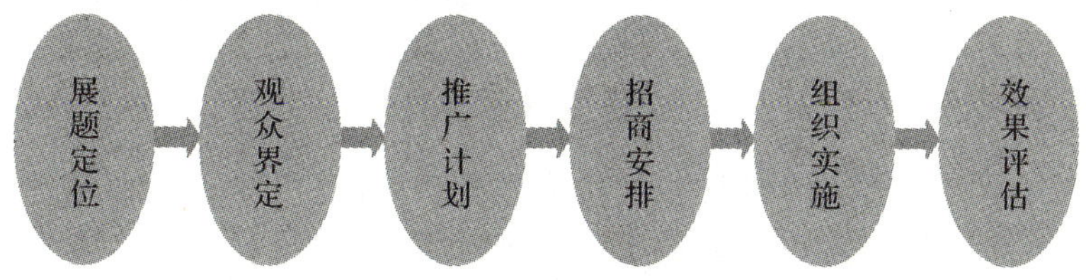

图 1　观众组织的工作流程

香港贸发局办展的成功秘诀在于建立了世界一流的展览客商数据库，靠专业技术、严格管理造就了亚洲最大的玩具展、电子产品展等国际专业展。其中有两条重要经验值得借鉴：

1. 将展览观众作为展览最重要的资源进行管理与开发。香港贸发局的实践证明：高质量且数量不断增长的展览观众，促进展览规模效应与性价比不断升值，也促进展览现场广告空间价值的急剧攀升。

2. 提供展览足够的展位，但避免为增加收益而盲目扩大展览规模。而是视市场的需要，逐年增加参展商人数，以便让专业观众与参展商人数成正比。使展览规模与观众人数实现同步增长。保障参展商有生意可做，提升展览发展的后劲。

一、展览目标观众界定

对某一特定展览题材而言，展览观众数量与预期都处在不断变化中。观众组织与展览营销相似，展览所需的目标观众构成不仅可以通过对往届展览活动的分析获得，也可从研究竞争同类展览的观众构成中得到启发。观众组织与推广的重要工作就是要将展览营销及展览市场拓展所期望的目标观众组织起来参加展览组织机构承办的展览。在展览观众组织展开前就需清晰目标观众的界定。德国展览业有极其严格的观众界定标准，我国与美国展览业对展览观众特征采用的界定有七个方面（如图 1 所示）。

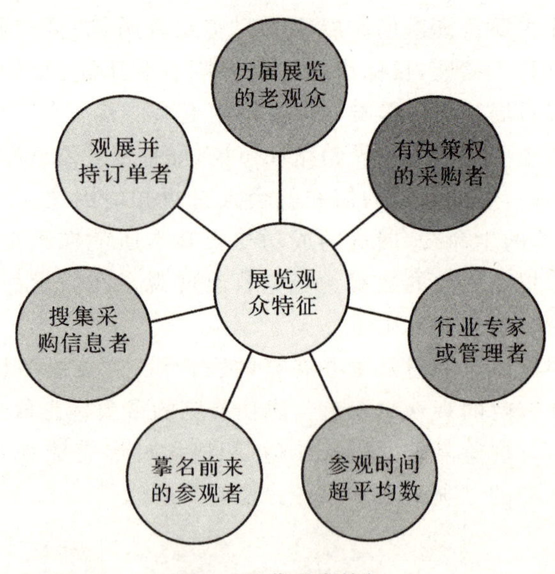

图 1　展览观众特征

观众界定工作适用于所有参观展览的不同群体，可以从观众统计、行业调查、市场研究等渠道入手。在采集观众信息时就应注意观众的职务、购买决策力等方

面的详细资料，结合不同的展览题材，对观众群体的组成结构形成基本的界定，以便针对展览项目的实际情况，制定相关的观众组织策略。

进行观众界定工作的同时，展览组织机构需结合以下具体情况，具体地和深层次地了解目标观众的实际需求。展览观众组织工作应符合目标观众的需求实际做到尽善尽美：

1. 谁是展览的目标观众？（展览题材不同，目标观众也会有所不同。展品与观众的关联度）

2. 目标观众在展览中的主要角色是什么？（即目标观众参展的身份，是采购商还是研究人员或是生产企业的技术人员等等。展览的特式定位）

3. 目标观众参加展览活动的主要目标是什么？（目标观众参展的主要目的是采购？还是询价或是进行相关的产品信息收集等等。展览的效益预测）

4. 目标观众适合什么样的展览主题活动？（目标观众需参加市场推介？高级研讨会或是相关新产品发布会等等。展览相关配套活动安排）

5. 谁来支付报名参观费用？费用是多少？（目标观众的参观费用是由谁支付的？对参观展览门票价格的敏感程度如何？确定较为科学的门票价格）

6. 什么时候是参观的最佳时间？（不同的目标观众群体，对时间的要求会有所不同。较好地监控参展人流）

7. 目标观众的区域性？（明确招展的重点区域，展览推广的覆盖面）

8. 如何提供（与参观有关的）最便利的设施？（如 VIP 会客厅、媒体中心等）

9. 展览为目标观众能带来什么利益？（对目标观众的增值服务有哪些？如免费机票、穿梭巴士等服务。增值服务的种类）

10. 参观需要花费多少时间？（目标观众在展馆停留的时间可以有多长，生理与心理疲劳度预测，从而安排展览的服务模块。以人为本原则）

11. 争夺这些目标观众的同类展览有哪些？（确定有多少竞争展览在争夺目标观众，从而能更全面地确定针对性的推广策略。营销战术调研）

科学有效地进行展览目标观众的界定工作，对于制定展览观众组织计划，具有极其重要的意义，可以有效地进行对目标观众的组织，采取相应的招商措施。

二、展览观众组织规划

成功的观众组织推广活动，应结合所办展览的整体营销计划，制定一整套切合实际且行之有效的市场推广方案。观众组织方案的制定首先应对实施步骤的各个环节进行合理与科学的安排。观众组织计划步骤具体可分成四个步骤：评估市场、设定目标、制定推广方案、评估与监测效果。展览组织机构在严密的方案指导下并通过动态的评估与监测，就可以从容地进行观众组织推广的战术组合，提高观众组织的效率与效果。展览组织机构需在制定展览项目计划时应先期策划展览观众组

织的方案(如表 1 所示)。

表 1　展览观众组织方案步骤

步骤一	步骤二	步骤三	步骤四
评估市场	设定目标	制定推广方案	评估/监测效果
目标市场	回顾效果	覆盖区域	预算与结算
竞争展览	分析问题	展览题材	环境因素
行业环境	甄选策略	增值服务	推广效果
		推广战术	

评估市场　展览作为参展企业市场营销组合中的一部分,应为买卖双方提供面对面与最直接的互动平台,能使展览成为参展企业产品营销组合与动态市场营销实体结合的营销工具。因此,展览组织机构明确目标观众界定后,需认真地研究与分析开发的展览题材在目标市场营销媒介的具体作用,详细收集与研究所办展览题材的行业环境,同类竞争展览在观众组织方面的具体措施与观众构成的基本情况。展览组织机构同时还要不断加强与开发所办展览的具体贸易功能与服务作用。展览要达到良好的观众组织效果,在市场评估中应特别关注以下的要素在展览观众组织过程中能有效地促进展览的成功进行:

1. 针对性:有效地将参展的观众按行业、职位、年龄等客户管理要素进行分类与检索;

2. 时效性:安排合适的展期,合理地将"行业性"的采购档期纳入展览开展的规划;

3. 销售环境:展览为潜在贸易观众(买家)创造或提供更多直接了解参展企业的机会;

4. 成本效益:设法降低客户参展成本,使承办的展览相比其它营销工具有更好的附加值;

5. 持续性: 发挥展览所具的长期性与持续性的销售影响,使参展商与贸易商从中获益;

6. 协同性:引导展览形成集宣传、广告、营销推广等市场营销的协同作用。

在观众组织过程中,以上六个方面的因素,对观众组织的影响非常大,展览组织机构只要将这些工作落到实处,并根据工作的实际效果向目标观众进行有效的宣传与推广,针对目标观众所提出的不同需求并制定个性化解决方案,这将大大提高展览观众组织的成功率。

设定目标　设定展览观众组织中的推广目标是展览组织机构进行观众组织时需达到的效果,需对展览的宗旨与服务进行详细的描述与定义,并通过对客观内容陈述的方式,对历届展览的效果回顾、分析问题以及甄选不同的解决策略,展览组

织机构通过对展览目标观众的客观性及具体推广目标陈述来增进参展观众的信心。这些方面的内容有以下几个方面：

1. 主办展览的宗旨是什么？展览预定完成的具体目标是什么？

2. 展览预期覆盖的目标观众群体是哪些？

3. 展览提供观众何种程度的参与？

4. 历届展览的实际效果与回顾？

5. 展览组织过程中产生的集中性与代表性问题？

6. 展览组织机构在展览主题与服务创新策略方面有什么具体目标与措施？

7. 观众组织工作的截止期限？各阶段推广活动的时间分配？

8. 推广工作可使用哪些评估手段？怎样使推广效果成为可被测量？

在设立目标的同时，还应该综合考虑展览观众在展会现场所会遇到的一些细节问题：

如何考虑展览场馆面积与观众总人数之间保持平衡，控制展览设立过高的展位销售目标，导致展览场馆超负荷的状态。因为，展览现场形成超比例的人流而出现的涌堵会直接影响贸易商的贸易谈判与交流，同时也会增加参展商的不满情绪，对当届参展商的下届继续参展的积极性造成负面影响。

参展观众大多了解市场且见多识广，带着解决实际问题的心态对不同展览进行选择。因此，多数展览观众是经过深思熟虑与慎重选择决定参加什么样的展览。在参展过程中带着具体采购计划与合作项目的贸易观众，对展览组织机构提供的贸易服务具有更高的服务要求。展览观众对展览会选择所带极强针对性这一基本特点，要求展览组织者投入足够的时间与精力研究如何满足这些观众在参展过程中的具体需要与服务，并需将这些服务内容能在推广项目中进行妥善安排。展览组织经验告诉我们，将具有展览实际服务内容的推广活动在确定目标的观众组织展开，可以对本届展览及下届展览会的成功与否产生重要的作用。

制定推广方案　是展览观众组织非常重要的一个环节，将具有时效性的展览信息通过一系列专项活动的策划及时地与目标客户产生互动，赢得观众组织与展览推广机会，将对展览的观众组织产生重要的作用。展览组织机构应密切关注展览推广不同时间段的整体经济走势与行业环境，具有针对性地采取宣传推广的战术与方法，使得推广的效果最有效，展览推广方案应特别关注展览三个不同的时间段：

1）展览会前：展览会前的观众组织推广针对国内与国外两个目标市场来展开。

国内推广

a. 计划通过与展览主题相关的专业杂志、网站、报纸、电台、电视台投放广告及邀请新闻媒体撰写相关软性文章来进行，提高目标观众对展览会的关注程度；

b. 在全国重点专业贸易市场进行户外广告，贸易类展览会可根据与展览会目

标市场观众(买家)相关联的专业市场来进行,如“2006 中国国际文具礼品博览会”选择在义乌、广东、北京、上海等以生产销售为目标的集散专业市场组织宣传;

c. 根据展览组织机构所收集的目标观众数据库进行对贸易商、进出口商、销售商及大型消费机构直邮推广,寄邀请函与入场券;

d. 参加国内相关行业的重点展览会进行与目标观众面对面的推广,这种推广的方法较为直接且能提供展览的最新咨询并及时解答目标观众的问题。

国际推广

a. 国际推广需充分利用网络所具的便捷与即时的特点,如建立展览会的专门网站,利用与世界门户网站的搜索引擎的查询排名如 google 、yahoo 等,与世界著名商务网站的文字链接或旗帜广告如 alibaba、global sources 等,也可利用一些相关的贸易杂志如:*BUYINGSOURCES*、*ISG* 等做展览会的广告;

b. 数据库推广是近几年展览组织机构境外观众组织中普遍采用的方法之一,根据在展览组织机构办展中所建立的数据库资源以及对目标观众利用聚类分组方法所获得的信息,针对性地对境外目标观众与专业买家进行 EMAIL 邀请并提供展览观众网上预注册服务;

c. 具有较好发展基础的展览与展览组织机构特别注意保持与境外相关行业协会、商会、驻华使领馆商务处与国际旅行社团的经常性联络,在组织推广中通常会借助这些组织与机构的权威性、专业性、影响力等重要作用,请这些组织与机构展开境外的观众组织活动;

d. 参加境外贸易观众较为集中的著名品牌展览会推广已成为我国展览组织机构进行有效观众组织的重要途径,如参加在美国、德国、日本、香港等展览强国与地区的名牌展览。

2)展览会期间:展览组织机构在展览会期间通过举办各类对参展观众的增值服务与论坛活动加强观众参展的兴趣与积极性,这些活动具体如下。

a. 现场增值服务。快速办理观众注册手续、行李寄存、住宿办理、订票服务、展览向导、城市地图、参展商查询等;

b. 贸易增值服务。免费上网区、免费电话(香港有相当多的展览期间开通市内免费电话,有些展览更开通了国际免费电话,如 2005 年上海亚洲博览会 Kenfair Asian Expo Shanghai'2005)、现场贸易撮合、商务谈判区、咖啡区等;

c. 论坛增值服务。为参展的专业观众提供参展商产品发布会、行业研讨会、专业发展趋势论坛、下届展览新闻发布会、专业观众与展览组织机构的座谈会等;

d. 公共增值服务。展览组织机构协同展览举办城市提供的多项服务,如在义博会期间,参观商只要持有效的与会证件,就能享受全市范围内的免费公共交通、免费停车、免费参观其它展览、餐饮打折等服务,如德国慕尼黑国际博览会公司主办的 IS-PO(慕尼黑国际体育用品贸易博览会)为了提供更好的公共与专业服务,为用户推出

了 Ispocard (ISPO 卡),持卡者可享受形式多样的各种专业服务。

3)展览会后:展览会的观众组织工作经常被展览组织机构所忽略,其实展览会后将应届展览信息与下届展览的相关信息及时有效地传递给已参加过展览或潜在的目标观众是一项最有效与有价值的观众组织工作,具体方法有:

a. 展览会报告。展览组织机构在展览结束后应以最快的速度形成专业的展览会报告,不仅能系统地向目标观众提供展览会所取得的成绩,同时还应将展览参展商、参展产品与观众构成的形成系统的分析报告,并将这些报告通过媒体渠道及时地发布;

b. 发送感谢信。及时整理应届展览的观众资料,及时向到会的观众发送感谢信并寄展览的相关报告与最新的评估咨询,使展览观众能直接感受展览组织机构的精心服务,感谢信可附带一份观众满意度调查问卷(Survey of Satisfaction),调查观众群体对参观展览后产生的感受与印象;

c. 及时更新网站。展览结束后更新网站是一项重要的工作,将应届展览相关信息与评估报告,特别是对参展产品、参展商结构以及贸易观众比例等详细资料在展览会网站进行及时更新,将下届展览的主题、调整内容、报名注册方法等资讯在网站更新发布。如果网站能发布展览观众的意见与建议,将会产生良好的互动效果;

d. 观众座谈会。展览组织机构在展览结束后召集主要的观众组团单位与观众的座谈会是最近不少展览所做的工作。利用座谈会展览组织机构与观众面对面地交流展览观众组织工作中的细节问题,以及如何提升展览现场观众的接待工作与服务,听取不同的意见与建议,获得良好的效果。(本文原发表于《中国展会》2009.7)

观众数据分析与评估

中国展览市场的竞争日益白热化，能不能办好一个展览的标准已不仅仅局限于展览会收益的多少。展览的持续性、规模的不断扩展、精品化、品牌化是提升展览品牌的基本要求。而表现最为直接的就是如何将展览上获得的各类观众数据充分利用，以此提升展览的水平和形象，更好地为展商和专业观众服务。

参观观众的数量和质量直接反映了展览的成效。观众数据分析，特别是专业观众和境外观众的数据分析对客户关系的建立和发展有着重要的意义。观众数据分析不仅反映了观众的地区分布、行业构成及参展目的，更重要的是它客观地反映了观众对展览的期望值，为完善展览组织工作提供了决策依据，也是参展企业与目标观众选择展览的重要依据。如图 1 所示。

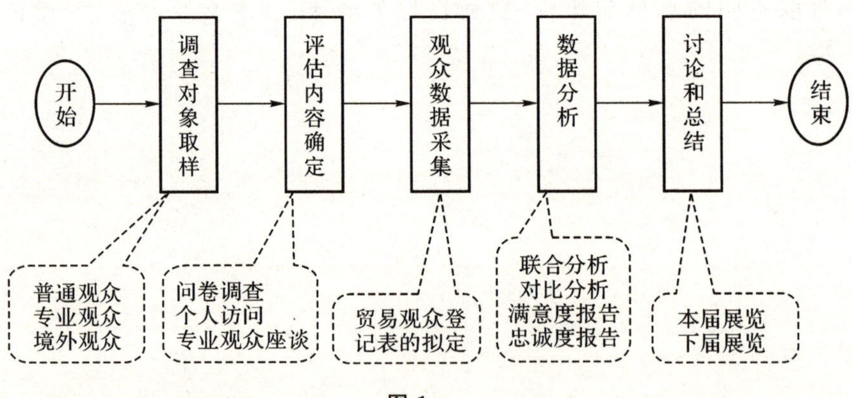

图 1

按照国际惯例，展览的品质并不是以参观者数量的多寡取胜。有数据显示，德国在中国举行的展览与中国同类展览相比，媒体对外宣布的观众人数要少得多。如慕尼黑国际博览集团 2005 年 5 月份在上海举办的中国国际运输与物流博览会（Transport Logistic China）的展览报告，统计的观众数量只有9000多人，与熙熙攘攘的展览现场相比人气缩小了很多，会后，德国负责观众统计的官员解释：在中国所办的展览主要是针对专业观众。因此，观众在拿到入场券之前必须进行预登记。主办单位能准确统计参展观众的人数和性质（专业观众或普通观众）。媒体和未登记的嘉宾并不算做观众。

而目前在中国，展览评估与认证在国内还属于空白。展览组织者使用的统计标准五花八门。对展商、观众和媒体来说，要了解展览真正的规模和影响显得十分困难。部分展览组织者相当抵触观众数据的透明度，使得相当部分的目标客户无法获得真正的信息，展览服务的品质受到质疑。因此，展览统计数据的透明化将会令整个中国展览市场受益匪浅。一份良好的数据分析评估报告，对参展商而言，评估的结果可以给参展商在同一展题、不同展览间或展览与其他营销战略的选择时提供参考依据；对观众而言，尤其是专业观众对选择参观不同展览时可获得客观的标准；对展览主办者而言，为打造展览品牌以及更好地完善对参展商及观众的服务提炼了有价值的信息。

获得展览观众数据资源并加以挖掘利用是摆在展览企业面前的当务之急。展览观众数据统计分析主要是真实、准确地评估分析展览。其作用第一是对外发布展览效果，第二是提供下届展览策划参照。

展览观众数据统计分析工作不仅要求对现有数据认真仔细的研究，而且对模糊的数据来源要进行回访查实，力求数据真实、准确，为下一步展览组织工作提供良好的决策支持。这项工作不仅可以树立展览的品牌形象，也能在参展商与观众中产生良好的口碑，从而全面提升展览组织者对展览服务的信心。

一、调查取样与信息采集

1. 观众定义标准

严格的观众定义是精确统计的前提，被誉为展览大国的德国在展览的观众的定义及展览统计方面有一套相当成熟的做法。德国展览统计数据自愿控制组织（FKM）规定：凡购票入场或是在观众登记处登记了姓名和联系地址的人都被称为观众。记者、展商、馆内服务人员和没有登记的嘉宾不作为“观众”。这个行规在欧洲普遍通用。但在美国，参展公司的工作人员和其他的团体被称为“展览参与者”，部分也计算在观众数量中。因此，德国FKM将有兴趣和展商建立商业关系的人才能算做观众，是最为严格的观众的定义。

展览的观众一般有普通观众与专业观众之分。两者的根本区别在于专业观众对展览发展而言具有重要价值，能对展览品牌起到关键作用。而普通观众则是展览发展所要影响的目标客户或潜在客户，展商和其目标观众有了密切接触的机会后才有进行商务交流可能性，展商参加展览的目的也因此达到。如果展商面对的是数量更多的普通观众，就需花费更多的时间与精力从中分辨出真正的客户，这将

严重影响展商参展的信心，因此，从某种意义对展览而言，最重要的是观众的质量，而不是数量。

2.调查取样

采集观众数据样本，特别是专业观众和境外观众。类似于对参展商和参展企业的数据收集，通过展览报到处的客商登记与观众注册登记表格，展览组织机构可以采集到大量较为真实可靠的客户信息。其方法有以下几种：

1)现场实时取样。分为现场实时统计和现场观众区域取样。从每天展览现场得到的现场数据取样并及时进行统计根据展览组织机构的需求可在展览现场或次日在媒体上及时公布，以提高展览的透明度和可信度。如图1所示。

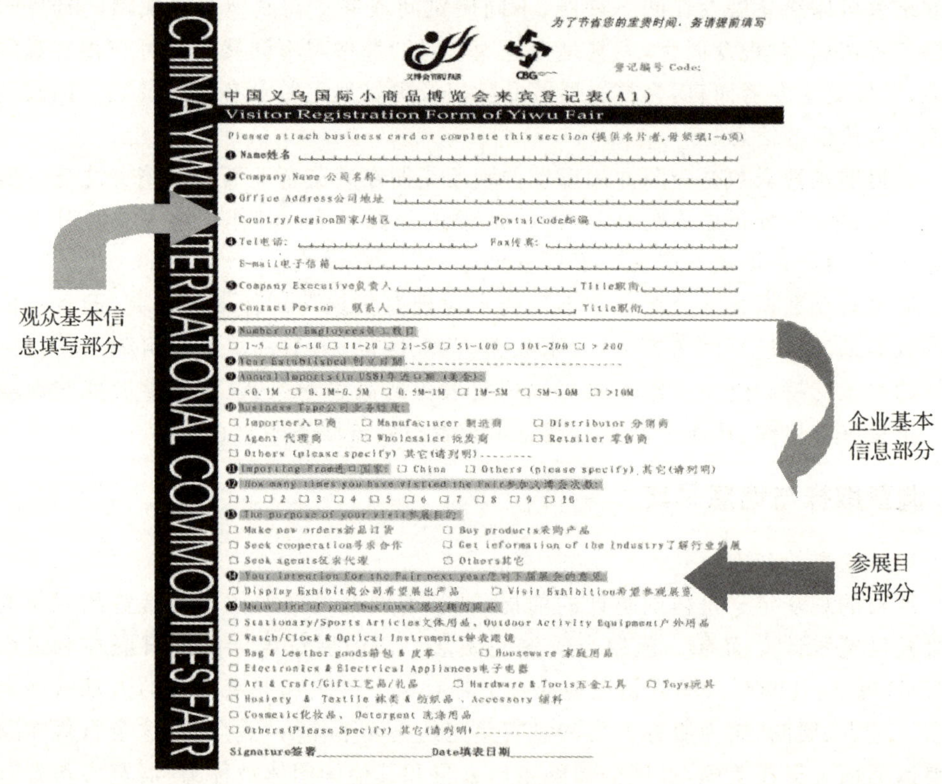
CHINA YIWU INTERNATIONAL COMMODITIES FAIR

为了节省您的宝贵时间，务请提前填写

登记编号 Code:

中国义乌国际小商品博览会来宾登记表(A1)

Visitor Registration Form of Yiwu Fair

Please attach business card or complete this section(提供名片者，骨须填1-6项)

❶ Name姓名 ____

❷ Company Name 公司名称 ____

❸ Office Address公司地址 ____

Country/Region国家/地区 ____ Postal Code邮编 ____

❹ Tel电话: ____ Fax传真: ____

E-mail电子信箱 ____

❺ Company Executive负责人 ____ Title职衔 ____

❻ Contact Person 联系人 ____ Title职衔 ____

❼ Number of Employees职工数目

☐ 1-5 ☐ 6-10 ☐ 11-20 ☐ 21-50 ☐ 51-100 ☐ 101-200 ☐ > 200

❽ Year Established 创立日期 ----

❾ Annual Imports (in US$)年进口额(美金):

☐ <0.1M ☐ 0.1M-0.5M ☐ 0.5M-1M ☐ 1M-5M ☐ 5M-10M ☐ >10M

❿ Business Type公司业务性质:

☐ Importer入口商 ☐ Manufacturer 制造商 ☐ Distributor 分销商

☐ Agent 代理商 ☐ Wholesaler 批发商 ☐ Retailer 零售商

☐ Others (please specify) 其它(请列明)--------

⓫ Importing From进口国家: ☐ China ☐ Others (please specify) 其它(请列明)

⓬ How many times you have visited the Fair参加义博会次数:

☐ 1 ☐ 2 ☐ 3 ☐ 4 ☐ 5 ☐ 6 ☐ 7 ☐ 8 ☐ 9 ☐ 10

⓭ The purpose of your visit参展目的:

☐ Make new orders新品订货 ☐ Buy products采购产品

☐ Seek cooperation寻求合作 ☐ Get information of the Industry了解行业发展

☐ Seek agents征求代理 ☐ Others其它

⓮ Your intention for the Fair next year您对下届展会的意见

☐ Display Exhibit我公司希望展出产品 ☐ Visit Exhibition希望参观展览

⓯ Main line of your business感兴趣的商品

☐ Stationary/Sports Articles文体用品，Outdoor Activity Equipment户外用品

☐ Watch/Clock & Optical Instruments钟表眼镜

☐ Bag & Leather goods箱包 & 皮革 ☐ Houseware 家庭用品

☐ Electronics & Electrical Appliances电子电器

☐ Art & Craft/Gift工艺品/礼品 ☐ Hardware & Tools五金工具 ☐ Toys玩具

☐ Hosiery & Textile 袜类 & 纺织品，Accessory 辅料

☐ Cosmetic化妆品，Detergent 洗涤用品

☐ Others(Please Specify) 其它(请列明)----

Signature签署____ Date填表日期____

图1 义博会来宾登记表

2)网络注册登记取样。利用展览专业网站开通的网上电子登记系统，以电子请帖的形式提供给观众所需取样的内容表格。目前，在我国很多的展览都具有网上观众预登记服务，可以充分利用观众预登记系统，将要取样的文字内容编入其中，适合在展前与展中对观众的数据分析。(网站具有后台数据库，在统计与计算过程具有高效率与高精确度)

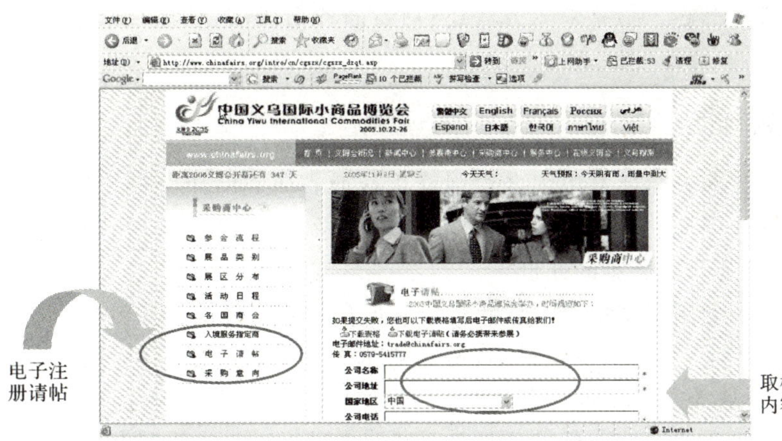

图 2　网络注册

3)展览身份识别信息管理软件

随着科技和信息化的进步,展览中应用现代科技的最新技术成果也越来越多,特别是运用智能管理方面,现代大型展览都开始导入相关的客户管理软件及采用展览身份识别信息管理软件来采集和管理数据,极大地提高了专业观众观展的效率,为展览组织机构的分析与研究创造了条件并为展商与观众的参展决策提供了方便。如图 3 所示。

图 3　新码通会展身份信息管理系统

传统意义上的客户信息采集方法还包括：商务访谈法、贸易观众座谈会、中心地点访问等。

二、评估内容确定

观众登记表调查是展览组织者对观众进行调查研究时用之最广泛、最主要的途径。拟定观众登记表是为评估服务的，内容包括：观众分布区域、部门、职位、兴趣、参观目的及观众对展览的评价等。

观众登记表的制定需特别注意针对专业观众和境外观众的资料收集。观众登记表涉及范围广泛，一般来说包括：贸易观众基本情况（区域性分析）、贸易观众类别、感兴趣的行业类别、参加展览次数、参加本届展览的目的、参加下届展览的意向等。专业性问卷的设计需科学。调查问题的遣词用语要避免带有情绪性与暗示性，慎重使用生僻用语或特定词汇，内容分类应避免互相重叠。英文版贸易观众登记表的设计与制定应充分参考国际性展览调查表格的相关格式。

三、对观众数据分析评估

在展览工作中，对观众数据分析评估是展览工作结束后的重要工作之一，通过科学合理的分析评估工作，为展览的组织工作积累具有价值的经验，为完善下届展览提供丰富的决策依据，同时也为参展商与观众提供参展的客观信息。数据分析评估工作一般分三个步骤：统计分析、比较分析、分析评估。这项工作的作用是将所收集的数据和情况统计整理成系统有用的评估信息，根据评估标准进行比较并分析出其中的原因、规律和问题。

1.统计分析：是利用科学的方法，对收集、整理出来的统计数据进行精密加工、分析研究，对所调查的客观现象的特点、本质、规律逐步进行深入的认识，得出相应的结论，达到研究的目的。经过统计调查，展览组织机构得到了原始的数据，再通过统计整理得到符合研究所需的有效信息，这些信息经进一步研究可以如实反映展览所具有实时特征。

2.比较分析：统计工作主要是将所收集的展览数据和情况加以整理，计算总数和比例。经整理计算出的数据和情况就成为了有效的信息，才能作为评估依据并具有评估价值。比较工作主要是参照评估标准进行比较，从而得出统计结果，通过比较分析能理性地判断出展览有否达到预期目标，展出是否成功，展览组织工作效率的高低，展览效益的大小等。例如，某个贸易展，参加展览的贸易观众占整个观众的总数比例偏小，就需研究贸易展未取得良好效果的原因，是市场环境因素，还是该展览的选题把握不好，或展览的宣传推广工作未能覆盖目标观众群体，或展览的组织策划工作不够到位等。在实施比较分析时，展览组织机构必须严格使用统一的评估标准，否则比较分析的结果容易产生感性上的偏差。

专业观众调查表

登记编号 ______

尊敬的先生/小姐：

您好！非常荣幸的能邀请阁下作为本次动漫展调查对象，您的真实的意见和想法将作为我们办好该展览的动力。我们将占用您宝贵的几分钟时间，请协助填写此份问卷。以便我们举办的展览时带给您更多的商机。谢谢！

1. 贵公司与参展商以前有无接触：

□有　□无

2. 参观目的：

□贸易　□投资　□合作　□收集信息　□自荐代理　□其他

3. 本届展览期间，您参观了几天

□1天　□2天　□3天　□4天

4. 您参观了几个馆

□全部　□A馆　□B馆　□C馆　□D馆

5. 您从何处了解到展览信息

□广告　□新闻　□内部刊物　□直接发函　□其他

6. 展台吸引您注意的原因是

□展台设计　□产品　□展台人员　□资料　□其他

7. 您在公司采购过程中的作用是

□决定　□参与　□建议　□不参与

8. 您是否参加过其他同类型的展览，请列明：

□______　□______　□______　□______　□______

9. 对展览的感受：

时间：□合适　□不合适　□建议

地点：□合适　□不合适　□建议

宣传：□合适　□不合适　□建议

设计：□合适　□不合适　□建议

展台人员：□合适　□不合适　□建议

10. 您感觉本次展览是否达到了您的目的？

□完全达到　□一般　□差太多

11. 您感觉本次展览使您未达到目的的原因是

□展商质量低　□展品质量低　□展品少　□其他请注明______

12. 请您说说您觉得本次展览的不足之处？

______

(如附名片，以下内容无需填写)

姓名：______　单位：______　部门：______

职位：______　地址：______　邮编：______

电话：______　传真：______　e-mail：______

图4　专业观众调查表

3. 分析评估：在统计分析、比较分析的基础上，综合分析评估展览组织工作和展览的实际效果，找出数据和信息间的内在联系、原因和问题。做展览分析评估时，要客观全面、深入地考虑展览组织过程中的每一个细节，做到对具体问题的具体分析。分析评估工作特别要求在实施过程中较多地使用思辨判断能力，研究人员要透过数字看到展览组织过程中的问题并发现产生这些问题的规律，为展览组

织机构提出解决问题的具体建议与措施。

经过对观众数据的统计分析、比较分析、分析评估，结合相关的科学计算，需形成一份完整观众数据分析报告，该报告不但要体现参观展览人数的变化（如：总数增加百分比，具体某观众类别的递增或递减等），而且要突出反映展览贸易观众的质量（如：专业观众的比例，境外观众的人数等）。贸易观众数据分析报告是展览工作评估报告的重要组成部分。

观众数据分析报告的完成并非展览观众评估工作的结束。评估小组针对分析报告结果进行内部讨论并同展览主办方进行座谈是评估工作中不可缺少的环节。讨论结果对未来展览工作的完善和发展是有据可依的指导性建议。（详见案例）

案例　　　　2005 世界客车博览亚洲展览会观众分析报告

1）国内观众来源区域统计：

按照行政区域分析（除展览本地外），可以看到，来自展览临近地华东地区的观众占了较高的比例 69.91%，其他的华中占 9.50%，华北占 8.01%，华南占 5.70%，东北占 3.39%，西南占 2.14%，西北占 1.36%。展览会的举办可以带动展览本地及周边地区的旅游、交通、餐饮等各相关行业的发展。同时也可以看出下届展览还要加强在其他区域的宣传力度。

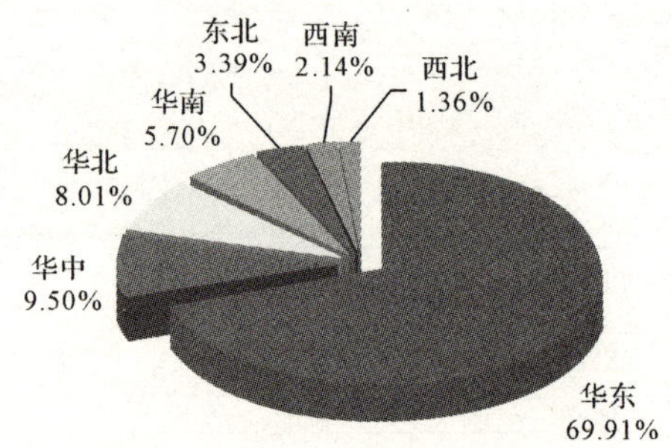

2）海外观众来源区域统计：

单独对海外观众进行分析看，亚洲的观众所占的比例较大，占到了 63.95%，欧洲占 24.37%，北美洲占 8.38%，非洲占 1.78%，大洋洲占 1.02%。无法判别的占 0.51%。

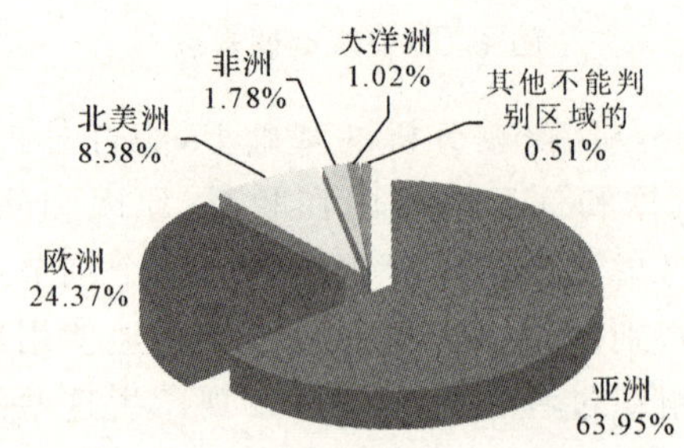

3)观众部门分类统计：

来源最多是管理类观众，占相对比例的 35.35%，可以看出管理人员对此次展览的重视，同时也说明本展览得到了专业观众的肯定和认可。其次是技术类观众，说明来自生产商的观众较多，我们作为参展商和观众的沟通桥梁，建议下届展览能为他们提供更直接、更方便的洽谈交流条件。

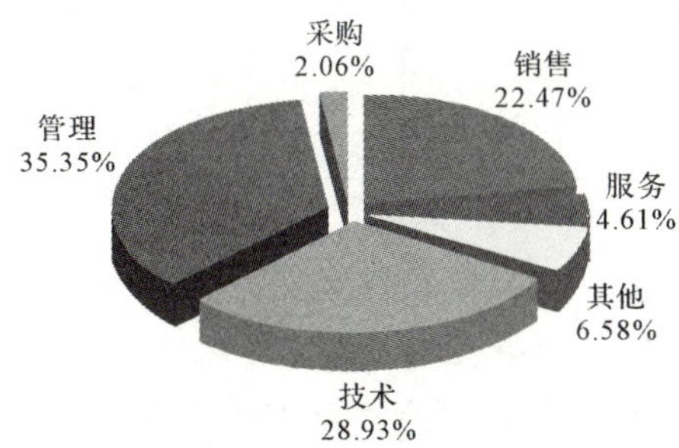

4)观众职位统计：

作为工作的具体实施者，中级职员（往往对企业的决策具有影响力）占了 64.14%，而具有决策权的观众、高级职员也占了 16.47%。

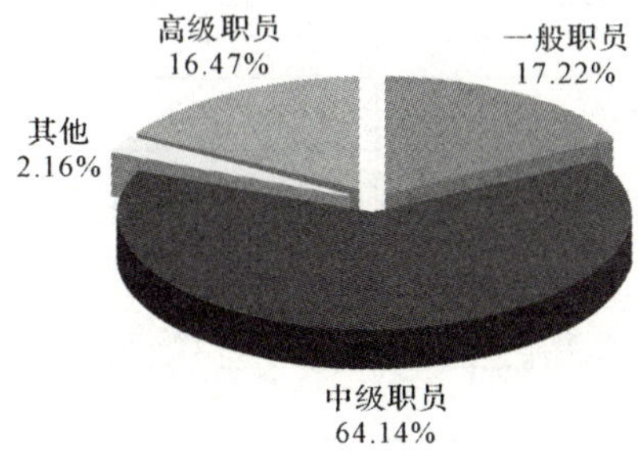

为了把下届展览办得更加完善，吸引更多的专业观众，我们必须了解观众对我们的需求。以下是在展览现场对 264 位观众进行有效抽样问卷调查的结果。

5)观众的兴趣统计：

从数据中可以看出，以整车为参观目标的观众还是占大多数，约 43.37%，其次是配件类和公交客运类，分别为 24.31%，16.85%。

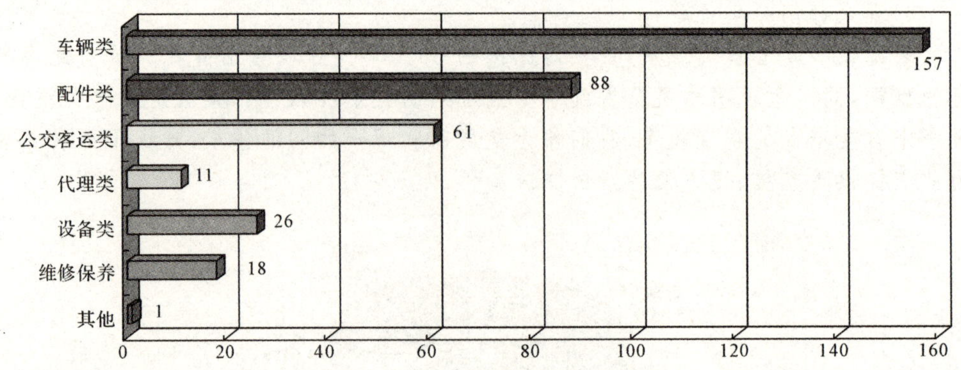

6)观众参观目的统计：

许多观众关心客车行业的发展趋势，说明我们的观众比较专业，多为业内人士；而“寻找新产品”和“建立新客户”也是展商最希望看到的。

选项	数量	比例
建立新的客户	74	18.97%
加强与原有客户的联络	46	11.79%
寻找新产品	87	22.31%
了解行业发展趋势	133	34.10%
购买产品	20	5.13%
参加会议	13	3.33%
考察展览以便明年参展	15	3.85%
其他	2	0.51%

7)观众对展览的评价：

总体来说，观众对展览的评价比较高，满意率达75%。

选项	数量	比例
极佳	11	8.21%
很好	40	29.85%
令人满意	49	36.57%
尚可	33	24.63%
不好	1	0.75%

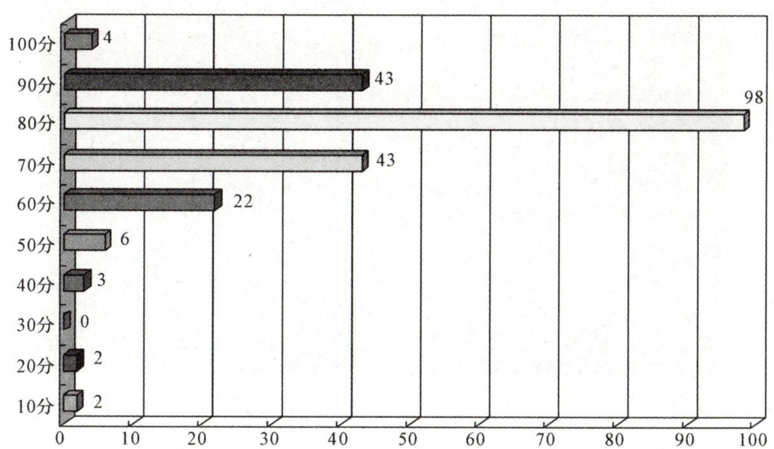

四、专业或境外观众数据分析的目的与意义

针对展览数据具有独立、片断、不连贯性的特点，如何通过对专业或境外观众数据分析(如参观人数、观众分布区域、观众部门、观众职位、观众的兴趣、观众参观目的、观众对展览的评价等。)将展览数据或信息进行整合，使各种数据能够有效地为展览组织机构所利用，这也是展览组织机构长期需要研究的课题。

观众数据分析的目的与意义：针对展览组织机构与目标客户对不同展览的数据要求和展览选择所提供客观数据信息来提升展览组织工作中的透明度与标准化，是以“事实为依据，用数据说话”的重要举措。展后数据统计分析，为展览组织机构与目标客户消除了后顾之忧。本着对展览组织机构对目标客户积极、热情的态度，有效延升展览组织工作的服务，真正体现展览组织机构对目标客户始终不变的服务态度，是展览组织机构满足目标客户个性化需求并视其为一条基本服务准则贯彻到展览服务工作中的具体体现。对展览品牌的创立与接轨国际具有重要的现实意义。

观众数据分析是将先进的管理思想、成功展览经验与现代 IT 技术成功进行融和，提出有效针对展览组织机构自身展览项目特征、提高展览效率、展览质量和展览满意度的一体化展览系统工程解决方案。通过相关的展览调研来深刻地分析、评价当前的展览市场环境和走向，经过持续性的展览经验总结、积累与持续改进，及时调整展览发展方向、运做管理方式来完善展览品牌的建设与维护。(本文原发表于《中国展览》2007.3)

知识

＊注：FKM——其全称为 Gesellschaft zur freiwilligen Kontrolle von Messe-und Ausstellungzahlen 德国展览数据自愿管理协会。该机构认证的展览参展商

数、观众数等贸易展览相关重要数据为权威数据，在德国及国际展览界受到广泛承认。

FKM 隶属与德国展览与博览会协会(AUMA)，AUMA)是德国展览业的最高协会，代表整个展览行业的利益与政府沟通，负责提供业界的全面信息以供展商和观众用于研究与培训。FKM 77 个成员中 74 个来自德国，另有 3 个是国外展览会组织者，包括意大利维罗纳展览公司 Verona Trade Fair Company、莫斯科 MVK 和中国香港贸易发展局 HKTDC 。

FKM 每年审核的展览数量由 40 年前的 25 个增长到了如今的约 300 个。德国举办 90%的国际性博览会，80%的地区性展览都由 FKM 审核。而 FKM 只负责审核展览数据。对于如何收集、发布展商数量、展示面积、观众数量和观众结构分析，FKM 有自己的一套规范制度，强制适用于 FKM 所有成员。成员是否执行规范最终由公众会计师审查。

[会展项目组织与管理 2-4]

展览观众组织的基本策略

展览组织机构在制定展览观众组织计划时应充分考虑专业贸易观众的采购期。因为,与其他市场营销媒介作用相比,展览对企业产品营销的作用就是其“时效性”。展览题材所针对的目标市场或行业的不同,也必然会影响对贸易观众在采购时间上的选择。如专业文化用品展与旅游用品展的贸易观众组织时间就会有较大的差别。不同展览题材在展览观众组织方面还是有许多共性的方面的。

展览主题所确定的市场营销目标以及具体的参观客商推广区域是展览观众组织的必要条件。观众组织推广活动的时间安排是制定在展览组织机构的整体展览计划中,展览组织机构的时间表须反应展览的市场营销目标和推广目标,还需考虑展览组织中所针对的行业、目标市场、以及展览推广的经费预算等。

一、科学合理的预算

展览观众人数的增长在一定程度上取决于展览届数的增加以及展览规模的扩大,另一方面,展览推广经费预算对展览观众人数的增长也具有直接的影响。根据美国 CEIR(美国展览业研究中心 Center for Exhibition Industry Research)的统计研究显示:美国展览业将展览观众的组织作为展览最重要的工作,并将展览推广预算中绝大部分经费用于展览观众的组织与推广。根据 CEIR 的统计报告:美国各展览组织机构将观众组织的经费预算占总展览总收入的比重相当高,在展览组织工作的总预算中,美国展览组织机构的推广总费用平均占展览总收入的 21%,其中,用于展览观众推广的费用却高达 17.5% ,而招展推广经费则仅为 3.5%。然而,在我国,整个展览市场营销预算中,却往往将展览推广经费的预算集中安排在展位的促销活动中。不少展览企业,对展览观众组织的经费预算不足或根本不作预算,试图以此获得展览活动的利润最大化,这与我国展览组织机构的短期行为有关。

观众组织费用占整个展览预算的百分比在一定程度上还是具有其不确定性。如：贸易型展览与消费型展览相比其目标观众就会有所不同，观众组织费用也就会有不同的变量。影响观众组织在总预算中占不同比例的原因，是因为可控或不可控的各种变动因素形成了多种变量的组合，从而影响了推广费用的预算。从我国目前的展览组织实践来看，不同展览组织机构与展览品牌，因在观众组织预算中所采用不同推广费用的比例标准，直接影响了展览观众到会的数量与质量。

二、评估/监测效果

评估与监测工作应列为展览组织计划中的重要工作。为保证展览观众组织工作的长期或有效地展开，评估工作应贯穿于整个展览组织过程且是动态的。在整个展览组织工作的每一阶段或具体部分都应设置评估点，如评估展览观众组织是否获得预期效果，就可以通过使用展览过程中的原始调查资料。具体评估的手段有：1. 观众统计分析；2. 观众统计方式分析；3. 参展商分析；4. 展览会分析；5. 往届推广方法分析；6. 展览环境分析；7. 推广效果分析。

展览评估工作可由展览组织机构自己执行，也可邀请展览研究机构对展览及其观众的数据进行评估。国际上，大多品牌展会都邀请独立的第三方评估机构进行评估，权威评估机构的报告可大大提高展览会统计数据的客观性与可信度。第三方机构的数据资料（如参观客商的构成、参观期望以及其它反映展览会成效的特征数据等）主要是通过设计专门的调查问卷的方式进行采集，美国 IAEM（美国国际展览管理协会 *International Association for Exhibition Management*）针对参观客商的评估内容更为全面与科学，内容包括：

A. 参观客商的构成

职务/职能

行业范围

参展中的决策作用

与参展相关的其它特定内容

B. 地域分布

过去两年是否参加过其它技术性展览或会议

吸引客商前来参观展览的推广渠道

不同推广渠道所组织的参观客商的质量

参展客商的参展习惯

往届展览参观情况

客商花费在观展的平均时间

客商观展的平均天数

展览场馆所参与的其它展览活动

客商是否因不同的展览活动而延长了参观时间

对展出的展品兴趣及采购计划

客商未来十二个月的平均计划采购支出

认为展览有价值的参观客商之百分比

参观客商愿意参观的展品或技术会议种类

展品分布指示系统是否完备

C. 展览成效特征

观众兴趣点

展区人流比例

人流密度

受营销人员邀请的参观客商比例

影响最深的展品

国际展览组织认为:向参展商及时公布展览组织机构所收集的相关数据是一种非常有益的方法,这些数据既可帮助参展商作出是否决定继续参展,同时也可为展览组织机构识别潜在观众、衡量展览效率、确定参展人数及规模、设定预算、布展设计及费用等。详细的展览评估报告为展览组织机构对下届展览组织工作的调整或规划提供决策依据。

与此同时,评估报告中将参观客商数据和观众统计有助于对不同成份的参观客商进行精确的分类与描述,这对展览观众组织推广资料与宣传品的编写提供翔实可信的数据。

D. 本届参展商分析

清楚本届参展商的参展目的,可以精确实施展览观众组织推广的重点。因此,展览组织机构需要调查分析:参展商愿意参展特定展览的因素是什么?如:是因为参观客商众多?还是因为贸易成交效果较好?或是因为有更多的新客户?

三、媒体传播效率分析与选择

在展览观众组织与市场推广活动中,“媒体”可理解为展览信息推广与展览观众组织的“载体”或策略。展览观众组织与展览招展宣传在媒体的使用上具有一定的共性,但在具体实施过程中,展览观众组织具有更广泛的特征,还要结合更多的推广方式。

1. 外界因素对媒体选择的影响

美国 IAEM 组织根据对不同时期、不同展览题材及不同展览组织机构的研究认为,以下外界因素对展览组织机构与展览品牌在选择传播推广信息媒体时会产生重要影响。

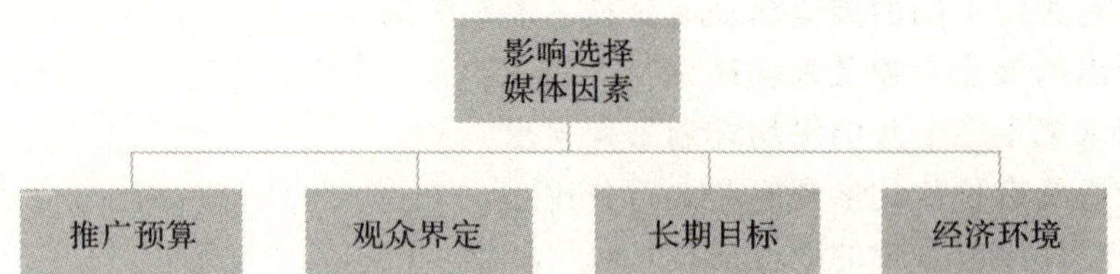

总体而言，单一因素对媒体选择并不会产生较大的影响，但如果将以上因素作为整体，在媒体的选择上就会产生相当大的影响。因此，在选择媒体传播推广展览信息时，要对各因素间的相互作用，从而造成多米诺连锁效应的结果有足够的准备与了解。在制定展览观众组织宣传推广计划时将不同因素所产生的影响、相关细节、作用力、相互间的内在联系等充分考虑与详细分析。

2. 可供选择的媒体类型

我国展览组织机构，目前展览观众组织较为广泛使用的媒体是：电话营销、群发传真、电子邮件、直接邮寄、广告、公关、与参展商联合举办的推广活动。

3. 推广媒体的组合策略

电话营销、群发传真、电子邮件与直接邮寄在其他章节中已作了较为详细的介绍，在招展过程中的这些方法与技巧也常用于观众组织中，以下是其它方法介绍：

A. 广告(*Advertising*)

实施广告的形式与种类很多，了解目标观众对媒体的偏好是关健，要不断总结与评估不同媒体的反响与回应率，从而选择最好的性价比。目前，我国展览行业采用较为普遍的广告形式有三种：印刷品、电台、电视。这三种广告媒介的相对优缺点：

媒体	优点	缺点
印刷品：杂志	1. 目标受众针对性强 2. 便于组合运作 3. 广告效应理想	1. 成本费用高 2. 时间安排不太灵活及时 3. 内容受限
印刷品：报纸	1. 允许发布详细信息 2. 覆盖面广 3. 时效性强 4. 便于组合运作	1. 版面位置控制受限制 2. 起点费用高 3. 广告效应期短 4. 目标受众针对性差
电台	1. 成本费用低 2. 个人针对性强 3. 时段针对性强 4. 报道生动灵活	1. 不易统计受众人数 2. 广告效应期短 3. 调研工作量较大 4. 现场制作费用高
电视	1. 覆盖面广 2. 现场感强 3. 时效性强 4. 简单明了 5. 即时激励性强	1. 制作过程复杂 2. 环境干扰较大 3. 成本费用高 4. 传达信息不全面 5. 效果较难评估

其它经常用于展览活动观众组织推广的广告媒体还有：

1)户外广告——广告牌、旗帜横幅、公共汽车等；

2)广告中介商为代理媒体广告的租用与策划；

3)企业或社团组织制作的内部出版物；

4)往届展览精华片段的视频资料，如 VCD，小册子；

5)专业网站主页上的旗帜横幅广告、链接等。

B. 公关(*Public Relation*)

越来越多的展览组织机构开始频繁使用公关技巧来营造展览观众的组织整体气势。良好的公关活动策划可以立体地宣传展览并激发众多媒体的关注热情，从而建立起潜在展览观众的参展信心与热情。

策划成功的公关活动，需准确把握“公关 *Public Relation*”这个词的就展览观众组织方面的基本定义。在展览观众组织活动中“公关 *Public Relation*”的定义：用于增强或改善展览组织机构、展览理念与展览服务等在受众心目中形象的市场活动。公关活动与策略的基本目的是为了吸引更多人关注展览，公关计划与观众组织的推广计划必须保持协调一致。与策划其它媒体活动一样，公关活动在实施前也需进行细致的预算并制定切实可行的时间表。

对大型展览和国际性展览，展览观众组织的公关活动一般安排在开展前 6 个月，如新闻发布会或参加专业展览行业的论坛会议等，有了时间上的提前量就可以吸引尽可能多的专业媒体的相关报道，营造展览宣传气势。相对于面向以当地消费者为主的展览，公关活动的时间安排则比较紧凑，首场主要活动通常可在开展前 2—3 个月进行。

C. 邀请参展商参与观众推广活动

参展商都期望由展览组织机构来承担展览观众的组织工作。但越来越多的经验与调查显示，展览组织机构如果能发动那些最成功的参展商积极参与展览观众的组织与推广活动(对于参展商，称为“预推广”)，将对展览的成功发挥重要的作用。因此，从这一意义上而言，参展商对其即将参与的展览会的推广也是应该负有相应的责任。当然，展览组织机构应对参展商加强具体的观众组织的推广技巧的指导。

展览组织机构应逐步建立参展商与展览的效果形成“推广伙伴”关系，增加展览观众人数，使参展商更成功。展览组织机构可提供参展商尝试以下的建议与技巧：1. 数据库营销；2. 网站营销；3. 同类展览营销；4. 媒体宣传；5. 印制参观券；6. 公关事件；7. 特别推广活动；8. 展览赞助商。

D. 特别推广活动

展览组织机构为扩大展览效果，需为专业观众创造更多的增值服务，使观众组织推广活动的效果最大化。因此。利用展览期间举办具有针对性特别推广和特别

活动就能使展览组织机构主办的展览在众多的其它展览中彰显魅力。

展览特别推广活动的策划与安排，国际展览组织机构特别强调对高端商务专业人士的邀请，以增强展览的权威性与号召力。高端商务专业人士应邀参加会议和展览特别推广活动的动机，大致可分为三类：知名度成长、专业研究、个人需求。因此，特别活动和推广也将针对这三类目标进行策划与开展。如：邀请知名人士担任观众组织特别活动的推广人，需考虑：

①受益

被邀请人是否能从中获得媒体亮相或公共宣传方面的利益；

活动是否能为被邀请人提供返乡的机会与便利；

活动是否能为被邀请人提供满足商务研究的机会。

被邀请人是否能获得一定的经济报酬。

②成本

提供全程往返交通费用（如头等舱机票等）；

提供机场专车接送服务费用（两人）；

提供星级酒店住宿费用（两人）；

提供膳食费用（两人）；

免除预约登记费用。

E. 企业赞助商

对于具有一定品牌的展览，展览组织机构除了有效地策划展览观众组织推广活动外，还可在进行特别推广活动时鼓励参展商企业或其它行业协会对活动进行协办（赞助），为展览的推广活动减轻费用支出同时也可为展览增加边缘性经济收入。在选择合作伙伴时，需考虑以下几点因素：

①合作伙伴应与展览的规模、品牌、信誉及美誉度相称；

②展览组织机构规划宣传推广资料，对如何为潜在创造一个能符合企业自身宣传需求的空间应加以研究与规划，这有助于赢得企业参与赞助热情；

③展览组织机构应确保所策划的推广机会符合潜在合作伙伴的市场价值观。

四、有效落实展览观众组织工作

客户资源是现代展览业最重要的资源之一，展览观众组织是展览规模与品牌发展的前提。合理、科学、有效地规划展览观众组织的推广活动，注意观众组织工作的不同层面与细节，这对展览的核心竞争力建设具有重大的意义。不同展览品牌与组织工作都具有一定程度的差异性，各自有着相应的长期目标、短期目标、推广策略与市场推广模式。学习与借鉴其它展览组织机构的推广策略是国内外展览业普遍的作法，但关键是要首先确定其它展览组织机构的策略是否适合自身发展实际。还应落实以下要点：

观众组织推广应符合展览发展的根本利益。展览组织机构在制定与规划展览观众组织推广活动时，应全面落实推广活动的各个环节不会偏离展览发展的方向：1.展览的总体目标；2.展览所涉行业的目标市场；3.展览预期的参观客商；4.展览期望营造的公众形象。

强化创新意识，观众组织推广活动要有新意。展览观众组织工作应切忌墨守成规，推广活动的方式与组织活动应随着市场环境的变化而变化，不断创新。通过理念创新，激发展览目标观众的参展兴趣，同时也能使观众的忠诚度大大提高，始终保持高度的参与热情。

严格实施监控与评估，完成预期目标。始终严格监控效果，确保对参观客商推广活动每一方面的效果都有评估或检测的手段。而且，应该在活动安排上预留一定的灵活度，以防当出现不可预测情形（如经济环境的意外转变或特定策略不奏效等）时，可以减低损失、维持活动继续开展并保证完成预期的目标。

完善展览观众信息管理。国际展览组织机构都会将观众信息详尽录入电脑资料系统，无论人员如何流动，客户资源都不会受影响。我国展览组织机构应避免过分重视个人作用，加强统一的观众信息管理，使展览观众信息真正成为展览品牌与核心竞争。避免因人员变动，所造成客户资源的流失。

将更多精力放在具有忠诚度的客户上。做强做大展览在很大程度上决定“人脉”基础，而80%的利润往往来源于20%的客户。因此，在观众组织过程中，应将关注点放在关键20%的客户上，利用具有忠诚度的客户的口碑与行动来扩大展览观众组织效果。

展览策划要更多地兼顾观众利益。未能参观展览的高质量观众数量远高于参观的人数！为了赢得这些“流失”的高质量客商，并吸引他们来参观展览，展览组织机构在展览策划时就应将竞争的展览或类似展览作为目标，在目标市场中树立独特的展览品质形象，兼顾观众通过参展能获得具体实效与利益。（本文原发表于《中国展会》2009.8）

[会展项目组织与管理2－5]

论贸易展览观众注册管理

本文通过对贸易展览观众注册的初步分析，结合目前注册的技术特征，提出了贸易展览观众注册在我国会展业的应用前景，展览观众注册的社会实践受到了诸如德国、美国、英国等世界会展大国的重视，在我国也正处在应用推广期，但其应用研究在我国会展业却远未系统和深入展开，我国会展业中众多从业人员与管理者对观众注册在会展组织过程中的作用也十分陌生。本文试图根据观众信息技术管理的特征，分析观众注册技术在展览不同时期的应用环境，就贸易展览如何在展前、展中、展后实施观众注册及技术应用等问题进行探索。

引　言

贸易展览观众组织与管理往往是展览组织机构最为头疼的工作，当届展会到达的观众人数、区域分布、职别分类、行业属性、联系方式都成为展览组织机构评估展览组织水平的关键要素。观众注册是展览品牌管理与服务提供的一项重要工作，展览组织机构从服务提供过程中针对目标群体科学合理地采集即时(Real Time)观众信息，观众信息处理被细分成:基本信息、需求信息与行为信息三种，这些信息经过展会组织机构的科学甄别与精细加工，即可提升为极具商业价值的经济情报，有效地推动展览的贸易成效。加强观众注册不仅可强化展览效果、观众组织、服务品质等评估的重要指标，同时也为展览观众的组织提供强有力资源支撑，随着中国会展业态日趋成熟，这项工作的应用研究引起我国会展业普遍高度重视，我国贸易展览如广交会、华交会、东盟博览会等都相继开发和运用“展览观众注册登录”环境，不断引进与提升观众注册技术。网上预登记、现场登记与办证及运用观众数据库展后对观众提供服务性支持是观众注册的核心内容。

品牌展览实践证明，延续和扩大品牌展览核心竞争力的一项基础工作，就是利用贸易展览观众注册技术，准确收集与分析参展买家和观众信息，特别是对境外观众进行系统的跟踪与研究，从中获得有价值的情报，继而开发针对性的增值服务项目，提升观众的忠诚度。根据国内外展览运作实践，贸易展览观众注册基本流程主要是以买家与观众在参展各环节中（展前、展中、展后）产生的信息进行采集与处理，这些信息以点为单位时，仅为单纯的数据，而将多个信息点串联在一起时，则可获得极有价值的竞争情报，其流程如下：

一、展前观众注册

贸易展览在展前阶段的客户邀请、跟踪服务、参展预登记及回执处理均以网络方式实现。如：展会观众可以利用网络环境接受主办单位的电子邀请函；曾参展过的观众在展前阶段可及时接受客服人员的跟踪服务；确定参展的观众可利用网上预登记方法在网络上登记相关信息，系统自动检测预登记客户资料的准确性，即时发送回执。展前观众注册工作不但动态地检测展会观众的到会率，以及前瞻性地获得观众质量的基本状况，更重要的还在于通过网上注册，预登记观众可获得展览组织机构提供的增值服务与贵宾礼遇，如：展前阶段收取入场胸卡、展会资料、优惠礼券、酒店预订、机场接送、贸易撮合等一系列的服务。收到入场券的观众可直接进入展览现场观展，持展会组织机构回执的观众亦可通过主办方对回执中条码扫描与信息确认，便捷办妥证件，优先入场。

1. 电子邀请函

随着国内外网络商务环境和条件的不断完善，电子邀请函已成为贸易展览前期邀请的主要工作内容与趋势，电子邀请函弥补了传统展览会利用平面媒体、直邮、电话、传真邀请的局限，拓展了展览观众的目标市场。特别是对贸易展览而言，如广交会等贸易展览，继续使用传统展览营销方法，无法想像其观众邀请的效果与效率。因此，电子邀请在会展行业中被逐渐认可和普遍应用。电子邀请函是以网络的形式，在类似纸质邀请函的界面上，为拟参展的观众提供了各种参展相关信息按钮，如“预登记”、“展会介绍”、“参会指南”、“DM 邀请信申请”“签证申请”及“上届展会概况”等信息。

2. 客服跟踪服务

从一项大型展会观众的抽样调查中发现，74.5%以上的展会观众认为：越来越多的贸易展览利用网络技术向目标客户发送电子邀请，根据这些观众的服务体验认为，影响目标观众的到会率的主要原因很大程度是因为电子邀请函所涵盖的信息与支持性服务受限，参展观众的问题来自许多方面，基本概括为四种：1. 展会概况；2. 电子邀请函功能，如现场办理各类证件、主办方的签证邀请文件、接受签证申请等；3. 参展行前准备，如展会所在城市的交通、住宿、旅游等状况；4. 交流与沟通服务，目标观众获得所有在线参会服务后会进一步提出相关的贸易撮合服务。这四种情况都需展览组织机构配备专业的客服人员，利用电子邮件（E-mail）、呼叫中

心(Call Center)、传真等方式进行客服跟踪服务。

3. 网上预登记

网上预登记是国内外各类展会普遍采用的展前观众邀请方式,不仅利用展览官方网站实施买家邀请,通过后台数据库实现证件办理的电子化,如:观众证(贵宾证、嘉宾证、贸易证)、参展证、工作证、记者证等票证,同时也为贸易展览现场票证提供了科学管理方法。从观众注册而言,网上预登记系统可以细分参展观众的区域特征、参展目的、职别以及网络调查的种种信息,展览组织机构可以通过深入分析与研究,利用展览CRM(Customer Relationship Management)系统,准确对参展观众实施聚类分组,并针对性地开发支持性服务。国内外大型品牌展览通常将网上预登记系统与现场办证系统,乃至贸易信息撮合平台视为展览观众组织与管理的系统工程,相互关联与互动。

4. 回执处理

回执处理是以网络方式将确认通知送达在线预登记或其它途径登记参展的观众,这种方式在保证时效性的同时,还有效控制了观众组织成本。在回执处理的同时展览组织机构往往还提供展会相关确认信息,如寄送入场证通知、现场办证或取证的条形码,回执中通常会将最新展会进展情况向预登记观众作详细的说明。近年来,部分展览组织机构甚至提供证件自助打印(Print@ home)的服务,注册观众可通过家中的网络直接打印参展证件。

回执处理通常是先将各子数据库的观众信息合并,根据目标观众行为信息的变化进行跟踪处理,通过处理,各子数据库都会客观地记载经处理过回执观众的到会情况,以监测数据库中观众信息的有效性、变动性及活跃性。因此,展览组织机构在回执处理的过程中,又进一步进行了相关数据的核实,提高了入库数据的精确度。

综述:

在网络日趋完善的今天,展前观众注册的工作越来越被展览组织机构所重视,利用网络与IT技术来实现展前观众注册环节80%的工作量,不仅节省主办方观众组织成本,更有利于展览组织机构利用信息技术进行数据采集、整理与发布。展前观众注册有助于提供基于互动机制的贸易信息服务,有效地为需求明确的买家及参展商提供"贸易撮合"功能。

二、展中观众注册

1. 客商报到系统

客商报到系统(也称为现场登录服务)很大程度决定了贸易展览的组织质量与服务水平。客商报到既是展览的基本服务内容,更是展览组织机构为提升展会核心竞争力,获得观众数据并进行基本信息、需求信息、行为信息研究的重要途径。

观众注册在展中最重要的环节就是现场客商报到系统的应用,这个环节关联到贸易展览观众注册技术的各个层面:即数据收集与分析、数据管理与沟通、发展趋势判断、客户资源挖掘、智能化设备以及现场跟踪。国际贸易展览近年来不断加强这方面的研究与技术开发,如:利用 IT 技术减少展览观众在人流高峰时间的排队时间,增强与观众和参展商之间的互动。针对性地开发了自助式注册(Self Registration Service)、现场无线寻呼(Onsite Wireless Will Call)、日程打印服务亭(Agenda Printing Kiosks)等产品,这些自助式服务,越来越被普遍地使用在美国、德国、香港等国家与地区贸易展览的现场客商报到环境中,不仅更快捷地为预登记观众提供相关信息,同时也极大方便了展览观众的现场办证。

在我国,客商报到系统正处于推广与发展阶段,大部分场馆缺乏相应的设施配置,因而,人工登录在近年里仍是现场登录的主要服务方式。经调查,目前我国很多贸易展览的组办单位通过租赁方式获得专业登录服务商提供现场客商报到服务。如:北京昆仑亿发科技发展有限公司、西安远华软件有限责任公司、北京国贸商务促进有限公司等提供的客商报到与门禁登录系统设施。现场客商报到系统的应用研究与管理围绕以下几个重要环节:

1)提高办证效率,有效控制现场观众排队等待时间(填表→拍照→出证→资料领取),办证过程控制在 90 秒内,全程实施数码办证服务;

2)采集观众信息,数据库实时存储观众不同介质胸卡信息(条码、非接触 IC 卡、RFID 射频卡等),综合记录展览现场观众的基本信息、需求信息与行为信息;

3)门禁实时监控,系统自动记录与获取展览观众现场分布状态,人流与刷卡时间,重复访问观众比例,各馆观众访问比例,建立买家行为数据库;

4)应用服务拓展,集 INTERNET、多媒体、数据库技术为一体并以模块方式进行整合与管理,增强系统功能的扩展性,通过局域网或互联网提供应用和管理功能;

5)实时交流互动,利用系统信息采集功能加强与参展商的信息处理与互动交流,为参展商提供方便、快捷的信息服务,提升展会参展商对展览品牌的信心与参与热情。

2. 门禁系统

门禁系统是对贸易展览现场办理的各类证件进行电子化身份识别与认证。观众所持任何介质的参展证件(如:二维条码、RFID、)在通过门禁系统时刷卡信息与现场系统信息同步刷新,保证展会现场的有效性和买家登记的高质量,分担主办单位在现场管理压力。门禁系统显示展会现场观众的实时动态,全程采用电子信息存储读取方式,方便部门间平面沟通、协调、任务管理、数据调用以及资源共享(如安保部门、后勤服务等)。

现代贸易展览的门禁系统不仅能精准监控办证通道拥堵情况与门禁人流状

态，同时可以实时地查询、统计、分析各类指定数据。如：到达人数、人员比例、各馆观众情况、不同时段人流量、观众滞留时间等，观众流量信息在现场还可实现同步发布，突显展会信息管理专业化的程度。

门禁系统随着国际发展趋势加强了安全管理方面的考虑如安全检查、防止恐怖活动和实施紧急救助三方面。门禁系统的客流量实时监控功能，及时提供动态参观人数变化信息，方便展览组织机构对现场进行有效管控。通过对保安人员和引导人员进行有效培训和管理，展览现场如遇观众拥堵现象，可根据监控信息即时疏导或根据势态封闭展馆某个区域。

3.现场问卷调查：

现场问卷调查有利于展览组织机构深度掌握参展观众基本属性的三类信息（基本信息、需求信息与行为信息）。同时，也可以通过现场调查获得观众对所参与展会内在价值、声誉影响和外在要素的评价。这些问卷调查通常会在线观众注册预登记及现场报到时以填表方式进行。观众问卷调查基本以三个方面内容展开：1.研究专业观众的参观动机（包括购买动机和非购买动机）；2.研究专业观众的参观行为（分析与归纳不同类型观众的参观行为）；3.研究专业观众参展绩效与服务水平（对展览环节服务绩效与观众忠诚度进行评估）。问卷调查表直接嵌入在线预登记与客户报到系统相关流程中，利用专业观众在线登录或现场报到时发放问卷，当专业观众领取胸卡及展览会资料时，展览组织机构就能在第一时间回收问卷，通过系统统计、对比、分析编制成相关报告，可供展览组织机构、参展商及专业观众参考。

综述：

现场观众信息管理是贸易展览观众信息管理技术的核心部分，利用IT技术与网络技术可有效动态采集与实时跟踪参展观众的基本信息、需求信息与行为信息。北京国贸商务促进有限公司（商务部贸易经济研究院隶属企业）凭借其多年贸易展览观众信息管理服务经验，长期研究现场信息管理服务流程，总结与编制了结构图，如图1所示。

三、展后观众注册

参展观众的数量和质量直接反映了贸易展览的成效。因此，展览后期对观众信息及数据分析是一项十分有意义的工作，专业和境外观众的数据分析对客户关系的建立和发展有着积极的功效。观众数据分析不仅反映了观众的地区分布、行业构成及参展目的，更重要的是它客观地反映了观众对展览的期望值，为完善展览组织工作提供了决策依据，也是展览组织机构本身所拥有的一项软资产。展后观众注册主要集中在两个方面：

1.观众信息评估报告

贸易观众数据分析报告是展览工作评估报告的重要组成部分。经过对观众数

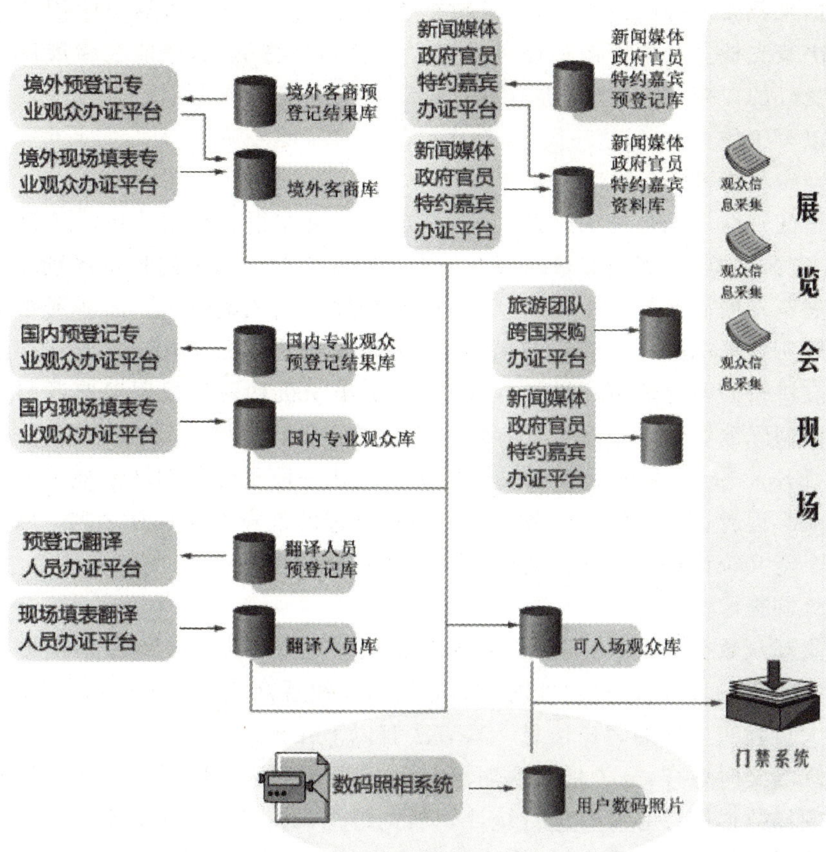

图 1　贸易展览现场注册图

据的统计分析、比较分析、分析评估，运用科学计算模型，最终形成完整的观众数据分析报告，该报告不但体现参展人数的变化（如：总数增加百分比，具体观众类别的递增或递减等），更重要是反映展览贸易观众的质量（如：专业观众的比例，境外观众人数与国别等信息）。

获得展览观众数据资源并加以挖掘利用是贸易展览观众组织的重要任务。展览观众数据统计分析主要是以真实、准确的评估分析提示展览的核心资源状态。一份良好的数据分析评估报告，对参展商而言，评估结果可作为参展商对同一展题或不同展览进行选择，也可为参展商将展览与其他营销战略进行比较时提供决策参考；对观众（尤其是专业观众）而言，对选择参观不同展览时可获得客观的标准；对展览主办者而言，为打造展览品牌以及更好地完善对参展商及观众的服务提炼了有价值的信息。

展览观众数据统计分析工作不仅要求对现有数据认真仔细地研究，而且对模

糊的数据来源要进行回访查实,力求数据真实、准确,为下一步展览组织工作提供良好的决策支持。这项工作不仅可以树立展览的品牌形象,也能在参展商与观众中产生良好的口碑,从而全面提升展览组织者对展览服务的信心。观众信息评估需落实以下工作:

观众定义标准

严格的观众定义是精确统计的前提,观众定义在很大程度上取决于展览题材本身,在贸易展览中,观众有普通观众与专业观众之分。两者的根本区别在于专业观众对展览发展而言具有重要价值,对展览品牌起到关键作用。而普通观众则是展览发展所要影响的目标客户或潜在客户,展商和其目标观众有了密切接触的机会后才有进行商务交流可能性。在我国,展览组织机构通常根据展览题材来定义观众。而国际展览业对观众定义有较为严格的定义,如,德国展览统计数据自愿控制组织(FKM)规定:凡购票入场或在观众登记处登记了姓名和联系地址的人都被称为观众。记者、展商、馆内服务人员和没有登记的嘉宾不在观众之列。欧洲普遍采用这个定义统计展览观众。我国亟需规范观众的标准定义。

观众调查取样

采集观众数据样本,特别是专业观众和境外观众。类似于对参展商和参展企业的数据收集,通过展览报到处的客商登记与在线观众注册登记表格,展览组织机构采集大量真实可靠的客户信息。其方法有以下几种:

1)现场实时取样:分为现场实时统计和现场观众区域取样。从每天展览现场得到的现场数据取样并及时进行统计。展览组织机构可将相关观众动态信息在次日媒体或展览现场及时发布,以提高展览组织的透明度和可信度。

2)在线注册登记取样:利用展览官方网站开通的网上电子登记系统,以电子请帖的形式提供给观众所需取样的内容表格。目前,我国举办的贸易展览都具有在线观众预登记服务功能,充分利用观众预登记系统,将要取样的文字内容编入其中,实施展前与展中对观众的数据分析。(网站具有后台数据库,在统计与计算过程具有高效率与高精确度)

3)观众登记表取样:观众登记表涉及范围广泛,包括:贸易观众基本情况(区域性分析)、贸易观众类别、感兴趣的行业类别、参加展览次数、参加本届展览的目的、参加下届展览的意向等。针对专业和境外观众的资料收集,需科学设计专业性问卷,遣词用语要避免带有情绪性与暗示性,内容分类应避免互相重叠。大型以“国际”冠名的展览,境外贸易观众登记表设计与制定应参考国际性展览调查表格的相关格式。

4)展览身份识别注册软件:随着科技和信息化的进步,展览中应用现代科技的成分也越来越高,现代贸易展览都开始导入相关的客户管理软件及采用展览身份识别注册软件采集和管理数据,为展览组织机构的分析与研究创造了条件并为展

商与观众的参展决策提供了方便。因此,需完善贸易展览注册的软件环境。

观众数据分析

观众数据分析评估工作一般分三个步骤:统计分析、比较分析、分析评估,将所收集的观众数据与参展情况统计整理成系统有用的评估信息,根据评估标准进行比较并分析出其中的原因、规律和问题。这项工作是利用科学方法对收集、整理出来的观众统计数据进行精密加工、分析与研究,对所调查的客观现象的特点、本质、规律逐步进行深入的认识,得出相应结论,达到研究的目的。经过统计调查,展览组织机构对获得的原始观众数据,通过统计整理提取符合研究所需的有效信息,经进一步研究,客观反映展览的实时效果。

1)统计分析:统计工作主要是将所收集的观众数据和情况加以整理,计算总数和比例。经整理计算出的数据和情况就成为了有效的信息,具有评估价值并作为评估依据。

2)比较分析:比较工作主要是参照评估标准进行比较,从而得出统计结果。在实施比较分析时,展览组织机构应严格规范和使用统一的评估标准,从而避免比较分析的结果发生感性上的偏差。

3)分析评估:在统计分析、比较分析的基础上,综合分析评估展览组织工作和展览的实际效果,找出观众数据和贸易展览信息间的内在联系、原因和问题。

观众分析报告

经过前三方面的工作后,展览组织机构录入和完善现场获得的观众数据信息,并将相关数据整理形成分析报告,分析报告的基本内容将包括分析报告基本内容和展览观众 CRM 系统两部分。

分析报告基本内容

1)数据分析,包括门禁流量 、展台流量 、单位情况 、观众情况 、观众调查表 、服务事件 、收支等项目的统计分析;

2)情况报告,办证数量统计、国别分布统计、专业观众所属省市分布统计、专业观众的报道时间统计 、办证系统实时监控情况报告;

3)观众调查,根据展前、展中、展后所采集的各类针对观众调查信息实施分类研究与分析,并作出针对数据与事实(Data & Fact)的客观报告;

4)结论与建议,分析报告的最具价值的部分就是在于专业性的结论与建设性的建议,基于数据与事实(Data & Fact)上的专业结论与建议将有效帮助贸易展览组织机构透过展览观众注册改善展览发展的战略与战术。

观众分析评估客观全面、深入地审视展览组织过程中的每一细节,对具体问题作具体分析。分析评估工作在实施过程中较多地使用思辨与判断能力,研究人员透过数字看到展览组织过程中的问题并找出产生问题的规律,提出解决问题的具体建议与措施。

2.展览观众 CRM 系统

针对观众数据具有独立、片断，不连贯性的特点，贸易展览组织机构需分阶段对专业或境外观众数据进行分析与研究(如、参观人数、观众分布区域、观众部门、观众职位、观众的兴趣、观众参观目的、观众对展览的评价等。)将观众数据提炼成具有价值的信息再加以整合，形成贸易展览所具有的核心竞争资源，称之为“竞争情报”。“竞争情报”对贸易展览而言是生存与发展的命脉，需科学合理的配置专业的软件工具。展览观众 CRM 系统就是其中之一。展览观众 CRM 系统的基本结构与功能如图 2 所示。

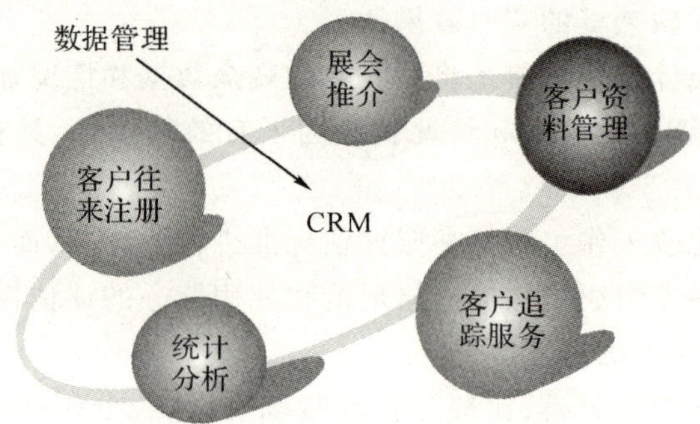

图 2　展览观众 CRM 系统示意图

当前，国内外贸易展览组织机构中广泛将观众注册系统整合在观众 CRM(客户关系管理)系统，形成贸易展览观众注册所需的技术模块：

数据集成与挖掘功能模块　观众数据需转化为信息，通过对健全、准确、持续的客户信息进行数据集成与数据挖掘，有效提炼客户知识，使数据库具备实际价值。精心对数据仓库中数据、展览服务环节等进行分析预测，对原有和潜在观众的贸易行为进行分析，提供报告和预测未来发展的观众组织与管理模型。

观众价值评估功能模块　观众价值评估是筛选 VIP 观众的基础。展览观众 CRM 系统其核心要素是关注观众价值，并配置 CRM 呼叫中心和展览门户网站等功能，提供与完善实时支持功能，国际贸易展览组织机构相当普遍地采用观众价值评估功能，如德国、美国、香港等国际展览组织将推广的经费及与展览观众互动等运用于高端展览观众。

观众分类管理功能模块　展览观众分类管理是实现优质服务的前提。确定不同观众群对贸易展览的价值与重要程度，并针对不同观众群的行为特征、期望值等制定针对性服务策略，淘汰不良资料，建立优质与健康的观众渠道，为贸易展览的品牌增加价值。另外，对观众信息的分类管理有助于利用 IT 与网络技术提升管理和信息的功能。

信息互动处理功能模块　信息互动处理是维持良好客户关系的根本保障和措施。随着 Internet、移动通讯的发展，越来越多的观众习惯于通过 Web、E-mail、

WAP 和手机等方式与展览组织机构进行交流沟通。贸易展览的贸易撮合与呼叫中心的建立,利用网络技术为观众提供买家信息查询、贸易撮合、展览预登记等,信息互动提供多样化个性化的服务,及时反馈观众需求信息,实时调整服务内容和策略,最终强化了对观众注册的作用。

综述:

展后,贸易展览观众信息管理在我国尚未得以重视,这也是我国展览数目之多、品牌较少的原因所在。我国贸易展览或多或少具有政府主导型展会的背景与痕迹,动用较大的行政与公共资源。展览结束,无论是政府机构或展览组织机构因而松懈,因此,对于评估、分析及后续的观众信息既没有热情也没有相应的措施。在另一方面,由于目前我国展览组织机构中的专业人才匮乏,观众注册与观众 CRM 系统功能配置未能落实到位,在管理技术上不能同步跟进,导致不少贸易展览处在发展困惑之中。

观众 CRM 系统功能是以三个核心模块构成:

1. 客户应用系统

1)多界面的用户系统,支持在线与离线注册,自动存入网络数据库;

2)24 小时网络与通讯的呼叫中心系统;

3)观展指南、邀请函发送、贸易撮合、回执确认;

4)参展商与贸易商的查询、跟踪服务及客户评测。

2. 服务响应系统

1)观众组织管理;

2)客户数据库管理;

3)数据挖掘管理;

4)通讯联络与模板管理;

5)观众预登记及历史管理;

6)事件、安全与决策管理;

7)展前、展售与展后支持服务。

3. 决策支持系统

1)观众组织推广财务预算、分析、管理与成本控制及优化;

2)公关策划管理系统;

3)管理层 LAN 信息系统;

4)人力资源系统;

5)对专业与境外观众、财务、会议实行数据采集、量性分析、科学评价、报表生成。

随着我国展览业市场的竞争加剧,贸易展览项目不断地受到国际展览组织机构的蚕食以及国内同类题材展览的冲击,我国展览业新一轮洗牌不可避免。要维

持贸易展览的生命力与提升展览品牌的附加值，我国展览组织机构亟需加强贸易展览观众注册、研究与技术升级，引进国际理念与技术，加速展览管理的国际化进程，以迎接新的发展挑战。（本文发表于原《2008 中国会展经济发展报告》2008. 3）

Exploration of Visitors' Registration Management for Trade Fairs

Huang Bin
Zhejiang University, City College

Abstract: The use of technology is a vital component of managing visitors' registration during trade fairs. This paper analyses and discusses the important roles and characteristics of such technology as applied before, during, and after trade fairs. Many countries, such as Germany, USA, and the UK, among others, have placed great importance on the social aspects of visitors' registration management during exhibitions. Likewise, our country is promoting such applications, although in manner that is unsystematic and not fully developed. Furthermore, our staff and leadership are not fully aware of the importance of visitors' registration management when organizing exhibitions. This paper analyses the different contexts in which various information technologies can be effectively applied to the management of visitors' registration for trade fairs. In particular, questions of how to best utilize technology to facilitate visitors' registration management pre-fair, on-site, and post-fair are discussed.

Key words: Trade fair, Visitors' information, Registration management

[会展与城市——义博会研究 3－1]

义乌小商品博览会的成功之路

中国义乌国际小商品博览会——简称“义博会”，是 2002 年经国务院批准由地区性展会升格为国家级的国际性展会，是国内唯一由国家支持县级市举办的国际性展会。2004 年“义博会”展览面积超过 7 万平方米，国际标准展位 3000 个。参展企业达 1700 家，分别来自 20 多个国家和地区以及国内 26 个省、市，比上届增加 200 家。展商中 95％系制造商，生产企业、民营企业占 85％以上；知名企业、品牌产品企业参展比例达 30％，境外企业和外资企业比例近 20％。到会客商 82667 人，与上年同比增长 17％；其中境外客商 12312 人，比上届增长 20.6％，分别来自 142 个国家和地区；欧美等发达国家客商占 50％以上。据客商登记资料统计，境外到访客商中高达 38.6％是多次参加“义博会”的常客，而首次参加“义博会”的境外客商也高达 60％以上。

相比长江三角的上海、杭州、宁波、温州等沿海城市，义乌区位优势不十分明显。但是就是义乌这样一个县级市，通过十年的运作，不仅使“义博会”成功举办了十届，更使“义博会”在国内同行业中享有了很高的知名度和美誉度。这不仅得益于义乌本身的产业基础，更重要的是当地政府对展会发展的正确理念与定位，并科学地实施了会展战略与会展战术的分离决策，从而全面落实了对会展产业的政策引导与宏观调控及会展组织管理，为“义博会”的成功奠定了坚实的基础。

一、“义博会”的发展背景

“义乌自古是穷地，人多地少缺粮米，为了解决温饱大问题，鸡毛换糖做生意”是传统曲艺中一段对义乌经典性的唱词。“拨浪鼓”、“鸡毛换糖”作为义乌人“行商”的特征被我国商界普遍认知。1982 年，义乌县委县政府冲破当时“左”的羁绊，允许农民进城经商，在湖清门形成了马路市场（义乌小商品第一代市场），从而彻底改变了义乌人作为“行商”的形象。发展与强化市场服务与功能使义乌人过渡为具有现代经商理念的“坐商”。

在20世纪80年代，义乌小商品市场经营的小商品针对农村市场，90年代针对三北市场。1995年，为改变义乌产品走低端市场的命运，义乌市人民政府与当地一家市场发展企业"浙江省中国小商品城股份有限公司"（经上市后改为"浙江省中国小商品集团股份有限公司"），开始关注展会活动对市场营销所带来的积极作用。当年，由浙江省工商行政管理局、义乌市人民政府作为主办单位，浙江省中国小商品城股份有限公司、义乌市工商管理局共同举办了"中国小商品城暨名优新小商品博览会"（第一届"义博会"），当时办展是利用中国小商品城一期、二期市场内狭窄的主通道，展区面积近5000平方米，展位仅为348个，200余家企业参展。

第一届"博会"的成功举办对市场发展具有里程碑意义：1.以市场为媒举办博览会开了全国之先河；2.形成市场与会展互动发展的战略性理念；3.义乌市场利用展会活动来实现市场的节奏性扩张；4.义乌市场利用展会活动引进名优新产品以此来提高商品质量档次和市场品位。

第二届至第七届在义乌市人民政府的多方努力与推介下，中央各部委及省政府都参与了"义博会"的组织。规模逐年扩大，展会易名为"中国小商品博览会"。2001年第七届"义博会"达到展位数为1405个，参展企业1026家。仍属一个在浙江省有影响的地区性展会。2002年经国务院批准"义博会"由地区性展会升格为国家级的国际性展会，由国家外经贸易部（现为商务部）参与主办。通过10年的培育，"义博会"已成为我国经贸类展会中规模大、档次高、外商较多、成果丰硕的国际性贸易盛会，使其成为我国中小企业展示形象、信息交流、合作贸易的重要平台，日渐显现出品牌效应。

二、前瞻与正确的战略与战术定位

义乌市委市政府旨在将举办国际小商品博览会的优势转化成将义乌打造成"全球最大超市"的核心动力。将"义博会"发展成品牌会，确定展会发展定位，使其办出特色和持续性。2001年义乌市委市政府邀请了浙江省著名高校的专家、学者，将"义博会"发展战略作为专项研究课题，科学评估义乌的城市环境、产业基础、市场影响、品牌展会基本要素等，最后课题确定了"义博会"的战略发展方向，形成了战略与战术分离、目标阶段分步走的规划。

义乌市委、市政府提出了将"义博会"的战略设定为"面向世界、服务全国"的目标，强调将"义博会"朝着"国际化、专业化、品牌化"的方向培育与发展。在战术的层面上，义乌市委市政府显然更理解市场的力量，强调政府对"义博会"所起的作用不是大包大揽，而是定位在做好服务的角色上。政府的工作是做好公共资源的协调，比如，义乌城市资源、公共资源的开发与建设，义乌城市与"义博会"的宣传与推介，"义博会"与义乌市场的互动发展，"义博会"对义乌会展业的整体带动作用，"义博会"期间治安、交通等公共资源的调配。由企业来制定"义博会"的整体战术，比如，展会组织的专业化运作，展商与观众的组织与服务，“义博会”的信息化建设，“义博会”的服务功能开发与完善等。

义乌市委、市政府高度重视“义博会”对义乌经济发展的重要作用，在一年一度的政府工作报告中都将举办好“义博会”作为政府一项非常重要的为民办实事的工作内容。将义乌会展经济作为未来发展中的六大行业之一。每年政府对“义博会”组织形式、内容管理、资金预算、工作方案的重组与规划，工作连续性、系统性、升级性、可持续发展性都进行实时跟踪，并专门成立展览领导班子，以确保“义博会”每年都有新的发展与提高。由于有效地实施了战略与战术的分离，从根本上解决了机制与体制的约束与限制，“义博会”因此有了健康发展的根本保障。

在一个成熟的市场中，政府为发展当地经济与相关产业，对会展业的支持必不可少，政府尽量避免对具体展会的直接参与，而是通过间接协调的方式给展览会提供相关的服务与支持，实现对展览会的质量与组展水平的管理与监督，从而使贸易展览成为促进当地城市与市场发展的重要途径。“政府搭台，企业唱戏”充分体现了国际会展业的市场化运作，也体现出政府在会展业中的重要作用。

三、贸易观众——展会组织的核心要素

国内很多展览的组织者认为，展览组织的核心要素是展商的组织工作，只有将展会规模做大，才能做强。因此，组展时主要精力放在如何组织更多的参展商。“义博会”的战术思路是：一个展会要创品牌，首先要练好内功，要走先做强、再做大的路子。将最重要的工作放在了招商，成立了专门职能部门，来为招商工作提供一系列的支持性服务。认为只有专业观众与买家参与，参展企业才有继续参展的积极性，展商与买家才能形成良性互动关系，展会的效益和前途才有保障。

“义博会”的战术实施方案就是将贸易观众作为展会组织过程中最重要的核心要素。“义博会”专门设立研究机构——数据中心，对客户关系管理(CRM)方面着手进行研究，各展会组织环节全面导入客商管理系统。通过 CRM 系统管理，及时甄别展贸商的信息，跟踪服务，利用参展商的管理系统对展商企业发展、成长性进行分析，为贸易观众提供更好的咨询。从而大大提高了专业观众对展会的忠诚度。

贸易观众的组织是整个展览的灵魂，是“义博会”战术部署中的核心环节。为展贸客商提供尽可能多的商务增值服务落实在“义博会”的实施过程中。在其所建立“在线义博会”(www.chinafairs.org)就是为了解决贸易观众对义乌及当地企业或产品的信息对称问题。通过信息化手段提供个性化服务与展会支持性服务，比如：展位申请、展具租赁、客户服务(酒店、机票、旅游预订等)、商务旅行安排、贸易撮合、商务咨询、电子商务服务等增值服务都可在线完成。“义博会”的展会服务理念：让客户对服务产生依赖性，从而提高展贸客商的忠诚度。据统计：“义博会”参展商的再次参展比例达 60%以上，贸易观众的比例达 38.6%，参展商与贸易观众

通过网络来实现对展会的了解比率介于30%—80%间(平均值为55%),这些数据均已达到了国际品牌展会的水平。

四、专业技能与服务培训

积极地开发与培训会展业的专业人才,改善管理者与主要业务骨干会展国际化的管理理念,是展会品质的重要标志与保障。强化对承办企业员工的使命感与紧迫感,有计划与步骤对员工进行团队精神、服务意识的专业培训与教育,是义乌政府与承办企业达成的共识。承办企业管理层鼓励员工自定培训计划,培训目标,结合员工的专业特点,确定批准培训项目。培训与持续教育被"义博会"承办企业员工称为是"一项非常有价值的福利"。

"义博会"承办企业的专业技能与服务意识的开发与培训,是通过派遣员工参加与观摩国内外的大型展会,接受国内外会展专业短期在职培训。自2002年以来,承办企业员工100%接受了不同程度的会展专业技能培训。85%的在职员工通过考核上岗,25%左右的员工被选派到国外接受培训,35%的员工获赴美国、德国、法国、日本、韩国、香港等发达国家与地区参展与考察的机会。员工中,获德国Invent论证的"会展高级经理证书"有三人,获美国国际展览联盟论证的CEM证书的员工,在2005年底将达到4人。

通过专业技能培训,从业人员素质明显提高,高中层管理者能正确使用严谨的科学方法与手段从事对市场发展数据进行收集、整理、分类、统计与研究的工作。从而提升了对会展业及义乌会展前景的理解与把握。其它员工,在被进行了一系列的封闭式专业培训与指导后,对会展经济特征有了更进一步的领悟力。专业化服务的技能大大提高,全面提升了展贸商对"义博会"服务的满意度。以"义博会"期间为例,为外商提供专业的接待与服务,解决或协调展会动态过程中出现的问题与危机,收到了明显的效果,境外客商对"义博会"的投诉率直线下降。满意度呈现历史最好水平。

五、展会、城市与市场的良性互动

"义博会"依托市场而生,市场的独特优势实现了展览展示、市场交易和经营效益的有机结合,其特色就是小商品。而"义博会"更是将"小商品大产业,小企业大集群"的市场发展模式用运作会展的方式得以提高。最终实现了两者的良性互动。正如当地政府提出"将义乌融入国际主流销售渠道,成为全球化链条上的一个节点",这一发展思路已在"义博会"得以充分的表现。

义乌市政府高度重视"义博会"与市场的互动关系,在对"义博会"实行宏观管理的同时,全面配合与支持市场的升级,比如,总投资26.5亿元义乌国际商贸城二期工程,占地近800亩,建筑面积92万平方米,标准商位11200个,停车位8000

个。2004 年完成投资 18 亿元,投入营业面积 60 万平方米,8000 多经营户已进场经营,市场功能不断拓展。全面改变义乌的接待能力,全市现拥有 46000 个标准床位的 540 多家大小宾馆,高星级宾馆达二十余家,餐饮,出租车都城市服务功能都迈进一大步。

在"义博会"的带动下,义乌市旅游局也对"义博会"与市场频频推出促销措施,去义乌购物旅游已改变单纯旅游的模式而成为时尚,2004 年到义乌购物旅游的人次突破 300 万人次,其中境外游客达 18 万人次,分别比上年增长 42%和 64%。目前义乌正在建设近万平方米营业面积的购物旅游中心,商品涵盖市场上所有品种,开展超市式服务,实行批零同价。

"义博会"与义乌市场形成的国际商贸业,推动了整个经济外向度的提高。一直被视为义乌经济"短腿"的外资引进取得了突破性进展,实到外资从 2001 年的 1000 万美元,逐年增至 2000 多万美元、7000 万美元,今年前 10 个月实到外资 1 亿多美元。从 2000 年开始,自营出口几乎以每年翻番的速度发展,今年 1 至 10 月自营出口 7.1 亿美元。据浙江省工商行政管理局统计,2004 年,义乌市场发展提升呈现了良好态势。市场成交额达 266.87 亿元,同比增长 7.5%,列全省首位。市场外向度趋势明显。全年出口额达 73.44 亿元,常驻义乌的外商代表机构增加到 410 余家,占全省的 1/3,出口到 160 多个国家和地区,出口中东份额有所下降,欧美、日本等区域的外商明显增多,美国跃居成第一大出口国,出口占 14%。义乌的产业结构与市场环境的硬件设施建设在"义博会"与义乌会展业快速发展的推动下也不断地整合与提升,很好地实现了"义博会"与城市和市场的良性互动。

六、发展当地会展业反哺"义博会"

一个非主流会展城市,政府如何强化政策引导,整合会展资源,规范会展市场,优化会展环境,培育展会品牌,壮大会展企业将对城市会展业健康发展起到决定性作用。义乌政府将城市会展业的定位:以"义博会"为龙头。申办与自办并举,展览与会议并重,鼓励与支持与义乌市场和产业相关联、多门类、强辐射的专业展会,逐步形成"国际化、专业化、市场化、品牌化"的会展业格局。

义乌会展业正式起步,是在 2001 中国小商品会展中心投入使用之后。该展馆总建筑面积 4.65 万平方米,可搭建国际标准展位 1500 个,硬件环境改变后。"义博会"自 2002 年被升格为由国家商务部参与主办的国际性展会,义乌会展业出现质的飞跃,义乌专业展会迅速成长与发展。据统计,义乌的专业展会在 2000 年就已出现,但只有一两个,2001 年中国小商品城会展中心启用后,专业展大幅度增加,专业展会项目和展览面积快速上升。2001 年专业展会 11 场,2002 年 12 场,2003 年 13 场,今年增加到 26 场。今年的专业展会场数比 2001 年增长 136%,比去年增长 100%,今年专业展会的展览面积达 19.5 万平方米,国内外观众和采购商

达28.3万余人次。2005年展览计划已落实的项目已有21项。

在“义博会”的示范效应与政策引导下，义乌依托市场和产业基础，逐步形成了一批具有全国影响的专业性展会。如：中国国际五金电器博览会、中国（义乌）文体用品贸易博览会、中国义乌工艺品、礼品贸易展览会等。这些专业展会大多是2004年首次举办，但吸引了大批国内外客商，效果令人满意。例如“第一届中国国际五金电器博览会”就吸引了94个国家和地区的19520余名贸易代表和采购商。据统计，今年全年专业展中，展览面积超过7500平方米、展位数在400个以上的有10场，占全年专业展总场数的38%左右。

义乌政府对会展业的高度重视，义乌会展业在“义博会”的带动下，义乌会展业发展出现了良好的态势，各类专业展会与“义博会”形成了相辅相成、互动发展的格局。2005年7月起，国内外展览组织机构只要取得相应的营业执照就可以在义乌申请登记注册办展。义乌2004年已有18家展览服务公司，其中来自上海、杭州、南京、苏州、深圳、香港等地的有10家在义乌举办了不同题材的展览，国内外展览组织机构看好义乌会展市场最重要的因素——展会观众可以得到高效的组织。今年在义乌办展的展览组织机构普遍肯定专业观众的到达率令其满意。

七、结论

“义博会”是在义乌小商品集散地的产业基础上发展起来的，难免受到地域的限制，距国际性的品牌展览尚有很大差距。统计数据表明：本届“义博会”义乌参展企业550家，占参展企业总数的38.06%，拥有展位总数的47.29%；长江三角洲地区参展企业419家，占28.99%。境外报名参展的企业仅占了总展位数的11.76%。（已符合新UFI展会论证标准）区域性特征仍很明显。要提高“义博会”在国际上地位还须有一段很长的路要走。2005年1月，义乌市政府组织了强有力的宣传团队分别利用北京举办的“中国会展合作经济论坛”与在“港澳·浙江周”期间为“义博会”的国际合作进行了大型公关活动，以表示政府对会展业的重视与支持。

现今越来越多的城市与地区政府将发展会展业作为推动区域经济发展的重要举措，积极扶持并大力培育。一个城市要发展会展业，要结合城市实际，找准切入点。政府不能搞一厢情愿的做法，而应根据市场规律，分清会展战略与战术实施的主体；走市场化、专业化、国际化的发展道路；重视会展专业人才的培育与引进；强化展会的服务特式与增值性。这将对城市与地区吸引更多的会展主办主体，更多的专业展览落户带来积极与正面的影响，从而形成百花齐放的会展格局。（本文原发表于《中国会展》2005.9）

义乌会展城市的特色定位与发展战略

纵观中国会展业发展与城市经济发展的关联，有 3 个行政级别不高、展会名声很大的会展城市，给中国会展业的成熟与发展带来深远的影响：海南博鳌、广东东莞、浙江义乌。义乌伴随着连续 10 届小商品博览会的成功举办，其城市的展会品牌已具有较高的国际知名度，义乌的城市知名度和美誉度也因会展的发展而获得大幅度的提升。

一、义乌的会展竞争优势

义乌位于浙江省中部，距省会杭州 120 公里，距上海 300 公里。自 1982 年建立小商品市场以来，经过短短 20 多年的发展，义乌的发展在中国经济史上书写了一个令人惊叹的传奇。作为一个县级市，义乌人从手摇拨浪鼓走街串巷鸡毛换糖，发展到万商云集的国际性小商品集散中心；从一无资源、二无区位优势的农业县，发展到形成袜业、饰品、拉链、服装、玩具、文具、五金等众多的优势产业群，创下一连串块状经济的“全国之最”；从一个普通集镇(建成区面积仅 2.8 平方公里)发展到如今流淌着浓郁国际化气息的现代商贸城市(建成区面积已超过 50 平方公里)；从默默无闻的小城市发展到有国际知名度的会展城市……

1. 市场发展特色优势

义乌是全国最大的小商品集散中心。1995 年，义乌举办了第一个商业博览会。当时政府所制定的商贸辐射目标半径约为 200－300 公里，覆盖面积绝大部分在浙江省内。随着义乌会展业与特色市场的互动发展，义乌已实现了以农贸城、物资、室内用品、文化用品、眼镜等数十个商品市场和 36 条专业街的市场配置的完善。其中小商品市场还先后在乌鲁木齐等 20 多个省市开办了 30 多个分市场，在乌拉圭萨拉利、乌克兰基辅，澳大利亚悉尼、巴基斯坦卡拉奇设立了 5 个分市场。商业群体的自我增长和向外扩张，成就了规模庞大的商品流通网络，也创建了灵活的市场信息处理机制，扩大了产品的辐射范围。

义乌小商品批发市场的现经营面积已达到260万平方米，经营商位5万余个，经营人员20万。市场内汇集了34个行业、1502个大类、32万种商品(联合国公布全球共有50万种商品)。自1991年开始，市场成交额连续14年位居全国各大专业市场榜首。2004年实现商品市场成交额324.9亿元。

2.城市外向度优势

义乌小商品市场和小商品博览会的国际化程度高。市场汇聚了国内外4000余家知名企业的总经销、总代理，美国、日本、澳大利亚、韩国等40余个国家和地区的企业、商人在义乌设立了220余家商务机构、常驻义乌的外商达5000余人。境外企业和客商在义乌银行开户的有6290多家。义乌已成为世界最大的小商品批发基地。

2003年义博会期间，美国、秘鲁、墨西哥、荷兰等24个国家的驻华使领馆都派官员前来参会，法国、西班牙、埃及、日本、韩国等40余个国家的61个境外商务组团，其中有欧尚、乐购、易初莲花、好又多、大润发等10余家跨国零售采购商，都积极前来洽谈采购，为义博会这个国际性展会注入了活力。

3.性价比和物流优势

义乌中国小商品城的优势来自小商品的价廉物美、品种繁多、流通便捷。这里的工艺饰品、玩具、雨具、文体用品、毛毯、衬衫、化妆品、眼镜等行业已占全国30%～50%的市场份额。这些行业的外销量占整个中国小商品城外销量的80%左右，毛纺织行业还成为全国两大毛纺织品基地之一。义乌每天出口的商品达800个标准集装箱。

4.产业集群支撑优势

义乌小商品市场的很多产品都具有很强的产业支撑。如义乌拥有饰品企业2000多家，产销人员10万，占全国饰品总量的65%。出口已达到70%。浪莎、梦娜，这些制袜企业不仅是义乌袜业的巨子、中国袜业的巨子，也是世界袜业的巨子。其它相关产业集群如:饰品、拉链、服装、玩具、文具、五金等众多的优势产业群也在会展发展过程中产生重要的支撑作用。

5.政府与政策支持优势

上有国家商务部、外交部、海关总署、中国贸促会等重要部门的支持，下有省政府、市政府的大力支持。利用市场作用，政府尽量避免对具体展会的直接参与，而且以政策扶持方式，通过对公共资源间接协调的措施给予义乌会展发展提供相关的服务与支持。从而实现对会展活动的管理与监督。充分体现“政府搭台，企业唱戏”的国际会展业市场化运作模式，进一步发挥政府在会展业中的重要引导与服务作用。

6.综合经济实力优势

2004年9月，国家统计局公布了2004年全国百强县(市)名单，义乌继续保持第17位。义乌市统计局公布的数据表明：自1995到2004年，义乌市GDP总量从90.5亿元增至282亿元；人均GDP从14105元增至40000元；集贸市场交易额从187.4亿元增至324.9亿元，自营出口额从1631万美元增至9.88亿美元；2004年，全年累计批准外资项目60个，投资总额2.02亿美元。合同利用外资1.26亿美元，实际利用外资1.22亿美元。实际利用外资同比增长69.44%，首次突破1亿元大关。

义乌小商品集群是以市场交易联系为纽带的企业在一定区域内大量集聚发展，并形成具有持续竞争优势的经济群落，是制造业群体与商业群体的复合体，或者说是以中小企业集群为基础的产销联合体，制造业群体与商业群体之间以市场供求信息为导向形成纵向分工和横向工贸协作关系。在小商品市场龙头作用下，集群不但实现了内部两大群体的良性互动循环，而且对周边区域经济发展产生了带动效应，2004年6月举行的义乌经济论坛资料显示，已有4个地级市、22个县级市将利用义乌优势发展经济写进了当地经济发展规划。义乌从小商品市场起家，逐步形成了自己独特的会展竞争优势。

二、义乌会展业的发展

义乌用20年的时间成功跨越了集贸、批发两类业态，进入以会展为主的新阶段，实现了展览展示与洽谈接单、电子商务的有机结合。当国内市场多数还处于从集贸向批发过渡的阶段，义乌的市场却已上升到全新的会展经济业态。

会展业的发展与成熟使整个义乌的经济外向度有了很大的提高。义乌小商品市场的外向度高达60%以上，义乌城市的外贸依存度由2001年9%上升到2004的31.3%，通过各类会展活动在义乌的举办，义乌小商品出口到世界182个国家和地区，义乌已成为国际性小商品集散中心和外商重要采购基地。一直被视为义乌经济“短腿”的外资引进取得突破性的进展，实到外资从2001年的1000万美元，猛增至2004年的1.22亿美元，从2000年开始，自营出口几乎以每年翻番的速度发展，2004年自营出口高达9.88亿美元。历届义博会的基本情况(详见表1)：

表1　历届义博会的基本情况

届次	举办时间	主办单位	展览面积(m^2)	展位数(个)	参展企业(个)	成交额(亿元)	外贸出口(亿美元)	境外客商(人数)
1	1995.5.18—22	省工商局、市政府	5000	348	179	1.01		16
2	1996.10.8—12	市政府	16000	534	448	2.83		
3	1997.9.12—16	省政府	20000	666	547	8.3		

续表

届次	举办时间	主办单位	展览面积（m²）	展位数（个）	参展企业（个）	成交额（亿元）	外贸出口（亿美元）	境外客商（人数）
4	1998.10.28—11.1	省政府、国家轻工局、内贸局	20000	705	673	28.6		
5	1999.10.8—12	省政府、国家轻工局、内贸局	33000	1100	980	35.2		
6	2000.10.26—30	省政府、中国贸促会、国家轻工局、内贸局	33000	1300	1100	38.6		500
7	2001.10.22—26	省政府、中国贸促会、国家轻工局、内贸局	48500	1405	1026	43.7		1500
8	2002.10.22—26	外经贸部、省政府、中国贸促会、中国轻工业联合会、中国商业联合会	46500	2291	1100	51.0	2.58	5668
9	2003.10.22—26	商务部、省政府、中国贸促会、中国轻工业联合会、中国商业联合会	60000	2336	1510	62.2	4.46	10212
10	2004.10.22—26	同上	70000	3000	1700	74.3	5.63	12312

会展经济赋予了义乌城市新的发展理念与内涵。除一年一届的中国义乌国际小商品博览会（“义博会目前国内规模仅次于广交会、华交会的大型商贸展会”）外，2001 年全年举办各类展览活动 11 个，2002 年举办展览 16 个，2003 年举办展览 14 个。2004 年举办展览 23 个，比 2003 年展览数增加 64%，场地使用面积 18.5 万平方米，与上年同期相比增长 49%。义乌现已形成了若干定期举办的专业品牌展会，如中国义乌国际小商品博览会（简称义博会）、中国义乌（国际）五金电器博览会（简称“五金博览会”）、中国（义乌）玩具及儿童用品博览会（简称“玩博会”）等 20 多个与产业高度关联的专业展会，会展业迅速成了义乌经济的一个新增长点。其中每年十月份在义乌定期举办的“义博会”已位居全国著名的品牌展会之列，先后被中国展览业相关权威机构评为 2002 年中国会展业十大新闻事件之一和 2003 年中国十大新星会展之一。2004 年义乌举办展会 23 个，如表 2 所示。

表 2　义乌 2004 年办展基本情况

序号	展会名称	面积(m²)
1	2004 年义乌汽车展销会	14500
2	2004 年义乌印刷包装设备及器材展销会	5500
3	2004 年中国义乌玩具及儿童用品博览会	5500
4	2004 年中国义乌工艺品、礼品贸易展览会	4500
5	第三届义乌(国际)针织、纺织、制衣工业技术与设备展览会	5500
6	第三届义乌(国际)塑胶工业、机床模具展览会	4500
7	义乌市银企合作洽谈会	2500
8	中国(国际)民用五金电器贸易博览会	16500
9	2004 全国化工商品交易会暨第二届中国化工新产品、新技术展示会	2500
10	2004 义乌针织产品展览会	5500
11	2004 义乌住宅产品博览会	5500
12	2004 义乌汽车试驾展	3000
13	2004 中国(义乌)文体用品贸易博览会	7500
14	2004 中国义乌发电机组及应急照明设备展览会	3000
15	2004 义乌市人才交流会	7500
16	2004 中国(义乌)箱包拉链暨皮革制品展览会	4000
17	义乌国际工业设备暨塑胶工业展览会	4000
18	2004 年义乌秋季汽车展	14500
19	2004 中国(义乌)家具博览会	4000
20	2004 中国义乌国际小商品博览会	70000
21	2004 百姓嘉年华(义乌站)服装展	2000
22	2004 义乌住宅产业博览会	5500
23	2004 年第五届义乌国际袜业、针织及服装工业展览会	7500
合计面积		18500

义乌市举办会展的专业化场馆是中国小商品城会展中心。该中心属中国展览馆协会理事单位。由浙江中国小商品城集团股份有限公司投资 1. 5 亿元建设，占地 6 万平方米，建筑面积 46500 平方米，可设国际标准展位 1500 个。展馆集国际国内展览、会议、智能网络、餐饮设施等多种功能为一体。

中国小商品会展中心系企业投资，以自负盈亏，独立核算的经济运作方式管理与运营。其基本功能为场馆管理与经营，会议与展览的组织。根据 2004 年的统计，该场馆共组织了 23 项展览，使用面积达 18.5 万平方米，经营收入达 2800 余

万，从其投资规模及效益回报而言，是目前全国为数不多能实现盈利的场馆之一。

三、义乌会展城市特色定位与发展战略

1.规划篇

1)发展会展业实现义乌城市发展的重要意义

市场是义乌经济的最大特色和优势。从某种意义上来讲，义乌小商品市场是中国面积最大、展品最多、交易时间最长(常年展示和交易)、人气最旺的展览会。义乌独特的市场优势，实现了展览展示、市场交易和经营效益的有机结合，正在被越来越多的国内外买家、卖家们所青睐。小商品品牌和市场效益，是义乌举办会展的最大优势。此外，除了高度发达的市场体系外，灵活的办会机制和蓬勃发展的民营企业也为义乌举办专业会展提供了重要保障和产业支持。

义乌小商品集群的复合结构既能分享市场横向联结式的灵动性，又能获取企业纵向联结式的组织性，商业群体的市场辐射力和制造业群体的扩张力，使群体先在有限的本地区内挖掘潜力，吸引大范围的信息、资金、技术等要素向本地区聚集，培育集群的核心竞争能力，拉动本地区经济快速增长，而后又以“组织分生”模式(即从母体分解、择地另建分市场)向外扩展，将周围地区的产品、企业与产业纳入集群体系范围，突破行政区划的边界，实现区域经济基于市场的重新整合。

作为一个朝着国际性商贸城市目标全速迈进的新兴城市，会展业已经成为义乌城市新的发展观。以新的发展观，依托市场、服务市场、提升市场，促进城市和小商品市场国际化，是义乌向会展业提出的新的希望和要求，也是义乌会展业发展的出发点和着眼点。义乌会展业的发展对于义乌作为国际性商贸城市建设的拉动效应显著。发展会展业会给义乌带来以下几个方面效益：

2)实现义乌城市品牌的国际化

会展活动的国际化是城市国际化的一个重要标志。会展活动以客商云集、产品荟萃、信息集中的特质来成功塑造城市品牌。通过与来自世界各地的客商交流与互动来实现义乌城市的国际性、开放性与多元性，大大提升义乌城市的知名度和美誉度。

3)推动城市发展要素的完善

会展业的发展要求城市的软硬环境都必须适应配套，从而加快促进城市现代化水平的提高。如以“义博会”的举办为动力，全市有一批重点工程先后建成使用，提升了城市品位；同时，与会展业相关的交通运输、邮电通讯、金融服务、旅游接待、口岸联检、娱乐购物、人员素质培训等软硬件综合环境亦日趋完善，形成会展产业链。

4)带动义乌城市服务水准的提高

会展活动，城市在短时间内要具备集散来自国内外的各地客商的能力，这是对

义乌城市服务环境和服务水平的考验。同时也加快了义乌服务行业与国际接轨的步伐,使得城市载体功能不断扩宽,服务业得到有利提升。义乌城市服务水准的提升与办大型国际会展活动的能力是相互成正比促进与发展,形成良性互动。

5)促进地方产业的升级

国际经验表明,确立一个城市国际区域地位最主要的竞争优势不是地理位置、城市风貌,而是经济实力。制造业要生存和提升国际竞争力,会展业是一支重要的推动力量。大型的专业性会展常常是产品或技术市场占有率及赢利前景的晴雨表。发展会展经济,不仅对开拓国内外新兴市场、促进产业升级具有直接的推动作用。而且,还会强化义乌对周边地区制造业的辐射力和凝聚力,对义乌城市国际化和综合竞争力的提高将起到不可替代的重要作用。

2.定位篇

义乌会展城市的特色定位

作为一个中等城市,义乌的影响力和辐射力都远不及北京、上海、广州、杭州等大中城市,所以义乌会展经济的发展要紧紧围绕小商品市场和特色产业经济的优势,形成特色。

义乌会展业要走国际化、专业化的路子,依托义乌小商品市场集聚辐射优势,坚持自我壮大与多元合作相结合;围绕小商品市场需求经常性地举办各类特色专业展会,推动相关产业快速、健康发展;塑造义乌国际性商贸城市全新的形象与品牌,将义乌打造成市场与会展协同发展的国际化城市。

3.战略篇

义乌发展会展业的战略思考

义乌会展业尽管发展较快,但仍存在不少不容忽视的问题,如缺乏高素质的专业展览人才,缺少与国际的信息交流和沟通,部分展览会的质量还有待提高,会展经济的产业化程度还不高,发展速度与国内会展业发达的城市相比有相当差距等。要加速义乌会展业的发展,在战略层面上,需考虑以下几个重要元素:

1)继续加大政策扶持力度,强化会展管理

在财政、税收、资金投入等方面认真研究发展义乌会展业的鼓励性政策,促进形成义乌会展业做强做大要素。大力鼓励各类会展专业组织按照市场经济原则独立或协作办展,提高义乌会展经济的质量和实力。认真研究制定相关会展地方法规,对会展业的审批程序、运作方式、资质认定、统计评估、市场管理等方面进行法治规范,优化义乌会展环境。

2)不断强化国际会展品牌意识,培育特色专业展会

品牌是会展业发展的灵魂,是实现可持续发展的关键。要增强义乌会展业在国内、国际的竞争力,实施品牌化战略是必由之路。义乌会展业目前处在快速发展的时期,必须在高起点、高档次上下功夫,坚持以质取胜。

3)加大内引外联力度,增强义乌会展城市实力

主动加强与国内的各类会展专业组织及国际展览局、国际展览业联盟和国际知名展览公司的联系和合作,充分利用比较优势,鼓励、吸引更多的境外展览项目来义乌办展。

4)强调高度重视出展工作,帮助企业出境参展

通过“走出去”的战略,在国际知名展会上,以义乌企业的整体形象亮相,以此来提高义乌在世界上的“名声”,同时也拓展义乌城市、市场与会展业在世界的发展空间。

4.战术篇

1)义乌提升会展水平的策略

经济全球化使中国经济与世界经济日益融合,作为连接生产和流通最直接形式的展览业正随着我国经济的快速增长而发展迅猛。对一个城市而言,会展经济的良好发展能直接促进城市基础设施建设,推动地区经济的发展,在提高城市的对外开放水平和国内外知名度等方面也发挥着越来越重要的作用。近年来,义乌会展业的蓬勃发展不仅是对义乌经济建设、城市文明以及城市发展的考验和促进,同时也大大提高了义乌的国际交往和国际贸易的承载能力。会展业在义乌的发展过程足以证明,会展业是一个一举多得的新兴产业,大力发展会展经济应是义乌建设国际性商贸城市的必然选择。

2)以义博会为龙头,打造区域会展知名品牌

一是通过申请UFI认证等手段将义博会打造成具有义乌特色的国际会展品牌。在此基础上,对具备独立办展条件的“义博会”的行业展区加以引导、培育,适时与“义博会”分离,开拓新的品牌展览,实现会展产品创新。

二是要加大会展市场研究,围绕小商品市场重点发展专业展会。有重点、有计划地培育几个有竞争力的会展,使其逐步走向专业化、国际化,从而带动整个会展业的进步。

三是引导企业树立精品意识,提高展会的质量。一方面要注重展会内容,力求吸引行业内的品牌企业、名牌产品参展展示;另一方面要注重展会展品分类,使展区划分更有利于采购商参观采购。

四是增建会展展馆,拓展会展业发展空间。目前,展位难求的现状已对义博会的做大做强构成明显障碍。政府部门可考虑尽早扩建新展馆,并留有进一步发展的余地。

3)加强区域协作,发挥市场集聚辐射优势

可考虑为周边地区会展业发展提供服务,探讨建立区域会展业协作网络和公共信息平台,共享资源,共谋发展。进一步发挥行业协会的网络优势来实现区域间的具体项目协作。

4)创建会展业信息化管理系统

与国际接轨,加快义乌会展业信息化工作的进程,利用网络手段和各传媒系统构建义乌会展业信息平台,及时向国内外发布义乌的市场及会展信息。2003 在线义博会 5 天点击量 101408 人次,其中境外访问量占 50.9%;2004 在线义博会 5 天点击量 203061 人次,其中境外访问量占 50%以上,由此可见网络在展会信息传递中的重要意义。

5)培育会展服务产业链

注重提高展览装修、广告、展位设计等展览配套服务的质量,进一步提升旅游、交通、食宿、通讯、翻译等相关行业的服务质量,服务产业链将确定义乌会展业发展过程中的品质与成熟度,也是义乌会展业国际化进程的重要组成部分。

6)加大会展人才的培养力度,提高展览队伍的专业素质

随着义乌会展业的发展,专业人才的培养已刻不容缓。一方面要充分利用现有的各级教育机构,加强对专业人才的培养或培训;另一方面要建立会展培训制度,通过各种培训,提高从业人员的素质,奠定义乌会展经济国际化、专业化、品牌化发展的人力基础。(本文系浙江省社会科学联合会“浙江会展城市特色定位与发展战略”课题【项目编号 2004B218】研究成果之一,原发表于《中国展览》2005.5)

义博会推动当地商务旅游发展研究

会展业对促进区域经济高效、快速、低成本发展的优点使其本身被普遍看成新型产业形态而受到各地重视和扶持[①]。经营好会展业，以此推动当地经济发展，对于未来城市经营具有重要的战略意义。

相比上海、杭州、宁波、温州等长三角沿海城市，义乌会展与旅游的区位优势都不十分明显。义乌市的自然资源、人文景观相对匮乏，没有传统意义上的旅游资源，缺游少娱现象比较突出。加上义乌旅游业起步较晚，对原有景点景区的宣传和包装相对滞后，虽有深厚的文化底蕴和悠远的历史背景，但一直未能得到深层次挖掘和大规模建设。同时因其总量不大、没有特色、缺少新意而缺乏卖点。

规模一年比一年大、档次一届比一届高的中国义乌国际小商品博览会(简称义博会)，已成为中国小商品的展示中心、信息中心和中外客商捕捉商机的盛会，也成为义乌促进经济发展、提升城市品质的切入口。义乌通过做大、做强、做精义博会，以"义博会为龙头发展当地会展业，以会展业推动商务旅游，以商务旅游促进当地经济"的思路为众多中小城市的发展提供了很好的经验。

一、义博会概况

义博会其前身是中国义乌小商品博览会，创办于1995年，2002年经国务院批准由地区性展会升格为国家级的国际性展会，是国内唯一由国家支持的县级市举办的国际性展会。通过13年的运作，义博会已成为目前国内最具规模、最有影响、最有成效的日用消费品展会，是国内由商务部举办的继广交会、华交会后的第三大展会，先后被评为"2002年度中国会展业十大新闻事件"、"2003年中国十大新星展会"、"2004中国最佳展

① 严德成，从"义博会"看义乌会展业的发展特点及其经济效应[J]. 义乌工商职业技术学院学报，2007(1).

览会”之一。2006 年 1 月“会展中国 2006 高峰论坛”对全国 3000 多个知名展会评选中，义博会获“最具竞争力展会”奖。2007 年 1 月 12 日在上海举行的“第三届中国会展业高峰论坛大会暨中国会展之星”评选中，义博会被评为 2006 年度中国十大最具影响力的品牌展会，同时义乌也被评为“2006 年度中国最具影响力的会展城市”。

通过和国内众多同类展会比较，义博会最显著的特点，同时也是最突出的优势之一，是义博会的国际化水平高。衡量一个展会的国际化水平有一个国际通行的重要指标——境外贸易机会指数，即平均每个标准摊位的境外客商人数。2007 年义博会境外贸易机会指数达到 3.78，是同期广交会的 2/3，在国内众多经贸类展会中遥遥领先。义博会的国际化主要表现在以下三个方面：

1. 参展商、贸易观众的国际性不断提高

自 1995 年初次举办至今，“义博会”境外参展商的比例基本稳定在 10％左右（见表 1）。而境外客商增幅较快，每年增加 10％左右。境外买家的质量也在不断提高，2007 年进口贸易商的比例达到 45.1％（见表 2）。

表 1　2005—2007 年义博会参展商结构分析表

项目 序号	区域	2005 年		2006 年		2007 年	
		境外参展商占比（％）	展位数量（个）	境外参展商占比（％）	展位数量（个）	境外参展商占比（％）	展位数量（个）
1	境外	11.92	331	9.51	372	8.2	363
2	省外	14.01	389	17.42	681	24.8	1085
3	浙江（不含义乌）	26.55	737	28.12	1100	27.6	1208
4	义乌	47.49	1318	44.94	1758	39.4	1725

（数据来源：武雅斌，《提高义博会国际化水平，提升发展义乌会展业》，2008 年 7 月 15 日《义乌商报》）

表 2　2002—2007 年境外贸易观众结构构成比例　　单位：％

	进口商	批发商	代理商	分销商	制造商	零售商	其他
2002	49	18	15	8	3	2	5
2003	39	16	14	9	12	6	4
2004	48	20	12	7	7	4	2
2005	39.85	19.72	14.85	10.31	9.74	4.06	1.46
2006	58	11	8	9	11	3	0
2007	45.1	18.0	10.5	9.0	13.3	4.1	0

（数据来源：武雅斌①，《提高义博会国际化水平，提升发展义乌会展业》，2008 年 7 月 15 日《义乌商报》）

① 武雅斌. 提高义博会国际化水平，提升发展义乌会展业[N]. 义乌商报 2008.7.15

2. 展会组织服务水平逐步与国际接轨

义博会宣传资料的国际化、展馆指示标志、国内外客商报到服务系统、门禁系统，以及全市各部门的相关协作和市民参与程度与意识等，都充分与国际展会的标准接轨。义乌知识产权保护办公室为适应国际性展会的发展需求，不断完善知识产权保护方案，加大了展会现场保护知识产权、打击侵权行为的力度。

3. 会展城市功能更趋国际化

义博会对义乌城市功能完善、市场建设、贸易推动的积极作用日益彰显。通过义博会的连续举办，义乌城市软硬件设施建设得到加强，行政服务水平不断提高。例如，设立了“一站式”服务的客商服务中心，提供咨询、投诉、翻译、预约等服务；新闻中心提供新闻线索、网上在线发稿等服务；专门建立了安全、卫生工作机构，制定了一套保障重大活动和参展商、客商安全的有效预案；“在线义博会”也表现出越来越大的效用。

二、义博会与当地商务旅游和经济的良性互动

1. 以义博会为龙头发展当地会展业

一个非主流会展城市，政府如果能强化政策引导、整合会展资源、规范会展市场、优化会展环境、培育展会品牌、壮大会展企业，将对城市会展业健康可持续发展起到决定性作用。义乌市政府将城市会展业定位为：以义博会为龙头，申办与自办并举，展览与会议并重，鼓励和支持与义乌市场及产业相关联、多门类、强辐射的专业展会，逐步形成“国际化、专业化、市场化、品牌化”的会展业新格局。

义乌会展业正式起步是在 2001 中国小商品会展中心投入使用之后。该展馆总建筑面积 4.65 万平方米，可搭建国际标准展位 1500 个，硬件环境改变后，义博会自 2002 年被升格为由国家商务部参与主办的国际性展会，由此义乌会展业出现质的飞跃，义乌专业展会迅速成长与发展，除义博会外，在义乌定期举办的其他专业展会数量也逐年增加（见表 3）。

表 3　2001—2006 年义乌其他专业展览数　　单位：个

年份	2001	2002	2003	2004	2005	2006
其他展览数量	11	16	14	23	28	40

（数据来源：黄彬，丁萍萍，《义乌会展城市的特色定位与发展战略》，浙江省社会科学联合会“浙江会展城市特色定位与发展战略”课题成果）

在义博会的示范效应与政策引导下，义乌依托市场和产业基础，逐步形成了一批具有全国影响的专业性展会，如中国国际五金电器博览会，中国（义乌）文体用品贸易博览会，中国义乌工艺品、礼品贸易展览会等。这些专业展会已经在义乌举办多届，吸引了大批国内外客商，效果令人满意。例如“2008 第五届中国国际五金电

器博览会”参展企业达632家，来自江苏、福建、广东、上海、浙江等18个省市及中国香港地区的参展企业占82%以上，韩国、德国等国家的境外参展企业11家。

2. 以会展业“反辅”商务旅游

为形成会展与商务旅游的互动，义乌市旅游局详细编制了《义乌市旅游宣传促销工作计划》，根据商务旅游宣传促销主要措施和活动，按月细化分解促销任务和促销经费。市财政每年安排150万元旅游促销专项资金，用于义乌市的商务旅游形象包装、宣传促销及商务旅游奖励，如商务旅游奖励额度有所突破，市财政将及时给予追加；积极实施“真诚引进来，主动走出去”的工作方针，部署宣传促销。充分利用国际、国内各种旅游交易会、促销会、博览会、经贸洽谈活动平台，全方位宣传义乌人文景观、义乌市场、义乌产品、义乌优秀的投资环境和旅行社奖励政策。近年来，义博会先后随浙江省、金华市旅游局或单独对上海、江苏、山东、河南、河北、北京、云南、江西、香港等旅游客源的市场大张旗鼓地进行促销。在此基础上，先后邀请全国各地数十批大型旅行社来义乌踩线考察，接待了来自日、韩、新、马、泰、印尼、俄罗斯等国家的旅行考察商来义乌体验商务旅游，广泛听取意见和建议，与他们共商义乌会展与商务旅游大计。

为使国内外商旅人士与游客更多、更全面地了解义乌，义乌每年都精印精制《义乌商务旅游图》、《小商品海洋，购物者天堂》手册、《商务旅游指南》、《旅行社奖励政策》、大型图册等宣传品数十万份。同时在中央电视台、浙江电视台、浙江日报以及全国各类旅游主要报刊杂志上全方位宣传推介义乌旅游形象。

经过短短几年的努力，会展旅游与商务旅游已成为义乌社会经济发展的一大亮点，每年到义乌来的购物旅游的人数大幅增长，境外游客数量也不断增加(见图1)。

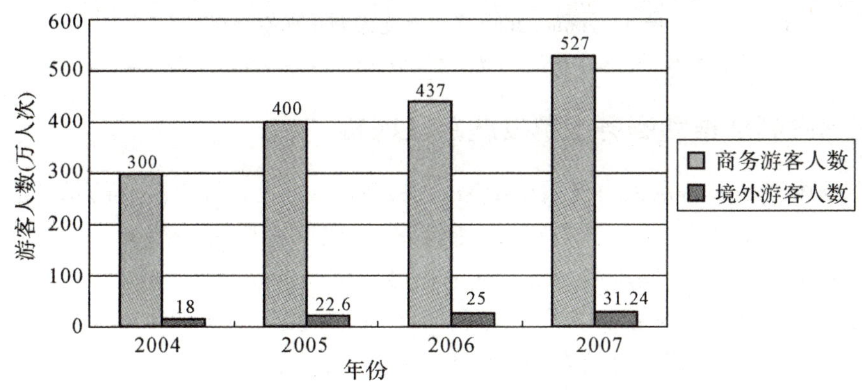

图1　2004—2007年义乌商务旅游人数情况

数据来源：相关年份《义乌市国民经济和社会发展统计公报》

3. 以商务旅游促进经济提升

会展与商务旅游的开发所形成的国际商贸业，推动了义乌整个经济外向度的

提高。一直被视为义乌经济“短腿”的外资引进取得了突破性进展,实际利用外资从 2000 年的 368 万美元,逐年增至 2007 年的 1.375 亿美元(见图 2)。自营出口从 2000 年开始几乎以每年翻番的速度发展,2007 年义乌市自营出口总额达到 16.74 亿美元。2007 年,义乌市场发展呈现了良好态势,市场成交额达 461 亿元,列全国首位,全年出口额达 16.74 亿美元,同比增长 24.87%。相比往年,出口亚洲份额有所下降,出口欧洲和美国的份额有所上升。欧洲已超过亚洲成为义乌第一大出口市场,出口额比重占 31.0 1%。截至 2008 年 5 月,常驻义乌的外商代表机构达到 1657 家,外资企业总数为 588 家,有 100 多个国家和地区的超过 1 万名外商常驻义乌采购。义乌已成为全国外商常驻机构数量最多的县级城市。义乌的产业结构与会展、商务旅游市场环境的硬件设施建设在义博会与义乌会展业快速发展的推动下,不断地整合与提升,很好地实现了义博会与城市会展和商务旅游的良性互动。

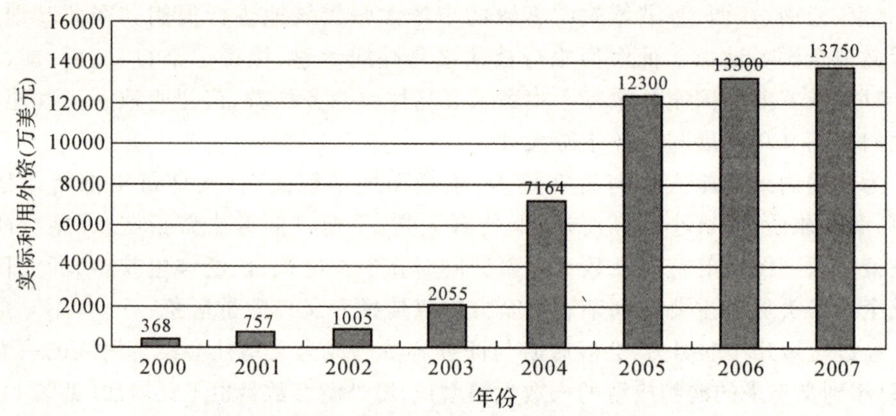

图 2　2000—2007 年义乌实际利用外资状况

数据来源:相关年份《义乌市国民经济和社会发展统计公报》

三、义乌会展业推动商务旅游发展路径探析

商务旅游是义乌市大力发展的战略旅游产品。会展业与旅游业的结合有与生俱来的五个突出特点:客户消费高、停留时间长、团队规模大、盈利性好、行业带动性强。据统计,一个会展旅游的游客在一个城市的消费是普通游客的 3 倍,逗留时间是后者的 2 倍。会展旅游业的平均利润在 20%~25% 之间。义乌发挥展会多的优势,将展会与旅游有机结合,加强会展旅游产品的深层次开发,强化旅游线路的组织设计,使展会成为义乌独具特色的节庆旅游产品。商务旅游有力地提升了义乌市作为会展城市的知名度。

1. 立足实际,确立发展商务旅游思路

义乌拥有全国知名的小商品市场,该市场是义乌的最大特色和优势。目前,该市场营业面积已达 260 万平方米,经营商位 5.8 万个,从业人员 16 万,日货物吞吐

量近万吨。该市场汇集了41个行业1900个大类40万多种商品，日均客流量达20万人次，周末和节假日来义乌购物的上海、杭州等地游客络绎不绝，前来采购、参观、考察的外国客商也纷至沓来。义乌市委、市政府结合这一实际，通过深入细致的调查研究，明确提出依托市场与会展业发展商务旅游。2003年，市委、市政府确立了义乌市旅游业发展的总体目标：按照建设国际性商贸城市的要求，优化整合、合理开发旅游资源，重点发展商务旅游，积极发展商务会展旅游和城市休闲旅游，加快开发一批融参与性、知识性、娱乐性于一体的现代新型综合旅游项目，完善旅游服务体系，推进旅游产业化。到2020年，义乌将建设成为交通发达、功能完善、环境优美、服务一流的国际购物天堂。

2. 完善服务，积极营造舒适的购物环境

(1)加快商务旅游体系建设。围绕"打造全球最大超市，建设国际购物天堂"，不断加快完善商务旅游体系建设，并将商务旅游规划纳入了市场建设总体规划。在义乌国际商贸城和篁园市场专门设立"商务旅游团队接待处"，配备经旅游局专门组织、进行业务培训的服务接待和翻译人员；在市场周边开辟商务旅游车辆免费专停区，更新和增设中英文双语旅游导示牌，扩大市场禁烟区和新建休闲区，尽可能为游客提供舒适的环境。同时，推出商务旅游服务一卡通活动，旅游团可凭卡享受免费停车、翻译、导游等一条龙服务。

2008年8月，义乌市政府与义乌工商学院合作编制《义乌市公共标识英文译法规范》，对城市道路交通、景区景点、商业服务业以及机构、市场用语等英文标识进行统一规范，如"街"以前常译成"street"、"road"，现在统一翻译成"JIE"；"饺子"就译成"Jiao zi"，而不是"dumpling"等等。2008年义博会后，义乌市还将组织相关部门成立课题组，参照北京、上海等城市的做法，结合本地实际，进行专题研究，编制包括"组织机构、职务职称英文译法"、"市场常用语英文译法"、"道路交通标志英文译法"、"商业服务用语英文译法"、"菜单英文译法"等一系列规定在内的"义乌市中英文翻译规范"。从源头上规范外文标志标牌，使其符合国际通用惯例，将有效加快义乌商务旅游体系建设步伐。

(2)转变重批发轻零售观念。2003年3月，义乌市委宣传部、市旅游局、商城集团、市场工商分局联合发出倡议，号召广大市场经营者转变重批发轻零售的做法，立足长远，发展商务旅游中的零售业。有数千家不同行业的经营户积极响应，要求列为购物旅游定点商位，承诺诚实守信、文明经商、礼貌待客、批零经营、确保质量、杜绝伪劣、批零同价。与此同时，还在国际商贸城二期市场建设中专门开辟了营业面积近1万平方米的商务旅游中心，已于2004年10月投入运营。建成后的中心作为商务旅游标志性景点，成为义乌市场的一个缩影，商品囊括现有市场几乎所有的品种。中心引进与国际商务旅游接轨的管理体系，面向中外游客，开展超市式服务。进场经营户一律批零兼营，并实行批零同价。

(3)不断提高旅游接待能力。义乌地理位置优越，陆路交通十分便捷。浙赣铁路贯穿境内，每天停靠义乌客车 56 对，义乌至杭州、上海的动车组只需 52 分钟就到达杭州，到上海也不过 2 小时 18 分。

义乌民航先后开辟了 20 多条航线，可通国内 10 多个大中城市，每天都有到达广州、深圳、厦门的航班，旅客 45%以上来自境外。2007 年 10 月 2 日，义乌开通了直航香港的航线。

目前，城区有各类餐饮店 3000 家左右，高、中、低档宾馆 600 多家，床位 4.5 万多张。二星级以上饭店 30 家，其中四星有 6 家，三星有 8 家；准备上五星的有 2 家，能满足各种规格客人的需求。同时，通过"送出去，请进来"等形式加强与全国知名宾馆交流，提升接待服务水平。导游队伍素质也不断得到提高，导游不仅了解市场分布、商品分类，而且能熟练地介绍义乌经济、文化、风土人情，让游客真正了解义乌。

3. 优化政策，不断加大旅游扶持力度

为加快商务旅游发展步伐，2003 年初，义乌市政府制定了《关于加快发展我市购物旅游的若干意见》。该文件就完善市场服务功能、软硬件配套、鼓励发展商务旅游接待设施、加大促销力度、树立商务旅游品牌、加快风景旅游区建设步伐、加强旅游规划、促进旅游业全面发展等十一个方面做了具体的规定。要求各相关部门强化大旅游意识，从全局和长远利益出发，共同培养壮大义乌旅游产业。根据该文件精神，结合义乌市场这一特殊的旅游景点全开放、无门票、没折扣的特点，出台了《对组织来我市购物旅游的旅行社实行奖励的实施方法(试行)》，2004 年市政府对该文件重新进行了修订，一方面取消了原来奖励政策人数基数，另一方面大大增加了奖励额度。

四、义乌商务旅游发展的若干思考与政策建议

义乌市政府确定旅游业的发展目标是打造国内外知名的旅游目的地城市，重点是做大购物旅游、加强会展旅游、开发休闲旅游、培育文化旅游等四大旅游产品，在最近的政府发展中将提升行业服务、加快项目开发、深化区域合作、加大创建力度、强化宣传促销等五个方面，促进旅游业加快发展。根据义乌市政府的整体发展思路，我们对义乌商务旅游的发展提出以下建议。

1. 强化义博会对商务旅游发展的推动作用

近年来，义博会发展速度较快，规模和效益不断提升，对义乌商务旅游的拉动作用也十分明显，但也存在不少问题，不容忽视。例如，参展商的整体结构不合理、境外参展商比例不足、展览组织机构缺少与国际性展览业的信息交流和合作、展会现场搭建质量有待提高、专业化服务程度不高，缺乏高素质的专业展览人才等。义博会的发展，同广交会、华交会相比还有相当差距。因此，义博会要成为真正意义

上的国际性展览，成为义乌商务旅游的强大引擎，还需下功夫。

一是要进一步明确义博会国际化推广的目标，有步骤地在重点区域同国际展览组织机构、行业协会建立交流与沟通渠道，使国际性招商工作更具针对性；

二是要建立健全义博会创新机制，对展会形式进行创新；

三是完善展览专业化服务，特别是在展馆布局与展位设置方面，要学习国际展览组织机构的成熟做法，统一规范参展企业；

四是培养与引进高素质的会展人才。政府要致力于建立良性的人才培养、引进和使用机制，使人才进得来、留得住、用得上、出得去。一方面可以加强企业、院校与科研单位之间的合作，同时应创造机会，鼓励员工多参加国际交流活动、国际性研讨会与论坛，学习更多的国际化办展理念与经验；

五是重视义博会信息化工程建设，进一步完善在线义博会网站，将展会服务功能集成在网络中，并有效利用网络手段和各传媒系统构建义博会的信息平台，及时向国内外发布义乌城市、市场及各种会展服务信息。

2. 创新商务旅游的营销手段与力度

义乌商务旅游如果仅靠义博会的带动是远远不够的，需进一步加强宣传营销。

一是强化营销策划。精心设计独具特色的义乌城市形象、标志，提炼并叫响“小商品海洋，购物者天堂”、“名人故里，休闲胜地”、“购物旅游天堂，商贸会展中心”等旅游宣传口号；

二是突出宣传重点。要在巩固扩大长三角地区的基础上，宣传重点向全国和全球拓展，力争在美、日、欧等发达国家和地区的旅游市场上实现突破；

三是精心设计宣传载体。在积极参与国内旅游展会、节庆活动宣传的同时，主动出击，加大对客源地现场的宣传；

四是要加强宣传资源整合。全市重大外宣、招商、对外友好、文化交流等活动要与旅游宣传有机结合，统筹安排，增强联合促销的整体效应。市各新闻、网络媒体要将旅游宣传作为重要内容。城市出入口和机场、车站、交通主干线等公共场所，要设置旅游公益广告宣传区，免费发布旅游公益广告；

五是培育政府与会展企业联合营销模式。基于会展商务旅游的特殊性，要努力使旅游部门、会展公司、旅行社、饭店及政府间形成联动优势，引导各企业改变独立的分散促销，建立专业的会展商务旅游促销机构，带动联合行动，如此既能使促销更为全面、深入、科学，又能节约成本，扩大效益①。

3. 丰富旅游产品结构，打造旅游目的地城市

一个区域要成为旅游目的地，不仅要有独特的景区，还要具备完整的游憩构成（2～5 天的游憩内容及游程）。为此，义乌必须依托自身市场繁荣、经济外向度较

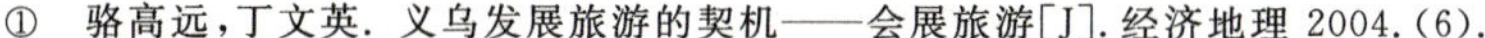

① 骆高远，丁文英. 义乌发展旅游的契机——会展旅游[J]. 经济地理 2004.(6).

高等优势，进一步做大购物旅游，把购物旅游打造成为旅游目的地的特色产品，同时也作为是带动义乌旅游业发展的龙头产品；二是积极拓展旅游领域，开发休闲一日游、多日游项目，加强与周边旅游资源较丰富的地区，如金华、兰溪、东阳、永康、武义等地的合作，共同打造区域性商务旅游环境；[①]三是挖掘传统文化旅游资源，积极培育文化旅游，丰富旅游产品结构，延长游客逗留时间；四是政府需在发展旅游资源与丰富商务旅游内涵方面做文章，为当地旅游经营机构提供政策方面的扶持，提高旅游经营机构的积极性。

4.积极筹办旅博会，加强会展旅游

2001年，义乌成功承办了由国家旅游局与浙江省旅游局主办的“中国义乌(国际)旅游商品交易”。2007年底义乌申办国际旅游商品博览会(旅博会)再次获得国家旅游局、中国旅游协会与浙江省旅游局专家对可行性方案的通过，国家旅游局、中国旅游协会将成为主办单位，浙江省旅游局与义乌市政府作为承办单位，现正处于积极筹办期。义乌要抓住这一机遇，尤其要下大决心把中国国际旅游商品博览会的各项活动筹办好，充分调动与整合各种商务旅游资源，从商务旅游发展的内涵与外延着手，善于创新，将“旅博会”办得有声有色，并通过若干年努力将“旅博会”办成国内最大、国际知名、名品荟萃、万商云集的盛会，办成国际性、综合性的旅游产业界峰会，办成全市最大的旅游节庆活动、最大的购物旅游活动、最大的旅游商品交易活动。(本文原发表于《2009 中国会展经济发展报告》2009.4)

① 汤兆武，提升发展义乌旅游业全力打造旅游目的地城市[N].义乌商报 2008.7.15

义博会国际化道路的再思考

经过市委市政府多年的培育，义博会至今已经成功举办了12届，成为了国内继广交会、华交会之后的第三大经贸类展会，正逐步向国际性展会的行列迈进。应该说，通过学习各大国内、国际展会，义博会的国际化水平得到了很大提高，但要与之同台竞技，还有很长的路要走。当前会展业竞争日益激烈，面对“前有标兵，后有追兵”的形势，我们应正视与国内外国际性展会的差距，认真研究寻找对策，进一步提升义博会的国际化水平。

一、义博会国际化方面目前取得的成绩

1. 参展商、贸易观众的国际性

义博会从举办至今，境外参展商比例呈逐年提高的趋势，目前基本稳定在10%左右。贸易观众来自160多个国家和地区，境外客商增幅较快，今年增加了36.1%，欧美国家客商人数与去年同期相比约增长24%。境外买家的质量也有明显的提高，进口商的比例已达58%，义博会已被国内外参展商与专业观众作为中国最有影响力的三大国际性贸易展之一。

2. 组织服务水平逐步与国际接轨

如宣传资料的国际化、展馆指示标识、国内外客商报到服务系统、门禁系统、全市各部门的相关协作、市民参与程度与意识等，知识产权保护办公室为适应国际性展会的发展需求，不断完善知识产权保护方案，加大了保护知识产权、打击侵权行为的力度。

3. 义博会对义乌城市功能完善、市场建设、会展业发展、贸易推动作用日益明显

特别是今年义博会加强了软硬件设施建设，进一步提高了服务水平。建立了一站式服务的客商服务中心，提供咨询、投诉、翻译、预约等服务。新闻中心提供新闻线索、网上在线发稿等服务。专门建立了安全、卫生工作机构，制定了一系列保障重大活动和参展商、客商安全的预防措施。网

上在线义博会也发挥了实际效用。

二、义博会与国际性展览的距离

义博会近几年发展速度较快，但仍存在不少不容忽视的问题，如参展商的整体结构不太合理、境外参展商严重不足、展览组织机构缺少与国际性展览业的信息交流和沟通、展览会现场搭建的质量还有待提高，专业化服务程度不高、缺乏高素质的专业展览人才等，因此，义博会发展速度与广交会、华交会相比有相当差距。要提高义博会的国际化程度，亟需消除以下制约义博会正常发展的因素：

1. 参展商的整体结构性不合理

2006 年义博会有 3050 家企业报名，共预订展位 5100 个，经审核并安排的参展企业为 2207 家，展位 3911.5 个，而在这些企业中义乌企业与浙江企业的展位数之和达到了 2858 个，占展会总数的 73.06%，而外省与境外企业的展位数分别为 17.42%与 9.51%。

与××年××届 2775 个总展位数相比，××年××届展位的总数增加了 1136.5 个，而在增加的展位数中，义乌占用了 440 个、浙江占用了 363 个，两者之和是今年增加展位数的 71%，境外企业仅增加了 41 个展位，省外企业增加了 292.5 个展位。（详见表 1）

表 1　2005、2006 年义博会参展商结构分析表

序号	区域类别	百分比（展位数）2005 年	百分比（展位数）2006 年
1	境外企业	11.92% (331)	9.51% (372)
2	外省	14.01% (389)	17.42% (681.5)
3	浙江 （不含义乌）	26.55% (737)	28.12% (1100)
4	义乌	47.49% (1318)	44.94% (1758)

以上表格，可以充分反映义博会参展商的结构问题，作为一个国际性展览，根据 UFI（国际展览联盟）的认证标准，境外参展商的比例需达到 20%的标准。因此，义博会要成为真正意义上的国际性展览，还需在吸引国际参展商方面做足功夫。

2. 境外贸易商发达地区比例需再上一个台阶

根据对五届义博会的分析，十二届义博会的观众总体结构呈现出历史上最好的状态，直接进口的贸易商比例占与会境外贸易观众的 59%，而批发商、代理商、

分销商、零售商的比例均有较大程度的下降，这证明了通过多年来的积极推广，义博会已经成长为我国著名的出口贸易展，从境外贸易观众的分析表的数据显示，与会观众的结构以直接进口商为主，说明国际买家普遍认同义博会并看好义博会的贸易推动作用。但从境外贸易观众分布地区构成来看，本届欧美地区的境外观众在人数上比上届多992名，但从整体来看比上届下降了2个百分点，因此，义博会要吸引更多的欧美买家，还需加大在欧美地区义博会的宣传与推广力度。（详见表2）

表2　五届境外贸易观众结构与地区构成比例

届　次	境外贸易观众结构构成比率%						
	进口商	批发商	代理商	分销商	制造商	零售商	其它
第八届	49%	18%	15%	8%	3%	2%	5%
第九届	39%	16%	14%	9%	12%	6%	4%
第十届	48%	20%	12%	7%	7%	4%	2%
第十一届	39.85%	19.72	14.85	10.31%	9.74%	4.06%	1.46%
第十二届	58%	11%	8%	9%	11%	3%	0%

届　次	境外贸易观众分布地区构成比率%					
	亚洲	欧洲	美洲	非洲	大洋洲	其它
第八届	69%	14%	12%	3%	2%	
第九届	66%	13%	14%	5%	2%	
第十届	62%	13%	14%	7%	2%	2%
第十一届	57%	18%	16%	6%	3%	
第十二届	59%	17%	15%	7%	2%	

3.展览现场的贸易硬软环境不理想

现义博会的场馆严重制约了义博会的服务水平与质量，其一，现用的义博会场馆建筑面积为6.5万平方米，而实际使用面积仅为3.6万平方米，可搭标准展位1500个。但本届义博会展位总数达3911.5个，临时搭建的场馆面积5.2万平方米（按国际标准至少需5.79万平方米才能容纳2411.5个展位）。临时场馆也没有相应服务设施配套，这种脑体倒挂的硬件设施客观上造成了义博会贸易环境的不理想；其二，义博会的展览场馆由于周边没有围栅，贸易观众、参展商及其它闲杂人员都直接面对主馆，在展期，交通、治安、展会秩序等状况特别混乱，相比世界著名大展及广交会的井然有序形成强烈反差；其三，义博会开展首日，众多的境外客商抱怨义博会组织机构对现场贸易环境不重视，人流太大，服务滞后，很难在展会现场进行贸易交流与沟通；其四，义博会现场的触摸屏自助式查询设施没有跟上展览规模的需求，查询内容也没有科学合理的设置与安排。总之，义博会现场的软硬件设施与国际性展览所存的差距很大。

国际性展览组织机构对展馆展位面积与展会相关服务设施面积的黄金比是2∶1,即1/3的场馆设施将用作公共服务区域;在展览开放对象方面,对贸易观众具有行业的规范,即贸易展只是对贸易观众开放;在场馆周边总是安排较大的空间作为缓冲区域,以方便展商与观众的出入及交通疏导与治安工作的组织。

4.展览的专业化服务不到位

义博会展览专业化服务亟需提升,如国际性展览的展位,避免采用封闭式展位的搭建方法,而是尽可能采取开放式,但本届义博会很多展位都采用了封闭式的搭建,致使展会现场通道显得特别拥堵,而现代国际展览的展位搭建材料流行的趋势是采用简洁、流畅的技术处理,尤其强调照明技术的运用。在另一方面,国际性展览组织者也会在场馆现场对保洁、餐饮服务、现场休息区与洽谈区等都投入很大的关注,而义博会在现场服务方面不仅在组织上较匆忙,而且专业化服务水平较低,这大大降低了义博会参展商与观众对展览品质的认同,较多的客户投诉也反映了这些情况。

义博会现场服务人员培训时间仓促,服务规程不健全,岗位目标不明确,导致展览现场服务方向性不强。国际性展览组织机构对临时性展览现场服务人员基本是要通过一、二周的系统课程培训,特别是要详细讲解具体岗位服务规程,并通过展览组织机构的培训考核才能按需上岗。相比国际性展会和我国的对外展览如广交会、华交会,义博会的专业服务水平亟待提高,展览场馆的物业管理与服务要研究与学习国际化的行业发展趋势才能满足与提升义博会目标客户的忠诚度与美誉度。

5.义博会国际化推广力度亟待加强

近几年来,义乌市委、市政府不遗余力在世界不同地区与城市进行义博会的国际性宣传与推广,如在俄罗斯、韩国、泰国、港澳等地区,取得良好的效果。但与国内著名展览广交会、华交会相比,在策略与战术的运用方面还存在着明显的不足,主要方面:

1)广交会、华交会、消博会(宁波)的组织机构对国际性推广活动做到:定方案、定人员(人员相对固定,以提高宣传推广实效)、定时间、实时评估;

2)以上三个展会都已确定展览宣传的目标地区,如华交会、消博会的宣传推广以日本、韩国、港澳台地区为主,重点研究这些地区的国际性展览与活动,及时推进,而广交会的宣传则是以欧美地区为主,提高欧美客商的参展比例,巩固“中国第一展”的地位;

3)以上三个展会在国际性推广方面的年经费采取了前期有预算、中期有核算、末期有决算,在市场环境有变化的条件下同意追加经费,使得展览的宣传推广工作有板有眼,经费有保障,推广年经费对合理科学安排推广活动起到积极的效果;

4)以上三个展会组织机构还加强对国际展览组织机构及行业协会的交流与沟通,由于在国际性推广时基本安排与展览事务直接相关的人员参与(领导受限),可

以进行后续与国际机构的跟踪服务。因此，吸引了不少国际展览组织机构及行业协会参与展览，而义博会在这方面还相当薄弱。

6. 在线义博会网站建设与开发需国际化

国际性展览组织机构对展览网站建设视作为展览推广重要的工具与手段，如ISPO(慕尼黑国际体育用品及运动时装贸易博览会)www.ispo.com.cn 就是一例，ISPO 就是利用优秀的网站建设来不断强化其服务功能与展览推广功能，取得良好的推广效果。广交会与华交会也特别重视展览网站的建设与开发。投入大量的人力、物力与财力来改善网络环境，如广交会在今年十月日均访问量达到 160 万人次，而在线义博会在展会期间最高日均访问量为 42 万人次。在线义博会网站内容来看，网站对目标客户的服务后续支持和实时联络功能还处在一个相对较弱的水平。有技术方面的原因，也有人力资源配置不到位的因素。

这几年，无论是国际性的展览组织机构还是国内广交会、华交会、消博会的组织者都充分认识到展览营销的国际化推广与区域覆盖水平，往往取决于先进的网络环境与技术条件。加强网站建设与开发是展览国际化进程的重要组成部分，而网络的核心竞争力就是如何加强对目标客户提供方便、快捷与持续性的专业化服务。如：网上贸易撮合、虚拟网络展览、网络社区环境、商务旅游协助、票务安排、订房服务、通讯业务等。

三、义博会国际化进程的思考

1. 义博会要成为国际性展览，首先要争取通过 UFI 认证

一个展览要获得国际性的影响力，成为国际品牌展，其前提就是通过专业国际组织的展会认证。国际上比较熟知的会展认证就是 UFI。它源自欧洲，成长于欧洲，有很强的西方色彩，但它是目前最简单适用的认证标准。UFI 最大的特点就是简单，UFI 要求：作为国际性展会至少已连续举办 3 次以上，至少要有 2 万平方米的展出面积，20%的国外参展商，4%的海外观众，义博会除境外参展商比例不够理想，其它基本符合 UFI 标准。

UFI 会员每年举办 4000 多个国际、国内及地区性展览会或贸易博览会，总展出面积超过 5000 万平方米，参加这些展会的参展商超过 100 万，观众人数超过 1.5 亿。当前 UFI 成员所拥有的展览中心可供出租的展览面积高达 1200 万平方米以上。经 UFI 认可的展会是高品质贸易展览会的标志。展览会举办公司只有在其举办的展会至少有一个被 UFI 认可后才有可能被接受为正式会员。一个展会要想获得其认证，其服务、质量、知名度皆要求达到一定的标准。UFI 对申请加入的展览会的规模、办展历史、国外参展商的比例、国外观众的比例等都有极严格的要求。正因为如此，它才能在世界范围内有如此大的号召力。义博会申请加入 UFI 的积极意义在于：

1)我国目前尚未建立统一的展会评估标准或有第三方机构来为展览做认证和监督方面的工作,而UFI已经通过几十年的磨砺在国际上取得了一定的影响力和权威性,是国际展览业认可和信服的代名词,近年来,我国会展产业发展迅猛,展会数量激增,再加上各地的管理不同,使得同类展会撞车现象屡见不鲜。在令人眼花缭乱的众多展会中,参展商和观众会如何选择?当然优先选择高质量的品牌展会,而UFI标志就是全球范围内高质量国际展会的通用标签,能在较短时间内为更多人所知。也是影响参展商与贸易观众参与展会的重要标识。

2)义博会加入UFI可以提升展会档次,扩大展会影响。一个展会获得UFI认证,就如同一个产品的品牌成为国际驰名商标,对展会的市场推广十分有利。由于UFI的权威性不容置疑,凡被UFI认可的展会,即意味着该展会将按照预先制订的标准举办,能提供具有国际水准的设施和服务。在义乌,UFI目前仅认证由香港雅式公司主办的“义乌国际袜子针织及服装工业展览会”(该展会的境外参展商达到50%以上),才举办两届的深圳“中国(深圳)国际文化产业博览交易会”以其“国际化、专业化、市场化、规范化、精品化”的办展特色迅速跻身UFI认证展会,被UFI认证政府型主导型的展会还有“中国投资贸易洽谈会”(中国厦门)“中国国际高新技术成果交易会”(中国深圳)等。

3)义博会加入UFI,可以强化其在国际展览业中的影响。在UFI这个“国际俱乐部”里的成员“档次”都比较高。能够促进与加强国际交流,提高办展水平。义博会要想成为国际性的重要展会,就有必要充分利用这一有效的平台,在积极向世界推广义博会的同时进一步与国际同行交流经验和学习先进会展管理理念。

4)近年来,UFI举办的活动越来越多,除每年的年会外,还有分大洲的区域性活动,以及在不同国家举办的有针对性的各种培训和交流活动。成为UFI成员后,可参加UFI举办的各项活动,不仅可以让义乌会展业的从业与管理人员参与这些活动,加强对外交流,增加学习机会。也可以提高义乌及中国展览业在世界上的地位和影响。

义博会在申请UFI认证的过程中,对义博会的形象设计、品质管理、服务理念等要素需进行创新与提高,结合义博会自身特式来完善UFI认证标准的综合指数。只要努力做好义博会的UFI申报工作,对义博会高品质的国际化、专业化将会起到积极的推动作用。UFI展会认证2004年前,有更严格的措施与规范,要求很高,由于近几年中国会展业发展十分迅猛,UFI组织对展会认证标准作了更符合各国实际的修改,我国会展业UFI会员数已成为世界第一,因此UFI认证实际上也成为了中国名牌或者说品牌展会的重要标志,对中国会展业起了一个非常重要的、积极的推动作用。义博会UFI申请需提交以下材料:

1)必须获得展览会所在国家有关部门的认可,认可其为国际展会;

2)直接或间接外国参展商数量不少于总数量的20%;

3)直接或间接外国参展商的展出净面积比例不少于总展出净面积的20%;

4)外国观众数量不少于总观众数量的4%;

5)展会主办者必须可以提供专业的软硬件服务,展场必须是适当的永久性设施,在具体接待服务方面,向参展商、观众,尤其是外国观众提供接待、协助以及商旅服务;

6)所有相关申请表格、广告材料及目录必须使用尽可能广泛的外文,包括英语、法语、德语等;

7)在展会举行期间不允许进行任何非商业性活动,但与展会主题内容一致的科学类技术类或者教育类研讨会可以允许举办;

8)参展商必须是生产商、独家代理商或者批发商,其他类的商人不允许参展;

9)严格禁止现场销售展品或者现场买卖;

10)展会定期举办,展期不超过两周;

11)申请认可时展会最少定期举办过三届。

UFI将特别审核申请认证展会近三届的相关数据,以考察该展会的连续经营成果,但同时也会根据实际情况个案处理。

2.强化义博会的国际性招展、招商力度

"义博会"的国际化推广需有明确的目标定位,如区域性,是欧美还是亚洲,或其它地区,以便组织目标国际展商与观众参会,从义乌的市场目前贸易成交情况分析,亚洲与欧美比较合适义乌市场与义博会在未来几年的发展。

1)加强国际交流与合作,积极建立国际会展网络与合作渠道,广交会现每年派出招展招商小组有8组,华交会与消博会都以日本与韩国作为重要推介区域,每年均有固定人员进行相关的推广工作。另据有关资料表明,在同一会展城市区的宁波、台州、温州乃至永康近期对当地会展项目的国际推广活动也相当频繁。这些城市的会展宣传推广主要集中在世界会展强国美国、德国、日本、新加坡来进行。不仅旨在建立国际公关渠道,而且更多地进行主题性的国际项目合作推广,如永康就加强与德国科隆间的联系。要使义博会真正具有国际性,必须实现与国际间的广泛交流与合作。

2)制定为期三年的国际推广时间计划方案,根据每年对国际性大型贸易展、重要地区、国际展商与贸易观众的参与情况,策划具体的参展与招商方案,循序渐进地加强对这些地区的宣传与推广力度,加强对当地的华人组织的联络,逐步部署与编织国际性的代理招展、招商的网络,使国际性招展招商工作具有实效。

3)应组建专业性的义博会推广小组(成员相对固定,具有专业招展招商经验的人员),经常派员参加国际性的消费品类品牌展会,如:"德国法兰克福国际消费品博览会"、"美国拉斯维加斯国际日用消费品及礼品展览会"等展会,既可现场学习国际展会的承办经验、也可进行义博会的相关推介活动,参与国际性展览是加快义

博会国际化进程的重要举措。

4)每年拟定的具体推广方案中,以参展国际展览为例(国际著名贸易展览上获得展位的方法),应核定推广费用,落实专业人员,事后能直接跟踪与落实,有步骤地在国际展会上与国际展览组织机构、行业协会建立交流与沟通渠道,向国际目标参展商与买家发放义乌城市、义乌市场及义博会的材料,以获得全面推广义乌的效果,政府给予此类推广活动在财政方面的经费支持。

5)欧美国家在发展会展经济过程中相继出现很多专业化很强的国际组展公司,他们有很好的展商与贸易商资源且有行业协会的支持,他们愿意与中国相关的专业展览公司合作,合作进行双向性展会的招展招商,义博会一旦与他们建立长期的战略伙伴关系,对提升义博会的国际化水平无疑将会起到积极的作用,也会促进当场会展业的提升与发展。

6)继续加强国内著名展览上的推广与宣传,如广交会、华交会、昆交会、南博会、98 贸洽会等相关专业性展览,参与国内国际性展览,应在展览所在城市公众较为集聚的区域做好有关宣传,如多语言版本的宣传资料、机场国际到达厅与地铁交通的广告、权威出版物及展览会刊上的广告及软性文章及人员推广。

7)展览公司可以通过带领义乌优秀企业进行国际参展的方法来宣传义乌城市品牌与义博会形象,在这方面,宁波与台州做得非常出色,宁波在政府推动型重要展览如广交会、华交会均以独立组团的形式参与(宁波作为计划单列市所享有的待遇),但在国际型展览上,宁波与台州均以城市的形象出现,当地经贸机构与组展公司与展览主办单位进行合作时,都会主动提出在展馆设立以城市命名的区域,对城市整体形象无疑作了很好推广,义乌企业在国际参展方面也应提高这一整体意识,促进义乌城市品牌的提升。

8)应明确义博会目标客户的区域定位,如在国际参展商组织方面应考虑以亚洲为主(欧美国家轻工制造业目前较为薄弱,亚洲地区轻工产品制造业较为发达),国际买家组织过程应尽量考虑吸引更多的欧美客户(近几年欧美客户在我国的一般贸易额大幅增长)。

3. 义博会需创新形式与机制

从本届义博会的统计数据分析,义博会要提升国际化水平,不仅要关注参展商与贸易观众的比例构成,同时还得前瞻性地规划义博会的持续性发展方向,为发展留有更大的空间。国际展览组织经验,展会做大后需及时根据展会的发展趋势,为展会的形式进行创新,如 2006 年广交会宣布下届广交会将改为“中国进出口商品交易会”、华交会也成为“中国华东进出口商品交易会”,而香港贸易发展局所主办的有关礼品、工艺品及家居用品的专业性展览在前几年根据展商与贸易观众的变化而适时进行了分离,为展览的持续发展奠定了良好的基础。香港建发国际控股有限公司(Kenfair)更是将其品牌展览“亚洲博览会”(Asia Expo)输入美国、中国、英国、波兰等国，同时也将其强项“香港国际玩具礼品展/亚洲礼品、家居用品展”(Mega Show)分为一期与二期，为其品牌展会的持续性发展铺就道路。

义博会一直以来深受当地政府的重视，它的召开被视作全市人民的节日，所以展会现场热闹非凡，虽然从十一届开始义博会已经实施“贸易日”与“公众日”的制度，但从具体实施情况来看还是不能满足境外客商对展览贸易环境的要求，政府与义乌展览机构花了巨大的人力与财力组织来的境外客商，对展览贸易环境的不适应严重影响了对义博会的参展信心，这些境外观众有国际参展经验，当他们将义博会与国际性展会的贸易环境作比较时就会发现差距所在，影响其对义博会的忠诚度，因此是否可以考虑今后义博会将“贸易日”改为“国际贸易日”，将“公众日”改为“国内贸易日”，重点保证来义博会参展的境外客商的贸易环境与服务不打折。从而建立他们对义博会服务的满意度。

4. 创新展览专业化服务

展览场馆的管理机构要不断创新展览专业化服务的理念与思路，特别是在展馆布局与展位设置方面要学习国际性展览组织机构的做法。譬如，国际展览组织机构对展会的特装参展商的资质是有较高的要求并对他们的展位设计提出行业展会的规范标准。往往会从展览会的整体环境与先进性出发，将展会的整体性处于一个平衡发展水平。

国际性展览的完善配套服务体系是义乌场馆服务提供方所需认真研究与学习的，它是义博会快步发展的重要保障，现场保洁、餐饮服务、现场休息区与洽谈区等都需花费较大的精力积极改善现有条件，与服务外包企业的项目服务应严格按照展览行业的服务规范来进行，对服务外包企业应进行展后的服务测评工作，凡不符合义博会办展要求的企业，今后就不再有资格进场服务。

德国会展业十分发达，展览专业化服务是通过对专业化服务提供商进行招标来确定，一般招标中标者为二家，每届展会进行轮值，招标前，展览组织机构对服务要点在标书上充分体现，并要求服务提供商在应标时对他们提供的服务品种进行服务规程的描述，展览组织机构在展览现场会委托调查公司对服务品质向参展商与观众进行问卷调查，展会结束后将这些调查结果与抽查结果进行充分的评估，从而来决定是否继续履行下届的服务合同，德国纽伦堡国际展览公司的所有展览服务都采取了分包的方式，取得了业界很好的效果，第一可以节省费用，第二可实施检查与评估，第三可以使服务更专业化，义博会也可以对这种方式进行尝试，如特装企业、餐饮服务、广告服务等。

展会期间的临时服务人员的培训工作需有充足的时间安排，而且培训机构应将服务的规范与要求编制成相应的服务手册，便于服务人员掌握，培训后的人员应进行相关的考核，符合条件的才能进入指定岗位从事相关的服务。尤其是对重要岗位，如：旅游、交通、食宿、通讯、翻译等相关行业都需进行专业化的测评，来提高

义博会产业链的整体水平。

5. 义博会展览专业人才的培训

目前义乌中国小商品城展览公司对从业人员的就业培训工作做得比较好，所有中层干部均参加了“美国注册展览经理（CEM Certificate in Exhibition Management）”，部分人员还参加了德国瑞文斯堡会展课程的特训，并取得相关国际证书，现有8名工作人员已成为美国国际展览与项目协会的成员（IAEE）。为义博会推进国际化进程作了人力资源的储备。但在义博组织工作中的其它环节与部门，人才培训还处于比较滞后的状态，尤其表现在展览现场服务，展览工程、宣传策划、后勤安排等服务方面。

6. 提升义博会的软件水平，重视会展人才的开发与利用

通过对国际会展业的考察，义博会发展与提高的重中之重是需积极地开发与培训会展专业人才，改善管理者与主要业务骨干会展国际化的管理理念，为此，要加大走出去、请进来的力度，走出去即参加国外短期业务培训，参加国外主要大型展会，请进来即请国际专业人士来义办班或现场交流，多多地听取境外客商对义博会不足之处的反映与意见。

1）建立专业的会展研究机构，提升义博会国际水平

国际会展发展经验表明，国际性的展览公司或场馆十分重视邀请或组建专业会展研究机构对当地的会展项目与发展状况进行经常性的学术调研与评估，如对展览主题开发、客户资源调研与利用、数据统计分析、展览效果评估都有一整套的系统方案，为成功办展提供了非常严谨且科学的决策依据。这也是中国展览主办单位与世界顶级会展强国展览机构的本质差距所在。要提升义博会，接轨国际，必须下决心组建这样的研究机构，固定人员与常设机构。这会大大地提高义博会的服务品质，提高决策的科学性，也能使义博会在未来逐步与国际同步，成为被 UFI 论证的展会。

2）灵活与多样化的展览专业人才的培训

展览专业人才的培训可以通过“走出去，请进来”的方法解决，加强企校与科研单位的合作，利用每年展会休整期对展览专业服务人员进行集中培训，聘请高校的专业教员（在浙江，有三所高校均设立会展专业：浙江大学城市学院、浙江树人大学、浙江经贸职业技术学院）来义乌进行有关展览管理与服务的专业培训，同时也要鼓励在职工作人员参加会展行业的专业资质认证的学习。（如浙江省人事厅长江三角洲地区会展师资质认证课程）

3）参加国内外大型的行业交流活动

参加国际交流活动、国际性研讨会与论坛（如××年一月在上海举行的“中国会展经济国际合作论坛”、“展中展”、UFI、IAEM 等国际会展组织的专业论坛与课程）是义博会人才培养的另一条有效途径，英语基础较好，熟悉国际性展会组织实

务的专门人员应鼓励多多参与相关活动，学习更多的国际化办展理念与经验，建立良好的公共关系，在学习与交流的同时能有效地编织义博会国际化推广的网络。

7. 义博会信息化工程

2003 年，在线义博会 5 天点击量 101408 人次，其中境外访问量占 50.9%；2004 在线义博会 5 天点击量 203061 人次，而最新访问著名的世界网站排名查询 www. alexa. com 获得本届义博会期间的日均点击率飙升为 42 万人次，短短 25 天在线义博会的预登记的境外观众达 2870 人次，创造了历史新高，这不仅说明了在线义博会网站在义博会国际化推广与展会服务信息传递中的重要作用，也反映了近年来在线义博会网站建设所取得的骄人成绩。义博会要接轨国际性展览，信息化工程还需有更大的提高。

1)通常国际性参展商和贸易商与各会展中心及展览组织间的交流，均是以通过网站的直接连线访问来获取相关资料，德国作为会展大国，他们对网络工程建设是非常严谨的，特别是德国的品牌展会很大程度受益与先进的网络环境，德国的国际参展商与贸易观众的比率介于 30%与 80%间(也就是说 30%的参展商，80%的专业观众是通过网络访问来决定是否参加这个展览)，而其中目标客户(参展商与贸易观众)60%的工作是通过网络来实现的，如网络展位申请、展具租赁、在线预登记、客户服务(酒店、机票、旅游预订等)都在线完成，因此大大提高了组展的效率。相比之下，义博会的网站有同“闭门造车”，不能接轨国际。要使义博会真正实现质的飞跃，网络建设需严格按照国际品牌展会的网络建设来规划和运作。近期可以采取先摹仿后创新的思路来实现，网站的基本模块设置可参考国际会展网站并结合义博会及义乌的实际来进行，在技术方面可与国内知名网站的合作，提高网络技术的先进性和利用效率，组委会也可承担部分建设费用。

2)义博会要与国际性展会接轨，义博会的信息化工程与在线义博会网站建设的重点是要将展会服务功能集成在网络中，并有效利用网络手段和各传媒系统构建义博会的信息平台，及时向国内外发布义乌城市、市场及各种会展服务信息。特别是对于参展商与境外贸易商提供网上的实时服务，譬如，义博会咨询、市场贸易信息、网上 B2B、B2C 以及贸易撮合等等。在展览招展与招商过程中要充分利用信息化的管理手段，如数据库、CRM 系统(客户关系管理)、展前、展中、展后的网络宣传、客商服务支持等。

3)国际性展览会对展商的增值服务是以提供境外观众在展会现场的活动频率、时间、感兴趣产品、买家性质等参展商所期望获得的数据分析报告，这要求我们在现场数字化管理增大投入，如参展证件的识别介质、门禁系统的技术配置、分析软件的功能性等。义博会要获得 UFI 认证，UFI 组织也将要求展览组织机构提供相关的材料。(本文是作者在义乌工作期间的内部交流报告，系首次发表)

[会展与城市——义博会研究 3－5]

信息化:打造义博会推广强势

第十届“义博会”10 月 26 日落下帷幕。本届“义博会”到会客商 82667 人,比上届增长 17%;其中境外客商 12312 人,比上届增长 20.6%,分别来自 142 个国家和地区,国别比上届增加 16 个;欧美等发达国家客商占 50%以上。特别值得一提的是境外到访人数中高达 38.6%是多次参加“义博会”的常客,新增境外客商达到 60%以上。

“义博会”招商组织工作能取得如此佳绩,一个重要因素就是充分利用现代信息技术,积极推行展会组织中各个环节的信息化建设,形成战略与战术上的无缝连接。在战略上,以信息与网络技术为展贸双方提供全面的增值服务;在战术上,在内部建设 OA 工作流体系,全面导入 CRM(展会客户管理系统),为展贸双方提供多层面的增值服务;同时,持续参与国内外的重大展会,建立与国内外著名网站的战略联盟,通过这些手段实施对国内外专业观众与买家的组织。实践证明:“义博会”的信息化建设提高了企业持续参展的积极性,形成了展商与买家间的良性互动,为“义博会”带来了积极的展会效益与持续发展的前景。

表 1　传统展览与现代展览管理要素要

管理要素	传统展览	现代展览
展览管理重点	展览周期、物业管理	市场份额、客户关系
展览经营性质	静态(计划)	动态(市场反应快)
展览合作环境	实体(分工合作)	虚体(战略联盟)
客户关系维系	要求展商与观众忠诚	竭力挽留展商与观众
展览资源财富	规模＋人才	信息＋创新
信息传递流程	从上而下的传递贯彻	平行的相互传递反应
展览传媒方式	电视、报刊、邮件	网络环境与实时互动
展览展示方式	物以类聚(产品集合)	人以群分(个性化)

“义博会”连续举办已有十届，前七届的招展与招商的组织工作均以传统展览方式进行，自 2002 年升格为由商务部主办的国际性展会后，就针对传统展会与现代展会的管理要素进行了全面的评估与重新认识。经过评估发现，传统展览与现代展览在管理要素方面有以下几个方面的特征：

以上对比发现，Rapidity，Relationships，Results（快捷、关联和效果）是现代展览的主要特征。因此，充分利用信息技术，强化展会组织过程中的信息化建设来实现“义博会”的市场营销和对外交流，是转变参展商与贸易商认知过程中信息不对称的重要途径，也是“义博会”接轨国际会展业的战略选择。

“义博会”自 2001 年开始就在招展与招商的环节中充分采用信息与网络技术，逐步造就了“义博会”以知识经济、信息、网络经济为主要内容的国际会展发展的理念与智能体系，在信息化设施的战术切入点上，“义博会”充分利用信息与网络技术进行国际买家招商。全面导入 CRM；打造具有很强增值服务功能的“在线义博会”网站（www. chinafairs. org）；利用高频度参加国内外各类展览集散相关信息。通过三年的运作 “义博会”一系列针对目标市场的推广与互动，证明是有效的并逐步成就了“义博会”以信息化为核心内容招商强势。

一、“义博会”展会信息化的重要内容是导入 CRM

会展行业作为服务性行业，与国内外客户保持接触，具有经常性的特征。要提升客户满意度从而获得竞争优势的确非常困难，因为这不仅取决于展会组织者所属企业全体员工的工作热情与方法；同时还涉及企业内部部门间及提供客户服务相关部门和人员的协调能力。因此，“义博会”提出重视客户理念要成为实际行动而不是一种口号，在展会组织的过程中不仅要关注提高客户到会率这个目标，而且充分重视专业观众及境外买家的有效组织带给展览会成长的重要意义。

“义博会”自 2002 年就着手建立与展会相适应的客户关系管理（CRM）系统。“义博会”在追求规模化增长时，首先面对的就是管理能力的瓶颈。在“义博会”所实施的管理链中，客户管理是至关重要的一环。“义博会”将客户管理理念融入了展贸组织工作的实践，以现代化的信息管理手段来控制展会在客户关系方面操作的成本，逐步发现展贸双方对“义博会”发展的价值属性。“义博会”采用的 CRM 策略是根据不同企业自身资源与客户价值对市场进行细分，并针对每个细分市场的特点制订相应服务策略，形成清晰和有价值的客户数据以减少沟通及展会推广期间的资源浪费。在“义博会”招商组织的实践中，CRM 真正表现其很强的前瞻性、专业性与服务性。

在展览会筹备的同时，“义博会”客户资料搜集和专业观众邀请工作同步展开，从义乌出口生产型企业、进出口公司、市场商家、行业协会开始收集相关国、内外专业观众与买家的信息资料，且是“义博会”最具针对性的目标观众，将这些信息通过

CRM系统管理，及时了解客户的信息，跟踪服务，从而提高专业观众对展会的忠诚度。只有让客户对这种服务产生依赖性，其重复参展的可能性就会增大。本届展会，贸易观众的回头客比例达到38.6%就是明证。同时，“义博会”也应利用政府机构与专业部门的关系及业务渠道建立展会专业观众的网络体系。

CRM在“义博会”中如何实现呢？简言之，四步法：

第一步：实施以客户为中心的推广策略；

第二步：对外重新设计展会推广方面的功能性活动；

第三步：对内重新设计内部工作流程；

第四步：选择适当的软件。

通过四步走战术，“义博会”导入CRM后在使用过程中充分体现出市场、销售、服务和管理的优势。

二、建立以提供展会支撑为服务内容的网站

随着参展商与专业观众对“义博会”提供的增值服务要求逐年提高，“义博会”的招展与招商工作不仅要求优质，而且还要求快捷方便。如“义博会”需完善网上招展、招商、旅行及住宿预定，通过电子邮件及时回复客户资讯，网络传输客户需要的有关展览会的各种资料（展馆展位平面图、展览日程安排、展览会服务手册）等等。因此，“义博会”专门设立了“在线义博会”网站。该网站的价值不仅在于实现与客户的双方沟通，建立相互依存关系，而更主要的是通过网站为客户提供相关的增值服务，以达到提升客户的价值，建立客户对“义博会”的忠诚度。

“在线义博会”首先是要求做成会展专业网站，有步骤地培训专业人才，形成专业团队。网站建设力求模块清晰，服务功能强大，在迅速传递“义博会”相关信息的同时，旨在为展贸双方实现更多的服务功能。后台商品数据库直接反映了展商产品的数据信息，同时，也为展商与贸易商提供更多的会员服务与贸易增值服务，如：在线展位登记、在线访客登记、在线贸易洽谈，网上订房、票务服务、贸易撮和等方式。

本届海外贸易观众网上登记数达7000多人，是实际到访人数的60%强，网上订房是境外客商参会的76%。其次，网站采取的会员制使商务增值服务优势凸现，会员对会员制产生商务依存度增加，会员服务，如咨询、中介、买家代理业务开始形成，开成“义博会”与展贸双方良性互动的良好局面。（本文原发表于《中国会展》2004.10）

[展会管理与应用 4－1]

我国展览营销发展方向

在我国，展览营销的应用研究尚处初始化阶段，这不仅仅是由于目前我国展览中的半数以上展会是由政府主导型、行业协会或垄断型企业组织的，且展览营销理论的研究尚处在针对计划经济时代的展览组织规律，总体而言展览营销理论研究还处在转型的探讨中，本文试推出一些观点与建议，抛砖引玉，与业界共同探讨我国展览营销的发展方向。

一、世界展览业营销状况

在展览市场总量一定的前提下，展览组织机构的营销努力与展览市场占有率呈正比。国际著名的展览项目能在我国实现展览市场开拓、品牌塑造及扩张等方面超常规的发展，与其积极的营销努力是分不开的。国际知名展览组织机构与展览品牌项目的营销方式可谓精彩纷呈，不仅稳步地占领固有的国内展览市场，并迅速地将营销触角延伸到国际展览市场，如德国、美国、日本等发达国家的展览组织机构都积极利用各种营销方式在全球推广自创品牌展览，吸引海外企业参展。在我国进入 WTO 组织，贸易服务业全面开放，我国展览业已经切身地感受到国际展览机构对中国展览市场的挤压，概括国际展览组织机构在展览营销过程中采取的战略有以下几种：(如图 1 所示)

1. 扩张战略

国际展览组织机构通过全球性扩张，来强化其展览营销的整体攻势。国际知名展览组织机构或品牌展览进入特定区域的展览市场前都经过缜密规划，扩张行动往往会伴随当地媒体的广泛关注，从而达到颇有影响的宣传效果。例如，2001 年德国的汉诺威、杜塞尔多夫、慕尼黑等三家展览公司合资在上海参与兴建展览场馆，上海新国际展览中心的建成在全球范围内引起了极大关注，一时间各个国家尤其是中国的各大新闻媒体对此事进行了积极的报道，使得无数的参展商包括大批中小企业都知道了世界上有这三家品牌展览公司。

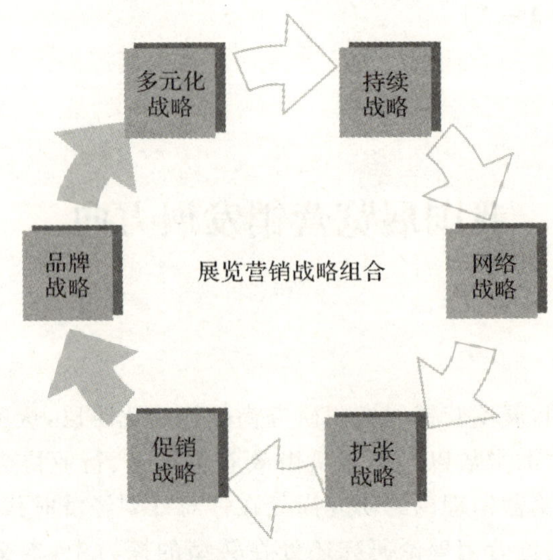

图 1　展览营销战略

法国第一大展览公司和世界第四大私营展览公司——爱博展览集团，该公司每年举办 60 多个国际性展览，参展商达 17000 家，参观者超过 150 万。该集团一直致力于完善海外展览市场的扩张战略，自加入法国国际专业展促进会(PROMOSALONS)后，在美国、英国、西班牙、意大利、比利时、荷兰、新加坡和中国等国家几乎同时开设了数 10 个独家代理公司，并在世界 50 多个国家设有代表处。强大的促销网络大幅度提高了参展商和参观者的数量和质量，成功实现展览市场的扩张战略。

2. 促销战略

国际绝大多数知名展览，如德国汉诺威展览公司的亚洲国际信息及通信技术展览会 CeBIT Asia、意大利的 MAC(米兰马契夫礼品博览会 MACEF PRIMAVERA)、法国的 AERONAUTIQUE(巴黎航空航天展)等，都不断加强在展览组织活动中的海外促销活动，由展览与行业专家组团赴海外招展，利用目标市场的当地媒体刊登广告、召开新闻发布会、公益性赞助等方式进行展览品牌的推广与展览营销，吸引和组织了众多海外参展商参展，同时也将本国企业带到国外参展。例如，德国展览组织机构纷纷在世界不同国家与地区设立代表机构，政府也积极支持海外展览市场的开拓，形成良性互动。通过对目标市场与本国参展商提供系列与便捷的信息咨询服务以较低成本达到展览公关策划和营销推广的目的，加强国际营销网络的建设，加快了展览国际化的进程。

3. 持续战略

国外的大多数展览公司在策划某一主题的展览会时，将制定一个长远的规划。为了树立展览会的品牌，组织者会长期在世界各地开展宣传活动，以期在最大范围内吸引参展商和专业观众。对于参展潜力较大的国家或地区，公司往往会专门派代表前去，通过新闻发布会或客户联谊会等活动推介相关展览，并为感兴趣者提供详细的咨询服务。即使有些展览会十分畅销甚至展位已经售完，组织者也会继续做宣传，不断强化品牌。

另外，国外展览公司开展营销活动的持续性也体现在对单个展览会的推广上。首先，各种推广活动将一直贯穿展览会的全过程。例如，德国的展览组织者在开展半年前就开始在各种媒体上宣传造势，以尽可能在深度和广度上吸引更多的参展商和贸易观众，这种努力在接下来的展览过程中会表现得淋漓尽致。其次，每届展览会的宣传推广也是连续的，以便于参展商和专业观众早日确定参展计划。此外，国外著名的展览公司十分注重其展后服务，往往在展览结束后一段时期内，参展商和与会者还能收到主办单位邮寄的有关展览统计分析资料，以方便为下次展览作好准备工作。

4. 品牌战略

享有良好市场盛誉的品牌展览会无疑能给宣传促销带来许多便利。随着展览业的竞争日益加剧，几乎所有的展览公司都已认识到打造品牌展览会的重要性和迫切性。品牌展览会是指具有一定规模，能反映某种类型展览会的发展动态及趋势，能对此类展览活动起指导作用并具有较大影响力的展览会。

德国展览公司在创建强有力的展览品牌时，主要遵循以下七个标准：权威协会和代表企业的坚强支持；努力寻求规模效应；代表行业的发展方向；提供专业的展览服务；获得 UFI 的资格认可；媒体合作和品牌宣传；长期规划，不急功近利。品牌战略是国际展览组织机构在展览业整体发展规划优先和重点规划的，通过在本地实施品牌战略，再将成功的展览品牌移植海外市场，从而抢占海外展览市场份额，为自身发展拓展更多空间。

5. 网络战略

人类社会已迈入网络经济时代，随着互联网的日益普及，它在扩大展览会影响甚至改变展览会格局方面起着重要的作用。网络也成为国外诸多展览公司的主要营销手段之一。这些公司在举办展览会时，往往利用互联网和参展商、专业观众进行互动式交流，以期及时发现服务中的缺陷并迅速改进，同时将下一届展览会的举办日期和地点放在网页上，以便参展商在制定今后的参展计划时把本展览会也考虑进去。概括而言，国外展览公司网络营销的工作重点有以下四个方面：

——通过 Internet 在世界范围内查找相关专业展览的信息及其网址，并想方设法将自有品牌展览的有关内容贴到这些网站上；在主要客户所在地的门户网站上刊登广告，为展览会宣传造势；

—— 建设自己的展览会网站，并将详细的观众招揽计划公布于众。同时，建立与参展商及其所在行业品牌网站、协会网址之间的链接，以互相促进网站点击率

的提高；

——努力创造展览的独特销售点，以增强展览的吸引力，如展览期间举办高峰论坛，邀请知名人士演讲等。在展览专业网站上列出重要参展商的名单，因为对于想参展的企业和专业观众来说，他们很重视本行业内将有些什么样的厂商参加；

——开辟网上展览业务，为参展商和专业观众的洽谈、交易提供全天候的纽带服务。

6. 多元化战略

多元化营销战略的实施往往与经营业务的多元化是相辅相成的，因为“规模出效益”早已成为展览企业的共识。除通过收购与兼并实行展览项目的集中和集团化经营外，国外大型展览公司一般还拥有报纸、杂志、网站、电视台等媒体，以便综合动用各种手段和渠道，在全球范围内宣传、推销他们的展览会。而且，是否有专业媒体的参与和支持还成为展览会能否被称为世界顶级专业展览会的标准和重要构成要素之一。多元化战略这里的“多元化”是指会议或展览会营销手段的不断完善与创新。首先，国外展览公司的营销途径可谓多姿多彩。除了传统的广告、邮寄、E-mail 等手段外，还有如在国外设立代表处或寻求代理商、为展览会组织各种形式的促进活动、组织专门人员到国外招展、拜访重要客户或召开新闻发布会等，就连展会的宣传材料也尽可能发挥出最大效能。

二、充分运用整合营销理念

整合营销是国际展览机构所推崇的展览营销策略，国际展览组织机构与品牌展览都会努力地在展览组织工作中的每一个工作流程中实施和贯彻整合营销的理念，从而使展览营销与现代营销间做到无缝连接。什么是整合营销呢？整合营销理念是在欧美 90 年代在以消费者为导向的营销思想推动下，逐步在营销领域形成的一种营销策略，倡导者是美国的舒尔兹教授。这种理论是制造商和经销商营销思想上的整合，两者共同面向市场，协调使用各种不同的传播手段，发挥不同传播工具的优势，联合向消费者开展营销活动，寻找调动消费者购买积极性的因素，达到刺激消费者购买的目的。

该理论主张用 4C 取代传统的 4P，整合营销 4C 的涵义是，Customer（顾客的需求和期望），Cost（顾客的费用），Convenience（顾客购买的方便性），Communication（顾客与企业的沟通）。运用整合营销的原则是为了控制目标客户的心理转变过程，目标是使目标客户对公司产品产生信任的心理感觉而购买公司的产品。这种营销有效地克服了制造商和经销商各行其是、各自为战的弊端。如英特尔公司非常注重其产品的经销商——电脑公司及软硬件商的密切合作，IBM、微软公司都是其合作伙伴。

整合营销是一种通过对各种营销工具和手段的系统化结合，根据环境进行即时性动态修正，以使交换双方在交互中实现价值增值的营销理论和营销方法。整合营销理念是对传统营销理念的创新和重新构架，其核心是它的整体性。整合营销理念打破了传统营销理念把营销只作为组织一项管理功能的框架，它要求组织和相关利益主体的所有活动都整合和协调起来，以使组织沿着既定战略向着预期目标运行。整合营销理念指导下的组织中所有部门都在一起努力为相关利益主体的利益而服务，组织的营销活动成为组织各部门的工作。

展览整合营销，是整合营销理念在展览中的应用。它要求展览组织机构或展览企业在强调营销同时，还要求与展览有关的相关部门，各个方面的工作向着同一目标运作、共同努力。通过对各种营销工具和手段的系统化结合与优化，并根据展览市场的环境即时动态进行完善。从而达到展览组织机构与目标客户在交互中实现价值增值的目的。其核心理念就是展览组织机构中所有部门齐心协力为目标客户的利益服务。整合营销是对传统营销理念创新并进行重新构架，打破了传统营销理念将营销只作为一项管理功能的框架，要求展览组织机构针对目标客户的所有活动都进行整合与协调，以使展览组织机构能沿着既定的战略方向，朝着预期的目标运行。展览整合营销的具体功能与作用是：

1. 营销理念整合是整合营销的思想基础；

2. 展览品牌整合的关键在于正确定位主品牌与子品牌的关系；

3. 展览市场整合是要先找出展览目标市场，对展览市场进行整合营销，采用适当的营销策略对不同的目标客户群体进行科学营销，以获得最大的经济效益与社会效益；

4. 展览价格整合是所有整合营销活动的基础和关键；

5. 展览网络整合要求展览企业建立全面的、立体架构的多层次、多渠道营销网络；

6. 展览促销整合能使展览企业在行业内获得其他品牌难以模仿的竞争优势，在促销整合的过程中获取会展品牌的高附加值；

7. 展览服务整合要继续以“全面顾客满意”理念为中心，实行“双百方针”，让100%的顾客满意，让顾客100%地满意。

三、我国展览营销发展方向

现阶段我国展览组织活动中，出现这样一个现状，当展览营销的重要意义为越来越多的人所接受的同时，而展览营销部门与营销人员在行业中的地位与声誉却反而有所下降。这是由于在我国，大多的展览组织机构只强调促销(Promotion)的展览营销职能。对“展览营销在展览组织机构中究竟应该起什么作用？”特别是“展览场营销部门的职能是什么？”认识不清。展览营销在展览组织工作中经常犯“1P”病。

“1P”病严重影响了展览营销在展览组织活动中的地位，有效克服营销组织工作中的“1P”病，是我国展览营销确立其价值和融入国际的重要标志。这不仅要求我国展览组织机构除了对展览营销进行科学的指标设计和统计分析，高度重视营销的绩效量化和改善营销生产率，还需以低成本和服务创新为重点，以灵活应变的整合营销策略为关键，并对展览营销的效果准确评价。笔者认为这需在展览营销工作流程，实现以下四个方面的转变：

1. 功能上从战术营销转向战略营销；
2. 组织上从部门营销转向企业整体营销；
3. 营销上从技能营销转向顾问营销；
4. 手段上从传统营销转向高技术营销。

1. 战术营销转向战略营销，变引擎为雷达

在我国展览企业从计划经济时代向市场经济转变的过程中，展览营销部门在推动展览企业建立顾客意识、服务意识、竞争意识，构建现代展览营销体系方面起了重要的作用。顾客第一、品牌至上的意识已经深入展览组织机构各个部门，展览营销工作基本从展览项目导向转到客户服务导向，各个部门的工作都围绕展览市场转。要将展览营销从战术营销转向战略营销的主要目的是为了提升展览组织机构的市场应对能力。

展览营销要求展览企业在实现向展览市场营销导向阶段的转变后，展览营销功能需实现功能性的转变，展览营销部门需进行功能创新，将营销工作落实到实处，为展览企业提供全方位的市场信息，分析市场变化趋势，提供决策依据和行动向导，保障企业各部门目标清晰、运转顺利。如将展览营销部门的功能比作为推动展览企业发展的发动机，在展览营销中，展览营销部门就要成为引导展览企业高速飞行的雷达系统。

展览营销功能的新定位促使展览营销工作进入新的境界，展览营销不再是某一个部门而是整个展览企业运行的重要支撑平台。展览营销职能更加重视对展览企业外部环境的研究、更加重视竞争情报体系的建设、更加重视展览营销数据库的开发，对展览企业的战略规划、战术变化更有发言权，在展览企业的地位也将更加重要。

2. 部门营销转向整体营销，变接力赛为橄榄球赛

彻底打破传统的营销职能部门分工的孤岛式结构，突破各职能部门逐级传导的单链结构，建立交互式网状营销组织。这要求展览组织机构改变其各职能部门、各个工作流程与市场链环环相连的链式结构，建立更加科学的整体营销的网式结构，充分发挥展览企业各部门的潜力。变接力赛为橄榄球赛，使展览组织机构中的每个人都成为发动机，而不是发动机的齿轮。

跨国展览组织机构通常根据展览市场需求成立多个由各部门人员组成的展览

项目小组，这种网状营销结构使展览企业应对市场变化的速度比竞争对手更快捷、更容易发挥各部门的合力。展览企业为促进各职能部门在展览营销方面的合作，可鼓励展览营销人员自行组成跨部门项目小组开展新项目营销活动。跨国展览公司营销管理中最有学问的就是“新项目定义”，而新展览项目的定义必需要有展览企业各部门的协同合作。

营销组织的这种转变对展览企业原有的组织体系、职位等级观念都形成了冲击，对展览营销组织管理的难度也不断加大，但是这种改变带来的创新活力与动力也是巨大的。特别是对我国的一些大型展览企业，在发展到一定规模以后，往往停滞不前，根本原因就在于创新精神的消失。推动企业营销组织的转变，激发内部创新，是国际展览组织机构普遍采用的有效方法，值得借鉴。

3.技能营销转向顾问营销，变驾驶员为赛车手

如果将以前展览营销人员的技能比作是一个驾驶员的话，现在对展览营销人员的要求就是要成为一个赛车手。两者在技能、心理素质、判断能力等方面的要求完全不同，后者是理性与激情、镇定与灵活、技巧与胆略的完美统一。作为展览营销人员，要加强学习专业的展览市场营销分析、管理、控制的技能，适应我国展览市场营销从粗放式管理向精细化管理转变的要求。同时应该重点培养以下几方面的能力：

1)组织协调的能力：展览营销人员要能够领导项目小组开展工作，协调各部门相互合作。营销人要改变内向、理性的形象，要有激情、善于沟通、有号召力。

2)独立思考的能力：展览市场变化风云莫测，市场机会稍纵即逝，如何才能把握这一“窗口机会”是对展览营销人员能力的新挑战，营销人员要能够透过现象看到展览市场变化的趋势，先人一步、快人一拍，为展览项目争得先机。在展览短期效益与展览品牌价值发生冲突时，要能够做出令人信服的分析，维护展览项目预先规划的战略利益。

3)客户管理的能力：客户资源是展览组织机构最重要的资源，展览营销人员要具有客户关系培育、维护和管理的知识和技能。要定期或不定期对顾客满意度进行调查，分析顾客流失的原因，对目标客户价值进行合理评估，制定科学的营销策略。

展览营销最根本也是最大的难题就是如何为客户创造价值，展览组织机构只有真正为客户创造价值时，展览才能被目标客户接受。在新经济时代，展览营销向目标客户销售的不仅是一项“现代服务产品”，而且更应是目标客户所需的营销“解决方案”。因此，展览与客户间的关系更多地应是长期的战略合作关系，这对展览营销人员提出了更高的要求，营销人员要赢得客户的信任，并且要能够把握展览题材所属产业的发展方向，充分理解目标客户的产品发展战略，帮助搜集分析客户竞争对手的各项信息，成为客户的顾问。

4.传统营销转向高技术营销,变乡间小路为高速公路

在经济全球化、信息化水平飞速发展的市场环境中,现代展览营销人员需要掌握专业的营销技能,特别是客户关系管理、电子商务、品牌建设等方面的技能。高技术展览营销的特征就是要求营销工作要针对展览生命周期的不同阶段,采用以高技术为重要支撑的专业营销技能,比如对采集的数据进行预测分析,利用信息技术进行营销规划、数据库营销、活动管理等。在对传统营销实践进行不断总结与提高,利用信息技术使其形成现代营销知识体系。高技术营销强调如何持续性创新展览营销与目标客户进行有效沟通的标准模式,并将把它列为展览组织机构与展览品牌战略的核心竞争力。

经济全球化的加速,展览营销引发了全球营销现象,比如,展览业起步较早,展览品牌较成熟的发达国家:德国、美国、英国、法国、日本等著名展览组织机构已开始抢占全球展览市场,纷纷在境外建立展览营销网络。例如世界会展第一大国德国的展览机构在全世界的办事机构达390个左右,如此系统而庞大的国际化营销网络,大力促进了德国展览业的发展。又例如杜塞尔多夫展览(中国)有限公司由德国杜塞尔多夫展览机构与其在中国的代表机构——世界展贸顾问有限公司于1999年合资成立,并在北京、上海、广州、重庆、沈阳各设有代表处。德国杜塞尔多夫展览集团公司同时也在世界各地积极进行营销网络的建设,将传统营销改为技术营销与全球营销,加速在全球范围的信息采集与组合营销。

杜塞尔多夫全球网络、上海新国际博览中心展示厅

杜塞尔多夫展览集团公司 - 全球网络

名称	城市	股份
杜塞尔多夫展览亚洲有限公司	新加坡	100%
杜塞尔多夫北美有限公司	芝加哥	100%
杜塞尔多夫莫斯科有限公司	莫斯科	100%
杜塞尔多夫日本有限公司	东京	100%
杜塞尔多夫波兰有限公司	华沙	100%
杜塞尔多夫展览(中国)有限公司	香港 / 上海	
布尔诺展览中心(BVV)	布尔诺	
CIDEX展览会有限公司	新德里	
IGEDO - 国际时装展示有限公司	杜塞尔多夫	
杜塞尔多夫时装店管理有限公司	杜塞尔多夫	
杜塞尔多夫议会中心	杜塞尔多夫	
GEC - 德国国际博览会有限公司	柏林	
上海新国际博览中心(SNIEC)	上海	16.
杜塞尔多夫营销与旅游公司	杜塞尔多夫	

国际展览巨鳄在中国展览市场的快速扩张,对我国展览组织机构与品牌展览的生存空间造成巨大压力,面对机遇与挑战并存的时代背景,我国的展览组织机构与展览品牌首先要解决的问题就是要将传统营销转向高技术营销,进行展览营销

过程中的组织、人员与功能方面的改变，从而实现展览营销的创新。日新月异的信息技术是展览营销创新的重要手段，它不仅可实现展览营销过程中的个性化需求，同时可实现全球性展览资源的整合与共享，实时地进行展览营销战略与战术的调整，使传统的展览营销结合高技术营销驶入现代营销的高速公路。（本文原发表于《中国展览》2007.2）

[展会管理与应用 4－2]

展览营销工作评估探讨

展览是一项组织工作与资金投入较大的系统工程，参展企业与展览组织者往往需要投入相当多的人力、物力与财力。因此，展览结束后及时对展览营销组织工作进行系统评估、总结，将有利于展览组织机构及时总结经验和教训，进一步完善展览的营销工作。

展览营销工作与效果的评估可以由展览组织机构自行组织安排，也可委托具有实践经验的专业评估公司进行实施。评估的内容主要包括：营销质量评估、营销效率评估以及营销成本评估三大方面。

一、展览营销工作评估

展览工作评估是管理性质的工作，是对展览环境、展览工作和展览效果进行系统、深入的评价和分析。评估和分析的意义及作用是：更深刻地了解展览环境，对已做展览组织工作做出评价，为以后展览组织工作提高效率和效益提供经验和建议。

展览工作效果的评估有定性的内容，也有定量的内容，评估的主要目的是了解展览组织工作的质量、营销效率与成本效益。

1. 营销质量评估

营销工作目标评估

根据展览组织机构针对展览项目策划的预期目标、品牌战略、营销战术等与展览营销的实绩、执行是否到位等内容评估展览营销目标执行的情况。评估过程中，要强调在营销工作过程中对好的方法发扬光大，对落后的营销方法与手段要加以改善，如 DM 直邮，电子邮件、电话营销、网上销售等一系列工作方法进行评估，判断哪些方法更有利于营销工作目标的实现。

展览宣传工作评估

展览营销宣传工作评估较为复杂，因为定性内容较多，评估技术难度较大。包括对展览宣传和公关工作的效率、宣传效果、资料散发数量、参加同类展览宣传等项目的评估。展览组织机构对新闻媒体广告投放与软性文章报道要进行收集与评估，并采用一系列的量化指标，如：广告投放次数、覆盖区域、软性报导、版面大小、播放时间安排等。对展览营销宣传的评估，就是将展览营销的效果与同类展览相比，是否销售了更多的展位、赢得更多的观众，可通过参展商问卷调查与观众问卷调查得到这方面的数据。

营销人员评估

展览营销人员的表现反映在工作态度、工作效率与团队精神等方面，虽然有些方面的表现不能直接测得，展览组织机构可通过目标量化的方法来计算展览营销人员在本届展览中组织参展客户的总量、平均成本、参展商“回头客”的比例、客户对营销人员的评价以及营销人员是否回访客户、是否与客户保持有效沟通等。评估结果中如果不合格的营销人员超过营销人员总数约10%时，展览组织机构就应采取积极的措施来提高展览营销人员的素质和表现。

营销财务评估

营销财务评估是展览组织机构对营销质量进行评估的一项极其重要的内容。目前，我国有不少的展览企业由于未能很好地调控营销费用的恰当比值，因此在培育展览品牌的过程中，对机会把握不当，造成损失。营销财务针对展览品牌所处的不同时期（培育期、成长期、成熟期、衰退期）应执行不同的财务策略，依据展览市场环境的变化、区域的不同分布及经营成本等综合因素来考虑，营销财务评估的依据来源于明确的费用概算、预算与项目的最终决算。

2.展览营销效率评估

展览营销效率是展览营销工作的评估指数。展览的营销效率直接影响展览的发展与提高，也是展览推广的重要一环。

展位类型评估

展位的类型、面积、高度、方向、配置标准、展位价格等项目都可成为评估内容，什么样的展位类型适合参展商的实际需求，哪些展位类型促使参展商决定购买并会扩大预期购买目标是评估工作应研究的内容。通过评估，可根据参展商对展览或展品陈列的需求规划下届展位应更多安排哪些类型展位，从而提高营销效率。

营销组团评估

展览营销的组团方式是提高营销效率的重要方面。因此，展览结束后对不同的组团方式要进行评估：如政府组团、行业协会组团、境外展览组织机构组团、旅行社组团以及其他方式的组团进行评估，评估的过程中可按组团的区域、行业的特点、组团的质量、组团的服务等内容进行评估，从中可以获得不同组团主体对展览营销工作所采取的具体策略与战术，汲取有效的经验，提高组团水平，推动营销效率的提高。

营销代理评估

现代展览组织工作越来越多地重视营销网点的建设，每个网点都有相应的营销

代理机构与组织，对营销代理的评估是提高营销效率的一种具体方法与措施。如：营销代理对量化销售指标的完成率、参展商的质量、对展览组织机构的忠诚度、代理机构的销售回款率、代理机构对该展览项目营销的力度等等，通过评估能对营销代理网络的科学布局与激励代理机制的完善有深层次的了解，获得营销效率的指数。

营销策略评估

展览营销还具有策略上的因素，如何利用展览营销的策略对营销效率的提升也是现代展览组织机构研究的重要课题。如与媒体（专业杂志、门户网站、新闻机构等）的展位互换来控制宣传成本的支出；利用展览的一些条件来吸引行业龙头企业的支持；联合具有影响力的单位（如境外大型超市采购集团、政府采购部门、高层研究机构等）在展览中举办系列活动，丰富展览内容，扩大营销亮点。

3. 展览营销成本评估

营销成本效益比较评估

营销成本效益的评估因素较多，范围较广。可以将本届展览的营销成本与概算效益相比；将本届展览的营销成本与上届展览类似项目的营销成本相比；将本届效益与上届或类似展览项目的效益相比。营销成本的效益评估是动态的过程，对于展览所处的不同阶段，成本效益的侧重是不同的，有些展览项目注重的是社会效益，而另一些展览则侧重于经济效益。因此，需要制定具体的效益评估指数。在评估过程中应特别注意展览项目培育期、成长期、成熟期与衰退期的营销成本效益的不同特征。

营销成本利润评估

展览的营销工作要计算营销成本、分析营销成本效益，还应该计算营销成本的利润。比如，展览项目处于培育期时，展览的营销成本一般都大于展览的实际赢利，但正确有效的营销成本支出创建了展览最初品牌并很大程度地影响了潜在客户的参展决策。因此，这种展览营销的直接结果是与目标客户建立了良好的营销关系，意味着未来成交，利润由下届或未来产生，可以把与潜在客户建立关系作为衡量展览成本利润的一项指数。

营销成本项目评估

我国的展览组织机构目前对展览营销成本的项目构成尚未有专门的评估，其原因是在展览项目的实施阶段没有进行科学合理的财务概算，总是将展览列为一项高利润产业，其实不然，展览组织的营销相对整个项目是有风险的，如果营销成本控制不好，将严重影响展览的发展或产生更严重的经济后果。深入研究展览营销的项目成本构成是有效规避风险的切实举措。营销成本项目包括：宣传推广、观众邀请、网站建设、客户服务、差旅费用、接待工作、公关外联、代理组织、营销队伍建设等内容。

营销成本风险评估

营销成本的产生其本质就是一项资金的投入，任何一项投资都是有风险的，在竞争日益激烈的展览市场，不当的资金投入就意味着风险的产生。因此，展览项目营销要进行风险的评估，风险评估是对展览项目策划的市场调研开始，随着展览项目进行的每一个阶段与过程如何进行实时监控并采取相应的增值赢利措施来有效规避风险进行评估。如展览项目的广告开发、征集赞助商、谋求战略合作、自然灾害的保险、突发危机的应急预案等。展览营销过程中对成本风险的控制需根据不同展览、不同区域、不同时间段来进行。展览结束后，要对风险的隐患进行排查与评估，保障展览项目的最大赢利能力。

二、展览营销评估的步骤

展览营销评估所需要的信息，应贯穿在展览营销管理工作的整体工作流程中，并根据展前、展中、展后具体营销工作实施的情况，分阶段实施。展览营销部门、财务部门、外联部门（负责展览宣传策划实施）等相关部门，都需有具体的工作流程步骤，在所有营销流程执行过程中的事项需有文字记录，以便实施评估时，能提供全面的信息。

1. 收集相关的评估信息

营销工作评估的信息可来自于相关记录（文件、合同、项目协议等）、召开会议、组织座谈、问卷调查等直接信息，也可来自营销人员的自我总结、展览营销工作情况说明等（如具体阶段性营销情况，营销后续工作跟进情况等），也可以参考相关的参展商的调研表（如图 1 所示），从中获取对展览营销工作评估有用信息。

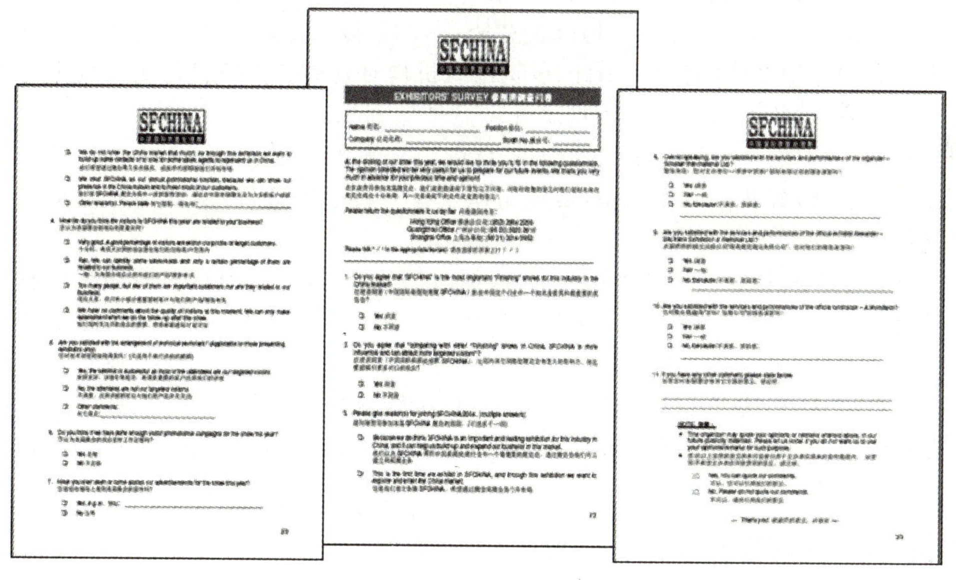
SFCHINA

EXHIBITORS' SURVEY 参展商调查问卷

图 1　相关的调查样式

2. 成立营销评估工作小组

营销评估工作小组协同以下部门执行对信息的核实与量化标准评估工作，营销评估工作小组成员来自与营销工作有关联的岗位及熟悉评估工作与程序的专业人员，能切实开展真实的数据采集与审核工作，从而发现营销工作中的具体问题，评估工作流程的合理性，提出针对性的工作改进方法与措施，形成展览品牌建设与推广的合力。评估小组与部门的组成需视不同展览组织机构的实际情况而具体配置。图 2 所示为 评估小组结构图。

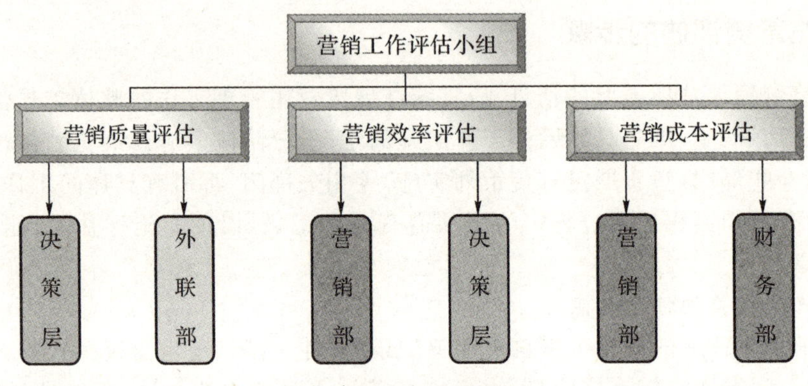

图 2　评估小组结构图

3. 评估工作的执行

目前，我国大多数展览组织机构中都未曾开展营销工作的评估，其主要原因是由于我国展览组织工作尚处于初级发展阶段，60％以上已具规模和品牌的展览均带有浓重的计划经济的色彩，因此，展览组织机构对营销工作项目与工作成果之间关系的理解不同，评估工作比较难展开。但是随着我国展览业市场化的进程的加快，以及中国展览业市场竞争的加剧，展览组织机构做好展览营销工作的评估显得越来越迫切，做好此项工作，能对展览组织工作有科学的评价，从而为展览组织工作赢得有效的市场空间。

评估工作的执行一定要做到合理、及时与严格，这样才能对展览营销工作有指导意义。营销评估的目的是将营销工作做得更科学、更合理，而不是将评估绝对化。狭义上讲，不要只看到有多少参展商参展、与多少新参展商成交、与多少目标客户意向成交、接待了多少老客户和新客户、接待多少新闻媒体、资料派发了多少、实际成交数额等等，而更要看到展览营销工作的增长点在什么地方，需改进营销工作的方方面面。

三、定性评估和定量评估

营销评估的内容可分为定性和定量两大类。两类评估内容不同，方法也不同，但作用和目的都是相同的，即了解、分析、发现营销工作质量的好坏与效果的大小，

肯定成绩、纠正不足之处，从而改进工作。两者不可偏废。

定性的内容：所谓定性评估就是以陈述的方式表达营销工作和效果的优劣。有些营销工作和效果不易精确地表示，比如宣传推广的效果、营销人员的工作态度、对目标客户的影响力等，通过定性的评估，可以从评估中发现展览营销工作中存在的一些深层次问题与规律，为今后展览营销工作的完善与整合提供切合实际的改进措施与方法。

定量的内容：所谓定量评估就是以数字的方式表达营销工作和效果的优劣。有些营销工作和效果是可以用数字来表示的，比如宣传工作：投入多少、做了多少工作，比如展位的销售状况、营销成本与利润的构成等。用数字表示展览营销工作和效果将会得出更精确的结果，为展览营销组织工作提供更全面的营销工作优化与营销成本预测。因此，对展览营销工作的评估能使用数字表达营销工作和效果的项目，应尽量用定量的方法进行评估。

对展览项目的定性评估和定量评估应该强调对展览的性价比调查与研究，其重要作用在于为展览组织机构选择成本低而效果好的优化营销策略提供参考，而且还能将营销工作中的具体项目如广告、人员推广、组团与代理等营销手段在成本与效益上做出比较，为今后选择何种方式进行有效的市场营销提供依据。同样，也将对展览项目加强监督，扶优汰劣，这是展览组织机构未来亟待加强的一项重要工作内容。

四、展览营销评估报告

当展览市场面临的是竞争环境时，展览企业的存在，主要是为了追求成长，追求利润，进而达到不断壮大、持续经营的目的。在展览组织与经营的过程中，展览营销工作是展览组织机构的核心工作，需要不断对营销组织工作回顾、检查、总结与汲取经验或教训，才能优化营销组织工作运作的流程与步骤，才能提高展览品牌的核心竞争力。因此，展览营销评估工作扮演的非常重要的角色就是通过加强对营销工作的组织管理，让有限的人力与财力创造出更多的利润。

在展览营销评估中，参与这项工作的人员素质更是评估成败的关键。由于评估工作组织实施的过程中会遇到这样或那样的问题，对某些项目需有正确的理解并相应采取动态的调整方法，还需根据评估的结果向决策层提出有助于营销工作改进的具体建议与意见。因此，展览组织机构需具有丰富实践经验且有扎实理论基础的报告撰写人，综合所有评估项目而撰写对未来展览营销工作具有指导意义的评估报告。

评估报告应包括以下主要内容：

1. 评估结果

营销评估结果是将评估项目所得资料整理出来。除了用若干统计表和统计图

来呈现以外，报告中还必须对图表中的数据资料隐含的趋势、关系和规律加以客观描述，也就是说要对评估结果加以说明、讨论和推论。评估结果所包含的内容应该反映出评估目的。并根据评估标准的主次来突出所要反映的重点内容。一般来说，评估结果中应包含以下内容：展览营销效果、宣传推广费用、成本效益比等等。

2. 结论和建议

要用简洁明晰的语言做出结论。如阐述评估结果说明了什么问题，有什么实际意义。必要时可引用相关背景资料加以解释、论证。建议是针对营销评估结论，提出可以采取哪些措施以获得更好的效果，或者是如何处理已存在的问题，要能提供有针对性的改进方案。

通过上述步骤，客观揭示展览的现状、评判展览价值、预测展览的未来走向，并对展览的发展趋势、完善方式和品牌建设做出合理的建议和描述。（本文原发表于《中国展览》2005.11）

[展会管理与应用 4－3]

展览会不同阶段的营销策略

展览会，作为服务性产品与任何产业及产品的发展相同，都会经历培育、成长、成熟和衰退四个阶段。展览会之所以会经历不同的发展阶段，是由于展览会题材会受到所在产业发展的各种影响，同时也会受到展览组织机构自身发展的影响。实践证明，在竞争激烈的展览市场中，展览组织机构要争取展览营销的主动权，就应针对展览所处的不同发展阶段制定相应的展览营销策略。

从广义上讲，展览营销策略的实质就是宣传营销、管理营销、服务营销等，因此，做好展览会组织过程中的每项工作其实质就是做好营销工作，当展览会品牌获得了市场认同，展览会品牌具有相当强的市场竞争力，展览会的营销战略也就顺利地实现了。如何根据展览会所处的不同发展阶段制定相应的营销策略呢？本文提出以下探讨建议：

一、培育期展览会的营销策略

展览所处培育期的特征往往其规模不是很大，市场影响力弱，行业知名度不高，目标客户对其实际可达到的展览效果的预期不确定。所处这个时期的展览，参展企业与参观观众对展览的意愿和欲望较低，展览会组织机构必须在营销工作上下功夫，努力使展览能在展览市场站稳脚跟，被行业认同。唯有这样，展览会才会赢得发展壮大的机会。在展览会的培育期，展览会组织机构在营销策略上应注意把握好以下几点：

1. 弱化盈利观点，做大展览

展览会组织机构需有长远的发展与战略眼光，在展览会培育期，不要过分强调展览会的短期盈利能力而削减对展览会必要的前期投入。展览会组织工作的着眼点不是将重点放在新展的暴发“盈利”能力，而是在如何将展览做强做大的思路上。只有将培育期的展览会做强做大，展览会才能实现长期盈利能力。国际展览经验表明，知名品牌展览会的培育时间通常要经过 3－5 届，甚至更长，展览组织机构在展览培育期的工作重点是规划展览的品牌化与长期盈利能力，在这一阶段，即使展览会有盈利，利润部分宜作为展览会的发展基金，以培育展览会的竞争力。

2. 规划展览会的发展战略

展览会作为贸易与展示的平台，需有明确的方向与发展战略，才能在瞬息万变的市场环境中赢得一席之地。展览会中长期发展战略的规划不仅是为了创造市场机会，更是为了培育期的展览能得到市场的认同。因此，展览组织机构需在错综复杂的市场环境中找准展览会鲜明的定位，赋予展览会以个性化的特色，利用差异化战略在展览市场中脱颖而出，打出自己的品牌，从而也给展览会找合适的发展空间。

3. 运用现代营销提升展览会知名度

在现代展览中，培育期的展览是否能赢得市场发展空间很大程度取决于展览组织机构是否能有效利用现代营销组织宣传和推广展览品牌，整合市场资源为展览会的发展创造生存条件与机会。展览组织机构可研究多种营销手段，努力实现扩大展览会知名度的战略。在展览会培育阶段，组合运用多形式的广告、软性介绍文章、人员推广、直接邮寄、公关事件等营销手段对提升展览知名度具有积极的意义与切实的效果。

4. 实现展览会规模的稳步扩大

培育期展览会的核心任务之一，就是组织与建立良好的客户资源，保证展览会的质量和展出效果，重视展览观众邀请的基础工作，稳步实现展览规模的扩大。品牌展览会发展的轨迹证明要实现展览会规模的扩大，展览组织机构要重点建设展览组织工作的营销体系与营销策略，利用多渠道的宣传与推广，有效的目标管理与展览营销队伍的建设，来强化展览会组织的内功。只有当展览会具有一定的规模时，才会在展览行业与市场发挥较大的影响力。

5. 提供目标客户体验式服务

现代经济的重要概念是以“体验式服务”为代表的，新创展览更是应体现“体验式服务”的作用，以增强目标客户的满意度，继而转化为对展览会的忠诚度。因此，展览服务是对目标客户提供“体验式服务”的一个过程，从展览服务工作中真正实现展览会的品牌价值。如果没有良好的展览服务，展览会作为贸易、展示、信息发布的平台就难以真正起作用，所以，培育期展览会需更加突出展览的服务，全面提升目标客户的忠诚度。

二、成长期展览会的营销策略

进入成长期的展览会，其规模与影响迅速扩大，参展商数量快速增长，与会的观众数量和质量也不断提高，展览会在所属行业的地位与知名度不断上升，展览会开始进入快速发展时期。在成长期，展览会营销的任务不仅要努力保住展览品牌

成长的势头和在展览行业中享有的声誉，更重要的是要加强专业观众的组织与邀请，为参展商提供实质性的展览服务。同时还需更进一步地完善市场发展战略，提高市场的竞争优势。

1. 强化展览招商组织工作

招商组织工作是成长期展览会最容易被忽视的问题，也是阻碍成长期展览会继续成长的关键所在。在成长期，通常展览的招展工作已经打开了良好局面，展览开始赢利，但展览的招商组织工作却被置入次要地位。展览组织经验证明，如果与会观众的数量和质量跟不上展览规模扩张的需求，展览的质量就因此而开始下降，展览的成长最终也会停止。因此，展览会观众的数量能与展览规模同比增长才能有效保持展览的快速成长。

2. 重视客户关系管理

重视客户关系管理是新经济模式研究的重要课题，随着展览会的快速成长，展览会的客户数量日益增多，参展商的数量与展览会的规模不断扩大，观众数量更可能达到数万以上，传统的客户管理难以适应展览会快速发展的需求。因此，这阶段的展览组织工作对目标客户须加强 CRM 管理（Customer Relationship Management 客户关系管理）。以信息技术与科学管理手段来提高和保持目标客户对展览的忠诚度，防止老客户的流失，不断地开发新客户，使展览会发展后劲具有科学管理技术的保障。

3. 持续改进展览服务体系

展览服务体系的建设在展览会的成长期或多或少地会被展览组织机构所忽略，很多展览服务问题被快速成长的展览现象所掩盖，以致展览组织机构不能及时发现和改正。例如：展览会的观众组织、参观登记、展览现场的交通、餐饮、通讯、卫生环境等等。在展览会成长期，展览服务是目标客户保持对展览会信心与忠诚度的一项重要工作，也是展览会核心竞争力。展览组织机构需持续改进展览服务体系，以便展览服务同步于展览的发展。

4. 动态研究市场与竞争对手

德国展览业的成功，其最重要的秘诀是加强对展览市场与竞争对手的动态研究工作。从而针对性地制定展览营销策略。在展览培育期时，竞争对手可能对培育期的展览会有所轻视，但当展览会进入成长期以后，展览会的快速成长会引起竞争对手的日益关注，并会针对性地对该展览会采取竞争性的营销策略。加强对展览市场与竞争对手的动态研究的主要目的就是使展览营销组织工作能有的放矢，增强竞争活力。

5. 提高展览会的增值功能

随着展览会的逐步成长，展览会的参展商以及专业观众逐步增多，目标客户对展览会功能会提出更多的个性化需求，展览组织机构在保持展览的战略定位与品

牌特色的前提下，需研究和归纳不同目标客户的各种个性化需求并与目标客户共同努力加以完善。比如，目标客户通过参展，需得到其它相关的功能服务：信息发布会、市场研讨会、产业高层论坛、网络展览、贸易撮合、商务旅行等，展览组织机构要不断加强展览功能建设，使展览既有自身的特色，又能兼容并蓄，为展览会增添更多的增值性功能。

三、成熟期与衰退期展览会的营销策略

展览进入成熟期，营销的重点应是尽力做到延长展览会的成熟期阶段，减缓展览会进入衰退期的进程。成熟期展览会组织工作的重要特征与研究方向是如何继续做好展览会内涵创新与营销创新工作，增强展览会的活力与品牌的持续影响力。具体营销策略有：

1. 完善展览营销的评估体系

展览组织机构需针对展览会经历的培育期与成长期的营销工作进行系统评估，为展览会成熟期的营销工作总结经验和教训，提出进一步完善展会营销工作的设想与建议。营销工作与效果的评估可以由展览组织机构自行组织安排，也可委托具有实践经验的专业评估公司进行实施。评估体系的主要内容包括：营销质量评估、营销效率评估以及营销成本评估三大方面。展览营销评估体系的建设对调控成熟期展览会的发展方向具有十分重要的意义与作用。

2. 创新展览品牌形象内涵

展览进入成熟期，展览会的知名度在行业内已有基础，目标客户对展览会品牌的认知度也相应提高。但展览会要维持其展览品牌，巩固其良好的品牌形象就需在展览品牌形象内涵上下功夫，如展览会在行业中排行、专业化程度、对市场发展的引导作用以及品牌的象征意义等。国际展览品牌之所以强势与长盛不衰，其原因就在于它有深邃的内涵，是前瞻性技术、时尚性标志、行业发展趋势、产业综合效应等的标志。展览会品牌形象内涵的创新程度在一定意义上决定了展览在市场环境中的生存力。

3. 优化展览市场份额

成熟期展览会的规模扩张是展览组织机构不断面临的新课题，分析与研究展览现有的目标市场份额，找出目标市场份额发生变化的原因，制定系统的营销应对解决方案，是解决这一难题的有效途径。如：优化展览营销网络、扩大海外宣传与推广活动、建立展览营销网络的预警机制、调整展览会选题组成等行之有效方法。展览市场份额的优化不仅针对展览营销工作也针对展览组织工作的每一过程，通过优化，展览会的竞争力就会再上一个台阶。

4. 赢返流失客户，稳定现有客户

赢返流失客户，稳定现有客户群是展览营销对成熟期展览会非常重要的一项

工作，强化展览客户关系管理CRM系统的应用，如调整工作流程，提高营销管理模式，放大每一环节的效率和控制力度，建立展览组织内部全方位的管理信息平台等，使各岗位、职能部门及协同单位间高度共享客户管理信息，做到内外各种资源的关联管理和实际利用。使目标客户的任何信息与服务支持都能实时响应，将稳定现有客户和赢返流失客户的工作落实到实处。如果展览组织机构能有效地开展这项工作就可保持80%的展览会赢利能力。

5. 提炼客户知识，增加客户价值

成熟期展览会，提炼客户知识，增加展览会对目标客户的价值，建立以客户知识为导向的营销体系是全新的营销理念。因为，再完善与丰富的客户信息只有通过科学手段对其进行去伪存真、去粗取精，精心提炼，才具备利用价值。只有将客户知识与展览组织者的市场营销紧密结合起来，才能为目标客户提供最佳的展览品牌与相关的展览服务。展览服务除了要提供规范及时的展览专业服务外，还要想方设法增加客户的价值。并使客户在享受优质展览服务的同时也能提升自身价值。

6. 建立对衰退期展览的预警机制

成熟期展览会的后半阶段，展览组织机构应加强对展览营销工作的各项评估，通过对营销质量评估、营销效率评估以及营销成本评估发现问题并查找原因。影响展览营销工作的因素很多，有展览会本身的，也有来自行业趋势、政治原因、经济环境、社会因素、天灾人祸等，通过评估工作及早建立对衰退期展览特征的预警机制，利用科学的指标与系数的比值来确定衰退期展览会是否需继续扶持，或调整，或合并，或取消。这些指标与系数有：盈亏平衡点，新老参展商参展率，参展行业变动率，营销人员流动率，贸易观众参会率等。通过几届数据比较，发现危机，果断采取“关、停、并、转”的措施，在展览会气数尚未尽还有微利时，就对展览会的走向进行决策，以保留展览组织机构的赢利性不受影响，并能有效地保持营销队伍的稳定性，为重新策划与组织新的展览品牌积累资源。（本文原发表于《中国展览》2006.1）

[展会管理与应用4-4]

竞争情报在我国会展业的应用前景

摘要:本文通过对国内外有关竞争情报定义的初步分析,结合竞争情报学的特征,提出了竞争情报学在我国会展业的应用前景,虽然竞争情报的社会实践受到了诸如德国、美国、英国等世界会展大国企业界的重视,但其理论研究在我国会展业却远未系统和深入展开,我国会展业中众多从业人员与管理者对竞争情报在会展组织过程中的作用也十分陌生。本文试图根据竞争情报的特征,并分析竞争情报学的种种定义,就竞争情报的应用前景进行探索。

关键词:会展业　竞争情报　知识特性

引　言

我国会展学理论学者俞华博士曾在2003年发表的《会展学——信息传播学下位类学科(对会展学科理论体系的再认识)》一文指出:“会展工程实质上是一个信息传播系统工程,会展是信息交流的平台,会展的本质是信息交流,会展的首要功能是信息传播,会展运作的首要手段是信息技术手段,会展运作始终伴以高密度信息运动,会展活动的结果是信息传播的效果,网上会展属于网络信息传播,会展的经济放大效应实为信息产业的带动作用,会展经济可以理解为信息经济、知识经济。以此观之,会展学科准确定位为信息传播学下位类分支学科,与新闻学、广告学、情报学、图书馆学相并列,彼此成为同位类学科。”

会展中产生的大量信息不仅仅表现在会展过程中的信息“集中”,大量的参展者与大量的观众在短时间里相互接触,交流信息,彼此获得“新、奇、特”的信息、知识,感受文化理念,激发创新灵感。而且更重要地表现在展览企业与展览组织机构对展览项目进行科学的战略规划的实践中,我国会展业面临着国际展览组织机构与品牌展览不断地加强对我国会展业的渗透与蚕食,国内的会展市场竞争十分惨烈的背景情况下,我国会展企业如何通过建立竞争情报系统，加强会展企业的智能化与自动化，更深层次地监视竞争环境和竞争对手，跟踪网络技术与会展信息的发展，提高对环境、竞争对手及合作伙伴的分析判断能力，构建会展业的全面预警体系，利用竞争情报系统提供的分析模型，把握市场机遇，避免市场风险，加强科学决策，获取竞争优势，是非常值得会展企业界和理论界深入研究的课题。我们认为竞争情报理论和方法在我国会展业中的应用具有广阔的前景，对我国会展业得以全面健康发展将具有重要意义。

一、竞争情报对我国会展企业的影响

近年来，中国企业竞争情报的应用持续升温。自信息产业包括 Oracle、Microsoft 等多家知名公司开始涉足商业情报领域以来，我国各行业也开始对竞争情报逐步重视，2002 年至 2006 年，经过我国政府部门、企业机构 5 年多的努力，中国竞争情报产业链也开始经历了从无到有过程。我国政府信息部门和电信、汽车、石油、化工、制药、钢铁、投资、咨询等领域已经对接近 10000 名高级管理人员进行了竞争情报及信息分析的技术理论普及和培训。2007 年 1 月 18 至 21 日在中国海南三亚以“开启中国信息情报业发展新前景”为主题，将举办“中国竞争情报暨信息分析师年会”展示中国信息情报业发展成果和未来应用前景，来自国家相关部门领导、业界专家、知名企业将通过专家讲座、议题讨论等形式，对信息分析、竞争情报业的发展、服务、技术、组织等迫切需要解决的问题进行多视角的深入研讨。中国政府部门亦将同期权威发布《中国竞争情报报告 2006》，从而对未来中国信息情报业的推进、先进技术服务应用产生重要影响。在即将举办的年会上，世界各地的信息情报知名权威及全球领先的信息专业服务厂商，共同围绕信息服务领域最新技术、竞争情报应用发展进行讨论交流。毋庸置疑，竞争情报已将成为前景美好的机会，过去几年，我国企业竞争情报系统的研究与应用已在中国顶尖企业崭露头角，2006 年已成为竞争情报在中国大中型企业广泛应用的标志年。因此，会展业探讨与研究竞争情报对会展行业发展前景的影响也显得十分迫切。在我国会展行业发展方面，随着世界经济全球化和区域经济一体化趋势的发展，我国会展经济正逐步融入世界经济体系。国际会展组织机构及品牌展览加快进入我国的步伐，国内会展企业在面临更大发展空间的同时，也承受着越来越大的竞争压力。越来越多的会展企业开始重视信息管理对企业发展的重要性，希望通过在企业内部建立信息处理机制及情报系统来实现对竞争环境、竞争对手的监测和分析，建立有效的竞争策略，从而赢得竞争优势。因此，竞争情报正在成为会展企业信息搜索和分析的一项重要内容。

我国会展业面临着十分严峻的市场竞争形势，在这样的背景条件下，我国会展企业需时刻关注国内外会展市场的变化和竞争对手的行动，以便制定与调整适合

自己的战略规划和战术策略。在军事战场上，情报的价值，难以用数字衡量，现代战争就是信息战、情报战。海湾战争、伊拉克战争已经给世界太多的启示。信息时代的市场竞争中，“竞争情报”的作用，同样难以估量。在全球经济一体化和信息化飞速发展的背景下，为了获取和保持竞争优势，我国会展企业应积极应用竞争情报系统，从容应对国内外会展环境的瞬间万变。

学术界近几年对于竞争情报的理论研究取得了很大的成就，在竞争情报系统的建立、竞争情报的分析等方面都有不少的研究成果。国际会展企业与品牌展览的组织机构（如德国、美国、英国等国家）在会展竞争情报策略的实施方面作了不少尝试并取得了较多的成功经验，这些国家的展览组织机构通过对展览组织工作的流程再造来实现竞争情报系统的建立，从而使这些国家的展览机构可以迅速在全球扩张其业务范围与网络建设。在我国，由于会展经济与会展业发展时间较短，在会展整个过程中信息管理也刚起步，对竞争情报了解不够深入。然而，各类咨询公司目前已积极开展有关会展企业竞争情报策略方面的咨询与培训业务。这标志着会展业已逐渐进入竞争情报的实践行列。将企业竞争情报研究的成果应用于会展业，建立具有会展特色的竞争情报体系是会展业理论界和企业界都需要十分关切的问题。

竞争情报系统的构建必将为会展业在竞争中立于不败之地产生深远的影响。

二、竞争情报原理

“知识经济”是当代经济学家和管理学家使用频率非常高的术语，在现代企业，更多的人已经将“知识”作为一种比资金、土地更为重要的生产要素，将其视为企业发展的核心动力。“竞争情报”与“知识”之间，到底有没有联系呢？如果存在联系，这种联系对于会展企业有什么现实意义呢？会展竞争情报的原理需从认识“竞争情报”和“知识”的概念开始。

1.“知识”的本质特征

知识不能简单地归结于数据，信息也不能说就是知识，虽然知识与数据和信息有着很深的渊源，但这三者是不可相互替换的。可以说数据是无组织或无序的信息，信息是经过组织有序的数据，而知识则是有用的信息。会展企业的核心竞争力，往往取决于对竞争情报与知识的把握度。事实上，会展企业在尚未确切了解展览项目立项的合理性前投巨资开发展览项目而导致失败的案例在现实中比比皆是。“知识工作”就是强调，理解数据、信息及知识三者间的各自内涵并加以融会贯通，为展览项目的决策进行可行性的分析，为展会的成功奠定基础。三者的含义和关系如下：

从图1可以看出，“数据”是未加工或处理的事实，一般说来，可能是杂乱无序的东西。数据本身缺乏关联性和目的性，是一些离散的、互不关联的客观事实。数

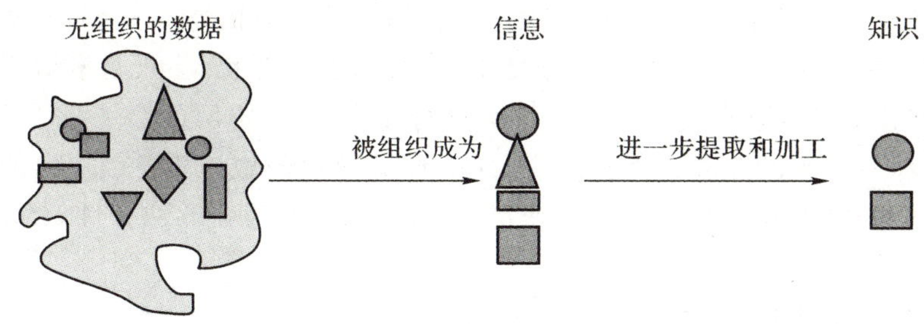

图 1 “数据、信息、知识”关系图

据本身并没有内在意义,仅描述了所发生事件的部分事实,本身并不提供对其他事件的判断或解释。

“信息”则是将数据进行组织后所得到的有序并可解读的东西。信息是“具有关联性和目的性的结构化、组织化的数据”。因此,信息具有意义,具有相关性和目的性。数据在组织加工后就添加意义成为信息。人们可以利用计算机对数据进行加工,将数据转换为信息。

“知识”则是在“信息”基础上经过进一步提炼的“有价值”的东西。知识既不是单纯的数据,也不仅仅是静态的信息,它是结构性经验、价值观念、关联信息及专家见识的流动组合,是对信息的应用。知识产生于工作者的大脑。在组织机构里,知识往往不仅仅存在于文件或文库中,也根植于组织机构的日常工作、程序、惯例及规范之中。

通过解读“数据——→信息——→知识”这一逐步拔高的过程。可以清楚地认识,“知识”是在人的智能参与状态下才获得的有价值的东西,是包括计算机在内的其他任何工具都无法直接加工得到的,它隐含着很强的综合性和创造性,会展业活动的整体过程其实也就是反复演绎这一过程。

2. 知识的分类

通常情况下,知识大致可以分为四大类:

(1)Know-What 类,指关于事实方面的知识;

(2)Know-Why 类,指自然原理和运行规律方面的科学理论;

(3)Know-How 类,指从事某项工作的技能;

(4)Know-Who 类,涉及“谁知道”和“谁知道怎样去做”的问题。

在四类知识中,前两类知识属于显性知识,常以技术文档、出版物等形式出现,后两类则属于隐性知识,存储于人们的大脑中,与个人能力密切相关,是个人经验的一种表现。

“显性知识”,是指能明确用语言表达、可编码化、可结构化的知识,与“信息”类似,不同的则是信息虽可表达一定意义,但未必是有价值的,而知识则具有价值属性。所以,“有用的、有价值的”信息才可以认定为显性“知识”。

“隐性知识”，是指存于人头脑中的个人经验、观念等隐含化知识，很难以较为简单的方式进行表达，也难于传递与交流，具有高度个体化、主观性和经验性的特征，其内涵比显性知识要复杂得多。以会展行业为例，有资历的会展骨干那种经过长期实践积累起来的经验、对会展企业内外环境变化的敏锐直觉就是一种隐性的知识。他们的隐性知识是很难为一般人所具备的，具有很强的综合性，并不容易培养。

3. 会展竞争情报的概念

前苏联情报交流学创始人米哈依洛夫博士认为，“情报就是作为存储、传递和转换的对象的知识”。我国著名学者钱学森教授认为：“情报就是激活了的知识”。钱学森教授所指出的“激活”，无疑是强调情报的实效性。因此，情报是具有价值并可供利用的资源，不仅可解读，同时也归属“知识”层次。它的产生或识别需人的加工或鉴别，使之产生符合人所需要的价值，“会展情报”更是一种特殊的“知识”，其实质是“知识”的一种应用。

竞争与情报本质上就有天然的联系，二者缺一不可，相互促进，互动发展。国内外会展企业间的竞争是一种行为，一种过程，一种高智慧参与的活动，全过程都会贯穿着情报。假如没有情报的参与，展览组织机构要想在竞争中取胜是不可想象的。从广义上而言，展览组织机构在制定竞争战略、进行竞争行为等一系列过程中所使用的信息、知识(或一种声音、一张图片、一个样品、一个动作)等都可视为情报。这种信息或知识经过科学合理的专业处理后将产生新的知识，服务于更有效的会展竞争与实践活动。随着世界会展业的发展与市场竞争日趋白热化，会展组织机构对竞争情报的需求开始具体化，有选择地利用会展相关信息对会展市场进行决策、项目研发和市场营销，对会展经营活动各个环节中产生的信息、知识加以分类、集成和定向定量的研究，将会展竞争和情报这两个概念有机结合在一起，会展竞争情报这一概念应运而生。

会展竞争情报通过收集和分析公开资料获得有关竞争环境、竞争对手的信息，对会展企业面临的威胁、机遇提供预警，对会展企业的战略战术决策提供支持。展览组织机构在策划过程中需采集与获取大量有价值的情报赢得或巩固其行业地位，而会展本身也是参展商与贸易商竞争情报的主要来源之一。在各类展览会、展销会、技术交流会、技术贸易会、招标会、洽谈会、科技集市、交易会上，企业除了可以得到论文、产品说明书、产品目录、技术报告这类文献外，还有各展台的文字图片介绍、新产品实物展示，以及洽谈、经验交流、录音录像等非文字信息。现代展会产品密集、商家云集、同行会集，是提供获取竞争对手企业技术信息、市场信息、人才信息的良机。

4. 会展竞争情报的知识特性

通过对会展竞争情报概念的了解，可以看出会展竞争情报与知识间非常密切的关联关系，会展竞争情报具有极为明显的知识特性。这不仅是由于会展竞争情报是情报的一种，充分具备情报的特征，隶属知识这一范畴，同时也是由于会展竞争情报的产生程序和知识一样，它经过了数据、信息两个层次的提升后得到的，证明了会展竞争情报与知识这两者之间的紧密联系。（如图 2 所示）

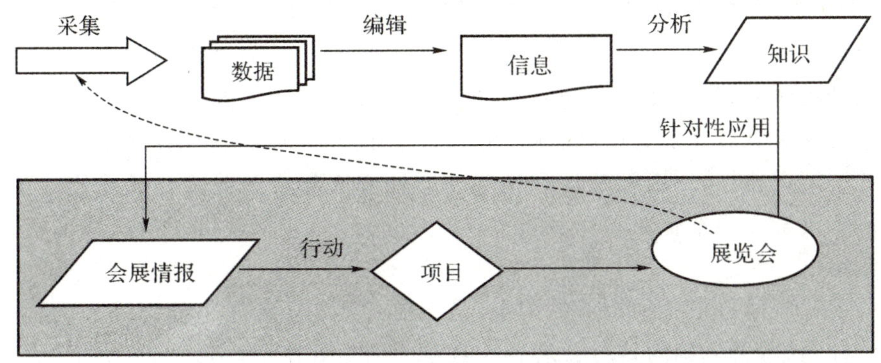

图 2　会展竞争情报产生过程图

5."显性知识"和"隐性知识"构成了会展竞争情报的内核

会展竞争情报中的"显性知识"是指直接从已获得的"信息"中识别并提取出来，对会展组织机构决策具有价值的情报；而"隐性知识"则是指需凭借自身能力对没有现成结论的信息进行深入分析、挖掘继而合成得出结论的情报，它们构成了会展竞争情报的内核。

会展竞争情报在提高会展企业竞争力方面具有很强的目标性，并根据会展企业竞争的需求导向，设置了相关数据、信息逐层加工的基本流程与使用工具，基本可分成三个步骤：

①在会展业，会展组织机构或企业首先是对原始资料和素材的无序采集。这些原始资料是从各个方面收集，如从展会、媒体、网络等一些客观事实的数据。这些数据在未进行科学合理的处理前甚至可能无法解读。但这些数据中隐含了对会展企业非常有价值的信息。

②将采集的原始数据通过科学的方法转化为可解读的"信息"。譬如我国会展企业通过 CRM 软件对原始数据进行"识别"，剔除错误或失效的数据，经过数据的初审并进行合理组织，同时实施有效跟踪，使其成为有具体内涵的"信息"；这些经过组织后得到的信息将成为会展组织机构竞争情报的核心内容。

③会展竞争情报产生过程中最重要的一步，便是由会展信息向"情报"的转化。在这个过程中，有经验的会展专业人员无疑是最关键的要素。虽然信息处理可以在很大程度上借助于计算机，但是，专业人员的作用是网络环境与 IT 技术所不可替代的。只有这些有经验的会展专业人员才能从信息中按照会展企业的需求进行有针对性的提取和加工，使之成为对会展企业具有实效的信息，从而转化为会展企

业竞争情报。

以上三个步骤中已证明“竞争情报是一种知识的应用”，同时也可以反映“显性知识”和“隐性知识”构成了会展竞争情报的内核。

三、会展业“竞争情报”的定义与特点

会展业的竞争情报是有关自己、竞争对手、竞争环境以及由此引出的相应竞争策略的情报研究，是会展企业为获得和(或)维持竞争优势而采取决策行动所必需的信息。作为会展企业有序的、连续的和系统化的信息流，它在保障展览项目经营管理的决策智能性、环境敏感性和快速反应性方面起着至关重要的作用。竞争情报组成三要素：(1)本企业和竞争对手；(2)竞争环境(包括政策、市场、战术等)；(3)竞争策略。

会展竞争情报是一种特殊的情报，是为提高会展企业竞争能力服务的，它不仅仅是一种理论，更强调的是对会展企业竞争力的实效作用，实践的意义很明显。所以，作为一种特殊情报的“竞争情报”，还有着自身的六大特点：

1. 定向性

会展竞争情报就是通过对特定竞争对手的经营策略、发展趋势、新技术开发、市场占有率及资信状况等情报的搜集、分析研究，为会展企业提供竞争情报服务，协助会展企业拟定战胜竞争对手的战略策略，使组织在激烈的市场竞争中立于不败之地。因而，它表现出独占性和排它性，具有研究的定向性特征。

2. 谋略性

会展竞争情报活动的重点针对会展竞争环境展开情报研究，经过广泛的市场调查和多方位、多层次的情报活动，建立各种数学模型，借助现代计算机技术进行由表及里、去伪存真的系统、智能加工，并进行综合分析判断，最后得出辅助决策的谋略性竞争情报。因此具有研究的谋略性。

3. 对抗性

会展竞争情报研究的是经济技术问题，存在着竞争对手等利益主体，使会展企业在竞争手段与竞争策略上均不等同于传统意义上对现存文献情报的分析研究。它也不是对特定问题的一时回答，而是一个会展企业对环境及竞争对手逐步深化认识、选择有针对性对策的动态过程。可见，会展竞争情报隐含有强制的对抗性特征。

4. 前瞻性

前瞻性决定发展性。战略这个概念最初只应用于军事领域。从字面上来看，战略是一个复合词，是“战＋略”，是对战争谋略的简称，战略是对战争中整体性、长期性、基本性问题的计谋。那么会展业战略就可以理解成会展企业谋略，是对会展企业整体性、长期性、基本性问题的计谋。由于以不同方式获取的会展竞争情报可

以全方位地评估会展企业及某具体项目今后发展的策略与战术，前瞻性地揭示各情报与信息间的内在联系与相互关系，因此，会展竞争情报具有明显的前瞻性。

5. 增值性

会展竞争情报的研究内容包括一系列的智能活动，如信息的收集、信息内容的重组、信息的深度加工以及对会展市场发展趋势的预测，再将经过加工得到的情报产品加以应用，服务于会展企业等等。它研究的内容：一个会展企业如何取得持久不变的成本优势？如何在会展领域选择合适的细分市场，如何在某会展项目的战略基础上建立竞争优势？何时或如何用协调一致的战略在相关发展中取得竞争优势？会展企业在追求竞争优势中的不确定性表现在什么地方？会展企业如何维护其竞争地位？等等，因此它具有明显的增值性。

6. 隐密性

由于竞争情报是会展企业在激烈竞争中决定胜负的关键因素，所以它的获取需要在竞争对手不知道、不协助、甚至是反对的情况下去获得。尤其是商业秘密这一类，可以给情报拥有者带来巨大经济利益，更为权利人所严加保密。因此，会展竞争情报既可利用最新的媒体、展览、机构等方式搜集，或采用合资和购买等方式获取；同时还可利用 IT 技术，通过研究开发、反求工程、分析合成等途径获取。有些机构甚至可通过窃取、抢劫、恐吓等非法途径获取，可见，会展竞争情报的搜集、研究和利用都具有明显的隐密性特征。

四、会展竞争情报在中国会展业具有广泛的应用前景

会展是信息交流的媒介和载体，会展与信息传播及竞争情报具有紧密的关联。从会展的组织形式来看，会展组织机构通过将参展商参展的产品物品（展品）在规定的时间与空间中向目标观众进行双向传递与信息交流。因此，作为会展组织机构与企业，力图提高办展水平，最重要的基础首先是提高有效信息的质量（也就是竞争情报），以此来畅通国内外的会展网络与机会，研究竞争对手的竞争威胁与行业整体的发展走向，积极主动地进行自身竞争信息的交流与传播，科学决策展览的立项、发展策划，创意优秀会展广告形成“注意力经济”等对会展的成功将起到至关重要的作用。

通过对竞争情报的原理分析和研究，可以非常清晰地了解到竞争情报对于中国会展业的发展具有十分重要的意义，其在中国会展业的应用前景也十分广阔，无论对会展的组织机构或是对参展商及专业观众都具有重要的意义与作用。这主要基于会展竞争情报以下特征：

1. 会展组织与信息及情报的同源性

世界展览组织机构与运行企业与信息传播具有非常深的渊源，会展组织机构与信息产业之间的兼并与购买在近几年越演越烈，脱胎于私营出版媒体的 *Reed*

Elsevier 励展博览集团就是集世界出版商和信息提供商职能为一体的机构，它在全球各个区域运作著名品牌展览项目的同时，还乐此不疲地规划对信息产业以及竞争情报重要机构的收购与兼并，2000 年以参股合作方式与美国坎恩斯商业信息（*Canners Business Information*）、荷兰的爱思唯尔信息（*Elsevier Business Information*）和英国的里德商业信息（*Reed Business Information*）等媒体联姻。无独有偶，1999 年，美国卡尔顿通讯公司以 12 .6 亿美元收购博闻集团在美国和拉美地区 40 个大型贸易展览会和出版刊物，而另一家美国商业媒体（*Commerce Connect Media*）却花费 2.75 亿美元购买了名为 *Cygnus Business Media* 的媒体公司经营 16 个专业贸易展览会和一批专业杂志和网站，荷兰信息出版公司（VNN）以 6.5 亿美元的价格收购博闻有限公司（*Miller Freeman*）的 70 个专业贸易展览会以及一批专业杂志和出版社。而近期 *Global Sources*（环球资源）也更是利用其网络资源优势涉足展览业，并充分彰显其无可比拟的竞争优势，这充分反映了会展组织机构与信息及情报的同源性，这些机构既是专业媒体，同时也是会展竞争情报的专家与会展组织活动的行家。

2. 会展现场交流环境与情报学"BA"理论

当今世界情报学日本最新的前沿理论称之为"BA"理论。（"BA"即日语"场"的英语发音）。在知识创造过程中，"场"是交流思想、信息和知识的平台，知识转换和提升的环境，是知识创造过程的重要部件。"场管理"是从研究心理活动出发，关注怎样提高心理能量问题。会展组织者举办会展，建立会展现场交流环境"场"，构成所有会展参加者共同参与、有意无意地相互观察、交流、了解，共同体验、共同合作的场所或无形的氛围，信息、情报的相互作用不仅限于语言、文字等方式的交流，参展者、观众面部表情、说话语气、动作体态等等都成为了信息的交换范围。会展"场"艺术化氛围激发人们产生心理共鸣，提高人们的心理能量。会展的"场"打破地域、种族、部门隔阂的"隐型墙"，拉近人们之间的距离，使人们的情绪高涨起来，进而产生一股巨大的力量，使参展者及观众间形成强大而持久的凝聚力与默契，从而加快信息、知识、情报的开发利用，产生经济与社会双重效益。

3. 会展竞争情报与知识管理

知识管理是知识经济时代的新一代管理方式，它以知识创新为目的，以人的知识运动为内容，人是知识管理的核心，信息是知识创新的源泉，信息技术是知识管理和创新的工具。会展集聚大量的人、信息和现代信息技术手段所产生的会展竞争情报，利于知识创新，为会展组织者与参与者都带来具有价值、优势和利益的直观动态的知识财富集合。

知识创新的四种方式在会展竞争情报中都可以出现：隐性知识的整合，会展参加者在潜移默化中接受知识并重新组合产生新知识，改变原有知识的结构；隐性知识向显性知识的转化；显性知识转化为隐性知识；显性知识之间的相互借鉴和应用。这些创新形式无论会展的组织者还是参与者都可以充分利用会展竞争情报来进行必要的知识管理，从而获得持续性的发展及竞争优势。

4. 会展竞争情报与信息技术运用

在现代会展中，多媒体技术、办公自动化技术、微电子技术、信息可视化技术、计算机科学与技术等现代信息技术应用十分广泛，会展竞争情报是伴随着这些信息技术的发展而发展的。譬如，现代展览充分运用声、光、电等立体现代信息技术手段，综合运用新闻、广告、印刷、出版、影视等多种信息传播学范畴的知识，强化信息展示效果。大型现代化会展中心配备现代化信息设施，如宽带互联网络，光纤、无线、卫星通信，多媒体通信，同声传译声讯系统，传真、手提移动电脑、可视电话、数码相机、电子显示屏、投影仪、影碟机、电视、电影、广播等各类信息设备大大地改变了会展竞争情报的内涵与外延，使得会展竞争情报的产生和竞争情报体系的形成大大加速。

现代会展所涉及的组织、控制与协调工作，需充分利用现代网络环境来进行。如网络广告、网上展览、网络预登记等功能，大大节约企业的参展成本与交易成本。网络展览以电子手段实现参展商与贸易商间的交易，使展览项目开拓、招商、管理和服务更加简捷迅速，已在现代会展中起到越来越重要的作用，成为会展竞争情报另一个关注热点。

5. 会展竞争情报与会展企业决策

决策是会展企业管理的重要环节，关系会展企业的存亡。会展企业的决策过程须以切实可靠的情报为基础。会展竞争情报可为会展组织机构与企业提供及时、准确、并具可操作性的情报。它是现代会展经营管理的智囊团、思想库和参谋部。同时会展竞争情报也可视为会展企业感知外部市场与环境变化的预警系统，帮助会展企业洞悉政治、经济、社会、市场等环境发生变化及可能形成的威胁和机遇，在未来竞争越来越激烈的会展市场，会展竞争情报无疑将成为会展企业适应外部环境变化而需作出战略决策和竞争策略的支持系统，并竞争决策提供依据和论证。会展竞争情报的作用关系图表如下：

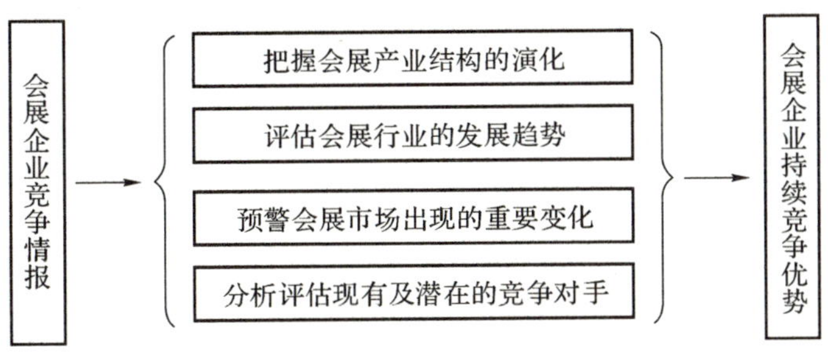

图 3　会展竞争情报的作用关系图

面对变幻莫测的竞争环境，传统的会展企业情报工作已力不从心。以竞争为核心、以全球为舞台的新型情报工作——竞争情报，将对会展企业的竞争力产生重大的影响。这种针对性更强、搜集加工更及时和应用速度更快的会展竞争情报已引起了我国会展企业界和理论界的广泛关注，成为会展企业战略决策的基础和情报学界研究的一个热点。

竞争是现代市场经济的本质体现，在市场经济条件下会展企业的竞争会日趋激烈，会展竞争情报体系的建设必定成为会展企业实力与地位的重要标志和象征。会展企业竞争是经济竞争的主流，而会展竞争情报则是会展企业信息化的主流。现代会展企业的成长离不开信息化，会展竞争情报促进了会展企业信息化的发展。会展企业要在竞争上赢得优势，就必须明确认识和发挥会展竞争情报在信息化中的作用。会展企业只有依靠竞争情报才能不断更新会展企业面貌，提高会展企业经济效益，增强会展企业竞争能力，才能更好地满足社会的需求，适应社会经济的发展和激烈竞争的要求。（本文原发表于《竞争情报》2008.6）

参考文献

1. 俞华. 会展学应属信息科学分支——探析会展学学科定位[J]. 中国会展，2003.17
2. 谢建. 竞争情报的知识属性[J]. 现代情报，2006.2
3. 苏瑞竹. 竞争情报定义浅析[J]. 津图学刊，1999
4. 黄彬. 技术进步推动我国会展业发展[J]. 中国展会，2002.1、2
5. 黄彬. "网络展览"应对突发危机的再思考[J]. 中国展览，2005.4

提升篇

[会展国际化探讨 1-1]

欧洲会展业考察报告

义博会组委会办公室主任张伟亚为团长的一行七人欧洲考察代表团，经历了为时十五天的紧张行程，圆满地结束了对欧洲会展业的考察。代表团在所经各国着重宣传了义乌城市发展与经济建设成就；向欧洲各相关协会与组织成功推介了义博会；与会展业同行共同交流了办展经验；结交并建立了新的国际关系与渠道；学到了很多很好的经验，圆满完成了欧洲之行。现将本次考察的收获与思考报告如下。

一、准备工作充分，宣传效果显著

成行前，代表团充分准备了宣传义乌，推介义博会的文字资料及宣传光盘，并通过各种方式对行程中重要的展会与相关展览机构或展览中心进行联系与确认，使得本次行程公务活动内容丰富，成效显著。本次考察将世界会展大国——德国作为重点，在短短的行程中，代表团考察了法兰克福、莱比锡、科隆、杜塞尔多夫等展览中心及慕尼黑奥林匹克展览中心；参观了科隆同期举办的两个区域性展览会与荷兰国际花卉市场；拜会了德中经济联合会、科隆 Ferne International 公司、科隆国际展览公司、杜塞尔多夫博览会有限公司、中德经贸文化促进会、法国华商会、莱比锡德国百合贸易公司等组织。

所到之处，因事先所做准备充分，均受到了热情的接待与礼遇。代表团也借此机会向国际友人与海外华商宣传了义乌的城市与经济发展，市场建设成就与义博会发展概况与历史。在德国各会展城市，虚心听取了德国办展机构的经验介绍，与同行交流了展览组织经验。于此同时，代表团着重地推介了 2003 义博会，并就招展招商工作与欧洲各国的社会团体建立了新的网络渠道。意大利华商组织、中德经贸文化促进会、科隆 Ferne International 公司、法国华商会、莱比锡德国百合贸易公司等组织认为浙江是中国经济发展的一个重要区域，有计划加强对这一区域的经济合作，并相继表示将为 2003 义博会及未来的义博会招展招商推介工作进行积极与全面的配合。德中经济联合会代表罗兰德(Roland Klen)先生更是表示将依托该协会的企业数据库资源,利用电子邮件为义博会作义务的宣传,并发义博会邀请(该协会有300多家企业会员与4000多家关注中国经济发展的企业数据库);在莱比锡参观了当地组织的两个区域性展会(Fashion Look mit & Body Look 2003),与展会组织机构国际事务部卡莉·贝尔(Carina Beyer)经理进行了现场交流,代表团携带的150份义博会邀请函和义乌宣传资料现场发送给与会的参展企业与贸易商,起到了直接的宣传效果。

二、会展业榜样印象深刻,会展理念更新

在考察途中,代表团在主要会展城市莱比锡、科隆、杜塞尔多夫等参观了一流会展场馆,并与展馆的高级管理层进行了业内交流,以下四个方面给我们留下了深刻的印象:

1. 会展经济支柱作用明显

德国地方政府将会展业作为所辖区域的支柱产业,视其为城市相关产业发展的主要推动器,并将会展业发展列为城市发展的基础,积极调配资源,优先扶持会展业,形成产业链。有数据表明德国的会展业对城市经济发展的相关拉动比为1∶9,而中国则为1∶6,德国的会展业已有近百年历史,展会市场相对成熟。在德国的展览公司像科隆、法兰克福、慕尼黑、杜塞尔多夫等公司,大多数为区域城市型,形成带状结构,有地方政府的支持,但运作相对独立。地方政府与展览公司合作,并在展馆的折旧、管理费方面给予优惠。所访的德国所有会展场馆基本上都是所辖地区政府投资,并由政府与地方专业经济实体组建成股份公司,政府对公司享有控股权。

2. 会展队伍专业化

德国人工作严谨、细致,凡事以数据说话,在与会展高层领导的交流中可以深深地感受到,从业人员素质较高特别是管理层通过严谨的科学方法与手段对市场发展数据进行收集、整理、分类、统计与研究,从而来提升对会展市场的理解与把握。德国科隆国际展览公司董事长迪克、杜塞尔多夫博览会有限公司国际商务部主任许特博士都谈到了德国展览主办者设立专门的研究机构来对展览的相关因素进行评估与理解(如所参观莱比锡的两项展会,其组织者就与专业的数据统计公司(KFM)合作,对展会总体效果进行科学评估),投资与运营市场化,融资和扩张严格遵守市场规律。因此,德国科隆国际展览公司董事长迪克对德国办展项目的可能性损失认为是不存在的,代表团反复提及关于展览公司如何调控风险的问题,德国同行认为开发新项目前的科学严谨的态度是最重要的,提升展会在业界的知名度,必须要以科学严谨的态度来把握市场变化风险。

3. 会展主题个性化

德国大多数成熟的展会都经过了几十年乃至近百年的市场培育而形成,往往

是一个独特的细分市场的缩影，其展会主题均具有明显的个性，展会品牌也是垄断的，独一无二的。德国会展业不像中国会展业这样风起云涌，展会数目不断提升，同类主题，同类展会品牌充斥市场，让参展商无法选择，也使大量的展会资源重复、浪费。德国人认为做展览必须选择一个好项目，集中力量去做，做专、做深，使展会主题赋有真正生命力，扎根于市场中，从而使参展商认同参展的必要性。纵观义乌市场资源，代表团深深体会到面对义乌市场资源丰富，会展尚属初步发展阶段，要形成义乌会展产业链尚需学习德国同行的严谨工作态度，脚踏实地地做。

4.展会服务客户化

德国会展业无论从其展馆的建设或展览的服务，都注重与体现了服务客户化的特点，特别站在客户立场思考如何做展览。譬如：展览场馆中的服务区域基本都是以 1∶1 或者 1∶1.5 的比例，服务人员的配置也极其的完备。在莱比锡的展览上代表团从会刊资料上很快就可以了解到所需参观的展商位置、有多少大的分类、有多少细的分类、小分类中来的厂商是什么单位？不仅如此，厂商的背景情况也有涉及，在网上做的配合就更多了，一个从未到过这城市的参展或贸易商通过网站可极方便地了解整个城市的衣、食、住、行、娱等所有资料。展览组织者也有专业机构提供来宾所需的所有服务，城市的服务资源在市政府的协调下都有很多优惠项目，且印制小册子，供人索用。

三、前有强军，后有追兵，义博会任重道远

通过对欧洲会展市场的考察，结合义博会，代表团深深地感受到要办好义博会，真可谓任重道远。由于义博会的主题是一个综合性商品贸易展主题，且不论与国际间的先进组展单位有差距，就以长三角乃至浙江这个区域范围而言也处在前有强军、后有追兵的境地。上海为长三角第一会展中心城市，杭州、南京为第二会展层次，其态势咄咄逼人；在省内，义乌、宁波、台州、温州同处第三层会展城市区域，目前各城市之间会展业的竞争十分激烈，且会展主题同质化，行业技术、管理水平和从业人员素质相对比较薄弱，对我们办好义博会提出了新的要求。代表团建议在本届义博会上要做好并改善的工作有以下几个方面：

1.提高展会展台设计水平

学习欧洲展会展台设计的人性化，可以采用展商自选设计来展现产品的整体形象（既解决目前时间紧任务重的矛盾，也可丰富展位风格），可以多采用一些开放式展位，消除展板的间隔，可产生较大的空间感，促进专业观众与展商的交流机会。提高展台搭建中的技术含量，提高新材料、新光源的采用比例，增强整体效果。

2.成立外商客户服务中心

中心每位工作人员都应进行封闭式专业培训与指导。特别是有关展会的理念，历史及义乌城市环境及语言方面的培训，展会的工作者胸徽应标有名字，有明

显的识别,重点为外商提供专业的接待和服务,来解决或协调展会的问题,同时也能接受相关的监督与投诉。

3. 优化义博会展会环境

本届义博会外商报到处的空间要有一个很好的设计,良好的报到环境是外商对义博会的第一印象,尽量简化报到手续,加快在同一单位时间的外商报到流动速度,使外商能感受义博会的工作效率。最大程度地留住客商资料以作今后的服务支持是一项非常重要的工作,在另一方面人性化的展会环境:休息空间、餐饮、咖啡吧、通道等均是本届义博会需改变的服务内容。

4. 加强义博会网站建设

这是一项在近期应有较大改观的工作,网站上城市整体服务资源要充分,可以尽可能多地参考国际先进展会在网站建设方面所做的成功经验,也可模仿境外网站的栏目设置与特式,可以使网上义博会先一步接轨国际。目前,义博会网站的英文开发滞后,建议将中文版的全部内容在近期内翻译成相对应的英文,并应在网站主页上开设语言选择按钮,解决计算机不同语言环境中系统产生乱码的障碍。

四、加快发展义乌会展业的思考

1. 提升义乌会展业的软件水平,重视会展人才的开发与利用

通过对欧洲会展业的考察,代表团认为发展义乌会展业的重中之重是需积极地开发与培训会展业的专业人才,改善管理者与主要业务骨干会展国际化的管理理念,为此,要加大走出去、请进来的力度,走出去即参加国外的短期业务培训,参加国外的大型展会,请进来即请国际专业人士来义办班或现场交流,多听取境外客商对义博会不足之处的反映与意见。

2. 加强国际交流与合作,积极建立国际会展网络与合作渠道

据有关资料表明,在同一会展城市区的宁波、台州、温州乃至永康近期对当地会展项目的国际推广活动频繁。这些城市的会展宣传推广主要集中在世界会展强国美国、德国、日本、新加坡来进行。他们不仅旨在建立国际公关渠道,而且更多地进行主题性的国际项目合作,如永康就加强与德国科隆间的联系。要使义博会真正具有国际性,必须实现与国际间的广泛交流与合作。

3. 加强与德国展览机构的深层次学习与合作

欧洲是世界会展最重要的区域,德国则是重中之重。据中国贸促会展览管理办公室统计,2002 年中国赴德展览项目为 132 个,占全年外出展项目的 22%,摊位数 3796 个,占全年外出展总摊位数的 36.4%,列为我国出展国的榜首。因此,学习德国办展理念、运作经验与程序是提高义博会品质的必要一课。十一月份德国拟举办为期两周的会展专业培训,建议委派从事展览与工程的骨干赴德培训,加强义博会在区域会展城市中的核心竞争力。

4. 避开区域会展城市的同质竞争,创新义博会展会主题

在德国科隆展览公司座谈交流中,德国同行提出一个很明确的会展理念:创新与国际化。义博会也必须创新主题以避免同质化的区域竞争。根据截至 9 月 1 日的义博会展位报名统计,展位预订的前三位分别是:工艺品 799 个;日用品 531 个;文体 525 个;企业家数分别为 428,269,291;根据国际会展经验,这些行业完全可以作为义博会的专业主题展如:"工艺——义博会 Arts & Crafts——Yiwu Fair";"日用品——义博会 Consumer Goods——Yiwu Fair";"文体用品——义博会 Stationery & Sports Articles——Yiwu Fair",既可以缓解义博会的展位紧张压力,也可增强展馆场地利用率,更避免了长江三角会展主题同质化,作为义博会的系列展会,宣传与包装的同步也成为可能。

5. 建立专业的会展研究机构,将义博会提升到国际水平

德国的考察表明,每到一处的展览公司或场馆都有专业的会展研究机构来调研会展的项目,对会展主题开发、客户资源调研与利用、数据统计分析、展会效果评估都有一整套的系统方案,为成功办展提供了非常严谨且科学的决策依据。这也是中国展览主办单位与世界顶级会展强国展览机构的本质差距所在。要提升义博会,接轨国际,必须下决心组建这样的研究机构。这会大大地提高义博会的服务品质,提高决策的科学性,也能使义博会在未来逐步与国际同步,成为被 UFI 论证的展会。

6. 义博会网络建设应率先接轨国际

在德国与各大展馆及会展公司的交流,以及通过网站的直接连线访问,都直接感受到了德国同行对网络建设的严谨性。品牌展会都直接受益与先进的网络通道,德国的国际参展商与贸易观众的比率介于 30%—80%间(平均值为 55%),而其中 60%的工作是通过网络来实现的,如网络展位申请、展具租赁、客户服务(酒店、机票、旅游预订等)都可在线完成,因此大大提高了组展的效率。相比之下,义博会的网站如同"闭门造车",不能接轨国际。要使义博会真正实现质的飞跃,网络建设需严格按照国际品牌展会的网络建设来规划和运作。近期可以采取先模仿后创新的思路来实现,网站的基本模块设置可参考国际会展网站并结合义博会及义乌的实际来进行,在技术方面可与国内知名网站的合作,提高网络技术的先进性和利用效率。(本文原发表于 2003 年 9 月义乌市政府《参考内刊》)

[会展国际化探讨 1－2]

德国会展高级经理管理培训札记

2004 年 6 月 22 日—7 月 4 日，笔者参加了由中国贸易促进会委员会、国家专家局、德国国际培训和发展协会主办的第四期赴德会展高级经理培训班，与来自中国贸促会、各地场馆、全国高校系统的 22 名学员一起在德国学习了德国会展管理课程并参观了德国部分城市的展览场馆，深刻感受了德国会展业发展的历史与现状。

在瑞文斯堡 BA 大学展会管理系为期一周封闭式的理论学习，先后参观拜会了 10 家展览相关机构、展馆、会议中心、展览公司。通过培训有如下体会：

一、本届培训班基本情况

该项目是中国国际贸易促进会与德国国际培训和发展协会（INWENT，前身为卡尔-杜伊斯堡协会 CDG）主办，由京慕国际展览有限公司和德国瑞文斯堡教育与合作大学承办的展览管理方面的培训。自 2002 年在德国举办首届培训班以来，本期是第四届。本届培训班总计 22 人，其中 3 名学员为中国国际贸易促进会所派，7 名学员来自全国高校会展专业的师资，其余 12 名学员均为展览场馆的经营管理人员和展览行业的专业人士。培训班的教学内容主要由一周课堂学习和一周参观学习组成。课堂学习由瑞文斯堡合作与教育大学安排，讲授展览管理、展会和经济效益、营销管理、财务管理等课程；课堂学习结束后，参观慕尼黑国际博览会公司国际展览中心、纽伦堡国际展览中心、瑞文斯堡展览中心、慕尼黑国际博览会公司建筑、工程及技术服务中心、慕尼黑商业房地产展（Expo Real）、慕尼黑国际会议中心、德国 AFAG 展览公司及德国西门子股份公司，并与 INWENT 交流培训感想。

课堂教学内容丰富、信息量大，时间安排得非常紧凑。整个培训至始至终贯穿紧张的教学、课堂练习、小组讨论以及课后作业。教学内容理论性强、逻辑性强、结合实际，通过剖析具体案例并用管理学、市场营销学、财务管理学，甚至是宏观经济学的理论逻辑推理，透过行业现象切入问题实质，深入浅出地阐述了很多具体工作过程中可采用的方式与方法。整个教学结合日常工作方法在理论上有所呼应，进而启发了业内人士的工作思路。激发了会展工作者在实践中持续学习的热情和改进工作的信心。例如，教授以著名的建筑机械展览会(BAUMA)为例，通过使用经济学中价值链和财务管理理论，分析出展览会价值增值部分主要是在展览会立项方面，解释了为什么创建自己的品牌展览会的收益远远大于组团参加别人组织的展览会，阐明了为什么在自己的展览馆举办别人的展览会自己只是“物业公司”，而现有资源创造的潜在收益部分被别人拿走了的道理。再有，针对如何更加合理地拟定筹展时间安排、分配工作任务的问题，教授利用管理学的模式，按照时间划分层次，根据人员划分纵列，依据任务的轻重缓急突出重点，把大的项目割裂成若干小块，使某一时间某一个人的任务安排一目了然，启发学员们对大项目进行重新规范管理机制，更科学、有效地进行管理。在参观学习过程中，学员们结合课堂上所学的思路和方法，与各大展览中心的德国同行们进行了有益的交流，重点观摩了各大展览中心先进的展馆、配套设施以及现场管理。在为期两周的学习过程中，感觉受益匪浅。

本届培训班即用宏观的理论切实解决学员们的微观问题，从实践上溯到理论、以理论指导实践的教学方式来强化教学效果。这不同于其它行业内众多的培训班，动辄聘请知名学者、教授，题目很大、范围很广，学后不知所云，对实际工作帮助不大。本届培训班务求融会贯通，利用成熟的理论解决具体问题，回答工作中的疑问，使参加者有收获。与本届培训班的同学交流时，学员们一致倾向要秉承本届培训班精神，建议除了举办培训项目，提高从业人员素质和理论水平，不断搜集行业信息，定期发布研究数据和报告，为国内展览企业制订营销战略提供参考。同时还需以准确的中国展览信息及大量的展览经济数据作为案例进行教学，提高专业会展培训项目的实际意义。

二、德国会展与会展培训的基本情况

会展业是德国的强项。德国的会展业是一个渗透着深厚的文化气息的先进经济部门。国土面积相对来说并不大的德国，是世界上最重要的博览会基地，在德国举办的国际著名博览会数量占了全世界的一半以上，全国拥有柏林、杜塞尔多夫、埃森、法兰克福、汉堡、汉诺威、科隆、莱比锡、慕尼黑、纽伦堡和斯图加特等一系列重要的博览会中心城市，每年组织的国际和跨地区会展活动达 130 多次，形成可观的会展经济圈。

在德国的展览公司分大、中、小三等，大的展览公司如法兰克福、慕尼黑、杜塞尔多夫等公司，大多数是地区城市型的，有地方政府的支持，但运作是独立的。德国各个州人口不是很多，但是只要展览公司举办展会就能给地区带来就业机会，带

来利润，地方政府就会与展览公司合作，并在展馆的折旧、管理费方面给予优惠。在德国会展业中可能就是那些小会展公司，它们的会展场地是租用的，展会的成本低（不像慕尼黑展览公司有自己的展馆，管理和维护费用高），往往集中展会的一个主题或一个很细分的市场，因次市场的集约化很强，因为这种展会在一个地区只适合办一次，别人不可能再办。

在德国开设会展专业的大学有德国科隆大学会展经济研究院和德国瑞文斯堡会展管理系，但是德国会展业专门人才的培养基本上是定向的，如德国瑞文斯堡大学会展管理系的学生大多数是接受展览公司委托培训的。经过培训的学生毕业后还是回到公司，为该公司服务。这些学生平时可以从展览公司得到工资，一般在学校里学习 3 年，1 年半时间上理论课，1 年半时间实习，通常 3 个月上课，3 个月实习，学生反复地从理论到实践，再从实践到理论，这样学习效果很好，培养了许多经验丰富、理论扎实的会展经理人。在德国也有一些为数不多的会展管理短期培训班，培训内容有展会营销理念、展会的组织、成本控制、展会服务等，短期培训班一般是为某一展览公司而特定举办的，必须收费。

德国和中国会展管理的差异作横向和纵向比较。德国会展业的发展已有近 100 年的历史，展会市场相对成熟，一般来说，一个成熟的展会大多数都经过了几十年乃至近 100 年的市场培育形成，而且展会组织者为不断适应新形势、新市场的变化，持续性地为该展会不断做改良的工作。简言之，在德国，某一展会往往其展会品牌本身就是受到相关保护，且是垄断与独一无二的。它代表着一个独特的细分市场。正因为如此，德国会展业不可能像中国会展业这样风起云涌，展会数目不断提升，同类主题、同类展会品牌充斥市场，让参展商无所适从，致使大量的展会资源重复、浪费。为此，针对中国会展管理的现状，在培训期间在与白烨教授的沟通中他提到在日益增长的中国会展业，作为展览公司不能什么都做，必须选择一个好项目，集中力量去做，做专、做深，这样的展会才有真正的生命力，因为它扎根于市场之中，让参展商认为有参展的必要。目前中国主题雷同的展会太多，有一个"淘汰筛选"的过程，竞争是最好的市场手段和方法，最终获胜的就是胜利者。白烨教授还指出，针对中国会展业起步晚、力量小，难以抗衡国际知名大展览公司的事实，他认为最切实可行的办法就是加强中国国内跨省际的会展市场联合，加强产品的交流、做大展会品牌，不一定指望大量的国际展商的介入，这对于保护本国的展会市场很有必要。

三、德国会展业的核心竞争力

德国是世界上重要的展览举办国，全世界重要的 150 个专业展览会，有近 120 个是德国举办的，说其为世界展览王国，名副其实。德国举办的这些权威性的展览会，深受参展商、专业观众的欢迎。德国作为世界展览业的代言人，之所以享有如

此高的国际声誉，一是得益于它地处欧洲的中心位置，二是它拥有一个潜力非常大的消费市场，更重要的是德国能给参展商和参观者带来展会效益。总的来看，德国展览业具有以下几个特质：

1. 全国性的行业协会

AUMA 为德国贸易展览业协会，成立于 1907 年，总部设在科隆，是德国展览业的最高协会。它是由参展商、购买者和博览会组织者三方面力量组合而成的联合体，以伙伴的身份塑造博览会市场。AUMA 具有统一性、权威性，其地位在德国是不可动摇的。AUMA 为了确保德国博览会市场的透明化，制定了许多规章制度，尽量调整、改进新举办的博览会与德国现有的国内或国际展览会之间出现太多的重复。尽管这几年德国举办的展览会数量剧增，仅 1999 年博览会就比 20 年前多了一倍，但各博览会的目标非常明确，展会重复现象极少。同时，AUMA 请相关人士在世界各地对展会进行考察，并写成报告，为德国政府赞助本国企业出国参展提供了很好的建议和具有非常重要的参考作用。

2. 展览项目的长期规划

每个展览会的举办计划都是组织者与参展商、参观者及各个协会密切协商后制定出来的，而且根据各行业不断变化的市场条件进行调整。比如每两年一届在德国柏林举办的“电子消费品展览会”是全世界电子消费品行业内的最大展会，已有多年历史。可见，德国的展览会并非短期行为。

3. 品牌宣传与资料准备

为了树立展会的自身品牌，展览会的组织者不断在世界各地进行宣传，吸引参展商和专业观众。对于参展潜力比较大的国家，都专门派代表前去做宣传，介绍相关展览，并向感兴趣者提供相关咨询。即使有些展览会很火爆，甚至展位已满，他们也会继续做宣传，以强化品牌。德国大型展览会的宣传资料，很多都是一本册子或一本书，内容不仅包括历年展会的情况回顾，而且详细介绍整个欧洲，甚至整个世界某一行业的发展趋势和动态，同时涉及参展费用、装修费用等信息，有效信息量很大。

4. 展览场地设施先进

德国展览会场的设施处于国际领先水平。德国大约有 20 个国际水平的展会场地，一共有展览大厅 220 万平方米。德国每年共投资约 5 亿欧元，用于扩大展览场地并对其进行现代化的改造。现在德国几乎所有的展览中心都拥有先进的设施。

5. 会议、研讨、论坛和展览相辅相成

承办会议也是德国展览公司注重经营的一项业务。目前，大多数中国展览公司只把目光局限在展览或与其相关的会议上。实际上包括德国在内的很多欧洲国家的展览公司，并不仅仅办展览，还承接一些国际性的会议、研究会，使之和展览会

相辅相成。

6. 领先国际的专业服务水平

德国一些大型的展览公司，每年的营业额可达到1至3亿欧元，拥有数百名专业员工，多数从业人员都是经历了从实践到理论，再从理论回到实践的专业在职培训，且从业人员入行之前都有较好的专业背景。形成了既熟悉本专业又具有丰富经验会展运作团队。德国在展览服务方面也做得非常到位。例如：德国纽伦堡定期举办的"国际有机产品展"，作为一个非常专业的展览会，其服务非常周到。在展会宣传资料中，仅酒店介绍就有五、六页篇幅，上百家不同档次的酒店供挑选，并详细注明优惠幅度、期限等情况。

7. 会议业正成为重要发展战略目标

德国除在大工业及部分信息与机械产业方面仍保持制造业的重要地位外，其它的轻工产品制造业已基本向劳动成本偏低的亚洲地区转移。因此，部分专业性展会的发展受到了限制并开始下滑，为改变这一状况，德国以其城市人文与历史环境保护，生态保护等优势将会议业作为重要的战略发展目标来弥补展览下滑趋势，即"国际奖励旅游及会议"。

8. 展会评估体系完善

德国人的很多工作作风是很值得钦佩的，严谨细致，实事求是，一般展会的组织者会主动与专业且中立的数据核查公司(KFM)合作，在展后对参展商、观众、媒体及展后相关数据进行统计工作，或根据抽样调查的结果，对展会总体效果进行科学评估。而FKM是德国最具权威的展评机构，有十分完善的评估体系，由FKM提供的评估报告在很大程度会影响展商与贸易商对展会的参与决策。

四、培训印象及感想

本次赴德学习考察项目，感受颇多，归纳起来有以下几个方面：

1. 场馆建设方面

本届培训班组织参观的场馆有慕尼黑国际展览中心、纽伦堡国际展览中心、瑞文斯堡展览中心、慕尼黑国际会议中心及纽伦堡国际会议中心。

所参观的博览中心与会议中心，对德国场馆的建设时时都能感觉到设计者以人为本的原则：博览中心在规划时都根据所在城市的特性，对室内展览面积、室外展览面积、仓储占地、停车泊位、会议中心、餐饮座数都做出非常科学的设计与安排，并充分考虑在展馆周边预留后期扩建和发展用地。场馆的设计与建设非常注重外部指示系统、交通组织，城市导游功能，甚至利用计算机网络监控系统对铁路、地铁、高架巴士进行在展会期间的有效管理与疏散组织，展区道路融入了城市道路、周边宾馆、餐馆、商场、花园等配套完善，并与城市旅游、娱乐、文化相结合，对展览活动期间的展贸双方的休息区作了别具匠心的安排，在展馆内部人流、物流的组织上，无论设施与服务，更是处处体现以人为本的原则。例如：对大客户参展商更是以人性化的考虑作了专供大客户用于谈判的专门大户室，以提升参展商对场馆服务的满意度。慕尼黑国际展览中心出于有效解决观众入场流动与疏散考虑在主通道非接触性的门禁系统就达 25 个之多，且在不同展馆间采用快速自动人行通道。

展馆布局方面，所参观的每个展馆建筑相当简单实用，但对外立面、序幕大厅、配套服务用房、连廊天桥、中心花园等都有规模较大配套设施，各博览中心都属单元式多联体建筑，多数为单层建筑，少数较早建筑是二层；在布局上各地又不尽相同，多数展馆与会议中心的平面均可根据展会组织者的要求进行展区分割与不同功能的组合。例如：慕尼黑国际会议中心的所有会议厅与会议室都可随时根据展会承办方的要求进行分割与组合，以满足研讨会、产品发布会、专业讲座或论坛的不同需求。纽伦堡国际展览中心的展馆将观众的坐席设计成可伸缩性墙体，随时可以将座位放下来，以适应展期的文艺演出或体育活动。既便在水电供给、通信电缆及展会相关的技术服务及维护方面，也都进行了大量的投资，慕尼黑国际展览中心的地下维护通道的层高就超过了四米，宽度二米以上，给维护工作带来便利与效率。总之，德国的场馆建设内部结构设计合理，技术精益求精，在未来我国会展中心重建新馆时可考察德国的相关场馆。

2. 场馆服务方面

德国场馆建设基本投资规模都很大，但在场馆的服务上他们利用资金却是非常节省，德国的经验是倾向于服务外包的方式，所参观的几家展览中心，除专业管理人员外，服务外包是基本的做法，展位设计、工程搭建、展品运输、商务服务、展馆清洁、垃圾处理、餐饮服务等等都采用分包的方式，以纽伦堡国际展览中心为例：该中心为展会服务商提供办公场地（需付租金），还提供周转仓库（需付租金），一般是由场馆方选择二家左右的专业会展服务提供商，并与其签署相关合作协议。在协议执行的过程中，展商或参观商如需会展方面的服务支持，可直接找服务提供商，也可通过场馆方进行推荐，但驻场馆的服务提供商每笔与场馆会展项目相关的订单都需向场馆方支付一定比例的佣金。德国场馆管理人员认为这样做的好处有以下几点：

1）减轻场馆的专业人员培训、工资、福利及办公费用的支出；

2）节省因提供服务支持所需的设备支出；

3）通过专业细分使会展服务支持更专业；

4）场馆具有对服务提供商的灵活选择权；

5）参展商与贸易商会对服务提供商有自由选择权；

6）因不构成行业垄断而产生的服务竞争，优化服务效率；

7）业态间的行业创新将及时转化成果服务大众；

8)服务提供商的社会资源也将根据具体展会的性质得到有机调动;

9)专业细分最终的结果使会展业形成服务产业链的形成;

10)有利形成国际性展会所应具备的团队运作体系。

纽伦堡国际展览中心经过多年与服务提供商的合作证明,这是一个很好的合作方式,该场馆因此而创德国展览业中最佳期的几个经济指标,如场馆管理人员最少、经济效益最好、服务满意度最高等等,目前这个合作模式在一些其它场馆也在被学习和采用。

3.展会培育方面

“德国模式”的展会其主要特点,在于德国展会企业地展会立项前都需进行认真的前期市场调查与财务可行性分析,且专注开发极具特色又有细分市场需求的项目,确定长远的项目战略目标,在项目立项启动之前,德国会展企业无一例外都会投放较大数额的款项用于市场调研,或委托专业咨询公司,或是内部的独立部门,对某个具体行业的背景、前景、内外资源进行很客观的数理分析,在确定立项后会持续性地对该项目实施贴补,一般一个新展会的规划到实施的周期为 24 个月,新展会的发展也是从小做起。例如:慕尼黑展览公司主办的慕尼黑商业房地产展(Expo Real)是在 1998 年开始创办的,起初的参展商仅 100 多家,参观商仅 2000 多人,2003 年发展到 1280 家参展商,贸易观众 16000,通过 6 年的展会培育,参展商增长了 13 培,贸易观众增长了 8 倍。成为世界首屈一指的商业房地产的专业展会。该展会三、五年后才开始体现利润,并具有强大的发展空间。这有别于我国部分展览公司在概念尚未完善时就盲目立项,或无序跟风,或重复办展,并在首届就梦想持平或盈利。

德国的展会运作是一个紧密与专业团队的合作过程,德国展会主办或承办方与专业行业协会的联络非常紧密,行业协会不仅是专业展会的顾问团队,更是专业展会的参展商与贸易商的组织者与发动者。印象比较深刻的是,德国会展企业对政府主管情报机构、教育研究机构、行业协会与专业媒体的合作非常通顺,他们的很多决策制定都与这些方面的信息源的通畅和整合有关联。德国展会的成功最主要还在于其对观众质量的有效控制,绝大部分在德国举办的专业展普通观众是不能入内的,在邀请的专业观众中包括贸易商、采购商、批发商、科研教育人士、官员等,素质高,很多都能参与企业的决策;其次,国际化程度高,辐射全球,如科隆展览会有 50%的展商和 30%的观众来自国外,高度国际化使德国展会成为国际展会活动的重心。据去年对我国企业出国展览项目最多的国家统计显示,德国以 73 项位居第一位,大大超过位列第二和第三的美国和日本的 51 项和 19 项;再则,德国展会组织与服务高度专业化,且展期短(一般为 3 至 6 天)可减少企业费用负担。因此,德国已成为我国企业出国办展最集中的地区,这也是德国重视对中国会展市场开发的重要因素。

4. 中国会展市场策略

中国经济的迅速发展,世界轻工制造业中心不断向中国转移,使得精明严谨的德国人意识到中国会展业的发展将成为德国引入会展业的重要目标市场。以 AUMA 发布的有关德国展会的统计报告数据显示,自 2000 年至 2003 年以来在德国举办的区域性展会无论从展览面积、参展商还是贸易商数量都成了明显下降的趋势,而在德国举办的国际展会的展览面积、展商均呈一定程度的下降,更重要的是参观商的下降明显,通过分析,德国同行发现东亚参展商、贸易商对德国会展产业的支撑力度最大,而在东亚中,中国更是一支不可轻视的力量,中国企业频频参展科隆、汉诺威、法兰克福、汉诺威、柏林、纽伦堡、莱比锡、慕尼黑等城市举办的不同题材的展会。据了解这些城市的展馆因中国展商的快速增长,在展会期间因此还增设了中餐盒饭的服务项目(这对会展现场的清洁带来诸多不便,但苦于要留住中国展商,德国人真可谓勉强而为之),德国科隆国际博览会是中国企业参展最多的博览会之一,迄今为止来自中国的 800 家参展商和 3500 名专业观众定期参加科隆博览会,参展面积达 8000 多平方米,而每年举办的慕尼黑国际体育用品展 ISPO,每年有 100 多家参展商,近 1500 名专业观众,参展面积也有 2000 多平方米。中国企业赴德参展改变了德国会展的组织结构与经营理念。因此,德国的经济信息与情报部门对中国会展行业的研究已在 1997 年开始进行,并不断地向德国会展行业提供相关数据与报告,催生了德国展览集团的形成(慕尼黑展览公司、汉诺威展览公司、汉诺威展览公司合作体)并在 1999 年与上海博东投资控股公司合作成立上海新国际博览中心有限公司(股权为各 50%),同年 11 月 4 日开始建设上海新国际博览中心,在 2001 年 11 月 2 日开业,目前已建成 7 个无柱的展厅,面积达 80500 平方米。在今后几年将建成 17 个展厅并拥有 1 座宾馆附带会议中心,展览面积总共为250 000平方米(其中200 000平方米室内展览面积,50000 平方米室外展览面积)。使之成为当前亚太地区最先进、功能最完善的展览馆之一。随后以上所提的德国会展城市都纷纷来华设立机构,以合作、移植等形式来华办展。成功地解缓德国会展业的大幅度下降,有关网站也纷纷亮相如:德国中文网 www.csuchen.org、德国开元网 www.kaiyuan.de、德国会展信息网 www.expo_germany.com、德国展览会网 www.germanyfair.com 等,目前德国展览机构在中国的力量还在不断地加强。

这次培训也反映了德国政府与企业对中国市场的关注:本届培训班是由德国联邦经济合作发展部赞助,由德国国际培训和发展协会(INWENT,前身为卡尔-杜伊斯堡协会 CDG)实施的一个项目(而且只是为中国量身定做的),在 2001 年就开始实施,这一项目旨在输出德国会展业的发展理念,为中国会展从业人员换脑的工程,本届培训班更是定向资助教育机构的师资(因签证原因,本届培训全国有 5 所高校师资前往学习,而且特别为他们制定了教学计划。相信明年将会更多),德国

瑞文斯堡教育与合作大学会展系主任白烨教授也曾在本班结业聚餐时表示，十月将赴上海、杭州、宁波考察建立教育点可行性。由此可见德国会展业对中国市场所采取的企业先行、教育跟进的作法来实现德国会展业海外扩张的宏图。教育培训的目的是针对中国会展业不规范、专业人才匮乏状况而进行的，也是为德国会展业进入中国创造有利条件。

德国会展业进军中国会展市场，对我们的生存空间会产生一定影响，特别是义博会的参展企业对展会所具有的增值服务方面会有更高的期望值。因此关注德国会展兵团的大举进军将会对不断调整义博会的战略规划与战术整合具有积极与现实的意义。

五、业内交流与建议

在本届培训班上，我们也利用了各种机会与行业人士进行了交流，宣传义乌市场，推介义博会，并就相关义博会的发展与德国专家进行了探讨，归纳如下：

1. 利用一切时机向同班学员详细介绍义乌市场的发展状况，目前义乌市场建设情况、制造业发展特式以及义乌市政府对义乌发展的相关政策；

2. 特别向与会的大专院校的领导与专家介绍了义博会发展的情况，鼓励这些院校来义乌对义博会进行实地调研并将义博会作为中国展览业发展的特殊案例进入这些院校的教案，北京第二外国语学院、浙江大学城市学院、浙江经贸职业技术学院及广东商学院旅游与环境学院已有明确意向开展这项活动；

3. 利用课余时间向瑞文斯堡 BA 大学展会管理系营销课程主讲 Christina Dreier 教授介绍浙江具有两个基本是同质性展览的“消博会”与“义博会”的背景，探讨了义博会的市场营销战略的定位，专家意见：

a. 宁波政府对德国会展教育非常重视已与该校联系，意欲请该校在宁波设立培训点；

b. 宁波的“消博会”对“义博会”从区域经济发展情况来分析，不可能不产生影响，关键在于“义博会”对此影响应规划采取不同的展会定位与市场营销策略；

c. “义博会”的承办机构应是市场化运作的，要加强承办机构的独立宣传，这样才有可能获得业界的认同并取得未来的国际合作，从目前判断“义博会”是政府主导的展览；

d. “义博会”国际展商的目标定位要明确，以便组织国际展商参会，从义乌的市场资源来分析，目标定位在亚洲比较合适，应先在亚洲建立起代理招展网络并加强对这一地区的宣传与推广力度；

e. “义博会”的网站应重视简单明了，重点突出，展会相关服务齐备的特点，方便国际展商或参观商利用网络完成相关的查询，订位与服务支持；

f. 德国有很多专业性很强的组展公司，他们有很好的展商与贸易商资源且有

行业协会的支持，他们愿意与中国相关的专业展览公司合作来共同经营题材相似的展会，可以与他们建立一种长期的战略伙伴关系，提升“义博会”的国际化；

g. 经常派员参加德国举办的消费品展会，如德国法兰克福国际消费品博览会，现场可学习展会承办经验并可进行有关“义博会”的推介，这将加快“义博会”的国际化进程。

4. 建议：

1）加强对部门管理人员的会展培训很有必要，这将是一个从实践到理论并从理论再返回实践的过程，有利于管理人员在工作实践中能正确借鉴国际会展经验，提高工作效率；

2）根据观察本届培训班来自兄弟展馆的会展从业人员，我们深感他们的素质很高，在交流过程中也可以发现他们在工作实践中所表现的思考性、自主性、合作性的团队意识，我们感觉“义博会”要提高，要发展，首先要做好“人才储备”的工作；

3）加强对德国会展企业的联络，从浅层次合作开始逐步深入，以便能逐渐熟悉国际展览的市场运作，适应未来“义博会”国际化发展与国际合作的趋势；

4）加强与大专院校的合作，目前，这些院校正在从理论层面上系统化适合中国展览业发展的概念与操作模式，且教育机构信息集成渠道多，整合程度高，是低成本的合作伙伴；

5）多多参与会展业的社会活动，有参与才有影响力，才会提升关注度，同行间的行业互动，在德国效果是十分明显的，如莱比锡展馆的设计师受慕尼黑国际展览中心之托全面检讨原展馆设计过程中的所有问题及需提升的功能，从而在新慕尼黑国际展览中心的重建中一一得到改善，节省了投资，使性价比达到最高；

6）需积极培育与构建组展代理网络，以进一步改善目前“义博会”的参展商结构，扩大全国区域企业参展的比例，有利于提高“义博会”整体运作水平。（本文系内部工作汇报并在 2004 年 7 月发表于德国会展信息网 www. expo_germany. com）

附录：德国 Ravensburg 大学会展管理系介绍

Ravensburg 大学会展管理教育是由 Joerg Beier 教授于 1986 年在德国南部的 Ravensburg 城市一手创办的，也是德国历史上第一个会展管理系。当时，德国的会展业已经很发达了，但却面临一个严重的问题，那就是缺乏一个系统教育的机构，已经从事会展业的一些人员也都非专业出身，尤其是展览公司里相关的管理人员，更缺乏系统的教育，在这样的背景下，他开办的会展管理学历教育课程在业内引起轰动。

在建立了初步的教育框架之后，怎样说服展览行业内的人士接受会展的系统教育，让他们认识到系统的教育对今后的工作和事业是非常有帮助的，也是有必要

的。Joerg Beier 教授通过当时的会展行业协会、相关机构等的推荐，同时通过媒体的宣传，使会展的系统教育有一定的氛围，教授本人也逐一走访了众多的展览公司。在经过一系列坚持不懈的努力之后，会展管理系从 1986 年至今的毕业学生已经达到了 350 名，现在正以平均每年 70 名的速度递增。

作为基础教育和成人教育并存的 Ravensburg 大学会展管理教育，在成立之初只局限于展览行业本身，随着德国会展业范畴的不断扩大，会展管理系统教育的内涵也在逐步增加。目前已涉及大型会议、活动策划等，课程设置上主要分为两大块：一是展览管理，设有展览会的项目管理、金融、会计、物流、规划、调研等；二是会议管理，设有会议的项目管理、预算、法律、服务等。

在整个会展管理的系统教育期间，几乎所有的德国展览公司都从 Ravensburg 大学招募新人。整个德国的展览行业对具备营销、语言、组织、计算技能、客户关系管理等特长的学员的需求量非常之大，同时员工本身的素质也非常关键，员工的主动性、责任感、解决问题的能力是员工必须具备的素质。从 Ravensburg 大学会展管理系毕业的学生对整个德国甚至是全球展览业的发展都起到了很大的作用和贡献，在 1989 年第一届的毕业生中，就有学员曾经出任过德国 AUMA 的行政总裁。

Ravensburg 大学会展管理教育会关注中国会展教育其因是：Joerg Beier 教授感觉到中国会展业和德国会展业在许多方面都有很大不同，而中国展览业的发展速度非常快，德国会展企业进入中国已经非常普遍，所以人才的教育和培训显得非常迫切，这与当年他创办会展管理系统教育的状况无疑非常相似。

作为创办会展管理学历教育的开拓者，Joerg Beier 教授多次表示非常愿意来中国，不仅是上海、北京，他还希望在更多的城市如杭州、宁波等地开办会展管理的教育。他希望与国内的教育机构合作，开发符合市场规律的培训项目，所选用的教材一定要满足中国会展业发展的特别需求，而并非德国会展管理的简单移植。同时他还希望培养出一批专业的会展老师，然后再由他们向国内的学员传播会展知识，而不再需要他本人参与具体内容的培训。

[会展国际化探讨 1－3]

美国 CEM 课程培训侧记

我国会展业是一个新兴的行业，前几年，该行业在员工的培训方面曾做了不少工作，开办了一些培训班，但是很多培训班缺乏系统的教材和教学内容，只是邀请学术界和行业内的专家做做报告，类似于研讨会，缺乏系统性，也缺乏实用性。究其原因，是我国会展业至今无人才资源建设总规划；无人才资源建设实施系统；无自主建立的会展科学理论和会展管理科学体系；更无一套针对会展从业人员素质要求的培训教材。有专家称，培训的真正价值在于传授一种具有指导性和可操作性的科学思维方式和技能。这一培训急需要有一套完整的科学而实用的教材来体现与规范。CEM 注册会展经理培训（Certified in Exhibition Management，缩写 CEM）正是在这种大形势要求下被引进中国，顺应了培育品牌培训项目的要求。也标志了我国会展培训市场由混乱走向整合的局面。

一、CEM 培训体系的基本情况

CEM 培训是由总部位于美国的国际展览与项目协会（International Association of Exhibitions and Events，缩写 IAEE，该协会成立于 1928 年，是一家旨在通过培训、信息传播、调研、出版物、会议等方式促进展览业发展的非营利性国际协会组织）开发和运营的展览管理专业培训和认证体系。“注册会展经理”（CEM）培训体系由 IAEE 的前身国际展览管理协会（International Association for Exhibition Management，缩写 IAEM）于 20 世纪 70 年代在美国创立，旨在全面、系统地提升会展业从业人员的会展理论知识和实用技巧。课程内容包括会展项目管理、会展信息管理、会展营销管理、会展后勤管理、会展人力资源管理、会展预算管理、会展经济分析、场地的选择和规划、会议的组织和策划以及会展危机处理等。经过 30 多年的发展，CEM 已成为国际会展行业当前唯一的成熟资格认证体系。完成教材学习的会展管理人员将被授予“注册会展经理”（CEM）的称号。这是世界会展业认可的资格认证体系。

IAEE将“展览注册经理”培训计划(CEM)在欧洲的38个国家推广。第一期CEM培训于2003年10月在比利时布鲁塞尔举办,在韩国与日本也有推广,2003年12月,中国国际贸易促进委员会(China Council for the Promotion of International Trade,简称CCPIT)与IAEE合作,在中国独家引进了CEM课程体系并对其本土化,使其成为全新的CEM CHINA体系。第二期CEM培训结束后,IAEE总裁Steven Hacker先生发来贺信,他在信中说到:“一位展览界的人士因获得CEM证书而与他人彰显不同。CEM证书在展览行业是卓越的象征,并已被国际展览界的专业人士公认为最具权威的国际性认证。IAEE总部为CEM培训认证体系在中国的良好运作而感到骄傲,并祝愿所有的中国CEM学员在事业上取得更大的成功。”

二、CEM的课程、师资与生源情况

美国的国际展览与项目协会IAEE,于20世纪70年代着手推行CEM(注册会展经理)的培训体系。该培训体系所设立的会展危机管理、会展经济分析、会展营销管理、会展项目管理、会展信息管理、会展场地选择和规划、会展服务承包商管理、会展后勤服务、会展预算管理、会展人力资源管理等10门课程,并有完善的课程安排和严谨的考试制度,考试合格以获得“注册会展经理证书”作为上岗资格的重要标志。

1.课程教材

本届CEM培训课程,主办方将原版教材上的课程内容进行整合、翻译并刻录成光盘资料,方便学员学习,更是将课程设计成由美国业内资深人士与中国本土化高校师资与业界人士构成的核心团队,将美国会展理论结合中国实际进行提升、补充和拓展。使国内会展从业者受益匪浅。整个课程体系中强调了“立项分析”(立项分析中包括潜在风险分析及应对)、“项目运作计划”(包括项目结构及时间表)、“项目营销推广计划”、“项目预算”(切合最实际情况的预估损益平衡的时间,并做最好和最坏情况分析(best and worst scenario),以及最坏情况下的应对措施)等内容,从而提高课程体系对我国会展业的针对性与指导价值,也促进了受训人员的持续、深入和系统的自我导向型学习。

2.培训师资

CEM师资由美国国际展览与项目协会选派的有多年会展培训经验的美国专家、来自中国会展行业内的资深管理人员,以及国内外著名大学的教授共同组成。例如:瑞文斯堡合作教育大学(BA Regensburg)约格·白烨教授/博士是本期培训主讲教师之一,白烨教授的研究项目涉及:战略管理、项目评估、市场及展馆研究、展会应用研究、会展工业。目前正同来自意大利、英国及西班牙的四所大学合作开展一项面向整个欧洲的教育项目——欧洲会展管理硕士(EMCM)。约格·白烨教

授对会展项目管理的各个方面做深度的剖析和阐述，同时邀请了德国慕尼黑国际展览公司的资深总监、德国国际展览会服务公司的技术保障总监等外方专家以及在业界颇有影响的中国贸促会、中展集团的专业人士做专题讲座。精心安排的培训内容使参训人员获得极具价值的培训知识与高性价比的培训效益。

3. 培训生源

培训的对象来自展览中心、会展公司、会展广告公司、会展服务公司的业内人士；会议承办方和组办方；其他有志于加盟会展事业的精英。需具有一定从业经验的（一般为三年以上）展览经理，整个培训一般要求参加一定数量的必修课和选修课，并通过相应的考试。为了保证教学质量，CEM 的招生规则较为严格。主要有两条，一是每期学员的数量严格控制在 35－40 人之间；二是每期学员的展览业从业经验不得少于 3 年。主要出于学习效果的考虑，在满足学员们学习欲望的同时，还必须保证课堂效果。主办机构认为学员从业资历过浅，将影响到培训过程中学员间的交流互动。CEM 在美国展览业所获得的较大知名度与影响力，得益于许多展览公司的管理人员都参加过 CEM 培训并最终获得了 CEM 证书。

4. 培训特色

CEM 培训不求高深，但力求系统，在几个重要的主题上力求透彻分析。CEM 培训邀请的授课专家包括美国展览界专家、中国展览业专家、大学教授等，授课内容在引进国外理论体系的同时，充分考虑中国展览业的具体特点；在学习展览实务的同时，着力加强理论的提升。CEM 培训体系的重要宗旨就是“交友、交流、提高”，这一宗旨在培训过程中得到了极好的体现。为了保证 CEM 证书的含金量，保证课堂效果，方便讲师进行分组互动，也为了保证学员间能进行对等的交流，主办方在培训期间还会组织丰富多彩的活动内容与项目，为来自于业界学员“交友、交流、提高”营造良好的互动环境。使得 CEM 的课堂效果不断提升，进一步巩固了“中国会展业职业培训第一品牌”的美誉。

5. 培训考试

CEM 体系安排了完善的课程体系与严谨的考试制度，CEM 培训共设 10 门课程，每届分两期举办。课程采取单科考试的形式。考试为 40 分钟闭卷笔试。10 门课程通过后，以学习小组为单位完成一个综合的案例分析，通常是以一个会展项目的整体策划（主题自选，既可以对市场上已有的会展进行重新策划，也可以选择新的项目进行策划。）并以书面和小组演示两种方式通过委员会的评审。结合 CEM 所学的课程内容，对所选择会展项目从立项到推广，以及项目的管理运作向评委和听众做详尽的陈述，要求突出重点理论，并能用数据支持论点。小组每个成员均需参加陈述。在论述时假设评委是公司董事会的委员。如果策划的是一个新项目，力求说服董事会为什么这是一个可行的并值得公司投资的项目；如果是一个已经在运做的项目，应在策划中包括对以往项目运做中存在的不足的分析，并提出

在新的一年如何改进及创新，以期继续得到董事会的支持。本期由本人负责小组参与答辩的“中国义乌国际工艺品博览会”项目获得董事会的高度评价，顺利结题。CEM 学员完成全部 10 门课程并通过考核，将获得由 IAEE 和 CCPIT 注册，CEM 委员会主席、IAEE 董事会主席、IAEE 主席和 CCPIT 会长共同签署并颁发的 CEM 证书。

三、强化团队意识，激励学员归属感与荣誉感

根据前两届的学员评估结果，我们了解到 CEM 学员在培训中的互相交流，以及在培训中建立紧密联系的这种团队氛围在学员心中的份量不低于课程以及证书本身。CEM 培训除了团队作业、午餐聚餐、结业聚餐这些促进大家交流的形式以外，还邀请学员担任组织部长，筹备了大量培训期间的课外活动，收到了很好的效果。由于白天上课的时间非常紧张，因此第一天学员没有机会彼此结识。本届培训利用晚上酒吧的聚会充分弥补了这一遗憾。通过学员在较为轻松的环境中的充分沟通与互动，第二天上课时，前日的拘谨一扫而光，课堂气氛非常活跃，课间也多了很多友好的寒暄与玩笑。在这种轻松氛围的良性作用下，反之亦是过程，学员又组织了用广告词及 DV 的形式录下每个人的自我介绍，融洽气氛及欢声笑语让人久久不忘，下一届的组织部长也在自告奋勇中产生。本人感觉，这种业界互动性较高的培训课程将有效激励学员的归属感与荣誉感，也将拓展学员间的社交网络与人脉，最终将会有助于业界的工作展开。

我国会展行业高速发展，但仍呈现出粗放型发展模式。在会展立项、运营和管理方面缺乏成熟、系统的理论指导，缺乏行之有效的实践经验，从业人员的整体素质亟待提高。由于我国会展产业职业人才的匮乏，中国的会展培训项目也一度呈现由热趋冷的态势。国内会展培训项目和组织人员出国培训项目都面临着培训人员减少、项目停办的尴尬局面。究其原因主要是会展培训市场有限，培训质量不高。大多数培训项目的内容过于宏观，多是形势政策的介绍，而且存在不系统、不全面的问题。形式上以报告为主，起不到深入培训的作用，不能满足会展从业人员对会展培训的要求。因此，CEM 培训体系作为业界培训品牌对系统提高我国会展从业人员的理论知识与实际工作能力具有积极的价值与影响。（本文系参加第三届 CEM 培训后向商城集团总部的工作汇报）

[会展国际化探讨 1－1]

打开巴基斯坦广阔市场空间

——赴巴基斯坦考察团报告

应巴基斯坦伊斯兰共和国驻上海总领事扎法尔的邀请，由浙江中国小商品城集团股份有限公司副总裁丁云峰为团长、义乌市外经贸局副局长李兴荣为副团长的义乌市代表团一行七人对巴基斯坦进行了为期一周的访问。期间代表团访问了伊斯兰堡（Islamabad）、拉合尔（Lahore）、拉瓦尔品第（Rawalpindi）、卡拉奇（Karachi）等 4 个城市，与巴基斯坦政府机构、行业协会、中国驻巴基斯坦公司以及拟进行展览项目合作的公司进行了多次会晤与交流，参观了第二届巴基斯坦博览会“Pakistan Expo 2006”，考察与调研了巴基斯坦的城市环境、市场现状、大型集贸区、社会安全等情况。代表团所到地着重向巴基斯坦政府机构、相关行业协会、中国驻卡拉奇总领事、中资机构及组织宣传了义乌城市发展与经济建设成就，成功地推介义博会。代表团还与会展业同行共同交流了办展经验，结交并建立了新的国际关系与渠道，收集并获得了很多“跨出国门，拓展发展空间”的信息与贸易渠道，圆满完成了巴基斯坦之行。现将本次考察的收获与思考报告如下。

一、政府高度重视与中国的经贸合作

成行前，代表团充分准备了宣传义乌、推介义博会的文字资料及宣传光盘，并通过各种方式对行程的重要公务作了安排、联系与确认，使得本次行程公务活动内容丰富，成效显著。在短短的行程中，代表团分别与巴基斯坦政府投资和私营化部投资委员会、巴基斯坦联邦政府投资局、巴基斯坦中小企业发展局、巴基斯坦出口促进局、全巴基斯坦中资企业协会、中国水利水电工程总公司驻巴基斯坦分公司以及巴基斯坦纺织工业城等机构与组织进行会晤和交流。

所到之处，均受到了巴基斯坦政府高层官员的热情接待与礼遇。在巴基斯坦首都伊斯兰堡代表受到了由巴基斯坦政府投资和私营化部投资

委员会主席 Abdul Rauf Shaikh，巴基斯坦联邦政府投资局长 Talat Miyan 率领的高层政府官员的热情接待并举行了双方会晤，巴向我方代表团详细介绍了巴的基本经济发展情况与投资环境，我方代表团也借此机会向巴方政府播放了义乌城市发展、市场建设成就与义博会发展概况与历史的宣传 VCD。受到与会的巴基斯坦方重视与高度赞扬。特别是丁云峰团长介绍来华经商的巴基斯坦商人中 1/3 选择在义乌经商，引起了巨大反响。巴方政府官员反复强调巴中系友好邻邦，两国间要加强更多的经贸往来与互动，来促进双方友好关系的发展。在接见中，Talat Miyan 局长还重点指出该局特设中国事务办公室，愿意为中国政府与企业在巴的公务与商务活动提供全方位的支持与服务。接见中巴基斯坦联邦政府投资局的其它部门官员详细回答了义乌市代表团成员提出的有关经贸、投资等方面的问题。应丁云峰团长邀请，Talat Miyan 局长答应在适合的时候来义乌访问。

巴基斯坦中小企业发展局局长 Shahab Khawaja 也率所有相关部门官员与义乌市代表团成员进行了长达两个小时的会晤并盛情邀请代表团参观了该局的所有办事机构（政策与规划、公共关系与市场、产业信息、协调等部门），对义乌城市与市场的高速发展给予极高的评价并表示将在近期来华访问，并表示非常希望去义乌访问。双方会晤中，详细谈及了该局希望组织巴基斯坦企业代表团来义组团参加义博会；帮助义乌企业与经贸机构在巴进行贸易撮合；协助义乌中小企业在巴投资；促进巴基斯坦境内各专业性行业协会与义乌的交流与合作。双方交流气氛活跃和谐。其中，巴方官员还幽默地问及代表团为什么没有女性成员，当代表团回答为了尊重巴方宗教与习俗而未派女性成员时，巴方重点强调，巴基斯坦是一个开放的国家，希望代表团下次访问时能见到女性成员，以此来表明政府的开放政策。会晤过程中确定了各部门间与我方代表团的今后工作对接的特定联络官员。

代表团在巴访问期间还受到了巴基斯坦政府各相关部门的热情礼遇，使代表团所有成员深深为巴基斯坦政府高度重视与中国的经贸合作的精神所感动。

二、深切感受巴中友谊深厚，合作空间广阔

穆沙拉夫今年访华表示，中国人民是巴基斯坦最好的朋友，中巴两国之间的政治关系稳定而深厚，但目前两国经贸关系和这样的政治关系不相匹配，经贸往来一直处于迟缓发展状态，希望今后中巴之间的经贸往来得到更大的发展。

根据巴基斯坦经济统计报告与数据显示，巴基斯坦正处在一个激增的发展态势，每年 GDP 平均增长值达到 8%。由于巴基斯坦地处中亚、印度、中国等战略地带，加上巴基斯坦具有 1.6 亿人口的消费大市场与这一区域最便捷的通道，供需链条中的需求强劲，为贸易与投资带来了很大的利润空间。

穆沙拉夫来华访问时多次强调，巴基斯坦政府将创造一个良好的商贸发展环境，让更多投资者到巴基斯坦发展创业。目前，巴基斯坦对外资的开放程度很高，

政府对外资非常重视。每月他都会主持一个有外商参加的经贸座谈会，帮助外商消除影响投资的官僚作风和投资障碍。中国在能源建设、基础设施建设、油气管道建设等方面与巴方已有较多的合作项目，但贸易方面尚未很好展开。期望在巴基斯坦政府强大的政策支持与稳定的国策环境下能与中方开展更多的贸易合作与交流，发展和开拓互利双赢的局面。

巴基斯坦是伊斯兰教国家，治安相对较好，根据《可兰经》教义，偷盗者要受到砍手的处罚，刑罚的异常严酷，杜绝了偷盗抢劫事件的发生，但由于近期的国际形势，在巴的交通要道上常常可见荷枪实弹的警察，晚上干道上还设有防暴警察，代表团下榻的宾馆也对进出车辆进行安全检查，鉴于中巴的友好关系，义乌市代表团却受到了不少的优待，代表团经历了多次这种检查，受到很多的礼遇。如在从伊斯兰堡去拉合尔的高速公路上，所载代表团的车辆因超速而被执行的警察拦下，当他见到是中国代表团的车就特例放行，这样的礼遇不胜列举，即便在巴基斯坦伊斯兰堡最神圣的宗教场所清真寺(Mosque)(为亚洲最大的清真寺)，因代表团是来自中国(China)，因而受到了在未开放时间以 VIP 身份的友好接待，使代表团所有成员在感动之余，深刻地经历了一次爱国主义的教育，以身为中国人而自豪。

代表团中最年轻的成员毛文进(义乌市政府外事与侨务办公室)，在他的日志中写道："我还遇到一位年过七旬的老翁，当他知道我们是来自中国的时候，高兴地说道：'CHINA，I LOVE YOU！'然后他还拿出珍藏的糖果给我们吃，叫我们很是感动。"

三、环境与拉瓦尔品第(Rawalpindi)中国市场考察

饱经战争与自然灾害的巴基斯坦，现有经济正处于发展阶段，而社会经济的平衡性较差，基本还处于较封闭状态，伊斯兰堡因是首都，外国人较多，而代表团所到其它城市就较难觅外国人的身影，对于当地那些平时很少见世面的人，代表团成员常被当作"稀有"人种，不少市民争相与我们拍照留影。

巴基斯坦国家版图呈长形，主要大城市有卡拉齐、拉合尔与伊斯兰堡，其中具有一千八百万人口的卡拉齐，经济比较发达，也比较开放，属于国际化海港大城市，拉合尔是巴基斯坦原首都，接壤印度，有众多传统建筑，数百年所建的皇室陵墓极具气势。而伊斯兰堡则是因印巴危机而改迁的首都，整个城市先前由英国人规划，布局方正。城市人口不多，高层建筑屈指可数，而且居住的几乎都是富人，因此私人别墅众多。而距伊斯兰堡 26 公里处的卫星城拉瓦尔品第(Rawalpindi)，则是平民居住的地区，到处可见嘈杂的市场与平房。拥挤陈旧的楼房和街道，与义乌城市及市场环境反差特别明显，形成强烈对比。

巴基斯坦经济发展的不平衡也决定了国民收入贫富差距的悬殊。富人拥有大量的财富，别墅、轿车与其它物业，而穷人则挣扎在温饱线上。因此，财富的拥有结

构在很大程度上决定了消费的层次与结构。富人的消费与欧美发达国家的习惯相类似，从家庭装修到家居用品都使用发达国家的进口商品，而穷人在日用品方面的消费，基本选择中国产品。在巴基斯坦的主要城市如卡拉奇、拉合尔和拉瓦尔品第的市场上，越来越多地见到来自中国（其中有很多的来自义乌）的产品，大到载重汽车、摩托车、电视机、电脑配件，小到服饰、箱包、童车、玩具。到食品店转转，即便是方便面和调味品等也标上了“中国制造”。中国商品的涌入大潮除了扩大当地消费者的需求选择，给竞争者施加了巨大的压力外，也改变着巴基斯坦消费品市场的运作方式，可以说给当地的零售市场带来了一场革命。当地零售商协会此前的一项调查也证实了这一点。这些城市的很多店铺都已经或正在转向经营中国商品。使巴基斯坦市民经历 24 小时 China（中国商品）。原因似乎也很简单，中国商品太好卖了，基本上不需要做广告，巨大的价格优势足以轻松击败市场上现有的竞争者。

为什么当地商人都愿意经营中国商品（特别是来自义乌的中国商品）呢？接待方陪同人员解释说：“超低的价格和巨大的供货量代替了任何广告，价格机制是非常关键和决定性的。一件商品到消费者手中需要很多环节，如果经过这么多环节消费者仍能以满意的价格得到自己需要的商品，我们销售商还犹豫什么呢，结果是非常明显的。”

从市场现象来看，尽管由义乌生产的“中国制造”商品在巴基斯坦已非常普遍，但巴基斯坦的很多消费者好像还是不太信任中国商品的质量。陪同代表团参观拉瓦尔品第中国贸易城的 Ecommerce Gateway 公司的营销部经理 Shahid Zafar 先生（MBA 学历）向我们坦率地说，在很多巴基斯坦消费者眼中，“中国制造”仍是低价和不上档次商品的代名词，很多人都愿意买那些以中国货的价钱但却标着“日本制造”或者“马来西亚制造”标签的商品。

近几年来，进入巴基斯坦市场的中国商品（包括义乌商品）质量不断提高，客观上也在逐渐改变这种尴尬形象。Shahid Zafar 先生举了一个颇有说服力的例子：“据我所知，三星公司生产的彩电在使用中国工厂制造的显像管，这是对‘中国制造’品质的一个很好证明。巴基斯坦生产电视机的拉菲集团也在谋求从中国同行那里得到技术转让”。谈及“中国制造”在巴基斯坦的前景，Shahid Zafar 先生与当地一些政府官员都认为，中国商品浪潮还将继续。因为目前巴基斯坦没有对中国商品的进口限制，而随着当地消费者对中国商品越来越熟以及中国产品的性价比优势突显。在心理上，更多的市民会更愿意接受物美价廉的中国商品，因此，“中国制造”将可能在巴基斯坦占据更大的市场 。

四、参观 2006 巴基斯坦博览会与展览合作

3 月 29 日我方代表团参观了由巴基斯坦政府出口促进局举办的“2006 巴基斯坦博览会”（“Pakistan Expo 2006”），出席该博览会的还有浙江省对外贸易经济合

作厅夏海伟副厅长为团长的浙江代表团、宁波市对外贸易经济合作局李兴华副局长为团长的宁波市代表团、江苏省对外贸易经济合作厅张雷厅长为团长的江苏代表团等100多名来自政府与企业的代表。由此看来，巴基斯坦政府旨在加强中国长三角地区宣传与贸易推动。

"2006巴基斯坦博览会"("Pakistan Expo 2006")，今年是第二届，为巴基斯坦政府推动的最高经贸展会，巴基斯坦现任总统穆沙拉夫、总理阿齐兹以及信德省省长伊巴布均出席该展会并发表重要致辞与讲话。充分表现了巴基斯坦愿与世界各国加强经贸合作的决心。该展览设六个展馆，展出产品从国防用品到民产品，跨度较大，具有较强的综合性。因受场馆条件限制未能形成较大的规模。展位总数约六百余个。从展览的专业组织来看，该展会无论从宣传、展位搭建、展览服务等方面均符合国际展览时尚元素，最大程度满足了来自欧美等发达地区专业观众与买家的要求，只是由于巴基斯坦工业现状与经济发展速度决定了参展展品的丰富性不够。但从展览的布局与设计方面有很多我方能够借鉴的东西。通过参观展览，为义乌今后在拓展巴基斯坦市场提供了决策依据。值得一提的是，宁波市代表团利用该展会积极地进行了"消博会"的推广，代表团所在团员的名片上都印有"The 5th China International Consumer Goods Fair"(第五届中国国际消费品展览)字样及详细的网址、电话、传真及联系人姓名等资料。这是我们今后应该学习的推广方式。

展会期间，巴基斯坦劳工、运输、工业、商业及合作部长穆罕默德会见义乌代表

图1 穆罕默德部长与商城集团副总裁丁云峰亲切握手

团丁云峰团长一行，饶有兴趣地听取了义乌代表团所作的有关义乌城市发展及市场建设情况的介绍。高度赞扬义乌政府与企业为巴基斯坦经济贸易发展所作的杰出贡献。

穆罕默德部长现场会见了代表团所有成员后参加了中国小商品城集团股份有限公司(以下简称“商城集团”)与合作方巴基斯坦 Ecommerce Getaway Pakistan (Pvt) Ltd 公司(以下简称“ECG 公司”)就《商城集团与 ECG 公司在中国与巴基斯坦进行国际会展合作》备忘录签字仪式。

商城集团与 ECG 公司建立合作是自去年 12 月 21 日，巴基斯坦驻上海总领事扎法尔首次来义乌访问，由义乌市政府外事与侨务办公室冯美兰主任推动促成的。扎法尔总领事访问义乌时指出巴基斯坦客商是来义经商最早的外商之一，正式在义乌注册的代表处达 186 家，双边贸易频繁，巴基斯坦客商对促进义乌经济发挥了积极的作用。并表达介绍一流展览组织机构就会展项目进行合作的良好愿望。24 号，商城集团收到了 ECG 公司总裁 Khursheed Nizam 博士专门致函，ECG 公司也将相关的背景材料用国际特快寄往义乌。为响应市委、市政府与集团领导要求的“走出去”战略，将展览做大做强，商城集团领导层专门指示商城展览公司有关人员积极回应巴基斯坦方的良好合作诚意，与 ECG 公司开展了全方位的交流与沟通并及时向巴基斯坦驻上海总领事馆进行了汇报。

ECG 公司是一家由美国出版公司拥有 100%股权，在新加坡成立的传媒公司，在巴基斯坦卡拉奇注册。在巴经营已具 23 年历史，是巴方目前最大的境外传媒公司与会展组织机构，在北京设有专门的办事处。ECG 公司垄断经营巴基斯坦的电话黄页与政府支持举办的展览项目，与当地政府具有良好的合作。该公司每年承办约 27 个展览(其中 17 个国际性展览)，所有展览都获得国家级政府的强力支持，我国贸促会也组织我国企业参加由该司承办的 8 个以上重要的国际性专业展览。

图 2　ECG 公司与商城集团探讨合作意向

由于该公司的传媒背景，具有非常强大的客户数据库，其数据库的客商资料覆盖中国、阿富汗、中亚、印度、中东及东盟成员国。

本次义乌市代表团的赴巴访问的全程由ECG公司安排的，代表团在巴基斯坦境内活动所抵达的三个城市，均受到ECG当地分公司的热情迎送与安排。ECG公司总裁Khursheed Nizam博士在政界与商界的关系广泛，突显实力，巴基斯坦总统穆沙拉夫经常亲自参加由该公司举办的展览，并在开幕式上祝词。先前举办的“2006巴基斯坦国际纺织机械展览会”上穆沙拉夫总统亲临展会并祝词，足见ECG公司的实力。宁波市代表团、浙江亚太国际展览公司都积极与ECG公司展开了项目洽谈并签署了合作意向。由于义乌商品在巴基斯坦全境的市场份额与影响程度，Khursheed Nizam总裁更倾向与义乌的战略合作。多次与商城集团进行磋商，商讨合作备忘录的基本条款。双方商定在本月“五金博览会”期间ECG总裁来义乌进行访问与考察。进一步确定双方具体合作的细节与方式。

五、拓展巴基斯坦市场几点思考

义乌市场经过20余年的发展，已经成为亚洲乃至全球最大的小商品集散中心，形成大市场、大流通、大网络的格局。义乌市场强在辐射力，在亚洲辐射面积已很广。义乌已经逐步建立了国内外分支物流网络。在国内的甘肃兰州、北京通州、青海西宁、四川、辽宁、广西等地建立了分市场和小商品配送中心。在国外的乌克兰、南非、澳洲、巴西等地建立了分市场。总数约为30余座。义乌已经成为这些市场的中心支撑点。特别是加入WTO所带来的机遇，义乌企业已具备能力走出国门，为拓展空间企业也必须走出国门。而不能单纯依赖义乌现有的市场建设，局限于某个区域，必须参与国际市场的竞争与交流。

1. 巴基斯坦是熟悉国际贸易规则的“练兵”平台

全巴基斯坦中资企业协会会长黎洪会晤义乌市代表团时指出：根据他数十年国外的经营经验与实践表明，巴基斯坦可作为国内企业熟悉国际贸易规则的“练兵”平台，巴基斯坦现行的贸易规则与法律基本同步于欧美等发达国家，这与巴基斯坦殖民历史及文化教育体系有关，中国企业来巴经营与贸易可以学到在很多亚洲其它国家与地区学不到的东西，可以作为中国企业实现“走出去”战略的第一站。

从国际成熟的经验来看，发达国家在本土组织生产的商品比例正在逐步下降，产地逐步转移到世界各地，特别是我国及东南亚一些国家和地区，以降低能源消耗及商务成本，从产品经营转向品牌与技术的经营。义乌企业过去基本是从家族型企业开始发展，通过长期经营形成现有规模，但目前很多企业正处在持续发展的“拐点”。借鉴发达国家的先进管理经验，选择融入全球化经营的“练兵”平台，对我市企业实现“走出去”战略具有非常现实的意义。不仅能改变义乌企业的整体面貌，还能塑造“义乌商品”的核心价值。

义乌企业通过巴基斯坦这一平台“走出去”具有很多途径,一方面可以通过巴方的优惠投资政策将国内成熟的技术、设备和管理经验输送到这一新兴市场,还可以通过设立常年展示交易的商品集聚中心,建立深度营销网络。义乌中小企业众多,在境外投资办厂的整体竞争力有限,因此需选择进入具有辐射和带动作用的重要城市,在有集聚功能的展示交易中心建立营销网络。卡拉齐、拉合尔、伊斯兰堡、拉瓦尔品第都活跃着我市的外贸产品,这些义乌企业窗口,常年展示“义乌制造”,为我市企业捕捉外贸市场信息,发展潜在客户。目前我市企业生产的针织产品、玩具、工艺品与礼品等在巴基斯坦都适销对路,企业可以通过参加各类博览会、展销会获得市场信息,外贸市场需要什么就集中力量研发,而不是盲目地生产商品,然后才去打市场。有条件的可以在当地进行新产品设计开发,让产品更加具有当地的文化内涵。在经营产品过程中掌握国际贸易规则,从而可以走向更大的国际市场。

2.巩固和发展义乌商品在巴的市场份额

在巴基斯坦距伊斯兰堡 26 公里卫星城拉瓦尔品第,代表团参观了当地中国贸易城经营与销售义乌“海外军团”的产品,大多技术含量低,附加值不高。商品出口结构多以服装、袜子、工艺饰品、拉链、毛纺、文化用品等劳动密集型产品为主,目前尚适合巴基斯坦现有经济国情。但在未来该国经济高速增长时,这些商品就较难与工业发达国家的高科技产品相抗衡。因此,在巴经营的义乌商品在加强品质控制的同时,要不断提高技术含量,增加附加值,这样才能加强义乌商品在该国的综合竞争力。

据巴方有关人员介绍,目前在义经营的巴基斯坦商人均为小型进口商,专门组织低价低质产品在巴销售,从而误导了巴基斯坦市场对义乌商品的认识,使义乌商品的适应范围与目标客户的定位面受限,要做强做大巴基斯坦市场的义乌商品还需引导义乌企业强化产品的宣传意识,把好产品质量关,特别是要加强产品包装与设计。优质产品结合现代设计元素的包装将在最大程度上提高义乌商品的整体形象与国际竞争力,也可以使义乌商品不断满足不同消费层次的各种需要,稳定和扩大义乌商品在巴基斯坦的市场份额。

在另一方面,义乌企业在实施“走出去”战略时需不断获得政府有关部门的综合配套服务支持。如:加强对巴基斯坦投资环境、市场需求和法律法规研究,拓宽信息采集渠道,着力建立涉外信息库,为企业决策提供依据;涉外知识的宣传与培训,引导义乌经商户有效利用当地法律法规,加强自我保护;对有意向“走出去”的义乌企业与经商户加强其对商标、专利、专有技术和原产地标志等重要知识产权的认识。

巴基斯坦的地理位置具有较强的战略意义,义乌商品通过这一战略要塞输入其它国家与地区是义乌商品全球化进程的一个重要组成部分。加强整体规划,分步实施是实施“走出去”战略的核心工作，也是提高义乌商品在全球知名度与美誉度的重要举措，对全面落实科学发展观战略，鼓励义乌企业创造自主知识产权品牌，增强企业核心竞争力，转变贸易增长方式，进一步做强外贸，其意义十分重大。

3. 举办义乌商品展览，带领企业实施“走出去”战略

实施“走出去”战略，对义乌来说是促进发展的又一次历史性机遇。目前我市不少企业已具备工业基础和经济实力两个条件，完全有能力“走出去”，但缺乏引导机制与方法是制约“走出去”的根本原因。通过考察，代表团认为通过在巴基斯坦举办展览是为义乌企业实现“走出去”战略的一项重要工程。这不仅能加强对“走出去”的义乌企业和商品进行引导和管理，同时也可为义乌“海外军团”在企业发展与产品经营的历史“拐点”上起到排忧解难、舒筋活血的作用。在加强与巴基斯坦政府间的协调，加强对出国企业的集中服务与义乌商品参与国际交流等工作中，政府与商城集团都还有许多文章可做。

组织与参加境外展览是帮助义乌企业实现“走出去”战略的重要途径之一，自2004年起商城集团已开始筹划境外参展项目，密切关注境外展览项目对义乌企业的适合性，同时也不断开拓与境外专业展览组织机构的交流与沟通，带领义乌企业参加在德国、马来西亚、韩国、香港等地举办的知名品牌展览并提供一系列的服务。本次代表团在巴基斯坦考察的一个重要内容也包括了在巴举办义乌商品展览。商城集团对在巴基斯坦组织与参加当地展览具有以下的思路：

(1)与展览举办地一流展览组织机构在基于坦诚与战略性合作的前提下进行交流与合作，立足将展览举办项目的合作建立在长期性的基础上，如在巴基斯坦创办展览项目，须由当地一流的展览公司共同参与和主办，如与 Ecommerce Gateway 公司的合作；

(2)在巴基斯坦举办的展览须得到当地政府的积极支持与配合，从而在环境与安全方面能为义乌企业获得充分的保障，同时也能充分发挥双方的资源优势(巴方以宣传与本土优势，我方以组织企业出展优势)，使义乌商品展览项目更具可操作性；

(3)在与巴方进行展览项目谈判的过程中，为建立我方在境外展开展览项目的信心，充分将展览组织机构在项目实施过程中社会效益与经济效益作为考虑因素，同时还需在第一次举办巴基斯坦展览双方全作的磨合过程在时间上充分进行考虑与安排；

(4)建议巴方 Ecommerce Gateway 公司决策层在确定是否能展开展览项目及如何确定项目的展题等合作事宜前对义乌进行实地考察与访问，增强合作方对义乌城市与义乌市场的进一步认识，从而便于双方的沟通及今后合作的成功。(商城集团领导在巴基斯坦访问期间已向 Ecommerce Gateway 公司总裁发出了邀请，该公司决策层定于在“五金博览会”期间来访问，具体事宜商城集团已有专门部门落

实进一步的跟进工作）

4.充分认识巴基斯坦市场机遇与风险并存

“中国制造”商品的拥入，对巴基斯坦而言创造了一个有利于形成更加开放的市场，并带给消费者实惠，提高市场的购买能力和选择范围。全巴基斯坦中资企业协会主席黎洪介绍说：近几年来，中国商品在进入巴基斯坦后引发了中国制造商和当地制造商的激烈竞争。结果不但把许多当地制造商挤出了市场，很多著名的跨国公司也被迫降低其产品在巴基斯坦市场的价格，但是从另一个侧面来讲这样的现象能持续多长时间，还有待于市场的反应。

巴基斯坦合作伙伴告诉我们说：“市场上不会有长时间的垄断，过去一辆中国制造的摩托车（如轻骑 Qingqi）售价约 37000 卢比（60 卢比约合 1 美元），在巴基斯坦很受欢迎，但市场不会给中国商品很长的独占时期，现在巴基斯坦的很多摩托车厂家也在生产同样的摩托车。”因此，当大量的中国商品在压缩了当地生产商生存空间的同时，同时也促成当地企业针对自己的市场提高竞争力，这个因素是义乌企业需充分认识与应对的。

虽然义乌企业通过巴基斯坦市场这一平台逐步实现“走出去”战略，规避国内生产同质化竞争与欧美发达国家对华采取的贸易与技术壁垒等问题，但可以肯定地说，还是会遇到各种各样的不确定的风险。根据国际经验，企业“走出去”一般会经历以下四个阶段：

第一个阶段是产品出口拉动增长，这时的风险主要是贸易风险，比如绿色贸易壁垒；

第二个阶段是直接到海外做市场，此时的风险主要是市场风险；

第三个阶段是进行跨国资本运作和品牌运作，主要风险是资本市场风险如汇率风险；

第四个阶段是最高境界，是以所在国文化为核心进行企业文化融合，但这时的最大风险是制度风险和文化风险。

在巴基斯坦经营与贸易过程中最大、最不可预期的风险就是“政治风险”与“安全风险”，专家认为，企业规避海外风险应该建立一套风险防范与风险预警应变控制系统，要按照先有市场后有工厂的思路来规避风险。还要保持与在巴基斯坦使馆、商会的经常性联系，使自己的商业利益得到一定的保障和维护。

5.高度重视巴基斯坦宗教信仰的特征

巴基斯坦人几乎都是穆斯林，所以清真寺（Mosque）到处都是，而且建得都很好。其中最大的一座就在伊斯兰堡，是沙特王子捐的，非常气派，整体设计独特，远看像是歌剧院，大殿可容纳进一万人做祈祷。伊斯兰教是巴基斯坦的国教，它渗透于巴基斯坦政治、经济、军事、法律、贸易等各个领域。穆斯林每天都会虔诚地做三次以上的祈祷（Pray）（据说有的人是五次），从不间断。穆斯林的虔诚，还体现在所

住的酒店与办公室内，在那里都有供祈祷的毯子，到了时间，穆斯林会洗干净手脚就朝着麦加方向匍匐礼拜，附近的清真寺也会用高音喇叭放出颂经的声音来提醒大家。代表团在巴基斯坦总统穆沙拉夫为“巴基斯坦博览会”（“Pakistan Expo 2006”）进行开幕致词时，就遇到高音喇叭所放出颂经祈祷，即便身为一国的最高领导人的穆沙拉夫总统当时也即中止演讲，演讲待祈祷结束才继续进行。足见伊斯兰教在巴基斯坦民众生活中的重要程度。

拓展巴基斯坦市场需充分地了解所在国的宗教、文化与民族习俗，无论从经商、人际交往、公众活动、商品设计等其它的方方面面，充分理解和尊重所在国的宗教信仰。只有这样才能与当地政府、商人和民众打成一片，进行更好的沟通与交往，才能有效地拓展义乌商品在所在国的市场。（义乌市曾于 2006 年 4 月组团赴巴基斯坦考察，本文于 2006.9、11 共分两期在《中国展会》发表）

[会展教育与教改2－1]

广告会展类人才社会需求情况调查

引 言

广告会展行业是一大知识密集、技术密集、智慧密集，是蕴有巨大商机的新兴产业。在会展超级大国——美国，会展界普遍认同“会展是广告的一种”的观点，在现代会展实践中，会展与广告间的关系，真可谓你中有我，我中有你。从广义上讲，会展活动中各式各样的广告手段应有尽有。小到人的口头广告，大到全方位、多层次的立体广告。如电视、广播、报刊、杂志、网络媒体、文艺演出、体育赛事等，都可以为会展活动摇旗呐喊、广而告之。具体到会展策划设计、展馆布局、展位策划、展台搭建以及相关的会展环境等更是广告会展的用武之地。进入会展现场，各种楣板文字、展品广告、POP广告、灯箱广告、影视广告、模型广告以及会场内外的条幅广告、路牌广告等都可为会展活动大显身手。真可谓“一方办展、八方广告”。会展环境是寸金之地，广告更是无孔不入。业界普遍认为：在激烈的会展市场竞争中，广告会展策划得越缜密，展览品牌获胜的把握就越大。现代广告会展与传统类型的广告相比在策划方面更加强调规范性、时空性、组合性和猎奇性，对广告会展类人才的要求也更高。

义乌是浙江中部乃至沿海省份国际化程度最高的一个县级市，中国义乌国际小商品博览会（简称义博会）是唯一经国务院批准的日用消费品类国际性展览会，创办于1995年，已成功举办13届。据统计，2006年，参会的专业客商、境外客商分别达到了10.3万名和16056名，外商来自162个国家和地区。2007义博会5天展览交易中，展馆的报到专业客商达110156名，其中外商人数为17011名，来自172个国家和地区，其中来自欧美等发达国家的客商占60%以上；外贸成交额达9.8亿美元，占展会总成交额的67.5%，充分体现了展会的外向性。“广交会上看样，义博会上下单”已经成为业内的一句口头禅，义博会外贸机会直逼广交会。义博会知名度与外贸机会不断攀升，不仅名副其实地成为目前国内最具规模、最有影响、最有成效的日用消费品类博览会，而且不断巩固其继广交会、华交会后的国内第三大出口商品展的地位。义博会的兴起与江浙的经济形态有着紧密的关系。义乌市全年会展业广告投入量已从前几年800万元迅速增长到3000万元左右，且呈进一步增长的趋势。对义博会及其所在地义乌广告会展人才需求的研究具有典型意义。为此，我们对义乌广告会展类人才社会需求情况进行了深入调查。

一、义乌市会展业发展基本概况

义乌会展业自2005—2007年呈持续高速增长态势，2007年展览数较2005年增长85.7%，比2006年增长36.8%，而展览面积较2005年增长186.8%，比2006年增长114.3%。根据2007年义乌会展业发展态势，今后几年义乌市会展业还将快速发展，新义乌国际会展中心规划用地205亩，建筑面积达20万平方米，将在2009年下半年建成并投入使用。新场馆的投入使用将给义乌会展业发展带来新的契机，也给广告会展类人才带来更多的发展机遇。参见下表：

2005—2007年度义乌会展发展情况

内容 地区	2005年		2006年		2007年		
	展览数（个）	展览面积（万 m^2）	展览数（个）	展览面积（万 m^2）	展览数（个）	会议数（场）	合计面积（万 m^2）
义乌市	28	26.15	38	35	52	36	75

二、义乌市会展业联合会单位组成情况

义乌市会展联合会提供的一份会员单位分类资料显示，信息广告类单位为9家，占会员总数的21.4%，调查发现，实际涉及信息广告类企业是协会登记会员单位的二到三倍，这些企业接受展览组织机构、参展商等分包技术服务支持，提供义乌会展工程、广告发布、网站建设所需的广告会展类策划。随着义乌市会展业的高速发展，更多相关信息广告类企业瞄准会展这块蛋糕。将有更多企业将业务重心转到会展业。参见下表：

义乌市会展业联合会会员企业

会员总数	展览公司	信息广告	行业协会	会展服务	其它
42	17	9	7	7	2

注：会展服务企业：场馆1家，其它为酒店、旅行社、印刷企业等

三、义乌市广告会展专业人才分布情况

根据义乌市会展联合会登记的会员情况调查，2002—2007年度，义乌市组展

机构、信息广告及会展服务共有单位33家。相继培养与引进大专、本科生学历广告人才共52人，主要从事广告会展策划、展馆布局、展位设计、搭建装潢、公关礼仪、广告礼品、广告印刷及相关工作(其中电视、报刊、交通等传媒广告会展人才分布情况尚未统计在内)。本次调查所涉及三类企业(展览公司、信息广告、会展服务)引进广告会展类人才的要求非常强烈，急需引进人数与现有就业人数持平，全市急需引进数是现有专业人才数的123%。参见下表：

义乌市广告会展专业人才分布情况

专业人员总数	展览公司	信息广告	行业协会	会展服务	其它
52	26	19	0	7	0

义乌市会展企业急需引进人才调查

企业类型	展览公司	信息广告	行业协会	会展服务	其它	合计
需引进数	34	15	5	3	7	64

四、义乌会展业专业人才教育情况

在义乌广告会展类专业人才的教育情况调研中发现，接受过广告会展类专业教育与培训的人员为0，而大专学历从业人数超过了本科学历，但大多数从业人员均有美术与广告学习背景。这些从业人员目前尚适应义乌市会展需求，但人才结构的现状，将严重制约会展业的快速发展，义乌市业内人士认为，义乌广告会展类策划、宣传推广、设计水平等与会展发达城市的差距越来越大，要改变现在状况，人才引进的力度亟待加强。参见下表：

义乌会展业专业人才教育情况

人员总数	大专学历	本科学历	专业背景	专业培训
52	32	20	47	0

五、义乌会展业广告会展类人才需求

在一项对18家会展企业人才需求的调查数据显示，会展企业急需引进人才达88.3%，人才储备需求达100%，专业管理需求达61%，专业培养需求达38.9%，在本次走访调查中发现，88.3%的企业会提供具有广告会展专业学历教育的人才专业岗位；有61%的企业将提供专业管理岗位，加强对广告会展的宣传管理；38.9%的企业表示，如果不能招聘到广告会展专业的人才，这些企业会提供在职培训的机会，通过边工作边培训的方法来解决当前专业人才匮乏的局面。参见下表：

义乌会展业广告会展类人才需求

需求	急需人才	人才储备	专业管理	专业培养	比例
88.3%	100%	61%	38.9%		

结论：

本次调研结果表明，广告会展类学科学生就业状况与社会需求总体来说呈良好的供需结构，但从行业发展而言，笔者认为广告会展类人才社会需求情况发生变化的因素还是存在的，主要受以下几方面因素影响：

1. 各类型会展企业对人才的需求情况。具体看，我国会展业的发展速度、会展企业总量、规模和对人才的评价标准直接影响到广告会展学生的就业。目前，我国会展企业仍处于发展上升阶段，为广告会展学生就业提供了广阔的市场。但同时也要看到，会展企业的用人要求也正日益提高，企业对复合型、专业型、创新型人才的要求并非目前我国广告会展教育所能充分满足，而对会展企业经管人才的需求也是广告会展教育目前尚不能满足的。

2. 本次调研未将义乌市党政机关等需求情况考虑在内（如会展办、广告会展审批、政府宣传部门等），随着我国会展经济的迅速发展与成熟，这方面的人才需求将呈不断增长趋势。但如何使广告会展的培养模式、课程设置与对这类人才的要求真正对接，还是一个有待研究的问题。这需增设部分与国际广告会展、广告会展规划、广告会展法律与管理等一系列辅助类教程，以增加该专业学生的管理能力。

3. 从广告会展教育自身发展情况来看，目前，我国高校广告会展类学生的就业市场比较广阔，但也需警惕这一学科招生规模的过度扩张所带来的就业压力。从社会需求情况来看，高校在广告专业设置会展方向是一个比较好的方法，就读学生可以兼顾广告会展就业率并具有较大的弹性。广告会展类教育还需强化实践方面的时间与课程投入，使学生在实习过程中更多地接触不同的角色，了解规律性的知识与会展业特性，从而培养出更符合我国会展企业需求的广告会展类人才。（本文原发表于 2008 年度 CEFECO 论坛）

Survey of the Society's Needs of Convention and Exhibition Advertising (C & E Advertising) Talents in Yiwu

Huang Bin

Abstract: Convention and Exhibition Advertising (C & E Advertising) is a burgeoning and rising industry, integrating a wide range of knowledge, technology and wisdom, with a promising future for great business opportunities. In the furiously competitive environment of exhibition markets, the more detailed work we

do on C & E Advertising, the greater chance an exhibition brand has to rise above the competition. Based on the survey of the society's needs, the thesis provides several points of view on the prospects and need for the C & E Advertising Industry and of the factors which influence the change in the society's needs towards C & E Advertising Industry talents.

Key Words: Yiwu, C & E Advertising, the Society's Needs

会展教育如何匹配市场需求

摘要：近年来，我国会展教育繁荣背后所暗藏的巨大危机集中地体现在会展毕业生的就业率上，会展毕业生就业难问题已成为会展教育界困惑的话题，如何使会展毕业生能“学以致用”，又能尽可能多地适应不同职业需求，从而实现企业界、教育界和会展专业学生间的共赢，这已成为会展教育研究的重要课题。本文从会展教育的客观实际出发，探讨了会展教育在匹配市场需求过程中存在的问题与解决方法。

我国会展教育繁荣背后所暗藏的巨大危机集中体现在会展毕业生的就业率上，会展毕业生就业难问题一直困扰着会展教育界。

如何使会展毕业生能“学以致用”，又能尽可能多地适应不同职业需求，从而实现企业界、教育界和会展专业学生间的共赢，这已成为会展教育研究的重要课题。以下是笔者对于会展教育的基本观点：

一、加强会展教育资源与主体会展市场的互动

当前会展教育缺乏就业岗位的指向性，在专业课程设置上追求大而全，弱化了学生的专业知识结构。会展院校在各自的领域里摸着石头过河，在专业基础课程和核心课程上缺乏统一标准，课程设置上出现巨大差异。笔者认为，造成这种状况的原因除了院校间信息不对称外，主要有以下四个方面的原因：

1. 我国会展教育师资短缺的现象依然

我国会展行业本身还处于一个不断摸索和认知的过渡期，相关理论和会展业体系尚不完善，多数会展教师没有从事会展操作的实践经验，因此，会展教育过程中普遍存在重理论轻实践的倾向，课程讲授空洞，缺乏针对性。

2. 会展师资半路出家情况严重

很多会展老师有经济、外语、旅游、历史、社会学、广告、管理等专业背

景，虽有博士、硕士、教授等良好的师资资源，但真正的会展实践操作经验普遍匮乏，对会展市场与会展企业需求把握不准。因此，不能展开诸如案例教学和展会模拟环境等形式多样的教学。

3.现有会展学科体系在学院派中尚未达成共识

会展院校信息不对称，在课程设置上出现巨大的差异，对专业内涵与外延各执一词，出现高校现行的会展理论教育体系难以与会展市场、会展企业的结果导向型的用人目标形成一致，最终导致社会急需的会展专业毕业生就业难的尴尬局面。

4.会展教育缺乏特色

人才培养模式和课程设置经常与会展企业用人需求相左；另外，专业教师处在理论迷茫的困惑中；这些都不同程度地制约了我国会展教育的良性发展。

会展产业链具有多行业集成特征，在会展人才培养标准上，行业与企业间既有共性，也有特性。会展企业希望人才是已拥有广泛和专业的从业经验，就业后能独挡一面，而现实却是会展专业学生“理论扎实、实践匮乏”，与会展企业的要求相差太远。笔者认为，要有效解决上述这些问题，需要从以下几个方面入手：

- 加大投入提纯会展理论科研成果

会展院校要加大会展科研经费的投入，创新会展科研管理机制，优化学术环境，整合研究资源，鼓励与强化教育从业人员对会展发展原理、会展实务流程中核心知识的研究与探索，进一步提纯会展理论科研成果，优化应用型会展教学工作。

- 从专业建设的角度出发提高会展实践水平

会展院校应从专业建设的角度出发，在培训基金、工作量化标准与制度上创造条件，要求专业教师放下架子沉入大型会展机构与企业学习与锻炼，了解整个会展活动过程与程序，做到能说会做，提高会展实践水平。

- 让专业教师了解会展企业对专业人才的需求

专业教师在深入基层过程中，学校需提出具体的课题要求与教研的具体目标，根据不同活动主体的人才需求特征，实现定性定量的课题研究，从而使会展教育更好地切合会展企业注重结果导向型的实际；

- 编制出有特色的会展专业教材

鼓励会展教育专业师资在会展企业中边实践，边研究，与会展从业人员合作开发，细分和强化课程设置，明确教学重点和人才培养重点岗位的指向性，摸索真正符合会展企业需求的会展特色教材。

二、建立学校内部模拟实训室

会展专业学生要全面发展，强化学生职业素养、学习能力和接受新事物的能力，主要需加强学生的动脑能力、动手能力和再学习能力的培养。

因此，在学校环境中，建立模拟实验室尤显必要，笔者建议在会展院校内部可

根据会展教育细分方向的基本待征，建立模拟实验室，以会展经济与管理专业为例，需设置两个重要的模拟实验室：

1. 展览模拟实验室

展览模拟实验室分为硬件与软件两大部分。硬件部分包括展览环境中通用的国际标准展位构件系统和用于展览各环节中的电脑设备。软件部分包括展览组织机构 OA 系统、观众跟踪管理、网页设计、美术设计及其它相关的标准办公软件。

通过实验，培养会展专业学生进一步熟悉展览的立项、主题、招商、招展、预算和运营管理；能够对展览活动核心资源（参展商与专业观众）进行管理；掌握展览营销与筹办的基本工作程序与展览营销和现场服务管理能力；学会使用展览营销管理工具的基本方法和操作技能；熟练应用展览信息化管理工具、制作展览专业广告等能力。另外辅导专业学生在实验室进行展览策划与组织实训、展览基本技能实训等课程。

2. 会议模拟实验室

目前我国会议业正步入增长型发展阶段，会议组织管理人才奇缺将出现井喷现象，因此，学校内部模拟实验室的建立将有助于学生赢得更多的择业机会。

会议模拟实验室主要依赖的硬件配置，如摄像机跟踪及视频、VGA 切换系统、投影设备、固定及流动的红外 6+1 同声传译系统、国际配备会议控制系统、数字讨论系统、IC 卡身份认证与同声传译等会议设备；而在软件方面主要依赖如专业会议管理软件、会议集中报到软件等其它相关办公软件，以支撑学生进行模拟会议管理实训。

会议模拟实验室的目的是开设会场布置实训、会议接待实训、会议安排实训、会议服务实训、会议展示实训、会议营销与筹办实训、会议策划与组织实训、综合技能实训等课程，使学生能了解和掌握从会议竞标、促销、实施、组织、服务、展示、总结等全过程的方法与技巧；同时还掌握会议策划与组织的基本工作程序、基本方法和操作技能，学会使用会议策划与组织管理等软件工具，来提升学生在实际环境中的会议组织管理能力。

三、加强学生实践环节的设计与指导

笔者先前从事会展行业实务工作，通过与会展实习学生的交流与沟通，发现有相当数量的实习学生的抗压能力、适应能力、人际交往能力、沟通与表达能力、积极性与主动性、团队合作、职业技能等普遍较弱。经过长期观察，发现我国会展大学生实习过程中存在以下会展教育的“瓶颈”问题：

1. 学校与会展企业信息严重不对称

学校在实习基地建立过程中，缺乏对不同会展企业工作特征、岗位设置、用人诉求的深度了解，以及会展企业不熟悉学校课程设置、学生对职业技能掌握程度、

会展教育的实习目标等方面的设置，再加上学校对实习基地没有科学统筹规划、定期联络、专人负责（配合教学）的机制，双方形成对会展教育认知的信息孤岛，导致实习效果不显著。

2. 学生实习前期缺乏具体辅导

从目前笔者接受会展实习学生的情况来看，大多学校对参与会展企业基地实习的学生都缺少前期辅导，比如，没有明确的实习规划与任务；对目标实习企业业务流程了解不够，运作项目介绍不全面；未对社会环境中的能力加以辅导；缺乏以结合会展专业理论与实践的方式有针对性地对学生进行指导和会展从业资质的系统培训。

3. 社会实践未导入社会调查环节

目前，开办会展专业的高校在学生实践环节中相关社会调查方面的指导与策划较弱。因此，会展学生在实践环节中没有很好地掌握社会调查的方法，也无从更深地了解行业发展的特点、项目运行的规律及行业内各环节间的相互关系。

4. 对学生实习的"放羊式"管理

部分院校对实践环节的重视程度不够，一旦与会展企业签订实习基地合作协议，接下来就是选送在校学生，未能就实习学生如何结合课堂所学知识在实践中的应用、培养实际应用能力以及制定有效实习规划与会展企业进行对话，使会展专业学生的实习既不系统性，也无法实现可控性，导致会展实习流于形式。

笔者认为，加强会展学生实践环节指导是意义十分重大的教学课题，也是会展教育匹配市场需求的一个重要组成部分，要从根本上加强这项工作，除了会展教育本身要走出"重理论，轻实践"的怪圈，要深化改革会展教育还应着手以下工作：

• 建立与健全会展院校与会展企业对话机制

会展教育在实习基地选择与建立过程中，需根据会展教育课程设计、学生掌握职业技能程度、会展实习具体目标进行系统与合理的规划，定向定量地去企业实习。同时也要对不同会展企业岗位设置、用人诉求进行摸查，将学生特点、实习目的等与企业进行良好沟通，建立定期联络、专人负责（配合教学）的对话机制，充分利用会展企业实践平台，消除会展教育与社会需求的信息孤岛，提升学生的实习效果。

• 开设学生实习前的辅导课程

笔者认为，辅导课程可以从以下几个方面着手：能力辅导，提升学生对社会环境的适应能力，如社会沟通能力、观察事物能力、职业技能运用能力等；业务辅导，介绍目标实习企业一般业务流程和项目特点；任务辅导，结合课堂教学内容对实习学生布置实习任务并对完成任务的方法进行辅导；资质辅导，进行会展从业资质的系统培训，使实习学生贴近行业特点，成为会展企业的一员。

• 策划与布置社会调查内容

会展教育充分利用实践环节开展社会调查，并缜密策划社会调查内容与研究课题的设立，指导会展学生在实践过程中很好地掌握社会调查的方法，这无论对行业发展、会展教育的研究以及帮助会展企业解决发展中的问题都具有积极的意义。

• 加强对实习学生的过程管理

会展教育应从社会实践的各个环节着手，建立对师资的鼓励机制，加强对学生各实习阶段的管理，利用现场教学，委托会展企业从业人员对学生的定人、定岗辅导，结合课堂所学知识，培养学生实际应用能力。

过程管理应在学校实习经费、教师工作量、教学考核指标设置方面统筹安排，从而全面提升会展学生实习的系统性与可控性，促进会展教育、会展企业与会展学生间各种形式的互动与交流，达到会展实习效果的最大化。（本文原发表于《教育教学改革研究》2008.12）

参考文献

1. 苏彦朝，石宏伟. 我国会展教育不能满足会展企业需求的原因及对策[J]. 商场现代化，2007，(4)184～185.
2. 季春红. 危机潜伏在会展教育繁荣的背后[N]. 中国贸易报，2007.4.10 第七版.

Exploration of How the Education of C & E March the Society's Needs

Huang Bin

Abstract: In recent years, the great crises hiding in the prosperity of C & E Education concentrate on the low employment rate of educated exhibition major students. What puzzles the whole education industry is the difficulty of being employed of exhibition graduates. One of the most important topics is how to combine knowledge with practice, and answer the requirements of different occupations, and put forward the reality of common interests among enterprises, education industry and exhibition major students. On the basis of the objective reality of C & E Education, my paper will present the problems and methods which we have met during the process of matching C & E Education with Society's needs.

Key Words: C & E Education, Society's needs, Simulation Laboratory

会展教育创新模式探析

摘要:我国会展人才供需矛盾的核心问题是会展教育资源与市场需求不相适应。因此,会展教育建设应重点围绕教育资源与市场需求的匹配,促进教育资源的科学化,优化专业设置、细分和强化课程设置、创新工学交替模式、紧密校企合作关系。本文试图从提高会展教育质量出发,重新定位会展教育,从而推动会展教育格局的战略性调整。

在我国会展市场竞争日趋加剧的背景下,学校教育更应重视素质教育。由于会展业的特点是强调实践性,隐性知识的积累大大高于显性知识的学习,因此,会展教育的重点应强调实践性,会展本科类教育需逐步形成会展高职本科教育体系;专科类会展教育要为会展市场、会展企业量身定制人才,打通学校与企业合作的瓶颈,加强会展业务过硬的“双师型”师资队伍建设。

一、建立会展教育的工学交替模式

通过工学交替模式培养学生整体素质,对会展学生提高就业竞争力将产生巨大影响,工学交替正成为会展院校教学的重要组成部分。

通过工学交替模式进行教学,不仅能够培养学生的实践能力,还能够培养学生的动手能力、实践技能、企业文化、团队精神等综合素质,从而满足用人单位实际需求。以会展专业本科为例,学生在四年期学制中,实行“学—工—学—工”交替形式,也就是“理论—实践—理论—实践”的教学形式。在校的第一年和第三年以理论学习为主,专业课和专业基础课包含一定实践性内容;第二年及第四年以会展企业实习为主,二年在校学习、一年半在会展企业工作、半年完成毕业设计使会展理论教学与实践教学之比提升为一比一,学生按学校的实习教学大纲和会展企业的培训计划完成实践性教学环节,取得相应学分。从而使会展专业学生通过课堂、现场、职场的互动教学，练就“真功夫”。

会展教育建立工学交替模式有三大好处：一是入校后学生首先学习专业技能课、进行专业思想的培养，对所从事的行业和行业所要求的人才规格有初步了解；二是理论与实践是交互进行，有利于学生理论紧密联系实际；三是在会展管理理论的教学中，由于学生有了前期实践的经验基础，有利于理解会展管理理论和会展的经营理念，还可以根据自身的体验丰富所学的管理与服务理论。在实施工学交替教学模式过程中，必须合理解决学校与会展企业合作环节中的问题，才能确保工学交替模式取得显著成效。

1. 校企间要相互了解，形成良性互动

在与会展企业交流的过程中了解到，会展企业对会展教育缺乏了解，特别是对会展教育院校的教学课程设置方面。在这种情况下，院校邀请会展企业的有关负责人到学校进行参观交流，同时，院校应主动聘请会展企业的专家和业务骨干担任学校的兼职教师（专职辅导员）。通过这种方法，会展企业在一定程度上参与了学校的教学工作，对教学目标与设置也逐步有了认识。同时，会展院校也可组织相关教师到企业中去，通过参观，甚至动手操作，了解会展企业运营的各个环节，清楚会展企业岗位的设置、用人的标准，以及对职业技能的要求。学校通过与相关会展企事业单位建立广泛密切的关系，获取最直接的信息，针对会展业发展的社会需要调整课程，按照用人单位的岗位要求培养学生，使会展院校在专业建设与调整、实践岗位的推荐等方面始终把握主动权。同时，通过院校与会展企业的合作，可以让院校更加了解会展企业的需求和愿望，促进会展企业认同学校的办学模式和理念，形成互动式交流合作机制，为工学交替模式的开展与学生的就业创造条件。

2. 调整会展院校的课程设置和教学计划

调整会展院校的课程设置和教学计划是实施工学交替模式的关键，会展院校如何根据会展业特点，调整课程设置和教学计划，适应会展学生到会展企业去顶岗工作的需要。首先要对第一学年的新生（经过理论教学后）进行数周的会展业认识实习，实习结束后，回到课堂进行专业知识学习。第二学年，安排学生在教学基地进行一年的运营实习，师资将定期或不定期地对实习学生进行现场教学。使会展学生能够将理论学习与社会实践的知识有机结合起来。第三学年，学生回到学校课堂学习理论知识。帮助学生梳理和消化顶岗实践的经验，解决会展理论与社会实践中的热点、疑点与难点问题，最后一学年安排学生到会展企业进行综合实习及完成会展论文的设计，通过四年的“工学交替”，尚未毕业的会展专业学生能熟练掌握实践技能与理论知识，再加上会展学生在企业实践过程中学到的企业文化和理念，毕业论文的主题将更符合会展业发展实际，通过这种方式培养的学生符合我国会展企业的用人标准与需求，就业前景广阔。

3. 深化会展教育改革，适应工学交替

为满足工学交替的会展教学模式，会展院校的理论课时间可安排在会展活动

淡季进行，将会展实践课调整到旺季，这样会展企业就能够提供岗位给学生顶岗实践。较好地解决理论学习与实践学习相冲突的问题。通过深化会展教育改革，根据会展专业对应的不同实践岗位，学校应随时跟踪并适时调整教学规划，使会展教学管理变成动态的过程。会展教学计划和课程设置的调整，需根据工学交替模式的具体要求，避免发生冲突。最大程度地满足会展企业需要和学校开展“工学交替”教学模式的需要，做到校企双赢。尽管这将大大增加会展教学管理的难度，但有利于工学交替的开展，从而使会展教育在真正意义上实现符合会展企业与会展市场发展的需求。

二、会展院校与会展企业建立紧密型校企合作模式

校企合作不仅是学校与企业的合作，教学与生产实践的合作，也是一种科技与经济相结合的合作，会展院校与会展企业建立紧密型校企合作，将极大地提高会展教育的质量，改善会展教育与市场需求不相匹配的状态。

1. 校企合作应以创新方式丰富会展教育内涵

第一步确定校企合作的方向，会展教育要明确把校企合作视为学科生存和发展的生命线，突出以就业为导向，组织会展教职员工，走出校门，深入会展企业，了解会展企业对人才的需求动向，与各相关会展企业建立稳定的人才供给关系，让会展企业直接参与会展专业招生、培养的全过程，在培养目标、人才规格、知识技能结构和教学成果评估等方面发挥更大作用。

第二步夯实校企合作基础，会展教育主动接轨会展企业，不仅为会展毕业生落实就业单位，解决就业岗位，更需在与会展企业展开更深层次、更大范围合作同时，真正了解会展企业的所需，进而有针对性地培养人才，确保实现会展教育、会展企业与会展学生的“共赢”。会展教育通过校企合作，更多考虑会展企业的需求，及时调整课程安排、教学计划、教学内容、实习实训等，确保校企双方合作目标的明确性，合法权益的保障性和校企合作的稳定性。

第三步实现校企合作跨跃，会展教育要审时度势，明确创建产学研相结合的校企合作新模式，将研究型教学模式移植到应用型教学当中。学习借鉴德国、美国等会展发达国家先进的会展教育理论与技术，突出实际操作技能培养和训练，开展前瞻性课程和教材研究、教学方法和专业建设研究、教学评估和教学质量监控，与会展企业共同创办会展实验室（引进会展业发展的最新技术、工艺与科研成果，开发产教研结合的软件产品）、合作创办会展实习教学基地、开展专项科技攻关，校企共同制定人才培养计划等等。探索一条适合我国国情的“双元制”会展教育的新途径，使会展专业学生更加适应会展市场和企业的要求。

2. 校企合作应狠抓重点建设，实现由量变向质变飞跃

导致我国会展教育畸型人才“过剩”现象原因诸多，会展企业想要的人才引不

进，会展院校培养的人才送不出去，原因在于会展院校专业设置不合理，教学课程设置脱离会展实际，培养的学生专业技能不达标，综合素质不强，无法达到会展企业的用人标准。为改善这种会展教学状态，会展院校在提高教育教学质量和学生综合素质方面需狠抓三个建设：

一是狠抓实训基地建设，大力提高学生实践操作技能。不断加强会展教学实验室和校内外实习基地建设，不断改善实习实训条件，提高实训实验设备的共享程度和使用率。先进的实习实训设施和技术优势，为参与会展企业技术研发、技术转化、技术改造提供条件。也为提高学生的实际操作技能提供可靠的保障，提高实践课程的开课率。

二是加强师资队伍建设，全面提升会展教师的素质和能力。加大“双师型”教师队伍建设力度。每年组织专职教师利用课余时间深入会展企业参与会展运营实践和技术革新，让专职教师在实践中学习新知识，掌握新技能。选派优秀教师到会展发达国家院校对口考察与培训。同时，选聘学科带头人，奖励在会展教育理论与实践研究中取得良好成绩的教师，吸纳优秀人才，以此推动整个会展教育教师队伍素质的提升。

三是狠抓培养模式建设，为会展企业量身定做“超值”的人才。会展教育能否为会展企业输送过硬的人才是决定校企合作能否深入持久的根本。因此，会展教育要完善与大力推行“订单式”会展人才培养模式，为会展企业量身定做会展人才。在校学生在学习阶段广泛参与会展企业的工作实践，进入会展企业工作后迅速融入企业文化，适应环境，进入角色，直接为会展企业创造经济效益，真正实现会展教学与岗位就业的“零距离”。

3. 校企合作应坚持以会展市场和企业需求为导向

随着近几年高校会展专业招生规模不断扩大，应届毕业生逐年增多，致使许多会展专业毕业学生进入就业市场后无业可就，增加了整个社会的就业压力，会展专业学生就业难问题亟待解决。笔者认为打响会展教育品牌在于会展教育如何积极指导，帮助会展学生就业，会展教育如何逐步构建会展校企合作资源，形成独具特色的会展人才市场需求网络，了解对会展人才市场的需求现状、供求态势、发展趋向，从而使会展人才培养计划更完善、更具针对性，也更适应企业所需，这是我国所有开办会展教育专业院校面临的重大课题。

胡锦涛总书记在党的十七大报告中指出：“要坚持走中国特色自主创新道路，把增强自主创新能力贯彻到现代化建设各个方面。”会展教育院校要认真贯彻落实党的十七大精神，充分认识加强校企合作、加速培养高技能会展人才的重要意义，积极采取有效措施，不断探索和创新校企合作的新路子，为推动我国会展业的高速发展和地方经济建设做出应有的贡献。（本文原发表于《教育发展研究》2008.12）

参考文献

1. 季春红. 突破传统瓶颈创新会展教育模式[N]. 中国贸易报,2007.6.15 第七版.
2. 庄华洁,王忠法,张兰欣. 创新产学研合作教育的思考与实践[J]. 教育发展研究,2006,9. P.76.
3. 李炳勇. 力求校企合作在更高层次和更广领域的新突破[N]. 德州日报,2007.11.8 第三版.

Study on Innovation of C & E Educational Patterns

Huang Bin

Abstract: The core problem of the supply & demand inconsistency of China's convention & exhibition talents is the lack of coordination between educational resources and social needs. Therefore, education of C & E should focus on matching educational resources with social needs, systematizing and optimizing specialties, classifying and strengthening course arrangements, and innovation. Furthermore, it should utilize Study Alternating Practice Mode and strengthen College-Enterprise Cooperation relationships. This article intends to improve the quality of C & E Education, offer suggestions for re-defining the Education of C & E, and promote the strategic positioning of C & E Education.

Key Words: C & E Education, Study Alternating Practice, College-Enterprise Cooperation

中国会展英语教学问题研究

摘要：随着我国会展业的迅速发展，业态的进一步成熟，会展教育受到了国内会展教育和培训机构的空前重视。但从目前我国会展教育整体现状来看，我国设有会展专业的专科及本科院校以及社会各类会展项目的培训班，教学重点仍摆脱不了传统教育模式，过于重视会展理论的系统性而忽略会展实务的操作性，会展专业英语教学就是当前会展教育过程中的很突出的问题。本文试图对中国会展教育最需要的专项教育进行探讨，进而对会展专业英语教学中的方向性与结构性问题进行探析。

中国会展业起步较晚，但发展较快，是今后十年最具发展潜力的十大行业之一。在我国，它被称为“朝阳产业”、“无烟产业”。但与会展发达国家相比差距还很大，这种差距主要表现在会展专业人才的数量与素质的差距上。在会展业全球化趋势越来越明显的今天，我国会展业要融入国际，国际品牌会展移师中国，就要求会展教育除培养学生有扎实的专业知识外，还需培养学生娴熟的外语沟通能力，从而造就适合时代发展的高素质的会展专业人才后备梯队。

会展英语不同于基础英语，涉及面广，它不仅涉及各行各业，包括轻工、化工、机械、纺织、食品、科技等诸多领域，同时在会展具体实践活动中的应用也极其广泛，如从展位介绍、展品运输、展台接待、展后联络到商务洽谈、签定合同、投诉处理以及商务信函等。

但基础英语与会展英语还是有共同点，因均属一种非本民族的外国语言，因此它们的教学仍符合外语教学的一般规律，都涉及词汇、语法等语言知识的学习，以及听、说、读、写等技能的训练。然而我国目前开设会展专业的大多数院校并没有将会展英语作为一个专业必修内容列入教学规划，以致一些会展专业毕业生因掌握会展英语实用性技能方面的薄弱，导致就业的竞争力下降。因此，会展专业学生的英语实用性技能培养显得极其必要。

会展英语的重要特点就在于英语作为一门国际通用语言，传递多元文化，架起沟通桥梁。会展英语包括会展活动和贸易洽谈两方面，以笔译与口译两种方式表现。为适合会议与展览的不同需求，对于会展专业的学生而言，在巩固和提高基础英语能力的前提下，应更侧重会展专业词汇的学习与积累，进行大量专业英语的阅读和写作实践，使学生能真正以英语为工具，熟练地获取和交流本专业所需的信息，从事本专业的商务沟通工作。

一、我国会展英语教学现状

会展学历教育在我国已经开展了七年，截至2007年底，我国开设会展专业和方向的院校(包括本科、高职、高专)已逾百家，有资料显示，目前上海设立会展专业的大专院校已高达30余所，虽然上海大部分院校对开设会展英语专业课程高度认同，有些院校已经招收了数量可观的学生，但我国会展教育中的英语教学尚处于探索阶段，存在着以下瓶颈。

1. 专业师资匮乏，执业标准缺失

目前，我国设立会展专业的院校中既拥有英语教学经验又具会展从业经验的教师匮乏，教育界及院校对会展类专业英语教师的执业标准缺失，导致院校在聘任、选拔专业英语教师时产生良莠不齐的现象。大多开设会展类专业的院校会展英语教学由英语专业毕业的教师来承担，当然，英语专业教师在学生听、说、读、写等基础英语能力的教学训练方面优势明显，但这些教师针对会展类的专业英语教学却又苦于缺乏专业知识，难以深化专业英语的教学；也有不少院校试图通过聘请相关会展类专业人士来承担教学工作，会展类专业人士虽具有良好的英语语言能力，熟悉会展专业知识，在帮助学生阅读专业英语资料、文献和介绍相关专业的英语知识方面有很大的优势，但在语言类的教学方法等方面往往不能达到英语教师应有水平，限制和影响了学生专业英语水平与能力的提高。继而演变成会展英语师资队伍建设的瓶颈。

2. 会展专业英语教材开发与实际脱节

我国会展专业建设相对其它学科发展历史较短，因此当前我国会展英语教材市场，知识新颖且质量较高的《会展英语》教材可以说凤毛麟角。笔者统计，由一二级出版社出版的书籍主要有以下几本：由高等教育出版社出版的《会展英语》(王铮主编)、由中国劳动社会保障出版社出版的《实用会展英语》(柯树人编著)、由北京大学出版社出版的《国际商展英语》(彼得·伯恩斯编著)、由对外经济贸易大学出版社出版的《会展英语》(丁衡祁、李欣、白静主编)等。而其他出版社出版的现有专业英语教材虽然名目繁多，但从内容上来看与会展专业英语教学的实际脱节严重，不少教材是由从事英语教学的英语教师编纂。存在着大部分编者基于自己对会展业的了解和主观认知开发教材，教材对会展专业术语的讲解不够全面透彻，甚至有剽窃外国会展英语的成分，教材在实际使用性和语言文字等方面存在质量上参差不齐，引用原版英语教材力度不够，难以同步于国际会展业的发展等问题，客观而言，我国目前还缺乏成熟的系列化会展类专业英语教材。同时还缺乏教学辅助材料，特别是课外学习的参考资料和供自学与练习使用的磁带、录像带等音像资料，也包括供自我学习与训练的教学软件。

3. 教学手段陈旧，无法适应专业发展需求

许多院校会展英语教师由无会展专业背景的英语师资执教，"会展专业英语"课程通常以习惯性承袭基础英语的教学模式，强调英语的语法知识，从而使会展专业英语课成为一门普通英语课或英语翻译课、词汇课，让学生感觉不到英语与会展专业的紧密性，以及英语在实际专业领域的语言环境。在不少院校或机构仍延用陈旧的黑板、粉笔加教材的单一教学模式，以及"一言堂"的授课方式进行会展英语的教学，这种教学手段难以调动现有大学生的学习兴趣与热情，不能提高学生的积极性和主动性。会展专业英语教学，由于没有很好地结合会展运作的实际环境与情境，难以培养学生有效掌握和运用所学的专业英语语言知识。经调查，近几年毕业的会展专业学生，在实际的会展就业中，就受到过用人单位的负面评价。我国不少国内外从事国际性展览的公司与组织机构宁愿聘用非会展专业毕业的外语类学生，而不愿使用会展专业毕业生，导致我国会展类人才的就业不能很好地匹配市场的实际需求。

4. CET 考级制度对会展英语学习的影响

CET 考级制度是目前我国培养大学生英语技能的有效手段和基本方式，但开设会展类专业的院校过于强调国家四、六级英语考试的通过率，甚至将其作为衡量学生能否毕业的标准之一，导致会展专业学生大部分英语学习时间都投入到应考中，客观上减少了专业英语学习的时间，形成学生疏忽、轻视专业英语学习的现象。这一问题在会展类专业学生中具有普遍性。例如：学生在第一学年结束后尚未能通过 CET-4 考试，还须在开始学习专业英语的第二学年甚至第四学年将主要精力用于 CET-4 考试。而通过 CET-4 考试的学生将更大的精力投入 CET-6 考试的准备中，这就不可避免地占用了会展英语的教学时间，并形成了会展类在校学生的英语学习以考级应试为主的现象。缺少对会展专业英语的操作性技能掌握的根本认识，使众多学生通过 CET-4 考试后，却在专业英语学习方面的积极性大受影响，往往敷衍了事，不肯再花大功夫。会展专业学生在校的基础英语与专业英语的教学应是相辅相成的，而现行这种为应付 CET-4 考试的教学方法是致使会展类专业学生难以提高英语口语能力和掌握专业实用性英语的主要原因。

二、改善会展英语教学的途径

会展英语教学从严格意义上而言是一种以就业为导向的教育，教育的目标是

培养能适应我国会展业国际化发展的需求，培养具有高素质的会展管理与实用型人才，推动会展专业学生就业率是会展英语教学的重要价值取向。因此，会展英语教学必须适应新出现的会展国际化发展方向与新的职业岗位的需要，集中和优化与会展就业市场相匹配的教育资源，培养会展学生的专业技能，拓宽国际视野，提高专业适应能力，使学生受到终端就业市场的青睐。我们认为可以从以下途径来实现。

1. 加强会展英语教学体系核心资源的构建

从会展专业英语教学的现状来看，师资水平已成为中国会展教育的软肋。加强对从事会展英语教学的师资队伍的规划和培养，建立起一支英语水平高，又熟悉会展专业知识的富有专业英语教学经验的英语教师队伍，是会展英语教学体系核心资源构建的重要内容。

目前许多院校对专业类教师业务进修比较重视，但对从事会展类专业英语教学的教师的培训与进修还未真正引起重视。特别是加强各院校间会展英语教师的学术交流，积极开展会展英语教学法的研讨，改革教法，交流教学经验，认真解决会展英语教师实习与业务培训等方面做得还不够充分，由于讲授会展专业英语对专业知识及相关学科知识的要求比较多，因此会展英语的专业教师应该与基层企业或会展机构有亲密的接触，特别是对国际会展发展趋势与前景有概要性的了解。应多创造机会与环境，让讲授会展专业英语课的老师能超越讲解语言本身的局限性，还能对相关专业知识和常识予以介绍，这样才能把会展专业英语讲得生动活泼。教学管理机构在核心资源的构建方面要舍得大投入，充分重视体系建设与激励机制的完善，充分调动专业教师的积极性，提高会展英语教学能力与质量，以全面接轨我国会展业国际化进程中对会展人才的需求。

2. 紧密结合专业实际，开发高质量的会展英语教材

会展业是我国第三产业的重要组成部分，是新经济条件下的增长点，中国会展业正以每年 20%的平均速度递增，中国正逐步成为亚洲地区的会展大国。中国会展业正在努力通过营造开放性和国际性的经营环境，通过竞争与合作促成大批具有专业水准和国际影响的品牌展览会和一批具有国际竞争力的大型会展企业集团的出现，我国的展览品牌也开始进军国际市场，中国会展业的国际化趋势越来越明显。因此，对能参与国际交流与合作、具有良好的外语技能与应用能力的会展人才需求也在不断扩大。因此，会展专业英语教学应从理论体系上下功夫，高水平的教材建设也就成为保证教学改革顺利实施的一项重要的基础工作。笔者认为，会展专业英语教材的组织编写指导思路有以下几个方面。

第一，开设会展类专业的高等学校可联合组建会展英语教学指导委员会，尽快制定统一的会展英语教学大纲，继而组织力量编写能满足我国会展企业对会展英语实际需要的系列教材。教材设计应按照以学生为中心的主题教学模式进行，坚

持以学生语言交际能力培养为重点，融技能训练、口语表达能力与语言和文化知识的传授为一体，突出培养学生综合英语应用能力。

第二，内容覆盖面要能反映整个会展类相关学科的基本内容，而不要过分集中在某一领域，以保证习惯用法等方面的多样性。材料的选取应具有时代的气息，既有知识性，又有很强的现代感，以拓宽学生视野，使学习者可以获取新的信息，受到启示。

第三，教材的知识编排体系应符合学生的认知规律。由浅入深，由易到难、由简到繁、循序渐进，并在教材实现形式方面，突出多样化特点，提供视听、多媒体光盘等系列配套教材，为教师在教学中运用现代化教学方法和手段提供空间。

第四，鉴于国际会展业发展迅速的特点，会展英语教材的编写应当更加能反映会展国际化进程与发展水平，及时跟进、迎合会展行业对人才能力的要求。要时刻关注行业的发展趋势，不断地更新教学资料，使会展英语的教学与时俱进，具有时效性。我国台湾会展资深专家柯树人编著的《实用会展英语》给会展英语教学提供了很好的范本。

3. 鼓励会展专业英语教学方法创新与改革

会展英语教学除了涉及专业知识的传授之外，还有英语语言综合运用能力的培养，具体的实践过程要通过多方面的实施。通过明确会展英语的特点和教学指导思想，在教学过程中从学生使用语言进行交际的角度出发，院校领导层要积极鼓励教师的教学方法创新与改革，通过采取丰富多样的教学形式，例如让同学们在课堂上的角色扮演，对热点问题的讨论，参观国际性展览与社会实践，通过案例分析、模拟练习，等等，使学生在课堂里学到的知识能在实际工作中运用，力求使教学过程交际化。开展小班化教学，为学生提供更多参与互动式学习的机会，鼓励学生积极运用所学的会展专业英语知识进行学习和思考。

为了使会展英语的教学具有有效性，除了采用适当的教学方法外，还应全面建立和提供现代化教学条件，包括影像视听、互联网、多媒体教学平台、会展活动模拟实训室等教学设备，积极引进和鼓励教师自行编制的多媒体教学课件，全面开展计算机辅助教学工作。

4. 开发会展专业英语资质证书

为改变会展类专业英语教学随“过四级”指挥棒转的尴尬局面，可以探索建立“双轨制”英语考试制度，如会展类专业英语资质证书以及基于 CET 考试制度的专业附加证书，设计针对会展专业的其它考试内容，用人单位对通过 CET 等级考试的考生，加考专业英语，就能获得某个级别的会展类专业英语资质证书。例如，组织专家小组或会展英语教学指导委员会对将来如何建立适用于高等院校会展类专业学生的英语专用等级考试制度与方法进行深入研究，并与职业适任证书及专业技能评估紧密结合，在适当时机推行新型的会展类专业英语等级考试制度，以切实

促进学生的专业英语学习，并提高他们全面的英语能力。这种方法能较好地提升学生的学习热情与兴趣，也符合我国会展业对会展专业英语水平的要求，更能为未来确定会展就业市场的准入条件提供重要的依据。

三、总结与建议

笔者认为，会展英语教学应该以市场需求为导向，积极深入基层会展场馆与组织机构，会展教学要不断密切与会展市场的关系，摸清市场就业需求，能很好地针对中国会展业的发展实际，实行产教结合、项目教学，为会展第一线培养高素质的劳动者和实用型人才。

在会展英语教学中应该针对国际会展业发展环境与我国会展发展的不同阶段的特征，进行会展英语教学的专业化创新：(1)突出口语，强调准确性与地道性；(2)注重项目驱动型教学，模拟实境操练；(3)针对专业学生的兴趣特点，由易到难地进行中英互译；(4)会展技巧符合国际化，贴近就业、贴近岗位；(5)符合教学实际需要，强调够用实用。在会展英语教学的其它方面，笔者有以下建议。

1. 开展以教学改革为内容的课题调研活动

会展英语教学要做到有的放矢，精确定位，开展以教学改革为内容的课题调研就非常有必要。要加强对产业发展、就业市场及院校开发成果的关注，结合本校的专业特色来定制英语教学课程。例如，广州旅游学院在会展英语教材的开发过程中，针对会展专业从业人员、英语教师及专业学生对教材内容的需求进行了问卷调研，从而为更好地开发教材内容奠定了良好的基础。表1所示的问卷结果可以基本概括目前对教材内容需求的情况。

表1　会展专业从业人员、英语教师及专业学生对教材内容的问卷调查

单位：%

问卷内容项目		统计结果
你认为在英语使用中以哪种技能为主？	听	92
	说	96
	读	64
	写	68
你认为在实际工作中需要哪些英语？	情景会话	98
	会展词汇	85
	交际技巧	76
	常用句型	80
	知识介绍	65
	句子翻译	52

续表

问卷内容项目		统计结果
你认为哪些英语学习与就业不相符?	过多强调语法	82
	过多精读	68
	过多强调拼写	76
	语言不规范、不地道	63
你认为哪些英语学习与就业更相符?	语文规范、琅琅上口	98
	情景会话	98
	常用句型	86
	实境演练	95
	适量中英互译	68
	专业术语	94

2. 会展英语翻译人才培养

一份对北京、上海和广州等大城市的会展状况调查显示,会展英语翻译的人才缺口很大,成为制约我国会展业进一步发展的瓶颈。因此培养具有扎实的会展专业知识并有较高翻译水平的译员十分紧迫。这方面的人才是具有会展英语教学条件院校可以尝试进行的细分市场的职业教育,对会展英语翻译人才的培养基本有三个方面的要求:

(1)语言交际技巧的掌握。培养学生使用正确的表达形式,准确理解和使用术语;词句组织严密,有逻辑性;语言得体;积极采用预测技巧,做到灵活应变。

(2)会展专业知识的积累。会展译员既要具备一般常识,又要具备行业的专业知识;需要日常积累,还要在每场展会前搜集与展会主题有关的材料,尽量熟悉专业术语,在翻译的过程中驾轻就熟;

(3)会展背景知识的学习。会展英语不仅仅是语言的问题,更重要的是文化意识的培养。要学习英美国家的文化,包括政治、经济、历史、法律、教育体制、宗教习俗、风俗习惯等,广泛阅读有关西方文化、英美概况、企业管理、法律等方面的知识。

3. 把跨文化交流作为教学内容

会展业的国际化是趋势,也是必然,中国会展业要想走向国际化,就必须重视会展教育过程中的跨文化现象,充分认识会展英语在对外经济交流、拓展市场、提升品牌过程中的跨文化交流现象。会展英语教学应引入跨文化交流的理念,国际会展礼仪是跨文化交流的重要内容,通过利用语言交流的会展礼仪形式,要求学生掌握国际会展礼仪方面的知识。加强会展英语教学中跨文化背景知识的学习,才能使会展专业的学生更好地应对国际性会展组织工作中出现的种种情况。(本文原发表于《2009 中国会展经济发展报告》2009.4)

参考文献

1. 陈恳. 对当前《会展英语》教学的几点思考. [EB/OL]. http://sh.yuloo.com, 2008－03－13
2. 杨云桃. 中原地区高职院校开设会展英语专业必要性探讨. [J]. 时代经贸, 2008.(3)
3. 黄映秋. 会展英语特点和译员培养[J]. 中国科技翻译, 2007.(8)
4. 伍帅英. 会展英语语体特征简析. [J]. 湖北行政学院学报, 2007.(5)
5. 黎秀英. 就业为导向, 开发会展英语校本教材[J]. 江西电力职业技术学院学报, 2007.(9)

Improving English Teaching for C & E Education in China

Huang Bin

Abstract: With the rapid development and maturing of China's Meeting, Interactive Conference and Exhibition (MICE) industry, Conference and Exhibition (C&E) education is receiving unprecedented attention from domestic C&E education and training institutes. However, China's present C&E education is still following the traditional education model, with an overweighting of theoretical systems and a lack of attention to practical operations. The teaching of English in C&E education, likewise, is in need of improvement. This paper examines ways to improve specialized courses for C&E education and to clarify C&E teaching objectives and structures for C&E English instruction.

Key Words: English Teaching, C & E Education, MICE talent

[会展教育与教改2－5]

中国会展教育师资建设策略探讨

摘要：近年来，我国会展教育繁荣背后所暗藏的巨大危机集中地体现在会展毕业生的就业率上，会展毕业生就业难问题已成为会展教育界困惑的话题，会展教育师资的建设是我国目前各级院校会展教育师资队伍建设面临的共同难题。要使会展专业教师兼具会展理论教学和会展实践教学的双重素养，显然不是一日之功可以达到。因此，会展院校的"双师型"师资队伍的建设是创建专业特色的首要任务，大力加强"双师型"会展教师队伍建设，也就成为当今会展就业市场和会展教育界的共同呼声。本文提出了就"双师型"会展教师的概念与"双师型"会展师资队伍建设的策略进行了探讨。

会展学历教育在我国已经开展了六年，截至2008年底我国开设会展专业和方向的院校（包括本科、高职高专）已逾百家，有资料显示，教育院校对会展应用型高级技术人才的培养势头明显高于管理人才培养，而在应用型人才培养中，会展企业大量需要的展会信息技术应用、项目管理、现场管理、注册管理、展览策划、展台设计、会展营销、会议组织管理、财务预算及规划等领域实用人才的培养却出现供给不均，会展教育与会展市场的需求不能实现良好互动与匹配。不少地方会展专业毕业生在求职时屡屡碰壁。我国业界专业人士指出，产生这种现象的主要原因在于会展院校"双师型"师资队伍建设的薄弱。

会展教育师资队伍薄弱是一个不争的事实，主要表现在：我国开设会展专业院校的师资队伍大多数是从其它专业的教师队伍中转岗过来的，很多会展老师虽有经济、外语、旅游、历史、社会学、广告、管理等专业背景，但缺乏行业背景，又缺乏实践经验，加之会展专业实训实习基地的匮乏，会展对会展市场与会展企业需求把握不准。而目前高级职称教师拥有量小，"双师型"教师资源稀缺。不能展开诸如案例教学和展会模拟环境等形式多样的教学。致使会展教育陷入了"理论化教学"的尴尬，直接影响了会展教育与会展需求市场的配置。很多会展院校在会展教学过程中普遍存在重理论轻实践的倾向，课程讲授空洞，缺乏针对性，形成了会展教育资源在匹配会展市场需求过程中严重不对称。因此，加强会展专业的“双师型”教师队伍建设是提高会展教育教学质量的关键一环。

一、“双师型”会展师资的概念

目前从事会展教育的大多会展专业教师是在学科型人才培养模式下造就出来的，从学校门到学校门，缺少会展企业工作经历，缺乏会展营销实践经验。虽然这些教师大多具有“教师资格证书”，从事会展理论的教学，但难以适应以能力培养为主线的会展专业技能教育。因此，本文提出“双师型”会展教师概念是期望与会展教育界达成共识，解决以往高校会展教育过程中重理论、轻实践；重知识的传授、轻能力培养和知识的应用的现状。“双师型”会展教师概念的提出同时考虑了目前我国会展院校普遍存在着会展师资队伍建设和评价体系偏重理论的现象，为了强调会展实践性教学环节的重要性，促使会展理论教学和会展实践正确定位，有机结合，适应以能力培养为目标的理念而提出来的。从而有效地解决会展行业与会展市场对当前会展专业人才的需求。

笔者认为，会展学历教育院校的人才培养目标应该定位在培养具有宽厚理论知识和较强会展实践能力的应用型人才，要求会展学生理论知识以“厚基础、宽口径、适应面广”为标准，不仅要提高会展实践的应用能力而且还要培养会展项目的创新能力。因此，对会展院校中“双师型”教师无论是在学历、职称还是在知识、素质、能力等方面均有更高的要求。笔者期望“双师型”教师概念的提出，对于引导会展专业教师注重实践教学，注重培养学生的会展实践技能具有积极的推动作用。

二、建设“双师型”会展师资队伍的必要性

会展学历教育是为了适应我国服务产业结构调整和满足我国会展业高速发展与会展市场对专业人才的需求应运而生。它是为培养直接面向会展市场与会展企业所需的各级项目管理或应用型人才而服务的。笔者认为，会展专业培养的人才需具备以下特质：

1. 行业性。会展专业人才的培养不应一味追求本学科知识体系的完整性与系统性，而是应该根据我国会展行业发展的最新趋势，构建行业的要素理论及知识体系；

2. 应用性。会展专业人才应该具有运用科学理论知识和方法来综合分析与解决问题的综合能力以及策划会展项目方案并能付诸实施的实践能力；

3. 社会性。会展专业人才应该具有更强的社会能力，如语言表达能力、自我表现力、团队精神、协调能力、交际能力以及考虑问题的周密性等。

因此，培养具有宽厚理论知识和一定实践能力的高素质会展应用型人才迫切要求建立一支结构优化、业务精干、富有活力的“双师型”师资队伍。“双师型”师资队伍是提高会展教育教学质量和人才培养目标能否落实的关键。

三、会展院校“双师型”会展师资队伍建设存在的问题

1. 缺失认定“双师型”会展教师的合理标准与内涵

会展院校“双师型”师资队伍建设的首要关键性的问题是什么样的教师才是“双师型”教师？我国教育体系中对此问题没有统一的认定。首先，教育部只是提出倡导“双师型”师资队伍建设，却没有确立“双师型”教师的标准，在教育部的各项文件中，对“双师型”教师的界定提法不一。其次，没有统一的规定，就导致了不同教育院校对“双师型”教师的理解差异，特别表现在对“双师型”教师的认定标准及定义上。最后，资格认证制度的缺失使得“双师型”师资队伍建设难以实现规范化的操作，以会展院校为例，很多有一技之长的会展人才也因没有教师资格证书而无法成为“双师型”教师。因此，会展院校要创建特色会展教育品牌，有必要研讨认定“双师型”会展教师的合理标准与内涵。

2. 缺乏“双师型”会展师资的科学培养规划，存在重学历轻实践的现象

“双师型”会展师资队伍的建设本应成为会展院校师资队伍建设的方向。但我国会展院校仍热衷于对“双师型”教师个体的培养，尚未将“双师型”师资队伍作为团队来进行建设，缺乏科学的规划。仍然是沿袭高教系统传统的培训模式。然而，高教系统传统的培养培训模式非常不适合“双师型”会展教师的成长。一是，传统的培养模式基本上沿用普通教师的培养模式，背离了对会展专业教师强化应用的本质要求，表现出了严重的学科化倾向(从目前会展院校开发的会展教材就可见一斑)；二是，当前会展教育师资培训，主体仍是高等院校，企业参与度不高，这种培训模式不仅影响了会展教师专业实践能力的提高，而且也影响了会展教育与社会的联系和沟通；三是，会展院校师资力量的提高，往往是通过引进博士和硕士毕业生，只强调其取得高校教师资格证书，而没有对其实践动手能力提出明确的要求，由此影响了高学历和“双师型”教师间的有效融合。

3. 缺失“双师型”教师的评价和激励制度

从评价制度来看，当前我国大多数的会展院校还没有走出普通教育模式的影子。会展教师特别是“双师型”教师仍然是按教师系列职称来享受福利待遇和级别标准，走的仍然是“单行线”评价模式；而另一方面，这些教师所具备的技能与技术资格却被视为空白——教师是不是“双师型”教师没有任何区别和变化。这种评价制度对于非“双师型”会展教师来说已经失去了成为“双师型”教师的动力与压力，为“双师型”会展师资队伍建设设置了障碍，这也成为目前大多会展院校较能引进具有良好会展行业背景，且具备一定理论研究与理论教学能力的“双师型”会展教

师的主要原因。“双师型”会展师资队伍的建设在缺失科学评价体系与激励制度背景下就显得难以维继。

四、“双师型”师资队伍建设的措施

1.加强对“双师型”会展师资的组织与管理

会展教育在自身发展过程中，需通过强化师资队伍建设，提高专业教师的层次和质量，改善专业师资结构，强化实践教学，突出技能训练来达到匹配会展市场需求的目标。因此，教师职业道德素养的高低，直接影响学生素质的培养和提高。会展专业学生需要高素质专业教师的有效引领，需要富有敬业爱岗精神的教师孜孜不倦的专业指导。因此，对树立会展专业教师的学习标杆，确定目标与追求，从而坚定“爱与责任”的为师意识，巩固“为人师表，爱岗敬业，无私奉献”的师德理念，才能做好会展专业学生的思想教育和日常教学工作。

结合会展院校自身的实际情况，根据专业侧重，需科学合理地制定“双师型”会展教师认定标准。虽然教育界对“双师型”教师的认定内涵与外延各执一词，也经历了从“双职称”到“双证书”、“双素质”、“双来源”等提法的演变。笔者认为无论提法如何，“双师型”会展教师认定的核心内容：第一，“双师型”教师要具备较好的教学能力与素质，能将前沿性的专业知识有效地传授给学生，并能获得学生的欢迎；第二，“双师型”教师要具有会展专业实践工作的经历或经验，具备会展专业的职业素质、技能与操作能力，能将会展专业实践能力身体力行地传授给学生；第三，“双师型”会展教师要分层次、等级和类型，如骨干教师、教学能手、实训能手、教学操作型教师、教学科研型教师等。因此，会展院校对“双师型”师资的管理应有一套层次清晰、要求明确、循序渐进的培养和考核程序。

2.加大会展专业师资的培训力度

加大会展师资的培训力度着眼点应是提高会展专业教师的市场前瞻意识，对会展市场需要什么类型的人才，未来几年社会亟需哪方面人才做到心中有底，有所展望，会展“双师型”教师必须具有会展市场分析能力。唯有如此，教师在教学过程中，才能有意识地渗透到会展专业教学的各个环节，帮助学生分析、了解会展市场需求和会展企业的用人方向，教与学有所侧重，使会展专业毕业生一旦走出校门，能够很快地找到适合自己的工作岗位。因此，树立“以市场为导向，以服务为宗旨”的意识，加强会展教师对市场分析能力的训练，能实实在在地提高教师的综合素质与能力，为会展专业的特色教育奠定发展基础。

会展院校“双师型”师资队伍建设应建立在对会展专业人才培养方案和会展专业教师队伍结构的深入调研基础之上，制定科学合理的培养规划，有计划地培养。有以下途径：

(1)有计划地安排会展专业教师到会展企业或会展科研单位进行专业实践，提

高专业教师的实践能力、动手能力和科研能力，了解和掌握会展专业教师所从事的专业的基本现状和发展趋势，以便在教学中进行自我导向型学习。

(2)充分利用各种资源，模拟会展环境的实践及评价体系，如会展项目管理模拟训练能够模拟会展企业的岗位、分工、职能，模拟会展企业的业务环境与流程，并能按会展项目实施方案的功能模块进行岗位分工，考核老师及学生的应用能力。实现理论教学与实践检验相结合，在满足实践教学的同时，达到锻炼自身的目的。

(3)鼓励会展专业教师到校企合作的实践基地进行培训。使会展教师既承担理论教学，又承担部分会展实践性工作，掌握技能，也可以聘请师资培训，会展企业的管理专家和具有丰富实践经验的会展专业干部做教员，利用寒、暑假期对在职教师进行培训。浙江大学城市学院在会展教学过程中强化了校企合作模式，达到了显著效果。

3. 加快对“双师型”会展师资的研究步伐

“双师型”教师是对会展专业课师资形成的特殊要求。目前，会展专业教育不缺具有较高的文化和专业理论水平，有较强的教学、教研及教学能力和素质的“理论型教师”，但具有丰富会展专业知识、较强会展策划与会展营销及管理能力，以及指导学生创业能力的一专多能的“双师型”会展教师还是普遍缺乏。因此，加快“双师型”会展教师的研究步伐，刻不容缓。一支合理的“双师型”会展师资队伍是由专业基础课教师、专业理论课教师、专业基础实验课教师、专业理论实验教师和“双师型”会展教师组成的有机整体，是一个知识和能力结构合理、具备完整育人功能的会展教师团队。因此，通过教改来完善“双师型”会展师资队伍是一项重要任务，会展院校不仅可以通过对会展专业教师的培养、紧缺人才的引进以及聘用兼职教师来进行会展师资队伍的优化，也可采取“回炉”的培养方式，鼓励和提倡会展专业教师利用假期到会展企业进行生产与实习，进行会展项目的实际操作，提高会展专业教师的专业实践能力，改变会展专业教师“眼高手低”的现状，促进更多会展专业教师向“双师型”的方向发展。

目前，“双师型”会展师资的提法尚处研讨阶段，相关的理论研究还很不系统，业界也没有形成统一的认识，尚无权威的会展研究机构对“双师型”会展教师的内涵进行科学地界定。因此，“双师型”会展教师概念的内涵，有待于我国开办会展教育的各类高校在教改过程中不断地进行深入的研究与探索。

4. 建立健全“双师型”教师的评价和激励机制

会展院校将“双师型”师资队伍的建设纳入专业发展战略是总体规划保障的重要前提，根据专业教师的年龄、学历、经历制订出科学的培训计划，不同情况区别对待：

(1)鼓励专业教师积极参与会展企业的工作实践，提高会展专业实践技能和操作技巧，专业教师在会展企业工作与实践的评估需制定激励政策为导向；

(2)鼓励专业教师指导或带领学生团队参加教改交流与专业技能大赛，如今年七月在成都举办“首届中国会展院校大学生专业技能大赛”，学校制定相应的评价标准与激励政策；

(3)充分运用补贴、晋升职称、合理调配等手段，为“双师型”会展教师营造发展空间，对专业能力较强的专业教师，可给予更多的政策倾斜；

(4)建立系统的评价体系与激励机制，如采取高职低聘等，逐步实现“双师型”师资队伍建设的规范化、制度化，推进“双师型”会展师资队伍的建设。

“双师型”师资队伍建设是一项长期的工作，开设会展教育的院校应作为一项系统工程进行规划，有计划、有步骤、有措施地进行，既要以历史的眼光确立师资队伍的建设目标，又要以具体的举措提出切实可行的实现途径，做到目标性和操作性统一，使“双师型”会展师资队伍建设步入良性的发展轨道，唯有这样我国的会展教育才能逐步匹配会展市场的人才需求，才能使会展人才做到“学以致用”。(本文原发表于《2010 中国会展经济发展报告》2010.4)

参考文献

1. 季春红，突破传统瓶颈创新会展教育模式[N]. 中国贸易报，2007.6.15 第七版
2. 季诚钧，应用型人才及其分类培养的探讨[J]. 中国大学教学，2006 (6)P.57
3. 庄华洁，王忠法等，创新产学研教育的思考与实践[J]. 教育发展研究，2006，9.P.76.
4. 高晓虹，对应用型本科院校“双师型”师资队伍建设的思考[J]. 中国高新技术企业，2008.3
5. 苏彦朝、石宏伟，我国会展教育不能满足会展企业需求的原因及对策[J]. 商场现代化，2007.(4)：184～185
6. 陈运本，应用型本科高校师资队伍建设刍议 [J]. 盐城工学院学报，2006，(03) P：81

Strategy of the Organization of Professional Teachers For E & C Education in China

Huang Bin

Abstract: In recent years, the great crises hiding in the prosperity of C & E Education concentrate on the low employment rate of educated exhibition major students. What puzzles the whole education industry is the difficulty of being employed of C& E graduates. One of the most important reasons Is that C & E Education programs offered at colleges and universities face the common difficulty of

how to develop "Double-qualified" teachers.

C& E specialized teachers need to have both theoretical expertise and professional practical experience in order to effectively teach C & E students. Attaining such qualification and expertise, however, requires many years of work and study. Therefore, developing "Double-qualified" teachers is a momentous yet fundamentally essential task; as such teachers represent the foundational strength of C & E Education programs. Having double qualifications has become a critical component of both C & E Education and industry. This article proposes a regimented program. with specific examples, for how to develop "Double-qualified" Teachers for C & E education.

Key Words: "Double-qualified" Teacher, Convention & Exhibition Education, Teaching and Learning

“项目驱动、以赛促教”的理念与实践

摘要：随着我国会展业的迅速发展，业态的进一步成熟，会展教育受到了国内会展教育和培训机构的空前重视。但从目前我国会展教育整体现状来看，我国设有会展专业的专科及本科院校以及社会各类会展项目的培训班，教学重点仍摆脱不了传统教育模式，过于重视会展理论的系统性而忽略会展实务的操作性，“项目驱动、以赛促教”模式就是当前会展教育过程中的很突出的问题。本文试图对中国会展教育最需要的专项教育进行探讨，进而对会展教学过程中的方向性与结构性问题进行探析。

近几年，我国会展教育院校呈快速发展态势。会展专业学生的在校总人数也有大幅度增长，会展教育院校培养会展专业学生所面临的巨大挑战之一就是会展教育与社会需求的匹配问题，也就是说，从会展院校毕业的学生是否能理想地解决就业问题。因此，如何让每个会展专业毕业的学生能以高素质、高水平的状态顺利经过社会的检验，进入专业岗位，成为我国会展院校与会展教育需共同思考并面对的课题。

一、参赛提升专业能力的理念概论

会展教育相比其他应用型学科，其自身特点十分明显，主要体现在会展教育要匹配动态的市场需求来实现，中国会展业的高速发展，会展理念、会展技能以及会展支撑环境都顺应着中国经济形势的变化而变化。同时，会展工作中，有大量工作需以创意与集体协作来完成。比如一项新会展项目的创意，就通常需分：前期调研与可行性认证阶段，中期概念策划与服务策划阶段，后期策划项目的合成阶段，中间需经历很多环节，提出复合型知识要求，需要不同知识背景与技能的相互配合以及大量人力与物力的投入才能实现，因此，“井底之蛙”的教学方法，很难培养出符合市场需求的专业人才。为推动大学生学科竞赛活动的深入开展，我院在不断进行教学内容、方法和手段等改革的同时，提出了会展人才培养需遵行的“厚基础、精专业、重实践、多课堂”十二字方针，并坚持以参赛提升学生的专业能力。

1. 会展专业需求的综合性技能培养的需要

会展教育的过程中，在校会展学生是具有分散性特点的群体，各自能力不一，很难进行符合会展专业需求的综合性技能的培养，以会展项目策划为例，一个能付诸实施的会展项目，需形成较为完整的项目团队，通过团队成员间的能力优化，提出符合实际运作的创意与可行性策划，全面达到会展教育与市场匹配的目标。会展教育的目标也就是围绕会展专业的知识点，紧扣会展环节所需的技能点，最终达到知识点与技能点的完美结合。

2. 通过参赛强化“校企合作”的办学模式

在德国“校企合作”的办学模式运行得非常好，但在我国却因为种种原因很难有效推进。会展专业学生在无法模拟较强会展环境的实践机会情况下，专业学生的技能也只能更偏向于对理论知识的掌握。为弥补这种教学缺陷，鼓励与形成会展教育过程中的参赛提升专业技能的机制，对提高整体会展教育水平具有重要的作用，在组织参赛过程中实际也强化了“校企合作”的办学模式。

3. 专业学生参赛机制的建立符合会展教育院校的课程需要

尽管很多会展教育院校开设了会展项目策划课程并根据课程需要，在教学过程中将学生分组，通过学生的不同角色与团队合作开展会展项目的模拟策划与组织。但由于在校会展专业学生往往因受到其他课程时间或学分要求的限制，平均分配自己的学习时间，而忽略了会展专业所需的大量技能训练，因此，建立与鼓励会展专业学生在参赛方面投入更多的时间与精力，不仅可以使会展专业学生通过参赛得以锻炼，更重要的是符合会展专业的课程需要。

4. 参赛模拟专业环境，让专业学生更贴近市场需求

根据会展专业学生毕业的情况来看，虽然市场提供与会展专业关联性强的行业非常多，但实际上会展专业学生的专业对口率并不高，这不仅仅是由于会展企业往往对会展专业毕业学生为会展企业创造有效价值的预期较高，也存在在校的会展学生在行业经验、策划技能与组织协调能力缺乏有效的训练，技能不够的因素，因此，不少会展企业不愿意招用会展专业的学生并提供关键性岗位。

5. 参赛促进学生深化专业知识，享受参赛过程

有参展经历的学生几乎都会获得重要的参赛感受，参赛“真的很辛苦!”无论是个人或团队都要出很多的方案，特别是临近截稿，学生甚至要连续通宵 N 个晚上来完善作品。作品提交后，参赛学生再回头看曾经历过的路程，大多会感觉在经历不断“纠结”的过程中深化了专业知识，学会成长，获得成就感，真正地感到经历参赛的过程是一个受益匪浅的过程。

6. 参赛强化学生的团队意识，学会分享与担当

会展策划项目从构思到设计，需经过很多环节并经反复修订才能最后敲定，这

无疑是一个团队磨合的过程。不少学生在参赛前，个人主张强烈，意见相左，因坚持已见而引发吵架的事也时有发生，但在团队合作的进程中，学生逐步过渡到“合作”、“妥协”与“分享”，学生会意识到作品的成功凝结了团队成员的智慧和汗水，作品呈现的是每个个体的闪光点，正是因为思想的碰撞最终成就了出彩的作品，因此，在团队的合作中要学会分享与担当。

7. 参赛辅导推进教师向教练的角色转换，改善师生关系

不少学生经历参赛过程后，感受深刻：认为老师的陪伴成了学生坚持到最后的精神支柱。学生在与指导老师的相处中，结下很好的师生关系，学生不仅与指导老师近距离接触，聆听专业的言传身教，更重要的是当学生遭遇困难时，指导教师的“教练”角色就得以充分发挥，指导老师在发现问题时，还不断地传授方法，使学生能从容面对挑战。学生在老师和团队的陪伴下，做事变得有责任感、肯吃苦，彻底一改因遭遇困难萌生退缩的坏习惯。

二、会展教育与参赛的相互关系

浙江大学城市学院在开办会展特色教育的过程中，不断强化与调整会展教育过程中的学生参与社会实践及模拟社会环境的方式，倡导“项目驱动、以赛促教”的教育思路，推进专业能力的提升这一教育理念。浙大城市学院在会展教育与学科竞赛方面，有以下体会：

（一）会展教育的教学工作必须重视，激发学生创意思维

现行会展专业教学模式所体现的种种不足，归根到底就是学生实践经验贫乏，创新力不足。“项目驱动、以赛促教”的教学模式产生的最大动力来源于会展专业的自身特点，会展业本身是一个交叉性、实践性非常强的学科，会展教育的核心和基础是策划与组织。激发学生的创意思维，培养学生的主观能动力与创新能力是现代会展教学的核心和生命线，同时也将影响会展教育与会展市场有效匹配。因为创新能力是会展企业的核心竞争力所在，会展企业特别关心现行的会展教育是否能培养出“会展策划”大师，而会展教育的自身特点决定了其教学必须重视创意，没有创意，也就没有一流的原创性会展项目。创意源于创新能力的培养，要求专业学生必须有创新能力，能根据我国会展产业的特征，将会展的文化价值、审美价值和应用价值紧密结合并综合表现出来。一项出色的会展项目不应只是新颖独特的概念设计，更重要的是它能给人们带来文化价值的影响，即是否能通过会展策划项目将会展的概念策划与服务的理念融合在一起。创新能力的提升还需要丰富的实践基础，会展学生如果前期不注重大量实践经验的积累，在面向社会就业时就将很难符合会展企业的价值观。“项目驱动、以赛促教”的基本理念就是通过会展学科竞赛来带动实践教学水平的提高，提升学生的创新能力，促进会展教育的发展，也为我国会展业储备了新生力量，浙大城院的会展教育实践证明该模式活力十足。

(二)将参赛项目纳入会展教学计划,符合会展专业学习的教学要求

"项目驱动、以赛促教"所组织参加的各种比赛是一种有目的、有计划的教学行为,最终目的是为了提高人才培养的质量水平,所以组织各种比赛必须与会展专业人才培养目标严格一致,与会展专业教学计划密切相关。浙江大学城市学院组织会展学生积极参与的学科竞赛项目有三种:

1. 由学生策划与组织的校内学科竞赛

"浙江大学城市学院会展策划大赛"已举办三届,特点是:1)教师做好教练工作,由会展专业老师做教练,出基本思路;2)学生做好项目管理,组织学生团队进行筹划与组织,分阶段、分目标地实施;3)学校做好服务与支持,由学校教学主管部门给予决策支持、物质奖励与精神鼓励;4)鼓励社会参与赛事,由会展行业、企业专家与管理者参与大赛评审,从真正意义上实现校企互动。

2. 由行业协会举办的会展策划大赛

"2011 中博杯浙江省会展策划大赛",该大赛的特点是:1)行业协会与学校结合,由浙江省国际会议展览业协会主办,由我院参与组织协办的会展专业策划全过程;2)行业协会与企业结合,由全省会展龙头企业共同参与并赞助;3)校企同台竞技,全省 90%以上开设会展专业的学校及大中型会展企业积极参与,首届策划大赛参与人数达 524 名,参赛项目达 104 项;4)评委组织合理,评审的评委组成是差额人选,行业专家与教育专家共同组成,但行业专家在额度上始终多于教育专家。

3. 全国性的会展策划大赛

"中国会展院校大学生专业技能大赛",该赛事由中国会展经济研究会、《中国会展》杂志社共同组织与承办突显以下特点:(1)主办单位权威,由政府与行业协会主办,《中国会展》专业性媒体承办;(2) 评委的专业性,评委由政府与会展企业界知名专家组成;(3)会展企业的积极参与,多家知名会展企业积极赞助比赛,并为比赛提供详尽的相关准备与要求;(4)会展参赛项目与类别的多样性,该大赛没有特设会展项目的策划命题,全面激发会展专业学生的发散性思维。

(三)"项目驱动、以赛促教"的理念落实在教学与社会需求的匹配上

"项目驱动、以赛促教"的理念强调其实现的过程,具体需落实在会展教育与社会需求的匹配上,学校举办的会展策划大赛以"请进来"的方式,接受政府、协会及会展企业对会展教学的效果与成果的评价,参与社会特别是行业组织或专业机构常设的各种应用性比较强的比赛,是实现会展教育"走出去"的构想,通过公开参赛,与社会各方有更多的交流、互动与学习。从而使会展教育获得较高的社会认同度。会展教育的结果需与社会及市场的需求匹配,会展教育的社会认同度体现在行业认同度与行业外认同度这两个方面,行业认同度是需要符合行业的内在要求,行业外认同,也就是说要符合社会的各方利益。只有在提高社会认同度方面下决心,花力气,才有利于形成会展专业学生的核心竞争力,达到会展专业人才的培养

目标。因此，在组织与鼓励学生参赛时，均需将会展教育与社会需求间的社会认同度考虑在内，参加赛事不仅是为会展专业学生提供了一个良好的学习交流会展知识、展示会展技能的平台，同时赛事也为各会展院校提供了一次显示会展教学水平的机会。

“首届中国会展院校大学生专业技能大赛”于 2009 年 7 月在成都成功举办。共有 15 所参赛院校以“2010 成都某大型会展经贸活动”为主题，模拟会展的筹备工作，自选角度，自拟题目，围绕中心主题撰写会展活动策划方案，并在现场运用多媒体手段对方案进行讲解。浙大城市学院参赛团队送选的参赛项目《做完美女人，品幸福蓉城》在该届比赛荣获二等奖。

2010“第二届中国会展院校大学生专业技能大赛”于 2010 年七月在义乌成功举行，该届策划大赛报名参赛的会展院校达 30 余家，参赛学生 470 余人。大赛充分体现“公正、公开、公平”的原则，特邀政府、行业协会、业界专家及人民网、网易、新浪网等知名媒体在现场参与并进行报道。浙大城市学院会展专业学生选送的《懒人展》项目从 108 件参赛作品中脱颖而出，获得全国大学生会展策划大赛唯一的一等奖。

通过参赛大大提高该校会展专业办学的知名度，学生的就业质量随之大幅度提高。实践证明，“项目驱动、以赛促教”这种新教学模式的探索对实现社会效益意义深远。

(四)“项目驱动、以赛促教”理顺专业理论与专业技能的教学关系

“项目驱动、以赛促教”的会展教育理念在运作过程中，需根据组织参赛的具体规划来调整专业理论和技能教学的具体内容，要特别关注培养专业学生的参赛热情及参赛指导教师的积极性。在部分专业课程中融入参赛训练的内容，将参赛分为：

1. 赛前动员与组织

由专业课教师结合赛事对教学的专业特征进行宣传讲解、分析以及引导，结合课程的进度与相关知识内容作为知识点与技能点的重点讲解，让学生不仅对专业课程的目标有更深入学习的主观愿望，同时也让报名参赛的同学对大赛的主题及比赛规程进一步了解并形成清晰的认识。

2. 课程指导与培训

由专业课教师组成指导教师团队，针对不同的会展竞赛级别，如院内、行业协会、省内或全国性等，相关课程的指导教师需根据各自不同的专业特点进行分工与合作，集体孵化专业学生，启动“造星”工程，并为优秀专业学生提供全程的专业指导与参赛技能指导，分析重点、巩固优点、消灭缺点。

3. 课堂呈现与点评

浙大城市学院将“项目驱动、以赛促教”的理念全面融入课堂教学环节，专业学生根据课程的要求随机组队，学生项目小组进行角色与项目的选择，也可选择相应的指导教师进行指导，项目有规定的截稿期限并要求项目小组进行课堂呈现，通过同学与课程老师的专业点评，让学生项目有再修改的目标与方向。

4. 入围评估与强化

为了帮助学生充分做好各级参赛准备或有目标地孵化参赛选手，通常先在全校范围内举办跨部门、跨学科的校级比赛，激发专业学生的学习和创作兴趣。学生参与整体赛事的策划与组织，以会展项目管理的要求，提出参赛的各时间节点，督促参赛学生与团队在规定的时间上交参赛作品，参赛项目小组提交的作品通过课堂呈现、初赛、组赛，并由专业教师组成初评小组进行初评，最终确定入围作品总数。浙大城市学院 2009—2011 三年间举办了三届校内会展策划大赛，会展专业学生提交参赛作品的热情很高，占课程总人数 80%左右，形成很好的学习氛围。入围作品将由专业教师进行评估并强化辅导，提升入围作品的获奖竞争力。决赛时，由专业教师、学院领导、业界专家组成评委，特别尊重到场的业界专家的专业评价，选出院内的获奖作品，为鼓励学生参赛热情，获奖作品一般占入围作品的 80%左右。三等奖以上奖项的作品，会展专业教师团队将进行重点辅导，提升作品的校外参赛的竞争力。

三、组织专业学生参赛与促进能力培养的目标

会展教学的一项最核心工作就是如何将会展的教育目标与社会行业发展的需求很好地结合起来，提高专业学生的创新能力、动手能力。从而真正地为行业、为社会培养出能尽快找准角色定位，融入会展专业工作需求的毕业生。事实上，会展人的创新能力来自于丰富的社会生活经验以及实践经验，但在校学生生活空间狭窄，极其缺乏实践经验，专业创新能力堪忧。倡导“项目驱动、以赛促教”新型教学模式，旨在全面弥补现行会展教学模式的不足，提升会展专业学生的综合实力。

(一)提高会展策划与创意与实际项目的关联性

在业界，会展项目的实施与管理，通常需要从业人员有意识地积累业界经验，强化会展应用型技能的自我导向型的学习，将自己全面融入会展企业的工作环境。在学校，尽管现在的会展教学课程通常会包含一些应用型与项目管理类的课程，但要将这些课程中所学的知识点与技能点转化为社会生产力，达到知识性与技能性的统一，还有一定距离。这是因为会展专业学生在校的学习过程中，孤立地接受每门课程教学，课程的教学效果往往会因专业教师的专业背景、研究方向或从业经验的不同而不同。比如在会展策划与组织的课程中，会展专业学生通常具有良好的创意，并有各种丰富的多媒体与计算机软件制作策划项目，但由于学生不熟悉会展策划与组织的基本要素，不能很好地将核心要素有机地进行整合，天真地认为会展项目是可以臆想出来的。通过会展参赛，为会展专业学生提供了模拟的平台与组

带，将专业学生的不同选题、学生的技能优势重新组合排列在一起，通过团队的集体思维，运用各种不同的表现方法和手段，最终在专业教师的指导下，学校领导与业界专家的精彩点评中，将最符合或接近现实会展项目的形态展现出来。通过参加赛事，会展的策划创意，已不再是一个空想，而是通过不断创新、几番改进并运作实际手段进行展现和诠释，最终使会展策划与创意有了动态的衍生性和生命力。

(二)理论与实践相结合，检验与评估教学资源配置的不足

对于会展业而言，通常对会展人才需具备社会资源整合能力具有一定的预期。因此，会展教育过程中，只给专业学生进行理论教学是远远不够的，还必须注重搭建或创造能培养学生过硬专业本领的平台。参赛可以结合理论与实践教学的目标，检验与评估会展教学资源的配置。尽可能多地调动优质资源来协助学生进行专业课程的学习与会展项目的策划。在会展参赛项目的策划中，学生需综合运用在校学习的会展相关课程中的理论与技能，比如：社会学、会展概论、市场营销学、文案策划与写作、市场调研、会展营销、计算机辅助设计等。这些课程在学习过程中是分离的，通过参赛，要说服专业教师、专业同学与业界专家，就必须将多本课程中的知识点与技能点串在一起，以最佳的方式呈现在评委的面前。因此，参赛团队以会展项目策划的结构为线索，按照项目管理的具体工作目标与阶段的描述，把会展策划与组织的基本思路以运动规律的方式整合到专业的模拟环境中。通过这样的整合方式，理论与实践有机地结合在一起，从而达到“读万卷书，行万里路”的目的。当然，对于学生而言，初涉赛事，会遭遇很多不确定的困难与问题。比如：策划的原创性，行业项目投资原则，会展项目策划的核心要素等，客观地反映了教育资源配置过程中的问题，也有效地提示学生在学习过程中存在不足的原因。在完成整个参赛过程中，专业教师针对缺失的薄弱环节进行及时的补充教学。通过经验教训的总结，将参赛环节中存在的问题，带到课堂的教学环节中去解决，大大激发了学生的学习热情。同时，每解决一个问题，参赛选手与课程学生的总体水平都会得到很大的提高，存在的问题也将最终逐步化解。这对于即将毕业进入社会的学生而言，通过参赛，无论这些学生的实习能力与融入会展企业团体协作中的驱动力，都会比没有经历过赛事磨练的学生好得多，专业学生毕业后，顺利就业的成功几率就会大大提高。

(三)引导专业学生扬长发展、规避能力弱势

参加会展策划大赛，所有的参赛过程与项目都是以团体协作形式进行，高度仿真与模拟了会展企业的实际工作环境。特别是每一轮赛事结束后，参赛选手与团队会进行“自发、自觉、自动”的自我强制性学习，通过每门课程的再学习来达到“温故知新”的目的。会展企业在实际工作中，往往员工所承担或负责的部分是某个会展项目流程中的细分部分，会展企业要求员工对某一项技能达到精通。学生参赛，通过项目策划与参赛环节过程中，团队成员间的不断争论、不断磨合最终发现自己

的能力所在，逐渐学会整合自己的强项并用于会展比赛的全过程。浙江大学城市学院有75%左右的同学，参加会展策划大赛后表示在以后的学习过程中，会加强针对性学习自己擅长的专业知识，最终在掌握整个的会展工作流程的基础上，有意识地加强其中一项或几项专业知识，力求精通。这种“项目驱动、以赛促教”的会展教育导向对培养高、精、尖的会展专业人才具有很好的作用，会展专业学生在参赛过程中达到课程的延伸学习，获得广而精的专业学习效果，一旦毕业进入会展企业，将充分发挥在校的知识与技能储备、经验积累，发挥较好的专业潜能。

(四)积极参赛激发专业学生的“成就感”，建立学生的自信心

我国高等教育院校的学生条例中，明确规定了很多奖励细则，参赛是其中一种。在校学生在院级、市级、省级或国家级的比赛中获得奖项，都会有相应的证书或奖金，这种精神与物质层面的奖励很好地激发了专业学生的“成就感”，建立了学生的自信心。学生通过参赛，可以领悟到用参赛这种学习方式不仅锻炼了自己的专业能力，还获得了在校学习阶段的标志性成果，一旦走向社会，学生可向相关机构有力地证明自己的专业能力和业绩。特别是对于有就业需求的会展专业学生而言，参赛的经历与成绩在就业应聘时是一块很好的敲门砖。建立与健全专业训练机制，让专业学生有更清晰的专业标杆，努力参赛，扬长避短，造就一个更自信、更符合社会及行业需求的自我。

总　结

参赛在会展专业教育环节中起到非常重要的作用。但会展教育工作者也要清楚地认识到，参赛并非专业学习的唯一方法，组织会展专业学生参加比赛只是一种途径，需要很好地规划与考察，会展专业学生盲目参加各种比赛，也会分散学习精力，误导学生的学习行为。因此，会展教育过程应该正确地引导学生参加具有针对性且能提高相应技能的专业比赛。以下是参赛的基本方法与经验：

1. 清晰参赛的能力培养与教育培养的目标

如何通过参加不同的赛事提高学生的能力，比如吃苦耐劳、解决问题、团队合作、自我学习等能力。在学科竞赛上，浙江大学城市学院的做法是“两手抓”。一是“紧贴专业”参加校内的大小比赛；二是“围绕专业”有选择地参与全国及业界的比赛，参加会展专业赛事，需评估参赛项目对会展专业学生的价值与意义所在，由于会展专业涉及很多跨专业的知识，什么样的比赛才有利于提升学生的综合能力，这需要课程教师与业界专家来共同探讨解决。

2. 强化第一课堂与第二课堂的互动教学

通过比赛夯实专业功底是人才培养的重要途径之一。浙江大学城市学院在参赛的具体运作上坚持同步推进的原则：第一课堂，专业教师以讲授专业知识为主；第二课堂，师生共同参与学科竞赛，将课堂知识与实践高度融合。无论是课堂学习

或实践运作其过程都离不开“学习”。因此，只有强化第一课堂与第二课堂有机结合，进行互动教学，才能实现会展教育的最佳“性价比”。

3. 纵向交流，通过校际交流发现教学短板

加强校际交流对于会展教育的成长具有积极的作用。首先，各会展院校办学文化底蕴迥异，浙大城市学院的会展教育是置于传媒专业的背景下。其次，会展专业学生并不能仅注重会展策划，更需关注创意、营销、公关、文案等方面的知识，跨专业交流有助于会展学生的成长；第三，跨院校跨专业的融合，是培养专业学生“自我导向型学习”的重要途径，通过自我评估、取长补短式的学习，逐步形成学生的“专业思维”，从而达到理想状态。学生通过参赛可以感悟到课堂以外的知识，教师也从中发现教学过程中的短板，优化整个会展教学。

4. 评审不同赛事的核心要素与参赛选题

通常情况下，赛事组织机构都会明确地提出，赛事的组织原则与核心要素。有些大赛甚至会推出明确的选题。因此，需对不同会展策划比赛进行评审，针对会展教育的实际，决定参加与否。同时，指导专业学生尝试有创意的选题，引导学生项目团队从市场调研与项目的可行性分析着手。熟悉组织机构的比赛规则，斟酌选题及方案中的每段句子与字眼。在拟定具有竞争力选题的基础上，进入实施的各个环节，形成项目管理。培养会展学生项目管理的组织与协调能力。

5. 精心规划不同赛事项目的时间进度表

在校学生的学习时间是对应教学要求与安排的，而会展类的社会赛事，因组织机构不同，所以会存在项目与时间不符，组织学生参赛需在评估赛事项目后，进行时间规划，在不妨碍学校教学计划与保障学生学习时间的前提下，制定参赛项目的时间表，取舍不同的参与项目。另则，学生参与会展策划比赛，也要有严格的时间安排和分工细则，需模拟会展企业的运转模式，项目团队要建立严格的时间进度表，明确团队成员的分工以及不同时间段所要完成的工作内容。引导学生了解耽误进度，会影响整个项目团队的工作进程。通过这样一种方式，锻炼学生的时间观念。

6. 组建项目孵化团队，健全“教练组”功能

“项目驱动、以赛促教”的教学效果是以学生为主组建项目孵化团队，以教师为主健全“教练组”功能来体现的。在课堂教学环节中，结合教程逐步深入，适时引导学生组建项目孵化团队，全面备战参与不同级别的赛事。在另一方面，随着比赛序幕的拉开，教师团队要充分发挥教练作用，对于学生参赛的各环节加强指导，在参赛项目获得一定成功时，更要适时将各专业教师的特长以组建教练组的方式健全功能。统筹全局，协调参赛学生与指导教师分工合作，保证参赛项目的质量以及进度，同时也锻炼学生之间的协作性。

7. 将参赛环节嵌入教学内容，提升“以赛促教”功能

在会展课程的教学设计中需要将参赛的环节嵌入教学的具体内容中去，让课

程学生从中掌握参赛的环节并对应地学习相关的专业知识，从而提升“以赛促教”的功能，也可以通过校内比赛，引导学生掌握各项基本技能，开展具有强烈针对性和高度逼真性的专业知识理论技术教学、技能操作应用训练与实际能力水平演练考核。通俗地说，就是开展以参赛为中心的系列会展教学活动，以比赛带动教学质量的提高。（本文原发表于《教育教学改革研究》2011.1）

参考文献

1. 王丹丹.“以赛促教”——《广告创意与表现》课程教学改革探索[J].大众文艺 2010.11
2. 曾宪春.“以赛促学，以学促赛，以赛促训”提高技能教学质量[J].广西轻工业 2009.6
3. 于洋.以赛带教 高素质广告应用型人才培养的新模式[J].通化师范学院学报，2008.4
4. 陈小波.以赛促学——一种高效率的技能教学新模式 [J].教育与职业，2007.3
5. 黄彬.会展教育如何匹配市场需求初探[J].教育教学改革研究 2008.2
6. 黄彬.会展教育创新模式探讨[J].教育教学改革研究 2008.1

Exploration and Practice of Project Driven & Competition Mode for Education

Huang Bin

Abstract: With the rapid development and maturing of China's Meeting, Interactive Conference and Exhibition (MICE) industry, Conference and Exhibition (C&E) education is receiving unprecedented attention from domestic C&E education and training institutes. However, China's present C&E education is still following the traditional education model, with an overweighting of theoretical systems and a lack of attention to practical operations. The mode of “Project Driven & Competition“ in C&E education, likewise, is in need of improvement. This paper examines ways to improve specialized courses for C&E education and to clarify C&E teaching objectives and structures for The mode of “Project Driven & Competition”

Key Words: Project Driven & Competition' C & E Education, MICE talent

[会展国际学术交流 3－1]

会展经济与城市品牌联动效应研究

摘要：城市品牌是城市发展极为宝贵的要素和资源，会展经济是城市发展的助推器。城市品牌与会展经济是何关系，这个问题的研究对城市品牌的打造与会展经济的发展有着很大的现实意义。本文阐述了会展经济与城市品牌间的联系，提出了如下观点：发展会展经济，可以帮助打造城市品牌，也需要依托城市品牌，而打造城市品牌也可以促进会展经济的发展，也需要借助会展经济的力量。

绪　论

会展经济在中国蓬勃发展，近十几年来以 20％左右的速度快速增长。随着我国经济的发展，城市化进程越来越快，城市品牌化的需要也越来越强烈。国内外对会展经济的研究已作为城市发展的重要课题了，对城市品牌的研究也越来越深入，但对二者关系的研究，尚无人涉及。二者到底是一种什么关系？本文将对此进行相关探讨。

一、会展经济与城市品牌的概念及作用

1. 会展经济的概念

国内学术界对会展经济有众多的界定，其中最具代表性的主要有以下几种：

（1）李金河认为，会展经济是以会展业为支撑点，通过举办各种形式的展览会、博览会和国际会议，传递信息、提供服务、创造商机，并利用其产业连带效应带动相关产业，如运输业、电信业、广告业、印刷业、餐饮业、旅游业、咨询服务业等发展的一种经济。[1]

（2）会展经济是指通过举办大型会议、展览活动，带来源源不断的商流、物流、人流、资金流、信息流，直接推动商贸、旅游的发展，不断创造商机，吸引投资，进而拉动其他产业的发展，并形成一个以会展活动为核心

的经济群体。[2]

(3)所谓会展经济，就是通过举办各类会议和展览，在取得直接效益的同时，带动一个地区或城市其它产业的发展，达到促进经济和社会全面发展的目的[3]

综合以上观点，本文对会展经济的定义表述如下：会展经济是以会展业为依托，借助各种会展活动的举办拉动城市及其所在地区相关产业发展，并能带来巨大经济和社会效益的一种经济形态。

2.会展经济的作用

会展作为一个关联性极强的朝阳产业，不仅带动了房地产、宾馆餐饮、交通、商业、旅游、广告、印刷等相关产业的蓬勃发展，同时也成为了城市经济的重要支柱。从会展经济的拉动效应看，会展活动不仅可以为会展组织者、场馆经营者和会展服务者带来经济效益，还可以为会展所在城市带来大量会展参加者和国际观光客，为当地的旅馆业、餐饮业、零售业、公共交通业等带来收益。根据一般经验性判断和西方会展发达国家的数据统计，会展产业的拉动效应为1∶6—1∶9。从会展经济的扩散效应看，主要包括商品流动效应、生产要素流动与重新组合配置效应、经济技术示范效应、城市发展环境改善效应四个方面。

3.城市品牌的概念

关于城市品牌的含义，国内外许多学者做出了界定。

李朝明认为，城市品牌的是指城市特有资产在城市发展进程中所生成的特殊的识别效应，是城市竞争优势的体现。城市特有资产系指城市所拥有的自然资源、土地、人口、文化、生产能力等资产。[4]

吉福林认为，城市品牌是指体现一个城市丰富的经济文化内涵和精神底蕴，与其他城市相区别的独特标志。[5]

陈建新、姜海认为，城市品牌就是人们对城市整体的一种感知，是城市本质的某种表现，是对城市的一种识别，是城市特有优势的一种体现。[6]

李小霞认为，城市品牌就是在城市特色经济的基础上形成的一种以城市特有文化为灵魂，以城市环境为包装的地理品牌，是城市特有竞争优势的体现和城市形象的结构性展现。[7]

徐峰认为，一个城市的自然环境、经济实力、人文景观、建筑特色和历史风貌形成这个城市的特色，而将这种城市特色定位包装就形成城市品牌。[8]

我们认为，城市品牌是一个城市自然环境、经济实力、人文景观等综合因素所形成的一种形象认知、感觉和品质认知标志。它是一个包含城市自身因素、消费者要素与竞争对手要素三个方面的系统，消费者对城市的感知是一个全方位的心理评价和综合印象。

4.城市品牌的作用

城市品牌是人们对城市整体的一种感知和识别，是城市特有优势的体现，是一

个城市在推广自身城市形象的过程中根据城市的发展战略定位传递给社会大众的核心概念，并得到社会的认可。具有知名品牌效应的城市，能够吸引城市的利益相关者在选择城市投资、旅游、居住、工作或学习时，对其更偏爱、更感兴趣，有效提升人们对这个城市的幸福感、信赖感、可靠感和安全感。城市品牌的美誉度和知名度的提升过程，实际上就是一座城市全面发展的过程，反过来，城市品牌度的提高又会促进和带动城市各项事业的全面发展，二者相辅相成。

二、发展会展经济与打造城市品牌的途径

1. 城市发展会展经济的途径

专家学者对城市发展会展经济的途径有如下观点。

冯俊认为，应围绕城市品牌打造会展品牌。[9]

张磊认为，发展会展经济要结合本地的地域文化。[10]

于世宏认为，发展会展经济要建立基于城市品牌的会展活动开发目标，并与城市发展相结合，凸现地方文化内涵。[11]

罗薇认为，发展会展经济要求城市有：扎实的经济基础、完备的公共基础设施、现代化的会展施设、良好的城市形象、丰富的旅游资源、发达的第三产业、便利的交通、便捷的信息流通、高效的政府管理水平以及相关法律法规的支持。[12]

陈柳钦认为，发展会展经济要求城市有：独特的资源环境，良好的气候条件；地理位置优越，交通便捷；拥有优势产业，市场条件好，开放度高；完备的展览场馆，优良的配套设施；优良的服务功能。[13]

我们认为，城市发展会展经济的途径和条件有：

(1)以城市的自然、人文资源和经济优势为基础选择会展题材；

(2)提升城市的知名度和美誉度，树立良好的城市形象；

(3)拥有完备的会展场馆和优良的公共基础配套设施；

(4)发展发达的第三产业提供优良的服务功能；

(5)高效的政府管理水平以及相关法律法规的支持；

(6)充足的会展人才支持。

2. 打造城市品牌的途径

许多专家学者对打造城市品牌的途径提出了见解。

王智慧认为，打造城市品牌的途径有以下几条：利用城市资源，打造城市品牌；借助特色经济，建设城市品牌；培育名牌产品，树立城市品牌；举办特色活动，提升城市品牌；加大广告宣传，推广城市品牌。[14]

吉福林认为，打造城市品牌的途径有：以企业品牌塑造城市品牌；以产业强市开发城市品牌；以环境优化提升城市品牌；以精神文明建设支撑城市品牌；以独特视觉识别设计彰显城市品牌。[5]

石晓岚认为，打造城市品牌，首先要考虑自己的资源优势；其次要考虑社会公众对定位的认同；第三要在媒体上进行城市形象宣传；第四要利用种种活动或者事件，聚集中国乃至世界的目光。[15]

周志平认为，打造城市品牌的途径有：对城市进行恰当的定位；充分利用城市品牌广告进行传播和推广；导入 VI，提升城市的视觉形象；加强城市文化建设，提升城市品牌的内涵；利用会展与节事活动提升影响力进而打造城市品牌。[16]

我们认为，打造城市品牌的途径有以下几条：

(1)充分认识并强化城市的自然、人文资源和经济优势，做好城市定位；

(2)导入 VI，提升城市的视觉形象；

(3)在适当的媒体上进行城市形象宣传，提升城市的知名度；

(4)利用各种场合进行公共关系活动，提升城市的美誉度；

(5)充分利用会展与节事活动扩大提升城市的影响力；

(6)培育名牌产品和优势产业，提升城市品牌的影响力；

(7)加强城市文化、环境和服务业建设，提升城市品牌的内涵。

三、发展会展经济对打造城市品牌的作用

1. 发展会展经济可以提升城市的知名度和美誉度

在国际上，举办会议和展览的数量和规模通常是衡量城市知名度和美誉度的重要指标。会展活动特别是高规格的国际会展活动是很好的城市广告，它能通过与会者、参展商和观展人员所见所闻、口碑相传并通过媒体的放大效应向外宣传一个城市的科学技术水平、经济发展实力和旅游资源，展示城市的风采和形象从而扩大城市影响，提高城市在国际、国内的知名度和美誉度，而城市知名度和美誉度正是城市加速发展的无形资源，可以有效提升城市的品牌竞争力。

世界上有很多城市是因为举办大量高水平的会展活动而闻名于世的，如德国的汉诺威、杜塞尔多夫、科隆、慕尼黑，意大利的博洛尼亚，瑞士的达沃斯、亚洲的新加坡等等。

中国海南的博鳌原本是一个只有一条街道、一万多人口的海边偏僻小镇，拥有非常宁静秀丽的海景资源却没人去旅游欣赏，正所谓“养在深闺人未识”。从 2002 年开始，博鳌亚洲论坛在此召开，一年一度举办的短短两天的博鳌亚洲论坛，使得海内外都知道了博鳌这个小镇，她那美丽的海景风光也随之为全世界所知，其知名度和美誉度急剧飙升，如今蜚声海内外，吸引了越来越多的企业和旅游者前来投资和观光。

2. 发展会展经济有助于扩大提升城市的影响力

会展活动特别是高质量的会展活动本身具有很大的影响力，他们对举办地有很苛刻的要求，能够举办高质量的会展活动的城市也就拥有了影响力。

沈阳市长陈政高在欧洲招商的时候讲了很多沈阳市环境的问题，可是欧洲的企业家没有反应，但当陈市长讲到沈阳将承办2006中国沈阳世界园艺博览会的时候，会场爆发出了热烈的掌声……沈阳举办具有极大影响力的世界园艺博览会使得自己也获得了极大的影响力。世界上举办过世博会的城市——日本筑波、大阪、爱知、加拿大温哥华、德国汉诺威、中国昆明等——无一例外地显著提高了在世界上的影响力。

宁波继成功打造“宁波国际服装节”(UFI)后，又相继举办了“住博会”、“文博会”、“家博会”、“塑博会”、“药机展”等行业性展会。为宁波赢得“服装名城”、“中国文具之都”、“中国模具之都”、“中国品牌之都”等诸多雅号，大大提升了宁波的国内外影响力。

发展会展经济可以帮助城市扩大提升城市的影响力，从而提升了城市品牌的影响力。

3.发展会展经济可以帮助城市培育名牌产品和优势产业

会展经济是眼球经济，参加展会可以提高企业产品的知名度，有助于企业培养名牌产品。在一个城市举办展会，该城市的企业可以近水楼台先得月，大批地参加该展会，这有助于该城市培育名牌产品。

在规模上已发展成为仅次于北京中国国际服装服饰博览会的宁波国际服装节，经过14年的持续举行，培育出了好多个著名服装品牌，“雅戈尔”、“杉杉”、“罗蒙”、“步云”、“培罗成”、“太平鸟”、“洛兹”等已经成为中国大多数人耳熟能详的著名服装品牌，宁波的服装业也成为其优势产业，而宁波也被誉为“服装名城”。

一个城市的名牌产品越多，产业优势越明显，该城市的城市品牌就越有内涵。所以，发展会展经济有助于丰富城市的品牌内涵。

4.发展会展经济可以促进城市服务业的发展

从服务产业的角度来看，会展业处在整个产业链的上游，涉及旅游、餐饮、广告、交通、通信、金融等几十种服务行业，它要求有完备的会展场所、便利的交通设施、发达的信息网络、高效的金融体系、配套的旅游服务实施等等。会展活动的参与者往往对服务水平的要求较高，这就促使会展举办城市服务业的发展。同时，各城市为了取得会展的主办权，往往会通过市场运作和积极竞争，全面调动基础设施服务、公共管理服务、信息资源、人力资源、形象资源，从而提升城市公共服务能力和服务质量。

杭州每年一届的“西博会”已成为杭州服务产业的“黄金月”，为杭州服务业带来了大量的客源，大大地促进了杭州服务业的发展。放眼国内外，会展业发展快的城市——拉斯维加斯、汉诺威、杜塞尔多夫、科隆、慕尼黑，博洛尼亚，达沃斯、新加坡、香港、北京、上海、广州等——无不是服务业发达的城市。服务业和公共服务机构的水平提高，有助于提升城市品牌的竞争力。

5. 发展会展经济可以促使城市美化环境，提升形象

会展活动有很多外来参与者，“有朋自远方来，不亦悦乎！”会展举办城市必将美化自己的城市环境，以欢迎国内外贵宾的到来。

1999 昆明世界园艺博览会和 2006 年沈阳世界园艺博览会举办之前，昆明和沈阳都对自己的城市进行了大规模的改造建设，以焕然一新的城市面貌迎接参加世界园艺博览会的各国宾朋，这种改造建设分别促使昆明和沈阳的城市建设提快 5—10 年。

自从 2001 年“博鳌亚洲论坛”宣布将博鳌作为论坛永久会址的决定后，博鳌镇在中央政府和海南省、琼海市的支持下，投资 5 亿多元改造完善了博鳌的道路、电力、通信（移动、固定电话、宽带网一应俱全）、水利等基础设施，在琼海市区和博鳌镇之间修建了一条高标准的道路……博鳌还吸引了总额达 50 亿元的各方投资。短短几个春秋，博鳌发生了翻天覆地般的巨大变化，创造了开发史上的“博鳌奇迹”：就在这块荒芜的海滩上，一座座造型别致的会议场馆（东屿岛亚洲论坛永久性会址，博鳌亚洲论坛国际会议中心……）建起来了，一条条宽敞笔直的马路修起来了，一家家设施齐全的酒店（博鳌金海岸温泉大酒店，投资二十多亿元的博鳌索菲特大酒店……）盖起来了，一幢幢异域风格的别墅（博鳌蓝色海岸别墅区……）筑起来了，一片片生机盎然的草坪铺起来了……还有高尔夫球场、高尔夫会所……博鳌这个既富热带风情、又有现代格调的“世界名镇”变得更加美丽迷人。

会展经济促进城市建设，提升城市形象，从而提升了城市品牌的内涵和竞争力。

四、打造城市品牌对发展会展经济的作用

1. 强化城市的自然、人文资源和经济优势有助于会展活动的选题

会展经济是依托城市的自然、人文资源和经济优势而发展的，打造城市品牌要强化城市的自然、人文资源和经济优势，这必将有利于会展活动的题材选择，促进会展经济的发展。

杭州是一个自然资源和人文资源都非常丰富的城市，城市中拥有美丽的西湖、西溪、钱塘江、大运河等休闲资源，多年来，杭州市大力发展休闲产业，积累了非常丰富的休闲经济优势，以此为依托，杭州市全力争取世界休闲组织在杭州策划并成功举办了 2006 世界休闲博览会和世界休闲大会、世界休闲高层论坛等会展活动，促进了杭州会展经济的发展。

义乌是一个以中国小商品为主导产业的城市，拥有世界上最大的市场——中国小商品城，小商品是义乌占有绝对优势的产业，义乌依托小商品产业全力打造自己城市的品牌——世界小商品之都。依托小商品产业优势，义乌策划举办了多种小商品题材的展览会，如“中国义乌国际小商品博览会”、“ 义乌玩具、儿童用品及礼品博览会”、“中国义乌文化产品交易博览会”、“中国国际五金电器博览会”、“义

乌眼镜、钟表及光学仪器展览会”等。随着义乌小商品之都品牌的越来越响亮，义乌的相关展会数量也越来越多(见图 1)。

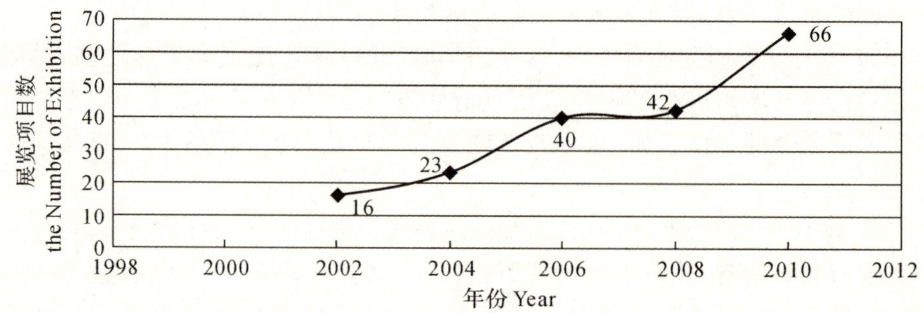

图 1　义乌近年展览会数增长情况

晋江是一个以鞋产业集群庞大而闻名的城市，拥有制鞋企业三千多家，其中规模以上 150 多家，从业人员 35 万多人，其中尤以运动鞋企业而著名，全世界已有十分之一的运动鞋出自晋江，“安踏”、“七匹狼”、“特步”“361°”、“乔丹”等名牌运动鞋皆出自晋江，晋江已将自己的城市打造成“中国鞋都”。依托鞋业产业优势，晋江已经连续十二年举行“中国(晋江)国际鞋业博览会”，且一届比一届更具规模，吸引更多的客商(见表 1)。

表 1　历届“中国(晋江)国际鞋业博览会”规模情况

届数	标准展位数(个)	成交额(亿元)
1	550	—
2	858	14.5
3	1018	17.5
4	1219	24.6
5	1419	—
6	1500	41.7
7	1600	44.7
8	1600	50.7
9	1600	52.5
10	1600	53.2
11	1350	57.6
12	1600	—

2. 提升城市的知名度和美誉度有助于吸引会展活动在本城市的举办

会展活动要吸引人们参加，选址很重要，一般都喜欢选择在知名度和美誉度高的城市举办。打造城市品牌必然要提升城市的知名度和美誉度，这就非常有助于吸引会展活动在本城市的举办，从而促进城市会展经济的发展。

美国拉斯维加斯以“赌城”作为自己的城市品牌，该品牌在全世界几乎人人皆知，这个高知名度吸引了大量的会展活动在拉斯维加斯举行，也吸引了全世界的人前往参加。事实上，拉斯维加斯是美国会展业最发达的城市，每年在拉斯维加斯举行的大型会展平均有近590场，全世界规模最大的三个展会都在拉斯维加斯举办，他们分别是工程建设机械博览会和国际消费电子展(International CES)、国际动力传动展(CONEXPO-CON/AGG)以及全美广播电视展(NAB show)。[20-21]

杭州市全力打造“品质生活之城”的城市品牌，每年花费大量的人财物力建设高品质的城市，并在国内外广泛宣传，不断提升杭州在国内外的知名度和美誉度，随着国内外的知名度和美誉度的提高，越来越多的国际会议和国内会议选择在杭州举行，杭州的会议经济越来越红火。2009年在成都举行的第五届中国国际会展文化节上，杭州市获得了中国十大最具魅力会议目的地城市的荣誉，并且名列榜首。

3.加强城市文化、环境和服务业建设有利于会展活动在本城市的顺利举行

会展活动需要良好的城市文化氛围和高质量的环境，更离不开服务业的支持帮助。打造城市品牌需要加强城市文化、环境和服务业建设，这将促进城市会展经济的发展。

沈阳市为打造环境模范城市品牌，投入100多亿人民币治理环境气。从治理大气入手，四年拔了4000根的烟囱，鼓励市民用清洁的燃料，集中供暖提高燃煤的使用效率，使排烟得到有效的治理。建立了五大污水处理厂，污水处理率达到70%，接近发达国家的水平。通过一系列的治理，使沈阳的大气优良天数提高到301天，2004年获得“国家环保模范城市”的称号，为2006年举办世界园艺博览会创造了良好的条件。

结　语

综上所述，可以看到，会展经济与城市品牌是相辅相成、协同发展、良性互动的关系。会展经济作为一种极其重要的信息生产与流通的方式和载体，其发展可以帮助打造城市品牌，而打造城市品牌也可以促进城市会展经济的发展。会展经济所依托的自然资源、人文资源、经济资源本身就是城市品牌所依托的资源，发展会展经济，要注意依托城市品牌，打造城市品牌，也要注意借助会展经济的力量，最终实现城市品牌和会展经济的共同发展。(本文在澳门首届亚太服务业高峰论坛(澳门)首次演讲，继后与城市学院肖庆国老师合作，再度提升并发表于《2011中国会展经济研究会学术年会论文集》)

参考文献

1. 李金河. 会展经济：一路走好[J]. 海内与海外. 2008(2)：19—22
2. 陈柳钦. 会展经济与城市发展[J]. 现代乡镇. 2007(2)：33—39
3. 吴彬，李敬银. 会展经济与城市发展——以济南为例[J]. 济南大学学报. 2006(5)：19—22
4. 李朝明. 城市品牌建设思路探讨[J]. 商业时代. 2006(09)：44—45
5. 吉福林. 论打造城市品牌[J]. 商业研究. 2004(24)：122—123，127
6. 陈建新、姜海. 试论城市品牌[J]. 宁波大学学报(人文科学版). 2004(02)：77—81
7. 李小霞. 试论城市品牌与城市形象塑造[J]. 沈阳大学学报. 2008(05)：53—56
8. 徐峰. 试论义乌城市品牌的塑造与提升[J]. 边疆经济与文化. 2009(01)：39—41
9. 冯俊. 围绕城市品牌打造会展品牌[J]. 杭州通讯，2007(01)：43
10. 张磊. 发展会展经济提高南京城市品味[J]. 现代商业. 2009(10)：50
11. 于世宏. 打造城市品牌形象，开发沈阳节事活动[J]. 辽宁经济. 2010(03)：33
12. 罗薇. 会展经济与城市经济的互动效应[J]. 大经贸. 2008(2)：80—81
13. 陈柳钦. 会展经济与城市发展的协调互动[J]. 上海市经济管理干部学院学报. 2008(5)：33—39
14. 王智慧. 塑造城市品牌的战略及有效途径分析[J]. 北方经贸. 2008(11)：18—19
15. 石晓岚. 小议城市品牌的塑造[J]. 漳州职业技术学院学报. 2009(04)：69—71
16. 周志平. 如何打造城市品牌[J]. 江苏商论. 2010(04)：116—118
17. 李代红，廖娅. 城市营销的城市品牌策略分析[J]. 改革与战略. 2009(8)：44—46
18. 张燚，张锐. 城市品牌论[J]. 管理学报，2006，(3)：468—476
19. 张跃亮，明山. 鞋博会：提升晋江城市品牌的助推器[J]. 中国市场. 2005(19)：89
20. 文云东. 会展旅游的天堂拉斯维加斯[J]. 中国会展·参展商. 2006(24)：43
21. 田迎军 黄旭. 没有赌场，拉斯维加斯一样火[J]. 商务奖励(旅行). 2008(01)：74—77
22. 佚名. 历届(前十届)晋江国际鞋业博览会概况[EB/OL]http://news.china—ef.com/20090324/179863.html，2009—3—24
23. 万季飞. 以科学发展观为指导规划与建设我国的展览场馆[N]经济日报. 2006.1.2

Research on Coupling Effects of MICE Economy and City Brand

Huang Bin　Xiao Qingguo

Abstract: The city brand is the city development extremely precious essential factor and the resources. MICE economy booster for urban development, Urban economy is what the branding relationship with MICE industry, the issue of brand building on the city's economic development and the MICE industry has great practical significance. This article focus how the MICE economy and the city brand's relation as well as the MICE economy promotes construction of city brand, further elaborates coupling effects of MICE economy and the city brand.

Key Words: MICE Economy, City Brand, Coupling Effects

Influence of the Yiwu Fair on the Development of Business Travel and the Local Economy

The issue of how to manage the operation of the exhibition industry in order to promote local economies has become more significant in recent years, especially in many medium-and small-sized cities. As a branch of municipal industrial systems, the exhibition industry plays an important and active role in the development of local industries and economies. For this reason, several Chinese cities have achieved great successes by choosing to use the exhibition industry as an entry point for city management strategies. Incorporating the exhibition industry with city management goals helps medium and small-sized cities to actively develop and provide basic infrastructure and conditions for the mutual benefit of the cities, the exhibitions, and their participants. This article provides evidence of how the China Yiwu International Commodities Fair promotes business travel to the city of Yiwu, thereby demonstrating the importance of strong relations between the exhibition industry and local economic development. © 2009 wilery Periodicals Inc.

The exhibition industry is a relatively new industrial phenomenon and has received considerable government and industry attention and support since it has the advantage of promoting regional economic developing in an efficient, rapid, low-cost way (Yan, 2007). Therefore, a key strategic component of urban management is how to operate the exhibition industry successfully, focusing on the importance of business travel, so that it can promote the development of local economies. The purpose of this article is to demonstrate the critical components of this relationship and to offer insights into how both fairs and local economies can work together to sustain and improve their mutual successes.

Compared to Shanghai, Hangzhou, Ningbo, Wenzhou, and other coastal cities in the Yangtze River Delta, the advantages of exhibition and tourism in Yiwu are not obvious. The city of Yiwu lacks natural resources, manmade landscapes, and traditional tourism resources, especially entertainment resources. In addition, the tourism industry in Yiwu started relatively late, and the promotion of the city's attractions also has lagged behind. Despite its having a profound culture and a centuries-old historical background, the city of Yiwu has never gone further than this. Meanwhile, due to the small number of attractions and lack of characteristics and new ideas, the tourism and exhibition industry can barely manage the selling points to promote the city.

But, as its scale and level of service increases each year, China Yiwu International Commodities Fair (Yiwu Fair) has become a center and model of success for Chinese small commodities fairs. It has also become an information center and a place for domestic and foreign businesspeople to find and engage business opportunities. The Yiwu Fair has thus become the entry point for promoting economic development and improving the urban quality of Yiwu. Yiwu now acts as a model for other small and medium-sized cities promoting large-scale expositions. The Fair plays a key leadership role in improving the local exhibition industry development, using the exhibitions industry to promote the development of business travel, which in turn develops the local economy.

Exhibit 1 Yiwu Fair Exhibitors Structure Analysis, 2005—2007

Project Number	Site	Ratio (%) in 2005 (Fair Numbers)	Ratio (%) in 2006 (Fair Numbers)	Ratio (%) in 2007 (Fair Numbers)
1	Overseas	11.92% (331)	9.51% (372)	8.2% (363)
2	Outside of Zhejiang	14.01% (389)	17.42% (681)	24.8% (1,085)
3	Zhejiang (excluding Yiwu)	26.55% (737)	28.12% (1,100)	27.6% (1,208)
4	Yiwu	47.49% (1,318)	44.94% (1,758)	39.4% (1,725)

Source: Yiwu Deputy Mayor Yabing Wu, Increase the internationalization of the Yiwu Fair: Develop Yiwu exhibition industry, *Zhejiang Daily*, July 15, 2008.

The Introduction of the Yiwu Fair

The Yiwu Fair, the predecessor of the China Yiwu Small Commodities Fair in China, was founded in 1995 (Li, 2004). In 2002, it was upgraded from the regional exposition to the state level of international exposition, which was approved by

the State Council (Li,2004). It is the only international exhibition organized by the county-level cities and sponsored by the state (Li,2004). Through 13 years of operation,the Yiwu Fair has become the largest domestic,the most influential, and the most effective consumer goods exhibition (He & He,2007). It is the third-largest exposition,organized by the Chinese Ministry of Commerce,following the Guangdong Fair and the East China Fair (He & He,2007). In addition,it was named one of the top ten Chinese exhibition industry news events in 2002, one of the Chinese Top 10 Rising Star Expositions in 2003,and one of the best Chinese exhibitions in 2004 (T. Wang,2004). In January 2006,in the competition judged by the Summit Exhibition Forum of China in 2006,the Yiwu Fair won "the most competitive exhibition" award among the more than 3,000 well-known exhibitions in China. On January 12,2007,in Shanghai,in the competition of The Star of China Expo judged by the Third China Fair Summit Forum Conference,the Yiwu Fair was named one of the top ten most influential exhibitions in 2006 in China and at the same time Yiwu was named the most influential of exhibition cities in China in 2006 (M. Wu,2008).

Compared with many domestic similar exhibitions,the Yiwu Fair has as its most significant feature its high-level internationalization,which is also one of its most prominent advantages. For measuring the level of internationalization of international exhibitions,there is a key indicator—the opportunity index of the overseas trades,the average number of foreign businesspeople per standard booth. In 2007,the Yiwu Fair's opportunity index of overseas trades reached 3.78,two-thirds of the Guangdong Fair's statistic during the same period,and the Yiwu Fair became the leader among most of the economic trade fairs. The internationalization of the Yiwu Fair was mainly focused on the following aspects.

The Internationalization of the Exhibitors and Trade Visitors Keeps Rising

Since the first Fair held in early 1995 until today,the Yiwu Fair's proportion of foreign exhibitors has remained basically stable at around 10 percent,as Exhibit 1 illustrates. There has been a rapid increase in overseas business,with an annual increase of 10 percent. The quality of foreign buyers has also been increasing,and the ratio of importers in 2007 reached 45.1 percent,as Exhibit 2 shows (Y. Wu, 2008).

The Level of Organization Service of the Fair Becomes International

The internationalization of the information,the pavilion's instructions logo, the service systems for domestic and foreign merchants to register,the access control systems, and the city's various departments related to collaboration and public awareness and participation have become fully connected with the international standards of the fair. In order to meet the development needs of the international exhibition, the Yiwu Office of the Protection of Intellectual Property Rights not only constantly improves the international property rights (IPR) protection program, which has increased the exhibition on-site protection of IPR, but also cracks down on violations.

Exhibit 2 The Ratio of the Component Structure of the Overseas Traders, 2002 - 2007

	Importer	Wholesalers	Agents	Distributor	Producer	Retailer	Others
2002	49%	18%	15%	8%	3%	2%	5%
2003	39%	16%	14%	9%	12%	6%	4%
2004	48%	20%	12%	7%	7%	4%	2%
2005	39.85%	19.72%	14.85%	10.31%	9.74%	4.06%	1.46%
2006	58%	11%	8%	9%	11%	3%	0
2007	45.1%	18.0%	10.5%	9.0%	13.3%	4.1%	0

Source: Yiwu Deputy Mayor Yabing Wu, Increase the internationalization of the Yiwu Fair: Develop Yiwu exhibition industry, *Zhejiang Daily*, July 15, 2008.

The City Function of the Fair Becomes More International

The active functions that the Yiwu Fair brings to Yiwu City have become more and more outstanding. For example, the Yiwu Fair promotes the advancing of the city's functions, building the markets and increasing trade. Through a row of the fairs held in Yiwu City, the hardware and software facilities in Yiwu have been strengthened and the level of administrative services have been improved, such as the establishment of a one-stop service for the business service centers, providing advice, complaints, translation, and booking services. Moreover, the News Center provides leads to the news and online services, while the establishment of a specialized security and health agency has developed a set of effective security plans for major activities and major exhibitors, and the security of businesspeople (Tang, 2008). Furthermore, the Online Fair (www. chinafairs. org) also shows an increasing effectiveness.

Positive Interactions of the Yiwu Fair, Business Tourism, and the Economy

The Yiwu Fair Promotes the Development of the Local Exhibition Industry

To a nonmainstream exhibition city, the importance of improving the sustainable and healthy development of the exhibition industry is in how the local government carries out the policy guidance, integrates exhibition resources, unifies the exhibition markets, improves the exhibition environment, fosters brands, and strengthens exhibition enterprises. The Yiwu local government orientates the local exhibition industry as a professional fair that follows the model of the Yiwu Fair, focusing on both self-organizing and bidding; encouraging the strong radiant multicategory exhibitions that interrelate to various markets and industries; and trying to form a new exhibition industry pattern of "internationalization, specialization, market-orientation, and brands-orientation" (Z. Wu, 2004).

Officially, the Yiwu exhibition industry was started in 1995 and quickly developed after the operation of China Small Commodity Exhibition Center 2001 (Guo, 2008). With 46,500 square meters of building area, the center can provide 1,500 booths with international standards (Huang & Ding, 2005). After the improvement in the physical environment, the development of the Yiwu exhibition industry had a great breakthrough when the Yiwu Fair was upgraded to an international exhibition, in which the China Commerce Department became one of the sponsors (Huang & Ding, 2005). Besides the Yiwu Fair, the number of other professional exhibitions held in Yiwu has also increased, as Exhibit 3 demonstrates.

Exhibit 3 Other Exhibitions

Years	2001	2002	2003	2004	2005	2006
Other exhibitions	11	16	14	23	28	40

Source: Huang and Ding (2005).

With the demonstration effect of the Yiwu Fair, based on the existing markets and industry, a series of national professional exhibitions, such as the China International Hardware and Electrical Appliance Fair, the China (Yiwu) Sports Commodity Fair, and the China Yiwu Crafts and Gifts Fair were formed (Huang & Ding, 2005). There are several sessions of professional exhibitions that have been held in Yiwu, attracting a large number of both domestic and foreign merchants. For example, the China International Hardware and Electrical Appliance Fair 2008 attracted 623 exhibitors, and 82 percent of them came from Jiangsu, Fujian, Guangdong, Shanghai, and Hong Kong, while 11 exhibitors were from foreign countries such as South Korea and Germany (Peng, 2008).

The Exhibition Industry Promotes Business Travel

To get the interaction between the exhibition and business travel, government officers of Yiwu tourism worked out a detailed plan for tourism promotion, in which the officers shared the promotion task and expense (Tang, 2008). The local ministry of finance spends 1.5 million yuan of special funds on the image packaging, promotion, propaganda, and awards. Based on the implementation of the "bringing in and going out" principle, Yiwu promotes cultural scenic spots, markets, products, the excellent investment environment, and the award policy to travel agencies, through hosting a series of tourism fairs, promotion meetings, expositions, and economy and trade discussion meetings (Tang, 2008). In recent years, the promotions of the Yiwu Fair have been carried out by itself or by the Zhejiang tourism bureau and Jinhua tourism bureau, in Shanghai, Jiangsu, Shandong, Henan, Hebei, Beijing, Yunnan, Jiangxi, Hong Kong, and so on. On one hand, Yiwu has invited dozens of large travel agencies to come to make an on-the-spot investigation (Tang, 2008). On the other hand, Yiwu has also received business visitors from Japan, South Korea, Singapore, Malaysia, Thailand, Indonesia, Russia, and other countries. The organizers and workers of the Yiwu Fair listened to their opinions and discussed the development of the Yiwu exhibition and business travel with them (Tang, 2008).

In order to make Yiwu well known among domestic and foreign visitors, the Yiwu local government publishes thousands of promotional manuals of Yiwu Business Travel Map, The Sea of Commodities, The Paradise for Shoppers, Business Travel Manual, Awards Policy to Large Travel Agencies, and other publicity materials (H. Chen, 2006). Meanwhile, Yiwu introduces its own image through CCTV, Zhejiang TV, and Zhejiang Daily and other national travel magazines. The exhibition travel and business travel are the most outstanding sections of the development of Yiwu society and economy now, after these years' efforts. An increased number of domestic visitors come to Yiwu for shopping every year, as well as foreign visitors, as shown in Exhibit 4.

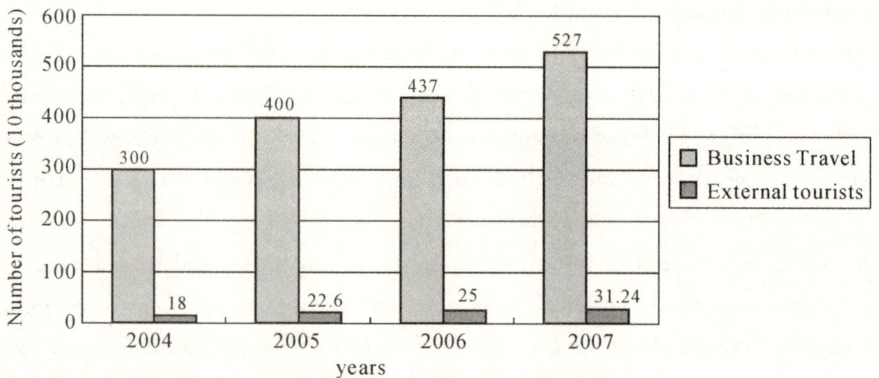

Exhibit 4　Number of Business Travel Visitors, 2004—2007

Source: 2004—2007 Yiwu economic and societal statistical bulletin.

All This Promotes Economic Development by Business Travel

The development of exhibitions and business travel tourism created the international trade industry, and improved the export-oriented section of the economy. Even foreign investment, the weak point of Yiwu, achieved a great breakthrough (as shown in Exhibit 5), and the foreign investment in actual use increased from 3.68 million in 2000 to 137.5 million in 2007. The self-supported export amount had been doubled every year since 2000, and reached 1.674 billion in 2007. In 2007, Yiwu markets presented a good developing trend, and the volume of market business was 46.1 billion; that was number one in China, while the whole year's export amount was 1.674 billion, an increase of 24.87 percent compared to the corresponding period of 2006. Compared to the previous years, exports to Asia

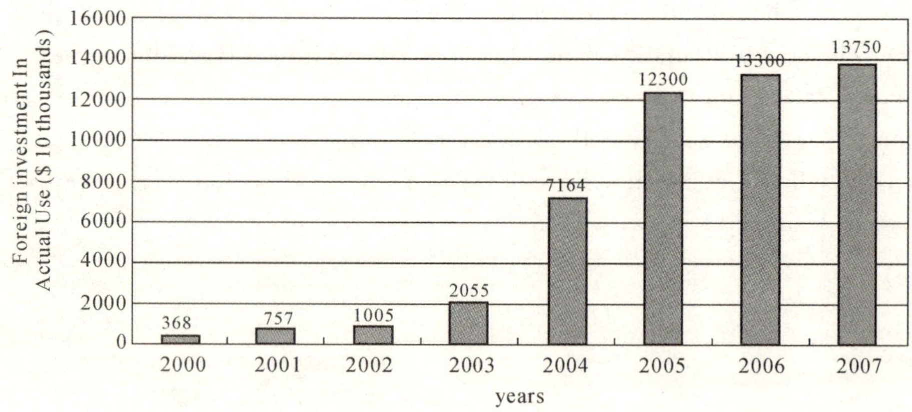

Exhibit 5　2000—2007 Foreign Investment in Actual Use

Source: 2004—2007 Yiwu economic and societal statistical bulletin.

had decreased, but the export to Europe and the United States had increased. Therefore, Europe became the largest export market of Yiwu instead of Asia after 2000, and the proportion of exports to Europe was 31.01 percent. As of May 2008, there were 1,657 resident foreign representative offices and 588 foreign-funded enterprises in Yiwu (X. Luo, 2008), and more than 10,000 foreign businesspeople were making their purchases in Yiwu. Yiwu has become the county-level city with the largest number of resident foreign offices in China. Under the promotion of the Yiwu Fair and the exhibition industry, the industry structure and the construction of commercial facilities were continuously integrated and upgraded, which created the positive interaction of the Yiwu Fair, city exhibition, and business travel.

Yiwu Exhibition Industry Promotion and Development of Business Travel

Business travel is the strategic tourism product that is vigorously developed by Yiwu. The exhibition industry and tourism's combination was born with five prominent features: high consumption of customers, long time of staying, large scale of teams, good performance of profitability, and strong pull to the industry. According to the statistics, the consumption of an exhibition tourist is three times that of an ordinary tourist, and their sojourn time is twice the time of the ordinary tourist. The average profit rate range of exhibition tourism is from 20—25 percent (Tang, 2008). Using the advantages of the various exhibitions, Yiwu should combine the exhibitions and tourism soundly, reinforce the development of exhibition tourism products, strengthen the organization of touristy lines, and make the exhibitions become a unique festival tourism product of Yiwu. As a result, business travel effectively strengthened the reputation of Yiwu as an exhibition city in various ways.

> *The exhibition industry and tourism's combination was born with five prominent features: high consumption of customers, long time of staying, large scale of teams, good performance of profitability, and strong pull to the industry.*

Establishing the Ideas of Developing Business Travel Based on the Facts

Currently there are about 58,000 market booths and 160,000 employees in the Yiwu market, which has 260,000 square meters of commercial space and nearly 10,000 tons of cargo throughputs every day (M. Guo, 2008). The market attracted 400,000 kinds of commodities from 1,900 broad headings of 41 industries, and about 200,000 person-counts of customer flow volume every day (Yiwu

Bureau of Tourism, 2009). On weekends, a large number of customers come to Yiwu for shopping or visiting from Hangzhou, Shanghai, and overseas. Considering this practical situation, the municipal government of Yiwu is developing business travel through taking advantage of the market and exhibition industry travel needs in the city.

In 2003, the municipal government of Yiwu established the tourism development objective: according to the requirements of building an international business city, government should optimize the integration and exploit the tourism resources reasonably; focus on the development of business travel; develop the business exhibition tourism and leisure city travel positively; speed up the development of a series of modern integrated tourism projects with good participation, entertainment, and educational meaning; improve the tourism service system; and promote the tourism industry (Tang, 2008). By 2020, Yiwu would be developed into an international shopping paradise with a beautiful environment, the best service, perfect travel function, and a developed traffic system (Y. Wu, 2008).

Improving the Service to Create a Comfortable Shopping Environment

In order to "create the largest supermarket in the world, and build the international shopping paradise," Yiwu constantly improves the building of its business travel system, and brings the business travel program into the overall plan of the market building (Guo, 2008). In the Yiwu International Trade City and Huangyuan Market, there is a "Business Travel Team Reception" with professional translators and servers trained by the local tourism bureau (M. Guo, 2008). Moreover, there are free parking grounds in the neighboring place of the markets, and the bilingual travel guide-board in Chinese and English is available in all these places. The large no-smoking and recreational areas in the markets ensure the excellent comfortable environment for visitors (Guo, 2008). The tourist can also enjoy the services of parking, translating and guiding with business travel cards. In August 2008, the municipal government of Yiwu and Yiwu Industrial & Commercial College worked together to establish the "English translation norms of Yiwu public signs," which unifies the translations of signs of the city streets, scenic spots, business service institutions, and markets (Guo, 2008).

In 2008, after the Yiwu Fair, the relevant department of the municipal government of Yiwu set up a task group to work out the "English Translation of Public Signs in Yiwu City," including a series of norms of "organizations and position titles' translation norms," "market terms' translation norms," "traffic

signs' translation norms," "business service terms' translation norms," and "menu translation norms," based on the special research of local situations and the modus operandi of Beijing, Shanghai, and other cities (Yiwu People's Municipal Government, 2008). These measures should effectively speed up the development of the Yiwu business travel system.

Changing the Concept Between the Wholesale and the Retail

In March 2003, the Yiwu municipal committee propaganda department, tourism bureau, the mall group, and the local industry and commercial bureau together proposed that market operators should disuse the behavior of caring about the wholesale much but ignoring the retail, and develop the retail business travel for long-term objectives (Li, 2004). Thousands of different market operators positively responded to this proposition, promising to be honest and courteous in their businesses, and assure good quality, no schlock, and the same price of wholesale and retail. They also want their shops to be authorized to be the fixed shops of tourism shopping. Meanwhile, there is a business travel center with nearly 10,000 square meters in the International Trade City's second-phase market construction, which was put into operation in October 2004 (H. Chen, 2006). The center includes nearly every commodity in modern markets, and has become the epitome of Yiwu City and the landmark scenic spot of business travel. The center uses the management system geared to international business travel and carries out the supermarket-style service for the visitors, and the shops operate both wholesale and retail at the same price.

Increasing the Tourism Reception Capacity Constantly

Yiwu has a favorable geographical position with easy access. The Zhejiang-Jiangxi railway runs through Yiwu territory, and there are 56 coaches running between Yiwu and other cities (M. Chen, 2007). Moreover, from Hangzhou to Yiwu, it only takes 52 minutes through the China High-Speed Railway (CHR), and from Shanghai to Yiwu, the travel also only takes 2 hours and 18 minutes through CHR (M. Chen, 2007).

There are more than 20 air routes at Yiwu Civil Aviation Airport, which welcome visitors from more than 10 cities, and there are flights from Guangzhou, Shenzhen, and Xiamen every day (M. Chen, 2007). On October 2, 2007, the Hong Kong air route was launched in the airport. More than 45 percent of the visitors come from abroad (M. Chen, 2007). At present, there are about 3,000 various restaurants, 600 hotels with 45,000 beds, including six four-star hotels and eight

three-star hotels, and two hotels are being built according to five-star standards (M. Chen, 2007). These various restaurants and hotels can meet the special demands of various guests. Meanwhile, these hotels would like to keep communication with the famous hotels in China to improve their reception service quality.

The quality of tour guide services also has been increased constantly. The tour guides not only know the market distribution and commodity classification, but also can acquaint the visitors with local conditions, customs, culture, and economy.

The tour guides not only know the market distribution and commodity classification, but also can acquaint the visitors with local conditions, customs, culture, and economy.

Establishing an Optimization Policy to Enhance and Support Tourism

In order to speed up the development of business travel tourism, the Yiwu municipal government established the Opinions of Speeding Up the Development of Shopping Tourism to elaborate on the 11 improvement terms including market service functions, supporting facilities, business travel reception, sales promotion, business travel brand, construction of scenic spots, tourism plan, and so on (Li, 2004). The Opinions requires that relevant departments should keep good awareness about tourism and develop the Yiwu tourism industry based on the overall situation and long-term interests (Li, 2004). According to the meanings of Opinions and the specialties of Yiwu scenic spots, the Yiwu municipal government also established the Implementations of Rewarding the Agents Who Lead Shopping Travel Party to Yiwu, and emended this Implementations in 2004 (Li, 2004). The emended Implementations cancels the requirement on the number of people and increases the reward amount greatly (Li, 2004).

Policy Advice for the Development of Business Travel Tourism in Yiwu

The Yiwu municipal government is determined to develop the city to be a well-known tourist destination in the world, with the emphasis on the four major tourism products: shopping travel, exhibition tourism, leisure travel, and cultural tourism. The service industries, project development, regional cooperation, and potency of construction and promotion should be enhanced by the recent government developments to promote the tourism development. According to the Yiwu government's blueprint, we present our advice for the development of business travel tourism as follows.

Strengthen the Yiwu Fair's Impetus to the Development of Business Travel Tourism

In recent years, the development of the Yiwu Fair has been accelerated, and its size and effectiveness have been promoted a lot, which has a strong pulling effect to the development of tourism in Yiwu. However, there are many problems that cannot be ignored, such as: the overall structure of the exhibitors is irrational, foreign exhibitors are too few, the information exchanges and cooperation between exhibition organization and the international exhibition organization are very wanting, the quality of the on-site exhibition needs to be improved, the level of professional service is not satisfactory, and the supply of high-quality professional talent is much smaller than the demand. There still is a considerable gap between the Yiwu Fair and the Guangzhou Fair, as well as the East of China Import-Export Trade Meeting. As a result, there will be hard work to be done to make the Yiwu Fair become a major international exhibition and a powerful engine for business travel tourism in Yiwu.

There are five steps that need to be taken. The first is to further clarify the meaning of the international promotion of the Yiwu Fair, to establish channels of communicating with international exhibition organizations and industry associations in the key fields step by step, so that the job of attracting international investment will be more pertinent. The second is to establish and improve the mechanisms of innovation in the Yiwu Fair to optimize the operations of the exhibition. The third is to improve the exposition's professional services, especially in the aspects of the layout and booths' setting up of the exhibition by studying the mature approach of the international exhibition organizations, standardizing corporate exhibitors.

The fourth is to train and introduce high-quality exhibition talents. The local government should establish the benign mechanism of talents' training and introduction to let them play good roles in the exhibitions, and stay for a long time or get out to help other cities. The local government should encourage the local enterprises and schools (colleges) to cooperate with research institutions and send more employees to participate in international exchanges, seminars, and forums to learn the better experiences and ideas of exhibitions at the time.

The fifth is to improve the online service functions of the Yiwu Fair (www.chinafairs.org) and attach importance to the Yiwu Fair's information-based construction. The Yiwu Fair's Web site provides information about the city, the commodity markets, and exhibitions to the whole world, as well as the service function similar to real exhibitions to customers, using various network technologies.

Improve the Marketing of Business Travel Tourism

It is not enough to just promote business travel tourism by the Yiwu Fair; there also needs to be more direct marketing and propaganda, following the ideas below.

> *It is not enough to just promote business travel tourism by the Yiwu Fair; there also needs to be more direct marketing and propaganda.*

First, strengthen the marketing through importing the systems of CI and CV and so on, and appropriately designing the image of the city such as the slogans "The celebrities' hometown, the famous leisure scenic spot," "The shopping travel paradise," and "The business trade exhibition center."

Second, give prominence to the emphases of propaganda, and focus on the propaganda to the national and global markets to achieve a breakthrough in the United States, Japanese, and European markets, based on consolidating the Yangtze River Delta regional market.

Third, design the medium of propaganda well and take positive action to strengthen propaganda to visitors' origins, at the same time participating in others' exhibitions and festival programs to propagate Yiwu.

Fourth, improve the integration of propaganda resources by combining the tourism with the programs of attracting investment, cultural exchange, and keeping friendship with foreign countries, and have an overall consideration to enhance the comprehensive effect. The newspapers, TV, and local Web sites of Yiwu should emphasize the propaganda of tourism. There are free travel public-interest ads published in the special sections in the gateways of airport and stations and arterial roads.

Fifth, improve the joint marketing model of local government and exhibition enterprises. There should be a professional exhibition business travel promotion institution to guide the local tourism departments, exhibition enterprises, travel agencies, and hotels to achieve better cooperation to reduce costs, expand benefits, and make amore comprehensive and reasonable propaganda in depth (G. Luo& Ding, 2004).

Enrich Tourism Products and Build the City as a Tourist Destination

A tourist destination city not only has unique scenic spots, but also has complete recreational facilities and esplanades, to satisfy travel for about two to five days. Therefore, Yiwu should strengthen the shopping tourism as a special tourism product of the city, as well as the leading product to drive the Yiwu

tourism industry's development, based on the prosperous markets and high export-oriented economy. Also, expand the tourism areas such as one-day leisure travel and multiday travel destinations, and strengthen communication with surrounding cities with rich tourism resources such as Jinhua, Lanxi, Dongyang, Yongkang, and Wuyi and create a larger comfortable regional business tourism environment (Tang, 2008). And make full use of traditional culture tourism resources by positively fostering culture tourism to enrich the tourism products, to attract visitors to stay for a longer time. And, last, the local government should make a great effort to improve the tourism resources and the connotations of business travel, and provide policy supports to local tourism operators to increase their enthusiasm.

> *Yiwu should strengthen the shopping tourism as a special tourism product of the city, as well as the leading product to drive the Yiwu tourism industry's development, based on the prosperous markets and high export-oriented economy.*

Make the Best Preparations for TMF to Improve Exhibition Tourism

In 2001, Yiwu successfully hosted the International Tourism Merchandise Fair (ITMF), which was sponsored by the China National Tourism Administration and the Zhejiang Tourism Administration. And at the end of 2007, Yiwu again won the bidding for the International Tourism Merchandise Fair (ITMF), hosted by the Yiwu government. Yiwu should mobilize and integrate the various business travel resources and set out from the connotations and extensions of business travel, to make the best preparations to every section of this fair, and try to make this fair the biggest international comprehensive tourism industry fair in China, with an international reputation and lots of renowned brands and enterprises, as well as the biggest tourism festival and shopping travel and tourism merchandise trading program in the city of Yiwu.

Conclusion

This article has demonstrated the key importance of the relationship between fairs, as demonstrated by the case of the Yiwu Fair, and local economies and how business travel is an integral part of this relationship. Through coordinated efforts, fairs and local economies can more effectively sustain and improve their mutual successes.

The exhibition industry is relatively new in China. Therefore, using fairs to promote regional economic development is an efficient, rapid, and low-cost strate-

gy that benefits both local economies and businesses. Such a strategy can give a large number of small and medium-sized cities a favorable advantage for potentially rapid local economic development. This favorable advantage will likely increase with the accelerated pace of urbanization in China. The effective management of the relationships between fairs and local economies, therefore, particularly in relation to business travel, is a key factor for the success of future fair and urban development. Through effective local government policy that supports fair development, such as that demonstrated with the "Yiwu Model," fairs and local economies can share mutual short-and long-term successes.

This foundational research is of benefit to regional and state governments that are supporting or considering supporting fairs, to fair organizers, and to researchers exploring this emerging research area. Future research could explore the relationships among business travel promotion, fairs, and local government policies for other cities in China. Furthermore, empirical research is needed to explore the perceived effectiveness of such policies and promotions on the Chinese and foreign business travelers themselves. (Cooperated with Dr. Daniel W. Lund is an assistant professor in the Fudan School of Management at Fudan University, Shanghai, China and published by Global Business and Organizational Excellence 2009, 9,)

References

1. Chen, H. (2006, January 23). How to get best understanding of "Yiwu experience." *Shaoxing Daily*.
2. Chen, M. (2007, August 12). Distinctively outstanding in Yiwu business. *Yiwu Business*.
3. Guo, M. (2008, May). *Yiwu pattern for Chinese convention & exhibition economy*. Economic Daily Publish Press.
4. He, M., & He, Q. (2007, October 23). Yiwu market: Founds the model of the market economy. *China Business Times*.
5. Huang, B., & Ding. P. (2005, May). Yiwu exhibition city's positioning and developing strategy. *China Exhibition*.
6. Li, X. (2004). Eight questions on Yiwu Fair—Interview with Yiwu Mayor Weirong Wu. *China Conference & Exhibition*, 11(22), 48—50.

7. Luo, G., & Ding, W. (2004). MICE tourism—The turning point to develop tourism industry in Yiwu. *Economic Geography*, 24, 856—860.

8. Luo,X. (2008,June 16). There are 1,657 foreign representative offices in Yiwu. *Wenweipo*.

9. Peng,Y. (2008). Overview of 5th China international hardware and electrical appliance fair Retrieved June 5, 2009, from http://www. zghsw. net/show news. asp? id=587

10. Tang,Z. (2008,July 15). Improve the development of the Yiwu tourism industry: Try the best to make the city of tourism destination. *Yiwu Business*.

11. Wu,M. (2008,October 15). "Yiwu Fair" became the third largest trade fair. *Zhejiang Daily*.

12. Wu,Y. (2008,August 15). Improve the international level of Yiwu Fair,and promote the development of the Yiwu exhibition industry. *Yiwu Business*.

13. Wu,Z. (2004,December 30). Annual inventory: Yiwu exhibition industry broad prospects. *Yiwu Business*.

14. Yan. D. (2007). Characteristics and economic effect of Yiwu exhibition industry based on Yiwu Fair. *Journal of Yiwu Industrial & Commercial College*,1(5),14.

15. Yiwu Bureau of Tourism. (2009). The sea of commodities,the paradise for shoppers. Retrieved June 8, 2009, from http://www. yw. gov. cn/ygb/25640lygk200812/t20081225163569. html

16. Yiwu People's Municipal Government. (2008). English translation of public signs in Yiwu City. Retrieved June 8,2009,from http://www. yw. gov. cn.

Huang Bin *is an associate professor in the School of Media Studies & Humanities at Zhejiang University, City College, Hangzhou, China, whose research areas include exhibition marketing, exhibition planning, and exhibition informatization.*

Daniel W. Lund *is an assistant professor in the Fudan School of Management at Fudan University, Shanghai, China, whose research areas include intercultural management and training, organizational socialization, and diversity management.*

Web-based Visitor Data Management for China's Trade Fairs

Abstract: Exhibition organizers around the world strive to make their fairs more competitive domestically and globally. Countries with mature exhibition industries, such as Germany, USA, and the UK, have focused greater attention in recent years on the use of web-based technologies for managing fair visitors' data. Similarly, many of China's fairs are increasingly using web-based technologies, although at a slower and less systematic pace. This paper examines different ways that web-based technologies can be effectively applied to the data collection and database management of trade fair visitors' trade-related information. The paper discusses the web-based management of visitors' data pre-fair, on-site, and post-fair.

Key Words-component: Web-based technology, Trade fairs, Exhibitions, Strategic management

Introduction: Data Management for Trade Fairs

Web-based visitor data management for trade fairs is a strategic management approach that utilizes the most current technologies for conference and exhibition industry management. The efficiencies of web-based data management systems far exceed the non web-based systems commonly used in China's exhibition industry. Effective use of web-based technologies provides a highly efficient tool for local and international buyers and sellers to communicate smoothly and immediately. This communication efficiency is a revolutionary improvement in the exhibition experience of all participants worldwide.

As the global exhibition industry becomes more mature, the exhibition industry organizers increasingly recognize the need for improving the overall management and utilization of fair visitors' data. Such studies typically include discussion on how to effectively improve the overall management of exhibition visitors, the comprehensive recording and subsequent use of all exhibition statistical data, and the improvement of service quality during a trade fair. Web-based and visitors-oriented exhibition management strategies have become the core focus of exhibition organizers, who strive to realize these strategies through acquiring the latest network and IT technologies, and gathering real-time visitor information pre-fair, on-site, and post-fair in a way that can be utilized for ongoing visitor service and future fair improvements.

Real-time information collected from fair visitors and exhibitors has a high commercial value, when analyzed strategically in terms of how to continuously improve trading communications and processes for current and future exhibitions. Such information assesses the specific needs and activities of trade fair visitors and exhibitors and provides key indexes from which exhibition organizers can evaluate their own management of the exhibition. These key indexes provide the number of visitors and exhibitors, where they came from, their positions, the industries they are in, contact information, any special needs or requests they may have, and their activity tendencies during the exhibition. The collection and strategic analysis of such information, in turn, can help trade fair organizers with the most important part of any trade fair management strategy, which is to attract, manage, and service all fair exhibitors and target visitors.

Trade fair visitors and data gathering

As China's domestic exhibition market becomes more competitive, the country's trade fair projects become increasingly influenced by the management strategies of international exhibition organizers. Such influence has a dramatic affect on the way exhibition management is carried out in China. In particular, Chinese exhibition organizers have begun to focus more attention on managing trade fair visitors, introducing advanced international concepts and technologies to all aspects of trade fair management, accelerating research and development and technological upgrade, and seeking international cooperation for promoting the standardization of the global exhibition industry.

Trade fair visitors

In the trade fair field, there are two types of visitors: professional visitors and common visitors. Professional visitors are active buyers who have developed relationships with sellers. Such visitors provide a great value for the development

of exhibitions and are essential to the brand of an exhibition. Common visitors, however, are target or potential customers attending the exhibition. Common visitors can only start trading with sellers after they have developed trusting business relationships.

In China, exhibition organizers usually define visitors by the types of exhibitions they are attending. The international exhibition industry, however, has a strict definition for visitors. The Society for Voluntary Control of Fair and Exhibition Statistics (FKM) in Germany, for example, stipulates that every individual that enters a fair venue with a ticket or that registers their name and addresses at the visitor registering office are considered a visitor. Journalists, sellers, on-site service people, and non-registered guests are not considered by the FKM to be visitors. This definition is accepted across Europe for keeping track of visitor statistics. In China's trade fair industry thus far, there are no generally accepted definitions for exhibition visitors.

Trade fair visitor data gathering

Gathering visitor information, especially information about professional visitors and foreign visitors, is equally as valuable as gathering information about fair sellers, or exhibitors. Exhibition organizers are able to get useful customer information through the on-site seller register offices and online visitor register forms. There are four ways to gather such information:

1) Online data gathering: Set up the online registration system on the official website of the exhibition. Provide a form to gather all pertinent visitor information. At present, most of the trade fairs held in China have their own websites with online registration systems. Typically, visitor information can either be filled out online or on a downloaded form that can be entered online by fair administrators.

2) On-site data gathering: Includes on-site live gathering and visitor zone gathering, which electronically keep track of visitors as they pass through certain zones or sites of the fair. In order to increase the clarity and reliability of the information, some organizers release visitor information to the media in order to publicize the data and open it up to public examination. Others put the information into Customer Relations Management (CRM) software and analyze the visitor information after the fair in order to make improvements for future fairs.

3) Gathering information by registration forms: Registration forms usually include a substantial amount of information, including basic visitor facts such as

visitor type, interest field, times of attending exhibitions, purpose of attending, and intentions of visiting the next exhibition. Forms for professional and foreign visitors must be designed carefully to ensure the grammar and meanings of the foreign language forms are accurate. For internationally branded exhibitions, it is best to use standard international visitor registration forms for all visitors.

4) Gathering information through registration software: With the development of IT and Internet technology, there are more technological options for visitor management. Exhibition organizers in China have started to introduce visitor management and registration software to gather and manage visitor data. Such software helps organizers analyze data and provides a quick and convenient information resource to fair sellers and visitors. The effective use of software for trade fair registration has been improving rapidly in China in recent years.

In China, Internet technology-based trade fair management focuses on pre-fair and on-site data management. Companies such as 3soft, Mofcom and Eastfair provide visitor information management software and service to trade fairs in China to an increasing extent in the past decade. Such services include: E-invitation letters; Online pre-registration; Registration receipts processing; Visitor follow-up services; Customer check-in system; On-site access control system; and On-site surveys.

Management of trade fair visitors

As web-based technology improves in China, fair managers are given greater opportunities to strategically focus on how to provide the most efficient interactive technological platforms for international buyers and sellers. By utilizing these technologies effectively to enhance visitors' exhibition experience pre-fair, onsite, and post-fair, exhibition organizers can optimize visitors' experiences. By utilizing advanced technological tools to record and exchange information, exhibitors can have more fluid exchanges with real and potential buyers. The return on investment for the exhibitors, therefore, can be increased with the improvements to web-based technology use at an exhibition.

Accurate trade fair data

The actual effects of exhibitions are difficult to determine. Many target customers, therefore, doubt the effectiveness of exhibitions. The use of Internet technology, therefore, to objectively provide real and comprehensive data about exhibition activities, number of exhibitors, and the amount of visitors can help potential target customers decide if a particular exhibition is worthwhile for them. Accu-

rate and timely fair data also helps to regulate, standardize, and greatly improve the reputation of China's domestic exhibition markets. International auditing organizations such as Business of Performing Audit International (BPAI) help to maintain the integrity and high quality of exhibitions internationally. By employing the services of such auditing organizations, the integrity of China's fairs can be maintained in such a way that reassures potential fair visitors.

Trade fair Customer Relations Management (CRM)

In China, trade fair visitor information management has not been relatively neglected. This is partially due to the influence of government regulations and oversights in every Chinese exhibition that have emphasized different areas of fair management. Furthermore, each exhibition involves a large amount of administration and public resources, which at times may be scarce. When an exhibition ends, both government and exhibition organizers may move on to other areas of focus, rather than the analysis of fair visitor information. The benefits gained through the immediacy of visitor data analysis and visitor follow-up may be lost, especially when visitor registration and visitor CRM systems are not put in place. Many exhibitions are also in a continual process of physical development and expansion to an extent that technological updates may be neglected.

Visitor data hosting

Visitor data hosting is a web-based visitor management technology that is used by the largest international exhibitions. Info Salons in Australia, for example, is one of the largest data hosting service providers. By using data hosting services, exhibition organizers can ensure the safety of visitor data, the availability of information, compliance with local laws and regulations, and the predictable control of data management costs. With the help of the data hosting services providers, exhibition organizers can realize the following goals: 1) Control costs associated with trade fair visitor information management; 2) Have access to visitor data that can be strategically utilized for improving future exhibition projects; 3) Enhance the safety, stability, efficiency, and expandability of trade fair visitor data; 4) Meet all professional requirements related to trade fair visitor data safety and

confidentiality; 5) Increase the overall quality and clarity of trade fair service offerings; 6) Increase the capacity for being able to share visitor data across exhibition departments and other exhibition organizers; and 7) Reduce costs associated with trade fair visitor data management.

Enhancing pre-fair pre-registration

Exhibitions that are able to complete 80 percent of visitor registrations pre-fair utilizing Internet and IT technologies will reduce organizing costs. Pre-fair visitor registration also helps fair organizers identify the specific requirements of buyers and exhibitors. Typically, on-site pass distribution for pre-registered visitors can be carried out within 90 seconds. Pre-registration, therefore, improves convenience and efficiency for exhibition visitors and organizers.

On-site registration services

International exhibitions, including those in China, are continually increasing in size and scope. Traditional on-site registration processes can cause lengthy delays with long lineups. IT technologies, however, help to alleviate such congestions. IT technology can reduce visitors' waiting times during rush hours and enhance the immediacy of interaction between visitors and exhibitors. IT technologies also offer visitors' Self Registration Services, On-site Wireless Will Call services, and Agenda Printing Kiosks. On-site self-services have been used more frequently in international exhibitions, such as those held in the US, Germany, and Hong Kong for example. Self-service also makes on-site visitor pass distribution more efficient. Future trends of on-site registration services include aims to further combine interactive internet, multi-media, and data base technologies and to continually expand and upgrade such systems.

Conclusion

Web-based visitor data management helps to improve the efficiencies of exhibitions in China and to assist professional visitors in finding high quality products and qualified sellers. Highly efficient and easy to use Internet technologies also help to ensure good first impressions for potential buyers and sellers looking for suitable exhibitions for their business needs.

The utilization of effective web-based solutions is a critical component of any large scale fair in China, particularly those dealing with international professional visitors. Through data hosting service providers such as Info Salons each fair's visitor and exhibitor data can be systematically collected, evaluated, and verified for improving current and future fair services. With accurate visitor data, exhibition organizers are better equipped to make effective visitor-centered management decisions. Web-based systems help fair visitors obtain all the information they could need before the fair begins. When on-site, web-based systems provide visi-

tors with immediate fair information and service, while also keeping track of visitors' activities while at the fair. After exhibitions, web-based systems provide visitors with ongoing support and personalized information about upcoming exhibitions.

By adopting and updating current web-based solutions, China's international and domestic trade fairs can increase their market competitiveness and improve the experiences of professional and common fair visitors, exhibitors, and organizers. (The paper has been accepteel by ICEE 2011, indexed by EI Compendex. Bin Huang is the first arthor, Daniel W. Lund is the correspondence author)

References

1. Huang, B. (2008). Registration Management of Visitors to Trade Events & Exhibitions. *Annual report on China's convention & exhibition industry* (2008). Social sciences academic press China).
2. Lou, L. (2010. April 2) . CHPE and intelligent label technology. *Shanghai Business Daily*.
3. Lu, T. (2009, December 25). Yiwu Fair introduces international exhibition. *China Business Times*.
4. Zhang, J. , and Ni, Z. (2005. July). The imperative establishment of authentication systems. *Chinese Journalist*.

Informatization of Visitor Management in Large-Scale Trade Fairs Based on E-Service

Abstract: As China's trade fair industry booms with many fairs and exhibitions turning out to have large scales, fair organizations have now turned to latest information technologies and E-services to better manage visitors and improve their service quality. This article, based on analysis of visitor management in different stages of large-scale trade fairs, namely pre-fair, on-site, and post fair, explores corresponding E-services and technologies to be used to promote and enhance informatization of visitor management in China. This article, thereby demonstrates the strong relationship between the informatized visitor management and competitiveness of large-scale trade fairs.

Key Words: informatization; visitor management; large-scale trade fair; E-service

Ⅰ Introduction

Usually, the trade fair visitor organization and management comes to be the most torturing work of the fair organizers. Many trade fair organizations, therefore, have turned to advanced management technologies, especially web technologies for visitor management. This has facilitated the informatization of trade fair visitor management, and also improved fair quality by providing a variety of convenient E-services to visitors. Large fairs, such as Canton Trade Fair, East China Fair, China-ASEAN Expo, have been developing and applying the digital environment of "Trade Fair Visitor Information Disposal" and are introducing and promoting visitor information management technologies. In fact, informatized management of trade fair visitors mainly focuses on pre-registration, on-site registration, badge service and post-fair service via visitors' database.

Brand fairs bear proof that in order to strengthen fair competitiveness, visitor management technologies shall be employed to accurately collect and analyze buyers' and visitors' information, especially the information of overseas visitors. In this way, valuable information can be acquired for better management and value-added services for visitors can be developed to improve visitors' loyalty as well as visitors' satisfaction with the fair. According to practices at home and abroad, the basic flow of informatized visitor management in large-scale trade fairs is to manage visitors in every tache of the fair (pre-fair, on-site, post-fair) with assistance from corresponding E-technologies, while buyers' and visitors' information is collected and disposed through this process. Useful information such as visitors' motivation, demand, behavior can be acquired once pieces of relevant information are analyzed and connected together, which in turn, helps to improve visitor management. Fig. 1 shows the flow chart of informatized visitor management for large-scale trade fairs.

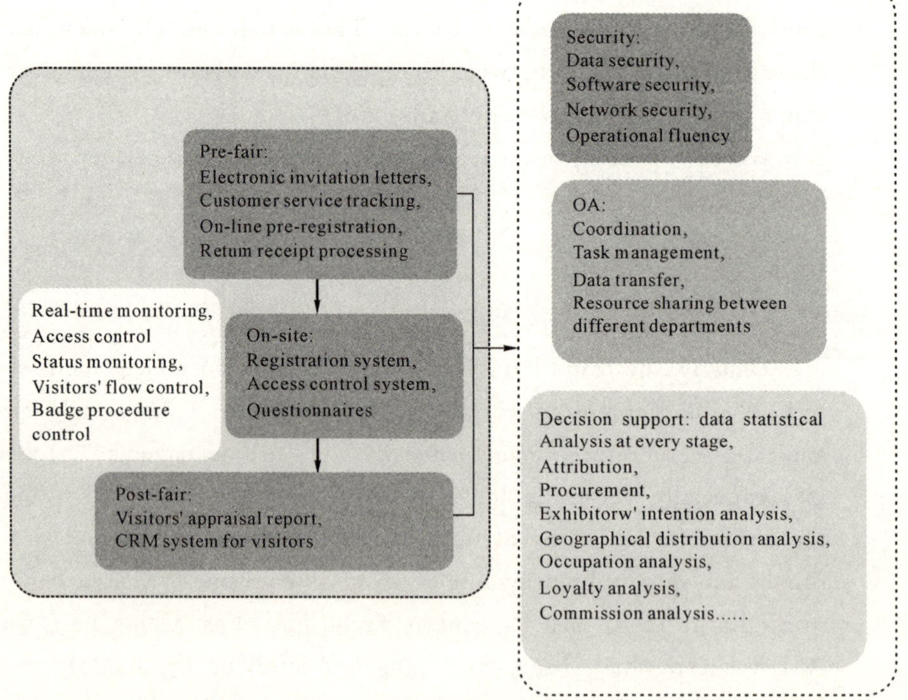

Fig. 1 Flow chart of informatized visitor management in large-scale trade fairs

Ⅱ Pre-fair Informatized Visitor Management

Customer invitation through electronic invitation letters, tracking service, pre-registration and return receipt service are E-services provided to visitors before the fair, which make up the core content of pre-fair informatized visitor management. For example, trade fair visitors will receive electronic invitation letters from sponsors; Visitors who had attended the fair before will be tracked by the customer service representatives. Pre-fair informatized visitor management not only checks visitors' attendance rate, but also attains the basic information of visitors in advance. More importantly, pre-registered visitors can enjoy value-added services and VIP treatment provided by the trade fair organizations, such as acquiring admission pass, hotel reservations, airport picking-up service, trade matching service.

A. Electronic Invitation Letter

As the domestic and international business environment improves continuously, electronic invitation letters have already become an essential part in pre-fair invitation, and it makes up the limitation of traditional fairs which only uses plane media, direct mail, telephone, and fax for invitation.

Electronic invitation letters contain a variety of buttons with relevant fair information, such as "Pre-registration", "Fair Introduction", "Fair Directory", "DM Invitation Applications", "Visa Applications" and so on. Fig. 2 is an electronic invitation letter of 2007 China Kunming Import & Export Commodities Fair.

Fig. 2 2007 China Kunming Import & Export Commodities Fair invitation letter

B. Call Tracking Service

We have discovered from a sampling survey in a large-scale trade fair that over 74.5% of visitors believe that more and more large-scale trade fairs are using Internet technology to send electronic invitation letters to their target customers. According to these visitors, the main reason for visitors' failure to attend the fair, to a great extent, is the limitation of information and supporting service covered by the electronic invitation letters. Visitors want to get more information and services, mainly in 4 aspects: 1. general trade fair introduction; 2. electronic invitation letters' function in the scene badge service and in visa application; 3. information for pre-fair preparation; 4. after-fair trade matching service. All these require trade fair organizers to employ professional customer service workers to provide tracking service through email, call center and fax.

C. Online Pre-registration:

Speaking from informatization of visitor management, pre-registration system can help to classify visitors' purposes, occupations, interest, demands, etc. The trade fair organizations could then develop corresponding supporting services to target visitors after the data analysis by customer relationship management (CRM) system. Large-scale brand fairs usually take pre-registration system, online badge service system, and even the trade matching platform as a systematic program which should be interrelated and interactive.

D. Return Receipt Processing:

Return receipt processing is to send confirmation to visitors through Internet who have pre-registered online or registered in other ways via the Internet. This processing ensures timeliness and also controls the cost in fair organization. When granting return receipts, trade fair organizations usually offer other relevant information, such as the barcode for the scene badge service. In particular, organizers usually provide latest trade fair development news to visitors in the return receipts. In recent years, some organizations even provide self-help print service (Print@ home), and thus registered visitors can print their trade fair pass right at home.

Nowadays, since the network environment becomes more mature, trade fair organizations attach great importance to informatization of visitor management. Using Internet and IT technology to accomplish 80% of visitor management work and to extract valuable visitors' information not only saves the cost in visitors' organization, but also helps trade fair organizations to collect and release data in time. Furthermore, visitors' valuable information extracted from informatized

pre-fair visitor management is helpful in providing trade matching service to buyers and exhibitors whose needs are specific. Fig. 3 is the relationship chart of informatized pre-fair visitor management.

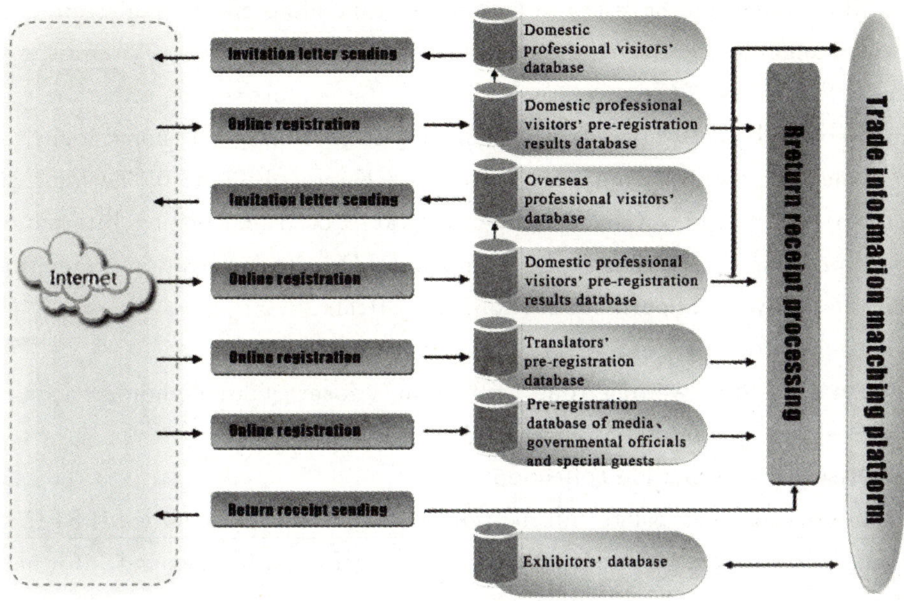

Fig. 3 Relationship chart of pre-fair informatized visitor mangement

Ⅲ On-site informatized Visitor Management

A. Registration System

To a great extent, registration system (also know as the scene login system) determines the organization quality and service level of large-scale trade fairs. Registration system is not only the most important tache of visitor management, but also an important way in promoting trade fairs' core competitiveness.

The registration system contains various categories of visitor management technologies, especially for management of visitors' information, such as data collection and analysis technology, information management and communication technology, customer resource exploration technology, and on-site tracking service technology.

In recent years, international large-scale trade fair organizations have enhanced their study in the technology development. Furthermore, a series of E-services have been developed, such as self-registration service, on-site wireless will call, agenda printing kiosks, etc. These self-services are more and more widely ap-

plied during visitors' registration process in large-scale trade fairs in USA, Germany, Hong Kong and other countries or regions.

In China, on-line registration system is still under promotion and development. Most exhibition halls are in lack of corresponding on-line registration systems, so manual login remains the main login way in recent years. After a survey, we know that many of China's large-scale trade fair sponsors acquire on-site registration service for better on-site visitor management from professional login service providers through leasing, such as Beijing Kunlun Billions of Technological Development Co., Ltd., Xian Yuanhua Software Co., Ltd., Beijing International Trade Promotion Co., Ltd and other companies. On-site registration system focuses on the following important functions and effects:

1) Badge processing efficiency

On-site visitors' waiting time (filling in a form—taking photos—acquiring pass—receiving pamphlets) is controlled within 90 seconds.

2) Visitors' information collection

Visitors' different badge information (barcode, handless IC card, RFID RF card, etc.) is stored and on-site visitors' basic information, demand information and behavior information is collected.

3) Real-time access control monitoring

This helps to automatically record and acquire visitors' distribution information in different halls, as well as the visitors' flow and card-scanning time, and then to establish buyers' behavior database.

4) Application service expansion

System function is expanded by integrating Internet, multimedia, database technology and modules.

5) Real time interaction

By using the system's information collection function, visitors' information is provided to exhibitors in time, and thus interaction with exhibitors is enhance, so is exhibitors' confidence and enthusiasm in their brands exhibited in the fair.

B. Access Control System

Access control system is to have electronic identification and authentication of different cards/permits used in large-scale trade fairs. When visitors pass through the access control system with trade fair cards (such as two-dimensional

barcode, RFID), their card-scanning information as well as the scene system information are both updated. Access control system shows the real-time status in each exhibition hall,and automatically read and store information for the convenience of plane communication, coordination, task management and information sharing among different departments (such as the security department, logistic service department),and finally strengthen on-site visitor management.

C. The Scene Survey

The scene survey helps trade fair organizations to deeply grasp visitors' three types of information (basic information, demand information, behavior information) for the sake of better visitor management. Usually, the scene survey is done during visitors' pre-registration and on-site registration, and in large-scale trade fairs both home and abroad, it covers three basic aspects in its questionnaires: 1. professional visitors' motivation in attending the trade fair (including the purchase motivation and non-purchase motivation); 2. professional visitors' behavior (including analysis and categorization of different types of visitors' behavior); 3. professional visitors' loyalty to the trade fair. Since the survey is embedded in pre-registration and on-site registration system, questionnaires could be sent out when professional visitors log in online or on-site registration system. While visitors are receiving their badges and pamphlets, trade fair organizers could collect questionnaires at that time. Through systematic statistics, comparison and analysis, a relevant survey report is thus made, which can be taken by trade fair organizers for reference in sorting out visitors' motivations and demands so as to develop further E-services to improve on-site management quality.

On-site visitor management is a core part in the informatization process of visitor management in large-scale trade fairs. Beijing International Trade Business Promotion Co. ,Ltd. ,based on its many years' experience in informatized visitor management in large-scale trade fairs, has drawn the chart for on-site informatized visitor management in large-scale trade fairs which is presented in Fig. 4.

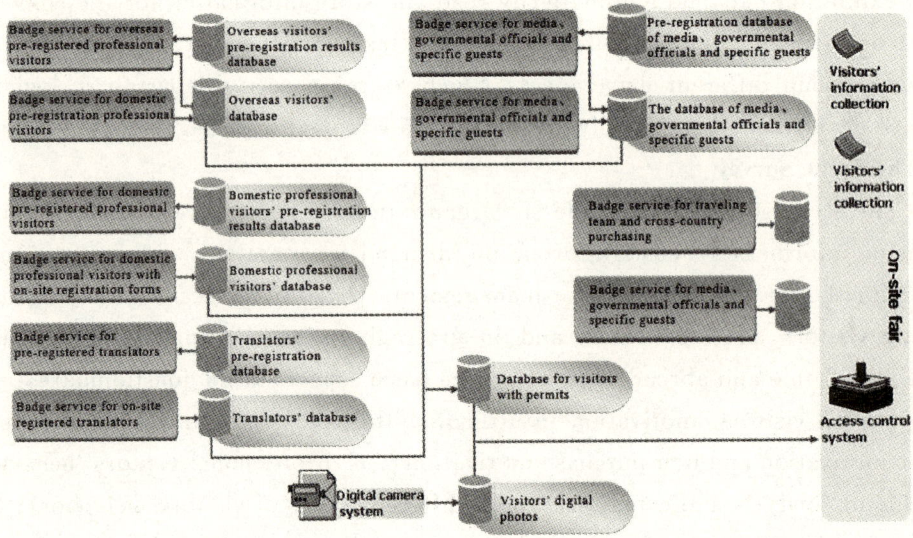

Fig. 4 On-site informatized visitor management in large-scale trade fairs

Ⅳ POST-FAIR INFORMATIZED VISITOR MANAGEMENT

Analysis of visitors' information and data after the fairs is also quite important for further improvement of visitor management and the analytical results can provide valuable experience for the success of the next fair. In particular, the analysis of professional and overseas visitors is quite essential to the establishment and development of customer relationship. Visitors' data analysis not only shows where visitors come from, what jobs they take, and why they come to the fair, but also objectively reflects visitors' expectations, which provides a basis for decision-making in improving fair organization as well as fair management, and is in itself a soft asset of the trade fair organizations. Post-fair visitor management mainly focuses on two areas:

A. Visitors' Appraisal Report

It is an important task to acquire and make use of visitors' data in large-scale trade fair visitor organization. As to exhibitors, a sound visitors' appraisal report can be taken as reference in deciding whether to choose the fair or other marketing strategies for the promotion of their products; As to visitors (especially professional visitors), it can be an objective criteria for them in choosing to visit different trade fairs; As to trade organizers, it provides valuable information for building fair brands and improving service to exhibitors and visitors. Visitors' ap-

praisal report will be formulated with the help of corresponding software and the following issues need to be clarified and highlighted:

1) Standard Definition of Visitors

The strict definition of visitors is a precondition of accurate analysis. Visitors can be classified into ordinary visitors and professional visitors depending on different fair themes. The fundamental difference between them is that professional visitors are important to trade fair development as well as the fair brands; while ordinary visitors are target customers or potential customers, as long as exhibitors are in close contact with them, and thus there will be more possibilities for future business exchanges. In China, trade fair organizations often define visitors according to fair themes. And the international trade fair industry defines fair visitors in a stricter way. For example, Germany Exhibition Statistics Voluntary Control Organization (FKM) stipulates that people who have bought trade fair tickets or have registered their names and contact information through the visitor registration system are all viewed as visitors. However, journalists, exhibitors, working staff in exhibition halls and unregistered guests are not visitors. This definition is commonly used in Europe to identify visitors. In China, it is urgent to standardize the definition of visitors.

2) Visitors' Survey Sampling

This is to collect visitors' data samples, especially professional visitors and overseas visitors, similar to data collection from exhibitors. The exhibition organizers will collect data from the scene visitor registration system as well as the online pre-registration system. There are several ways to do it.

a) Scene real-time sampling: This includes real-time statistics and the scene visitors' sampling. The exhibition organizers can release visitors' dynamic information the next day through the media or just in the exhibition halls to improve the transparency and credibility of the trade fair organization.

b) Online registration sampling: This is to provide questionairs to visitors through the registration system on official websites. At present, large-scale trade fairs all provice online visitor pre-registration service. Making full use of online visitor pre-registration system, exhibition organizers will make questionairs as part of online registration and then analyze visitors' data acquired from the questionairs. (Websites with background database enjoy high efficiency and high precision during the process of statistics and calculation.)

c) Visitor registration sampling: Visitor registration form covers a wide range of information, including basic information of trade visitors (for visitos' geographical distribution analysis), different types of trade visitors, their professional interest, purposes of attending the fair, as well as their plan to attend next year' trade fair, etc. Questionairs shall be scientifically designed based on information collected from professional and overseas visitors, avoiding diction with discrimination. Large-scale "international" trade fairs should develop questionairs in corresponding format for registration of overseas trade visitors.

d) Trade fair identification information management software: With the development of science and information technology, the application of modern technological softwares for visitor management in trade fairs are more popular. Moreover, large-scale trade fairs have begun to introduce relevant customer management softwares and identification information management softwares to collect and manage the data, which creates a precondition for further analysis and research for trade fair organizations and provides convenience for exhibitors and visitors in deciding whether to attend the fair. Therefore, it is a trend to improve the software environment for large-scale fair's management.

3) Visitors' Data Analysis

The appraisal analysis of visitors' data is generally divided into 3 steps with the assistance from statistical and analytical software: statistical analysis, comparative analysis, assessment analysis. Useful information, being extracted from original data after analysis, will objectively reflect the real-time features of the trade fair and help to improve visitor management.

a) Statistical analysis: It is to calculate the total number of visitors as well as the proportion of each type of visitors. After statistical analysis, the data will become useful information and can be taken as the basis for appraisal.

b) Comparative analysis: It is to make comparison of the data by referring to the assessment standard so as to obtain the statistical results. When having comparative analysis, trade fair organizations should strictly standardize and use the unified appraisal criteria.

c) Assessment analysis: On the basis of statistical analysis and comparative analysis, assessment analysis is to analyze and appraise the trade fair's organization work and the fair's effect. At the same time, it is to find out the internal links between visitors' data and large-scale trade fair's status and explore problems and corresponding reasons.

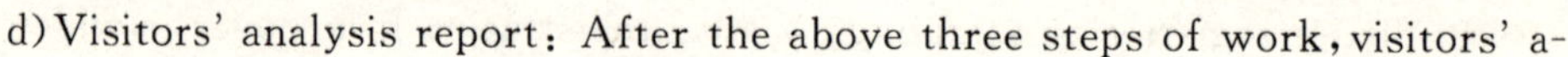

d) Visitors' analysis report: After the above three steps of work, visitors' analysis report will be finally formulated after processing of visitors' information by the trade fair organizations. The basic content of analysis report include data analysis, information report, visitors' survey, conclusion and recommendation.

The appraisal analysis deeply and objectively probes into every specific detail during the process of trade fair organization. In particular, it makes concrete analysis on specific issues. The analysis and appraisal of visitors' information requires researchers to discover problems occurred during the organizing process from data and facts, and then find out reasons for them and put forward measures to address the problems.

B. Visitors' CRM System

Since visitors' data are independent and inconsistant, trade fair companies need to study and analyze professional and overseas visitors' data (such as the number of visitors, visitors' geographical distribution, visitors' interest, visitors' purposes for attending the fair, and visitors' evaluation of the trade fair) in different stages. Valuable information is extracted from visitors' data and is integrated, which becomes the core competitive resources of large-scale trade fairs, called "competitive intelligence". "Competitive intelligence" is the lifeline of trade fairs for further survival and development. In order to get competitive intelligence through data management, professional software tools are required. One of these tools is customer relationship management (CRM) system. The basic structure and function of CRM system is shown in Fig. 5.

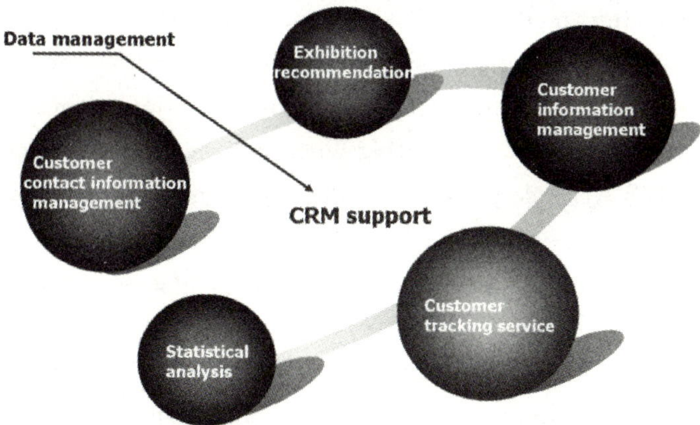

Fig. 5 Basic structure and function of visitors' CRM system

At present, the trade fair visitors' CRM system is widely applied in large-scale trade fairs at home and abroad to manage visitors, especially their informa-

tion, and this system enjoys several technical modules.

1)Data Integration and Extraction Function Module

Through data integration and extraction from complete, accurate and consistent visitors' information, customers' useful information is effectively extracted, and the trade behavior of the existing and potential visitors is analyzed. And then a report is formulated which helps to forecast the visitors' organizing and management model in the future.

2)Visitors' Value Assessment Function Module

Visitors' value assessment is the basis for selecting VIP visitors. The core function of trade fair visitors' CRM system is to have close observation of its visitors' value and improve the real-time support with the help of CRM call center and exhibition portal website. Many international large-scale trade fair organizations commonly apply visitors' value assessment function, such as trade fair organizations in Germany, USA, and Hong Kong.

3)Visitors' Classified Management Function Module

It is a premise of high quality service. To add more value to large-scale fair brands, trade fair organizations must confirm different visitors' value and importance to large-scale trade fairs, and formulate corresponding service policies according to different visitors' demands and expectations. In addition, classified management of visitors will be helpful in promoting the management function by making use of IT and network technology.

4)Interactive Information Processing Function Module

Interactive information processing guarantees a good customer relationship. With the development of Internet, mobile communication technology, more and more visitors are used to communicating with the trade fair organizations through websites, E-mail, WAP and cell phones. The function of visitor management is finally strengthened with the establishment of trade matching service and call center, which provides buyers with information inquiring service, trade matching service, pre-registration service and so on. Interactive information processing function model provides individualized services and offer real-time feedback of visitors' demand information, and thus strengthens its management function.

However, post-fair informatized visitor management hasn't yet drawn enough attention in China, which is the exact reason for the lack of famous trade fair brands here despite of a large number of trade fairs. What's more, due to the lack of professionals and the fact that visitors' CRM system hasn't been utilized or suf-

ficiently utilized, the development of trade fairs is not fully supported by management technologies.

Ⅴ SUMMARY

As the competition in China's trade fair industry intensifies, large national trade fairs are challenged by their international counterparts. A new round of shuffling in this industry is inevitable. To enhance management efficiency in large-scale trade fairs, develop more value-added services to visitors, and thus to maintain the vitality of large-scale trade fair organizations and forge famous trade fair brands, it is urgent to promote and develop informatization of trade fairs visitor management in China based on various individualized E-services and technologies so as to meet the new challenges for further development. (The paper has been accepted by ICISE2011, indexed by EI compendex. Bin Huang is the first author, Mingxia Shen is the correspondence author)

References

1. H. Bin, "Registration Management of Visitors to Trade Events & Exhibitions," in *Annual Report on China's Convention & Exhibition Industry*, Wang Fanghua, Guo Jurong, Eds. Beijing: Social Sciences Academic Press, 2008. pp.
2. L. Lou (2010, April 2), CHPE and Intelligent Lable Technology. *Shanghai Business Daily*.
3. T. Lu (2009, December 25), Yiwu Fair International Exhibition . *China Business Times*.
4. J. Zhang and Z. Ni (July 2005), The Imperative Establishement of Authentication Systems. *Chinese Jounalist*.

Utilization of Competitive Intelligence in China's Trade Fair Companies

Abstract: Since China's domestic trade fair companies are facing more intensified competition from overseas counterparts, they begin to pay emphasis on establishing intelligence system to monitor and analyze their competitors and then build effective strategies for competition. This paper, based on analysis of competitive intelligence's principles, as well as the definition and features of the trade fairs' competitive intelligence, explores effective management and utilization of competitive intelligence in China's trade fair companies.

Key Words: Competitive intelligence, Trade fair companies

Ⅰ 竞争情报对我国会展企业的影响

近年来，中国企业竞争情报的应用持续升温。自信息产业包括 Oracle、Microsoft 等多家知名公司开始涉足商业情报领域以来，我国各行业也开始对竞争情报逐步重视。2002 年至 2006 年，经过我国政府部门、企业机构 5 年多的努力，中国竞争情报产业链也开始经历了从无到有的过程。我国政府信息部门和电信、汽车、石油、化工、制药、钢铁、投资、咨询等领域已经对接近 10000 名高级管理人员进行了竞争情报及信息分析的技术理论普及和培训。2007 年 1 月 18—21 日在中国海南三亚以“开启中国信息情报业发展新前景”为主题，举办了“中国竞争情报暨信息分析师年会”，展示中国信息情报业发展成果和未来应用前景。来自国家相关部门领导、业界专家、知名企业通过专家讲座、议题讨论等形式，对信息分析、竞争情报业的发展、服务、技术、组织等迫切需要解决的问题进行多视角的深入研讨。中国政府部门亦将同期权威发布《中国竞争情报报告2006》，从而对未来中国信息情报业的推进、先进技术服务应用产生重要影响。在即将举办的年会上,世界各地的信息情报知名权威及全球领先的信息专业服务厂商,共同围绕信息服务领域最新技术、竞争情报应用发展进行讨论交流。毋庸置疑,竞争情报已将成为前景美好的机会,过去几年,我国企业竞争情报系统的研究与应用已在中国顶尖企业崭露头角,2006 年已成为竞争情报在中国大中型企业广泛应用的标志年。因此,会展业探讨与研究竞争情报对会展行业发展前景的影响也显得十分迫切。

在我国会展行业发展方面,随着世界经济全球化和区域经济一体化趋势的发展,我国会展经济正逐步融入世界经济体系。随着国际会展组织机构及品牌展览加快进入我国的步伐,国内会展企业在面临更大发展空间的同时,也承受着越来越大的竞争压力。越来越多的会展企业开始重视信息管理对企业发展的重要性,希望通过在企业内部建立信息处理机制及情报系统来实现对竞争环境、竞争对手的监测和分析,建立有效的竞争策略,从而赢得竞争优势。因此,竞争情报正在成为会展企业信息搜索和分析的一项重要内容。竞争情报系统的构建必将为会展业在竞争中立于不败之地产生深远的影响。

Ⅱ　竞争情报原理

1.“知识”的本质特征

知识不能简单地归结于数据,信息也不能说就是知识,虽然知识与数据和信息有着很深的渊源,但这三者是不可相互替换的。可以说数据是无组织或无序的信息,信息是经过组织有序的数据,而知识则是有用的信息。会展企业的核心竞争力,往往取决于对竞争情报与知识的把握度。事实上,会展企业在尚未确切了解展览项目立项的合理性前投巨资开发展览项目而导致失败的案例在现实中比比皆是。“知识工作”就是强调,理解数据、信息及知识三者间的各自内涵并加以融会贯通,为展览项目的决策进行可行性的分析,为展会的成功奠定基础。

2. 知识的分类

通常情况下,知识大致可以分为四大类:

Know-What,指关于事实方面的知识;

Know-Why,指自然原理和运行规律方面的科学理论;

Know-How,指从事某项工作的技能;

Know-Who,涉及“谁知道”和“谁知道怎样做”的问题。

在这四类知识中,前两类知识属于显性知识,常以技术文档、出版物等形式出现,后两类则属于隐性知识,存储于人们的大脑中,与个人能力密切相关,是个人经验的一种表现。

“显性知识”,是指能明确用语言表达、可编码化、可结构化的知识,与“信息”类似,不同的则是信息虽可表达一定意义,但未必是有价值的,而知识则具有价值属

性。所以,“有用的、有价值的”信息才可以认定为显性“知识”。

“隐性知识”,是指存于人头脑中的个人经验、观念等隐含化知识,很难以较为简单的方式进行表达,也难于传递与交流,具有高度个体化、主观性和经验性的特征,其内涵比显性知识要复杂得多。以会展行业为例,有资历的会展骨干那种经过长期实践积累起来的经验、对会展企业内外环境变化的敏锐直觉就是一种隐性的知识。他们的隐性知识是很难为一般人所具备的,具有很强的综合性,并不容易培养。

3. 会展竞争情报的概念

前苏联情报交流学创始人米哈依洛夫博士认为:“情报就是作为存储、传递和转换的对象的知识。”我国著名学者钱学森教授认为:“情报就是激活了的知识”。钱学森教授所指出的“激活”,无疑是强调情报的实效性。因此,情报是具有价值并可供利用的资源,不仅可解读,同时也归属“知识”层次。它的产生或识别需人的加工或鉴别,使之产生符合人所需要的价值,“会展情报”更是一种特殊的“知识”,其实质是“知识”的一种应用。

竞争与情报本质上就有天然的联系,二者缺一不可,相互促进,互动发展。国内外会展企业间的竞争是一种行为,一种过程,一种高智慧参与的活动,全过程都会贯穿着情报。假如没有情报的参与,展览组织机构要想在竞争中取胜是不可想象的。从广义上而言,展览组织机构在制定竞争战略、进行竞争行为等一系列过程中所使用的信息、知识(或一种声音、一张图片、一个样品、一个动作)等都可视为情报。这种信息或知识经过科学合理的专业处理后将产生新的知识,服务于更有效的会展竞争与实践活动。随着世界会展业的发展与市场竞争日趋白日化,会展组织机构对竞争情报的需求开始具体化,有选择地利用会展相关信息对会展市场进行决策、项目研发和市场营销,对会展经营活动各个环节中产生的信息、知识加以分类、集成和定向定量的研究,将会展竞争和情报这两个概念有机结合在一起,会展竞争情报这一概念应运而生。

会展竞争情报通过搜集和分析公开资料获得有关竞争环境、竞争对手的信息,对会展企业面临的威胁、机遇提供预警,对会展企业的战略战术决策提供支持。展览组织机构在策划过程中需采集与获取大量有价值的情报赢得或巩固其行业地位,而会展本身也是参展商与贸易商竞争情报的主要来源之一。在各类展览会、展销会、技术交流会、技术贸易会、招标会、洽谈会、科技集市、交易会上,企业除了可以得到论文、产品说明书、产品目录、技术报告这类文献外,还有各展台的文字图片介绍、新产品实物展示,以及洽谈、经验交流、录音录像等非文字信息。现代展会产品密集、商家云集、同行会集,提供获取竞争对手企业技术信息、市场信息、人才信息的良机。

4. 会展竞争情报的知识特性

通过对会展竞争情报概念的了解,可以看出会展竞争情报与知识间非常密切的关联关系，会展竞争情报具有极为明显的知识特性。这不仅是由于会展竞争情报是情报的一种，充分具备情报的特征，隶属知识这一范畴，同时也是由于会展竞争情报的产生程序和知识一样，它经过了数据、信息两个层次的提升后得到的，证明了会展竞争情报与知识这两者之间的紧密联系。

5.“显性知识”和“隐性知识”构成了会展竞争情报的内核

会展竞争情报中的“显性知识”是指直接从已获得的“信息”中识别并提取出来，对会展组织机构决策具有价值的情报；而“隐性知识”则是指凭借自身能力对没有现成结论的信息进行深入分析、挖掘继而合成得出结论的情报，它们构成了会展竞争情报的内核。

会展竞争情报在提高会展企业竞争力方面具有很强的目标性，并根据会展企业竞争的需求导向，设置了相关数据、信息逐层加工的基本流程与使用工具，基本可分成三个步骤：

1)采集原始数据

在会展业，会展组织机构或企业首先是对原始资料和素材的无序采集。这些原始资料是从各个方面收集，如从展会、媒体、网络等一些客观事实的数据。这些数据在未进行科学合理的处理前甚至可能是无法解读的东西。但这些数据中隐含了对会展企业非常有价值的信息。

2)转化为信息

将采集的原始数据通过科学的方法转化为可解读的“信息”。譬如我国会展企业通过 CRM 软件对原始数据进行“识别”，剔除错误或失效的数据，经过数据的初审并进行合理组织，同时实施有效跟踪，使其成为有具体内涵的“信息”；这些经过组织后得到的信息将成为会展组织机构竞争情报的核心内容。

3)转化为情报

会展竞争情报产生过程中最重要的一步，便是由会展信息向“情报”的转化。在这个过程中，有经验的会展专业人员无疑是最关键的要素。虽然信息处理可以在很大程度上借助于计算机，但是，专业人员的作用是网络环境与 IT 技术所不可替代的。只有这些有经验的会展专业人员才能从信息中按照会展企业的需求进行有针对性的提取和加工，使之成为对会展企业具有实效的信息，从而转化为会展企业竞争情报。

Ⅲ 会展业“竞争情报”的定义与特点

会展业的竞争情报是有关自己、竞争对手、竞争环境以及由此引出的相应竞争策略的情报研究，是会展企业为获得和(或)维持竞争优势而采取决策行动所必需的信息。作为会展企业有序的、连续的和系统化的信息流，它在保障展览项目经营管理的决策智能性、环境敏感性和快速反应性方面起着至关重要的作用。竞争情

报组成三要素:本企业和竞争对手;竞争环境(包括政策、市场、战术等);竞争策略。

会展竞争情报是一种特殊的情报,是为提高会展企业竞争能力服务的,它不仅仅是一种理论,更强调的是对会展企业竞争力的实效作用,实践的意义很明显。所以,作为一种特殊情报的“竞争情报”,还有着自身的六大特点:

1. 定向性

会展竞争情报就是通过对特定竞争对手的经营策略、发展趋势、新技术开发、市场占有率及资信状况等情报的搜集、分析研究,为会展企业提供竞争情报服务,协助会展企业拟定战胜竞争对手的战略策略,使组织在激烈的市场竞争中立于不败之地。因而,它表现出独占性和排它性,具有研究的定向性特征。

2. 谋略性

会展竞争情报活动的重点针对会展竞争环境展开情报研究,经过广泛的市场调查和多方位、多层次的情报活动,建立各种数学模型,借助现代计算机技术进行由表及里、去伪存真的系统、智能加工,并进行综合分析判断,最后得出辅助决策的谋略性竞争情报。因此具有研究的谋略性。

3. 对抗性

会展竞争情报研究的是经济技术问题,存在着竞争对手等利益主体,使会展企业在竞争手段与竞争策略上均不等同于传统意义上对现存文献情报的分析研究。它也不是对特定问题的一时回答,而是一个会展企业对环境及竞争对手逐步深化认识、选择有针对性对策的动态过程。可见,会展竞争情报隐含有强制的对抗性特征。

4. 前瞻性

前瞻性决定发展性。战略这个概念最初只应用于军事领域。从字面上来看,战略是一个复合词,是“战+略”,是对战争谋略的简称,战略是对战争中整体性、长期性、基本性问题的计谋。那么会展业战略就可以理解成会展企业谋略,是对会展企业整体性、长期性、基本性问题的计谋。由于以不同方式获取的会展竞争情报可以全方位地评估会展企业及某具体项目今后发展的策略与战术,前瞻性地揭示各情报与信息间的内在联系与相互关系,因此,会展竞争情报具有明显的前瞻性。

5. 增值性

会展竞争情报的研究内容包括一系列的智能活动,如信息的收集、信息内容的重组、信息的深度加工以及对会展市场发展趋势的预测,再将经过加工得到的情报产品加以应用,服务于会展企业等等。它研究的内容:一个会展企业如何取得持久不变的成本优势?如何在会展领域选择合适的细分市场,如何在某会展项目的战略基础上建立竞争优势?何时或如何用协调一致的战略在相关发展中取得竞争优势?会展企业在追求竞争优势中的不确定性表现在什么地方?会展企业如何维护

其竞争地位等,因此它具有明显的增值性。

6. 隐密性

由于竞争情报是会展企业在激烈竞争中决定胜负的关键因素，所以它的获取需要在竞争对手不知道、不协助、甚至是反对的情况下去获得。尤其是商业秘密这一类，可以给情报拥有者带来巨大经济利益，更为权利人所严加保密。因此，会展竞争情报既可利用最新的媒体、展览、机构等方式搜集，或采用合资和购买等方式获取；同时还可利用 IT 技术，通过研究开发、反求工程、分析合成等途径获取。有些机构甚至可通过窃取、抢劫、恐吓等非法途径获取，可见，会展竞争情报的搜集、研究和利用都具有明显的隐密性特征。

会展竞争情报在我国会展业的应用前景

会展是信息交流的媒介和载体，会展与信息传播及竞争情报具有紧密的关联。从会展的组织形式来看，会展组织机构通过将参展商参展的产品物品（展品）在规定的时间与空间中向目标观众进行双向传递与信息交流。因此，作为会展组织机构与企业，力图提高办展水平，最重要的基础首先是提高有效信息的质量（也就是竞争情报），以此来畅通国内外的会展网络与机会，研究竞争对手的竞争威胁与行业整体的发展走向，积极主动地进行自身竞争信息的交流与传播，科学决策展览的立项、发展策划，创意优秀会展广告形成“注意力经济”等对会展的成功将起到至关重要性的作用。

通过对竞争情报的原理分析和研究，可以非常清晰地了解到竞争情报对于中国会展业的发展具有十分重要的意义，其在中国会展业的应用前景也十分广阔，无论对会展的组织机构或是对参展商及专业观众都具有重要的意义与作用。这主要基于会展竞争情报的以下特征：

1. 会展组织与信息及情报的同源性

世界展览组织机构与运行企业与信息传播具有非常深的渊源，会展组织机构与信息产业之间的兼并与购买在近几年越演越烈，脱胎于私营出版媒体的 Reed Elsevier 励展博览集团就是集世界出版商和信息提供商职能为一体的机构，它在全球各个区域运作著名品牌展览项目的同时，还乐此不疲地规划对信息产业以及竞争情报重要机构的收购与兼并，2000 年以参股合作方式与美国坎恩斯商业信息(Canners Business Information)、荷兰的爱思唯尔信息(Elsevier Business Information)和英国的里德商业信息(Reed Business Information)等媒体联姻。无独有偶，1999 年，美国卡尔顿通讯公司以 12.6 亿美元收购博闻集团在美国和拉美地区 40 个大型贸易展览会和出版刊物，而另一家美国商业媒体(Commerce Connect Media)却花费 2.75 亿美元购买了名为 Cygnus Business Media 的媒体公司经营 16 个专业贸易展览会和一批专业杂志和网站，荷兰信息出版公司(VNN)以 6.5 亿美元的价格收购博闻有限公司(Miller Freeman)的 70 个专业贸易展览会以及一批

专业杂志和出版社。而近期 Global Sources（环球资源）也更是利用其网络资源优势涉足展览业，并充分彰显其无可比拟的竞争优势，这充分反映了会展组织机构与信息及情报的同源性，这些机构既是专业媒体，同时也是会展竞争情报的专家与会展组织活动的行家。

2. 会展现场交流环境与情报学"BA"理论

当今世界情报学日本最新的前沿理论称之为"BA"理论。（"BA"即日语"场"的英语发音）。在知识创造过程中，"场"是交流思想、信息和知识的平台，知识转换和提升的环境，是知识创造过程的重要部件。"场管理"是从研究心理活动出发，关注怎样提高心理能量问题。会展组织者举办会展，建立会展现场交流环境"场"，构成所有会展参加者共同参与、有意无意地相互观察、交流、了解，共同体验、共同合作的场所或无形的氛围，信息、情报的相互作用不仅限于语言、文字等方式的交流，参展者、观众面部表情、说话语气、动作体态等等都成为了信息的交换范围。会展"场"艺术化氛围激发人们产生心理共鸣，提高人们的心理能量。会展的"场"打破地域、种族、部门隔阂的"隐型墙"，拉近人们之间的距离，使人们的情绪高涨起来，进而产生一股巨大的力量，使参展者及观众间形成强大而持久的凝聚力与默契，从而加快信息、知识、情报的开发利用，产生经济与社会双重效益。

3. 会展竞争情报与知识管理

知识管理是知识经济时代的新一代管理方式，它以知识创新为目的，以人的知识运动为内容，人是知识管理的核心，信息是知识创新的源泉，信息技术是知识管理和创新的工具。会展集聚大量的人、信息和现代信息技术手段所产生的会展竞争情报，利于知识创新，为会展组织者与参与者都带来具有价值、优势和利益的直观动态的知识财富集合。

知识创新的四种方式在会展竞争情报中都可以出现：隐性知识的整合，会展参加者在潜移默化中接受知识并重新组合产生新知识，改变原有知识的结构；隐性知识向显性知识的转化；显性知识转化为隐性知识；显性知识之间的相互借鉴和应用。这些都极大地表现了会展竞争情报无论对会展的组织者、参与者都可以充分利用会展竞争情报来进行必要的知识管理，从而获得持续性的发展及竞争优势。

4. 会展竞争情报与信息技术运用

在现代会展中，多媒体技术、办公自动化技术、微电子技术、信息可视化技术、计算机科学与技术等现代信息技术应用十分广泛，会展竞争情报是伴随着这些信息技术的发展而发展的。譬如，现代展览充分运用声、光、电等立体现代信息技术手段，综合运用新闻、广告、印刷、出版、影视等多种信息传播学范畴的知识，强化信息展示效果。大型现代化会展中心配备现代化信息设施，如宽带互联网络，光纤、无线、卫星通信，多媒体通信，同声传译声讯系统，传真、手提移动电脑、可视电话、数码相机、电子显示屏、投影仪、影碟机、电视、电影、广播等各类信息设备大大地改变了会展竞争情报的内涵与外延，使得会展竞争情报的产生和竞争情报体系的形成大大加速。

现代会展所涉及的组织、控制与协调工作，需充分利用现代网络环境来进行。如网络广告、网上展览、网络预登记等功能，大大节约企业的参展成本与交易成本。网络展览以电子手段实现参展商与贸易商间的交易，使展览项目开拓、招商、管理和服务更加简捷迅速，已在现代会展中起到越来越重要的作用，成为会展竞争情报另一个关注热点。

5. 会展竞争情报与会展企业决策

决策是会展企业管理的重要环节，关系会展企业的存亡。会展企业的决策过程须以切实可靠的情报为基础。会展竞争情报可为会展组织机构与企业提供及时、准确、并具可操作性的情报。成它现代会展经营管理的智囊团、思想库和参谋部。同时会展竞争情报也可视为会展企业感知外部市场与环境变化的预警系统，帮助会展企业洞悉政治、经济、社会、市场等环境发生变化及可能形成的威胁和机遇，在未来竞争越来越激烈的会展市场，会展竞争情报无疑将成为会展企业适应外部环境变化而需作出战略决策和竞争策略的支持系统，并为竞争决策提供依据和论证。

面对变幻莫测的竞争环境，传统的会展企业情报工作已力不从心。以竞争为核心、以全球为舞台的新型情报工作——竞争情报，将对会展企业的竞争力产生重大的影响。这种针对性更强、搜集加工更及时和应用速度更快的会展竞争情报已引起了我国会展企业界和理论界的广泛关注，成为会展企业战略决策的基础和情报学界研究的一个热点。

竞争是现代市场经济的本质体现，在市场经济条件下会展企业的竞争会日趋激烈，会展竞争情报体系的建设必定成为会展企业实力与地位的重要标志和象征。会展企业竞争是经济竞争的主流，而会展竞争情报则是会展企业信息化的主流。现代会展企业的成长离不开信息化，会展竞争情报促进了会展企业信息化的发展。会展企业要在竞争上赢得优势，就必须明确认识和发挥会展竞争情报在信息化中的作用。会展企业只有依靠竞争情报才能不断更新会展企业面貌，提高会展企业经济效益，增强会展企业竞争能力，才能更好地满足社会的需求，适应社会经济的发展和激烈竞争的要求。(The paper has been accepted by AIMSE2011, indexed by EI compendex. Bin Huang is the first author, Mingxia Shen is the correspondence author)

References

1. Y. Hua, "Exploreation of Disciplinary Positioning of Trade Fair Studies", in *China's Trade Fairs*, 2003(17).

2. X. Jian, "Knowledge Properties of Competitive Intelligence", in *Modern Intelligence*, 2006(2).
3. H. Bin, "Technological Progress Promotes China's Trade Fair Development", in *China's Trade Fairs*, 2002(1).
4. H. Bin. "Rethinking on Web Exhibition's Reaction to Emergent Crisis, in *China's Trade Fairs*, 2005(4).

Trade Fair Visitors' Relationship Management based on Their Data Analysis and Appraisal

Abstract: Since competition in China's trade fair industry intensifies, more emphasis is now placed on trade fair visitors' relationship management based on their data analysis and appraisal. Through this analytical process, visitors' behaviors and their expectations of a particular trade fair are to be discovered, and the analysis and appraisal results in turn offer useful information and constructive suggestions for the improvement of visitors' relationship management, and further for the improvement of trade fair quality and competitiveness. This paper, based on analysis of diversified means of trade fair visitors' data collection, data analysis and appraisal, proves the significance of analysis and appraisal of trade fair visitors' data, and explores applicable customer relationship management model for visitors' management.

Key Words: Relationship management, Trade fair visitor, Data analysis, Data appraisal

* Mingxia Shen is the first author; Bin Huang is the correspondece author.

Ⅰ INTRODUCTION

With intensified competition in China's trade fair industry, the standard of a good fair doesn't only lie in how much profits it makes, but also in its sustainability, its constantly enlarged scale, as well as its brand-building. To help to forge a sound trade fair, the most direct way is to make full use of visitors' data acquired in the fair, so as to get useful information based on analysis and appraisal of the data, and finally put forward suggestions for the improvement of the trade fair quality.

The trade fair effect is directly reflected by both quantity and quality of its visitors. Therefore, data analysis, especially the data of professional visitors and overseas visitors is important to the establishment and development of customer relationship. Analysis of visitors' data will not only tell purposes, professions and regional distribution of visitors, but also objectively reveal visitors' expectations of trade fairs, and will thus provide substantial and useful information to trade fair organizers in making decisions as how to improve the quality of future fairs.

According to international common practice, the quality of a trade fair is not determined by the quantity of its visitors. Data shows that the number of visitors released by the media in trade fairs sponsored by German is usually smaller than that in China's other trade fairs. For example, according to a trade fair report, there are only over 9,000 visitor in Transport Logistic China in Shanghai sponsored by Munich International Exhibition Group in May 2005, much less than the number of people actually attending the fair. The German official in charge of data analysis explained afterwards that that fair is mainly held for professional visitors, and visitors are required to get registered before they get the admission tickets. In this way, organizers can precisely calculate the number of visitors, including professional visitors and ordinary visitors. Media and distinguished guests who are not registered are not included in visitors.

However there is no trade fair evaluation and authentication system in China. Because of different Statistical Standards (SS) used by various trade fair organizers, difficulties were confronted by exhibitors, visitors and media in understanding the real scale and influence of the fair. What is worse, some trade fair organizers are reluctant to publish their visitors' number, so that many target customers fail to get authentic information, which leads to the doubt about the trade fair quality. Therefore, statistic data transparency will be largely beneficial to the whole trade fair industry in China. A sound and trustworthy report on trade fair data analysis and appraisal will help exhibitors, visitors and organizers. For exhibitors, it helps them to decide what to exhibit, when to exhibit, where to exhibit and what marketing strategy to employ. For visitors, especially professional visitors, it helps them to decide which trade fair to participate. As for organizers, this report enables them to have valuable information for enhancing their customer service and improving brand quality.

It is extremely urgent for current trade fair companies to make full use of visitors' data resource. Statistics and analysis of visitors' data requires not only careful study of current data, but also re-examination of vague data in order to make them accurate and credible. This will build up the brand image and reputation of the trade fair, and more importantly strengthening exhibitors' confidence in the fair organizers. After authentic and precise data analysis and appraisal, the information thus acquired can be released to demonstrate the fair quality, and also can be used as reference to organizes in their designing and planning of the next trade fair. What's more, trade fair companies could utilize the data to have better customer relation management.

Ⅱ VISITORS' INFORMATION COLLECTION AND SAMPLING

A. Deficition of Visitors

A strict definition of visitors helps to make accurate analysis. Germany, a country famous for its trade fair industry, enjoys relatively mature practice in defining visitors and in trade fair statistics. For example, Germany Exhibition Statistics Voluntary Control Organization (FKM) stipulates that people who have bought trade fair tickets or have registered their names and contact information through the visitor registration system are all viewed as visitors. However, journalists, exhibitors, working staff in exhibition halls and unregistered guests are not visitors. This definition is commonly used in European countries to identify visitors. However, in America, working staff of exhibitors and other groups as also called as "fair participants", and are partially counted as visitors. Therefore, the definition from FKM is the strictest since it only takes those who are interested in establishing business relation with exhibitors as visitors.

There are two types of visitors, ordinary visitors and professional visitors. The fundamental difference between them is that professional visitors are important to transactions concluded and the building and improvement of fair brands; while ordinary visitors are target customers or potential customers, who need exhibitors' constant and close contact and attention in order to have further business exchanges and establish business relationship with exhibitors. If exhibitors face more ordinary visitors instead of professional visitors, then they need to spend more time and energy to distinguish their true customers, which will severely affect exhibitors' confidence in attending the trade fairs. Therefore, it is the visitors' quality, rather than visitors' quantity, that is important to the trade fairs.

B. Visitors' Inforamtion Sampling

Visitors' information sampling is to collect visitors' data samples, especially data samples of professional visitors and overseas visitors. These data samples are mainly collected from visitors' registration forms at the reception desks. The following shows us three major means:

1) *Field registration form sampling*: In order to have field registration form sampling, the organizer should first of all formulate a visitors' registration form, which is the most widely used and the most popular channel to collect visitors' data. The content of a registration form includes the regional distribution of visitors, their positions in companies, their professional interests and purposes of attending the trade fairs, as well as their evaluation of the trade fairs and so on.

The design of visitors' registration forms should serve the afterward data collection of professional visitors and overseas visitors. And registration forms of English versions should be in corresponding format for registration of overseas trade visitors, avoiding any discrimination or expressions easily leading to misunderstanding. Also, there should be no overlapping in terms of the content.

2) *Pre-registration sampling*: Nowadays, many large-scale trade fairs provide online pre-registration service. Trade fair organizers will insert the registration form online and then analyze visitors' data thus acquired. This kind of data collection avoids repeated input of visitor's information into computers and thus enjoy high efficiency and high precision during the process of calculation and statistics backed up by web technologies.

3) *Visitors' Identification management system*: Traditional means to collect visitors' information include business interviews, free talks with trade fair visitors. With the development of information technology, more and more technological software for visitors' information management have been developed and are widely used nowadays, which have improved the efficiency of visitors' data collection and analysis.

Ⅲ ANALYSIS AND APPRAISAL OF VISITORS' DATA

Analysis and appraisal of visitor's data is an important work after the trade fair. As to exhibitors, analysis and appraisal of visitors' data can help them to accumulate valuable experience and provide useful reference in improving the following trade fairs. Analysis and appraisal of visitor's data is divided into classified statistics of data, comparison with appraisal standard and comprehensive analysis

and appraisal. It is to sort out useful appraisal information based on collected data, and then by comparing with appraisal standard, problems and causes are thus discovered.

A. Classfied Staticsics of Data

Classified statistics is to sort out useful information and calculate the total number and proportion of different types of visitors from original data, and thus get the source for appraisal. It is to have careful processing and analysis of those collected data so as to deeply approach the features, essence and rules of the phenomenon behind the data. Through classified statistics of data, trade fair organizers can sort out effective and useful information which will reflect the real-time features of the trade fair.

B. Comparison with Appraisal Standard

The comparison is to compare the useful information acquired with the appraisal standard, and thus get the statistic results. Through comparison, the organizers can make sound and rational judgment whether the trade fairs have achieved expected goals, whether the trade fairs are successful, whether the organizing efficiency is high or low and so on. Take a trade fair as an example. Once the proportion of target visitors to the total visitors is quite small, then further study on causes and corrective actions for improvement should be conducted, such as choosing a better theme, having a more strong promotion towards target visitors, or having a better designing and planning in the trade fair organization for the next trade fair. When conducting comparative analysis, trade fair organizations shall use the same and universal appraisal standard; otherwise deviation may easily occur in the results.

C. Comprehensive Analysis and Appraisal

After classified statistics of data and comparison with appraisal standard, comprehensive analysis and appraisal is to appraisal the organizing work and the actual effect of the trade fair in an all-round way. Through this process, problems and their causes are to be discovered. When making analysis and appraisal, it should be carried out based on specific issues, and researchers should discover the problems through data, and then find out the root causes, and finally put forward detailed and specific suggestions to solve the problems.

After the above work, combined with relevant scientific calculation, a complete data analysis and appraisal report will finally be formulated. The content is made up of data analysis, information report, visitor investigation, conclusions and

suggestions. Data analysis includes statistical analysis of visitors' access flow, exhibitors' access flow, visitors' registration forms, service events, income and expenses and so on. Information report includes statistics on badge processing, different nationality distribution, different province distribution, registration time of professional visitors, real-time monitoring of the registration system. Visitor investigation refers to classified study and analysis on visitor's information collected during the entire trade fair, and the formation of an objective report based on data and facts. The most valuable part of an analysis and appraisal report lies in its professional conclusions and constructive suggestions, which will effectively help large-scale trade fair organizations to improve their development tactics and strategies through visitors' data analysis and appraisal. This report shall reflect the changes in visitors quantity (such as the growth rate of the total visitor number, the increase or decrease of a typical type of visitors), but also the changes in visitors' quality (such as the proportion of professional visitors, the number of overseas visitors and so on).

A data analysis and appraisal report is not the end of visitors' appraisal. It is indispensable for the appraisal team to have internal discussions about this report and have informal discussions with trade fair sponsors and organizers, and their discussion results will offer instructive suggestions for the improvement of further trade fairs.

Ⅳ THE USE OF CUSTOMER RELATIONSHIP MANAGEMENT

Based on a comprehensive and trustworthy report on analysis and appraisal of customers' information, trade fair companies should then focus on problems discovered from that report and manage them through their customer relationship management (CRM) system as follow ups; otherwise customer resources will be lost and brand loyalty will be damaged. In a successful trade fair, mature customers satisfied with the fair will bring much more benefits than new customers, and thus a better management of old customers and the development of relations with them are quite essential. Based on the same costs, the establishment of a scientific CRM system helps the trade fair to make more profits. Don Peppers and Dr. Martha Rogers once addressed that the profit of an enterprise will rise by 100% if it decreases its costumer losing rate by 5%. The actual practice has proved that the traditional method has met difficulties in improving customers' loyalty to fair brand, and therefore it is inevitable for trade fair companies to enhance their relation management with visitors as their customers. What's more, CRM has become a new trend in the global economic development, and both the companies representing the new economy such as Dell Computer, Amazon. com, and traditional companies such as UPS, P&G and Avon are introducing CRM project into their companies for the organization restructuring, and improvement of customer relationship. As for trade fair industry, CRM system is driving this industry to innovate its way in managing visitors.

The fundamental technology of CRM is to build an information interactive system that proficiently builds and analyzes customer data through software or through 24-hour online services. With the help of Internet, this perfectly accords with Enterprise Relationship Management (ERM), Continuous Relationship Management (CRM), Technology-enabled Relationship Management (TRM), Customer Intimacy and Real-time Marketing.

A. The Basic Strategy of CRM in Trade Fair Industry

CRM technology is comprehensive lifecycle involving turning customer basic information into customer knowledge, and turning potential customers into loyal customers and then permanent customers. The key to the customer relationship improvement is to improve their satisfaction. The working process of CRM is to combine internal and external customers' information into a system, and then let marketing and service workers to share and update these information resources based on their different permissions. The process management of CRM is designed to let customer requirements spark a series of standard internal reactions, which leads to close cooperation and coordination among relevant trade fair workers in solving customers' requirements quickly and properly, and finally trade fair's performance and customers' satisfaction will be improved, so does the trade fairs' core competitiveness.

CRM subdivides markets into smaller sections, and then it makes diversified marketing plans for different sections in order to find clear and valuable customer information and decrease the waste of communication and marketing resources. In the Internet age, customers' habits will change quickly because they are exposed to vast information; therefore, trade fair companies must adjust their marketing strategy in time in order to meet the changed habits of their visitors or customers. This is the only way to satisfy customers and grasp opportunities in the market. For the trade fair industry, CRM is to take each visitor as an independent unit, and based on the results from analysis and appraisal of that visitor's information, the

CRM system will track and study his/her behavior and preference individually, and then draft marketing plan for these particular type of visitors. This system will help to bring 80% of profits to trade fairs from their 20% customers in a true sense.

B. Select Target Customers for CRM

The information volume of trade fair industry is expanding at the rate of 20% —35% each year, which requires higher input in corresponding software. And specialists are also needed to collect and process customers' information to select valuable and target customer groups.

The core work in development and research of CRM includes selecting target visitor groups, subdividing visitors according to their requirements and values, interacting with visitors in order to build a mutual learning relationship, and finally making customized products. However, most domestic trade fair companies store most of their visitors' information in computer system without any processing of the data. In fact, the data should be analyzed, and valuable information should be exacted accordingly so as to further analyze the fair development trend, customers' demand tendency and the individualized requirements of visitors. Though many newly built trade fair venues have already spent a large amount of money in hardware and software construction in order to improve their customer management and service quality, visitors still complain of inefficiency in organizers' service and in communication. Therefore, trade fair companies must improve their methodology and technology for a better relationship management of their visitors and make full use of advanced hardware.

C. Building Chinese Style CRM Model

The CRM system for Chinese market should not be just a translated Chinese version of western CRM model. It should be localized. Many Chinese trade fair companies have even never heard of Management Information Standard (MIS), and their commercial information and data concerning visitors are scattered among personal E-mails, faxes, documents, sheets and even trashes. It would be unrealistic if trade fair companies are now required to introduce an American CRM Model into their system with streamlined management of business operation and staff activity based on a closed data process and strict evaluation based on profits and supervision. Therefore, during technological construction of CRM system, local features of China's trade fair industry should be put into consideration and emphasis should be placed on the following functions of a CRM system.

1) *Classified visitors' management function*: First of all, a localized CRM system can classify visitors according to their values and importance to the trade fairs. Some useless information can be eliminated and information on key visitors should be further studies. Information on target visitors and potential visitors should be modified and edited in order to better the information management function.

2) *Reaffirming and identifying visitors' information archive function*: Visitors' information archive should be managed in a comprehensive, systematic and professional system, in which their information archives can be used as fools for a better management of existing customers and potential customers as well as the market. The content of visitors' information archive should include visitors' basic personal information, professional interests, expectations of the trade fair and their feedback information. What's more, trade fair companies can expand this function to be applied to information management of exhibitors, so as to include all trade fair participants.

3) *Visitor-market interactive Information processing function*: In order to make full use of the marketing and competitive power of the information, trade fair companies must establish an inner knowledge management system, by which information could be properly collected, refined and combined as valuable visitors' information and market information. Useful visitors' information can be used for market analysis and decision making, while useful market information can be provided to visitors for them to better choose a proper trade fair and to develop their marketing strategy. In the future, it would be impossible for a trade fair organizer to improve the brand value if it could not properly use modern information technology to build a comprehensive information system and keep it proficiently and smoothly functioning.

4) *Visitors' value appraisal function*: Visitors' value appraisal function is used for evaluating the profit contribution and life cycle of a visitor as an existing or potential customer of a trade fair. CRM system pays much attention to the value of visitors and enjoy many capabilities, such as giving other function models (including call center and portable website) real-time support, leading the trade fair companies' resources (e. g. advertising resource and effective interaction with visitors) to effective visitors with maximum return of profits based on rational visitors' value appraisal.

5) *Information integration and exploration function*: Fragmented and scat-

tered visitors' information could hardly be valuable. In other words, only complete and constantly collected information could be useful. Therefore, trade fair companies must establish an information integration system properly and proficiently, which will make information useful by scientifically ruling out the false and useless, and saving the true and important. In order to provide the best products and service to visitors as our customers, we must set up a real customer knowledge and combine customer information and marketing strategies closely.

Ⅴ SUMMARY

Since the trade fair industry becomes more mature in China, the significance of analysis and appraisal of visitors' data shall draw enough attention from trade fair companies so as to extract valuable information for further visitors' relationship management and improvement of trade fair quality. Meanwhile, the relationship management system of visitors as a CRM system shall be localized while combing basic principles and functions of the CRM system, so as to have better management of visitors and maximize the profit they may bring. (The paper has been accepted by AIMSE 2011, indexed by EI Compendex. Mingxia Shen is the first author; Bin Huang is the correpodence author)

References

1. H. Bin, "Registration Management of Visitors to Trade Events & Exhibitions," in *Annual Report on China's Convention & Exhibition Industry*, Wang Fanghua, Guo Jurong, Eds. Beijing: Social Sciences Academic Press, 2008
2. T. Lu (2009, December 25), Yiwu Fair International Exhibition. *China Business Times*
3. J. Zhang and Z. Ni (July 2005), The Imperative Establishement of Authentication Systems. *Chinese Journalist*

后　记

在多年从事会展策划、会展管理和会展教育的生涯中，我曾尝试为一些专业期刊写些有关会展实务类的文章，但却从未做过如这本书般的将本人十年间发表的文章进行多主题分类与研究，并付诸相关的观点与分析的工作。这一尝试对我来说是前所未有的，不但丰富了自己的专业思维，而且更重要的是使我进一步加深了对会展实践与会展教育的理解与思考。由会展的业界转入会展教育的学界，我的同事们在系统理论方面学识全面与丰富，与他们的共事与合作，大大开阔了我的眼界，使我对会展实践与会展教育的种种情况有了更深刻和立体的认知。

在这本文集即将问世之际，我的内心充满了感激。

我非常荣幸，浙江大学城市学院党委书记胡礼祥教授能为此书题写书名，这实在令我深受鼓舞。胡书记长期来对我校会展特色专业建设十分关注，对会展教育师资团队的建设和确定的战略性决策与行动给予了很多支持，包括在本书形成过程中，给予本书命名的极为详细与周到的指点，使我见识了一位领导的视野和胸襟，以及严谨治学的学者风范。

我执教的传媒分院院长张梦新教授，欣然允诺为此书写序，令我获益良多。作序比写其他文章态度更要严谨，既要尊重作者，又要尊重读者，不敢虚美，也不能略优，从他终日繁忙的身影中，我看到了他深藏于心的对于工作的热爱和对人才培养的关切。这一切在他亲切、朴实的笔触中表露无遗。张梦新教授的序言为本书带来了一种富有深度的职业感——这种独特的角度是我开始编写此书时从未着意考虑过的。令我在顿感个人渺小之余，更加重了对会展实践、会展教育与会展研究的使命感。

正在美国 University of Nebraska at Omaha 高访的我系系主任张健康博士与我的关系亦师亦友。他对我的信任和支持，令我有机会涉足会展教育领域、以及参与极富创意和突破性的会展特色专业的建设。他开阔的国际视野和独到的眼光，在他与我合著的《会展特色专业建设的理念、实践与探索》的专著中可见一斑。

我还要衷心感谢我的好友，时任复旦大学管理学院工作的资深国际跨文化交流专家 Daniel. W. Lund 博士，为本书撰写所提出具有建设性的思路；同时还要感谢香港东渡国际集团（Hong Kong Dongdu International Group Limited）资深审计专家白淑艳女士对本书不厌其烦地进行整理、核稿与提出好的建议。此书在编纂中还令我想起那些曾经与我和现在还在一起工作的同事们，他们都是我的良师益友。从我与他们合作的文章中，我们分享了会展理论探索与研究在每一个阶段的实战心得和体会，这些分享与互动，为本书带来了思考的深度和智慧的火花，亦令书中的文章充满生气。以上这些朋友们或从专家角度或从实践层面给予我众多启发，让我得以分享他们的智慧和学识，这是我能够穷尽微薄潜能完成此书的重要动力。在此一并致以衷心的感谢！

完成这本文集，好像爬上了一座小山，虽然有些愉悦，却丝毫没有如释重负的心情。因为往后看，总觉得有太多的缺憾；而往前看，还有那么多连绵起伏的群山有待翻越。此时此刻的感觉，如同一名马拉松选手，才刚跑到中途，只能加油，只能奋力前进。纵观中国经济社会的发展与会展经济的迅速崛起，我国会展业正经历鼓舞人心的进步，作为一个会展教育工作者，本人正经历着一种“三分紧张、三分迷茫、三分愉悦”的感觉。有人说这是做事的最好的心态，我想说，这是多年参与会展实践与研究带给我的感受，我期望在未来的会展实践探索与会展理论研究中，能得到朋友们更多的支持和帮助，使我以后的脚步能走得更踏实。

黄彬

2011—6—21 于杭州金猴阁

Postscript

During my professional career of MICE planning, management and MICE education of recent decades, I have written various articles for professional articles related to MICE practices. However, I have not systematically classified my collective published works until now with the formation of this book. I also put forth viewpoints and analysis for each topic of my collective works. This attempt is unprecedented for me. It has not only enriched my specialized thought but also impelled me to have a further and deeper understanding of both MICE practice and education. In the years that I have devoted myself to the field of MICE education, my colleagues have provided me with great influence. I widened my vision greatly because of their comprehensive and rich knowledge in theoretical systems and practices. It has been a true pleasure to work and cooperate with them. These experiences enabled me to have a more profound and three—dimensional cognition for MICE practice and education.

Today, I am full of gratitude that this book will soon be published. I am honored that Professor Hu Lixiang (Secretary of the Party Committee in Zhejiang University City College) inscribed the title for my book and inspired me greatly by his concern and support for this book project. Secretary Hu continuously pays a great attention to the characteristic construction of the MICE specialty. He also gives great support for our construction of teaching teams and plays an important role in the strategic decision—making and program development of MICE education in Zhejiang University City College (ZUCC). Moreover, his extremely detailed and thorough direction for naming my book gave me a vivid image of a leader who possesses broad vision and thought, as well as rigorous scholarship.

Professor Zhang Mengxin (Dean of College of Media and Humanities, ZUCC, in which I have worked for five years) joyfully consented to write the foreword for this book. It makes me happy and benefits me a great deal. Writing a foreword requires more rigorous gratitude than writing other articles. On the one hand, it must consider the author. On the other hand, it must consider and respect the reader. A good preface cannot be vague with general praises, but must critically consider the strengths of the published work. I deeply admire Professor Zhang's passion for work and his concern for identifying and raising talents within ZUCC. He is a scholar and leader of humble strength. Professor Zhang's preface has brought this book a sense of profound professionalism. His strong professional enthusiasm makes me to feel humbled. Furthermore, it excites my sense of mission for MICE practice, education and research.

Dr. Zhang Jiankang (Director of MICE specialty in ZUCC), who is presently visiting the American University of Nebraska at Omaha, always maintains a close relationship of teacher and friend with me. It is possible that I would have missed my opportunity of engaging in the field of MICE education and involving myself in the creative process of MICE research without his trust and support. Dr. Zhang's open international vision and original judgment can be clearly displayed in the monograph "Idea, Practice and Exploration of MICE Characteristic Speciality Construction", which he and I completed together.

I must give wholehearted gratitude yet to my good friend Dr. Daniel W. Lund (Fudan School of Management, Fudan University), who is a senior expert of international Trans—Culture communication and management, for his passionate preface for my book. I must also thank Ms. Bai Shuyan (senior auditor with Hong Kong Dongdu International Group Limited) for her tireless reorganization and examination of this manuscript and for putting forward excellent proposals for this book. During the process of compiling this book, I always remember the positive influence of my colleagues, past and present. . They are all my good and caring teachers and helpful friends. In cooperative papers, we shared our experiences of practice and theory and enjoyed the process of collaborative research and intellectual discussion at every stage. These interactions have brought depth of thought, vitality, and sparks of wisdom to this book.

These above—mentioned friends have inspired me with their expertise of theory and practice. I share the profound influences of their wisdom and knowledge in the pages of this book. Their help over the years has been a vital impetus for me to exhaust my meager potential to complete this collection of my published

works. I express my heartfelt gratitude for all these people here.

Completing this anthology has felt like an uphill climb. Now that it is complete, I feel joyful. However, I do not feel a sense of relief. When I recall the past, there have been many disappointments. When I look ahead, I see there are many rolling mountains waiting to be navigated. At this moment, my feeling is similar to a marathon runner. I have just run to the midway, so I can only work hard from this point and can only go ahead. Looking over the development of Chinese economic society and the rapid rise of the MICE economy, MICE industry is experiencing continuous progress. As an educator of MICE, I am experiencing a feeling of intensity, confusion and joyfulness. Some people say this feeling is the best state of mind while doing difficult jobs. As far as I am concerned, this profound feeling comes from my practice and research of this field over the past several years. I am looking forward to obtaining more supports and helps from my dear friends during my continued exploration of MICE practice and theory as I develop further and deeper research in the future.

So on and so forth. My way of career will walk steady.

Golden Monkey Studio, Hangzhou

21st, June, 2011

图书在版编目（CIP）数据

会展实践与研究 / 黄彬著. —杭州：浙江大学出版社，2011.11

ISBN 978-7-308-09242-5

Ⅰ.①会… Ⅱ.①黄… Ⅲ.①展览会—工作—文集 Ⅳ.①G245-53

中国版本图书馆 CIP 数据核字(2011)第 216605 号

会展实践与研究

黄　彬　著

责任编辑　李海燕

封面设计　续设计

出版发行　浙江大学出版社

（杭州市天目山路 148 号　邮政编码 310007）

（网址：http://www.zjupress.com）

排　　版　杭州中大图文设计有限公司

印　　刷　杭州日报报业集团盛元印务有限公司

开　　本　710mm×1000mm　1/16

印　　张　22.5

彩　　插　4

字　　数　441 千

版 印 次　2011 年 11 月第 1 版　2011 年 11 月第 1 次印刷

书　　号　ISBN 978-7-308-09242-5

定　　价　48.00 元

浙江大学出版社发行部邮购电话　(0571)88925591